新宗教と総力戦

教祖以後を生きる

永岡崇
Takashi Nagaoka
【著】

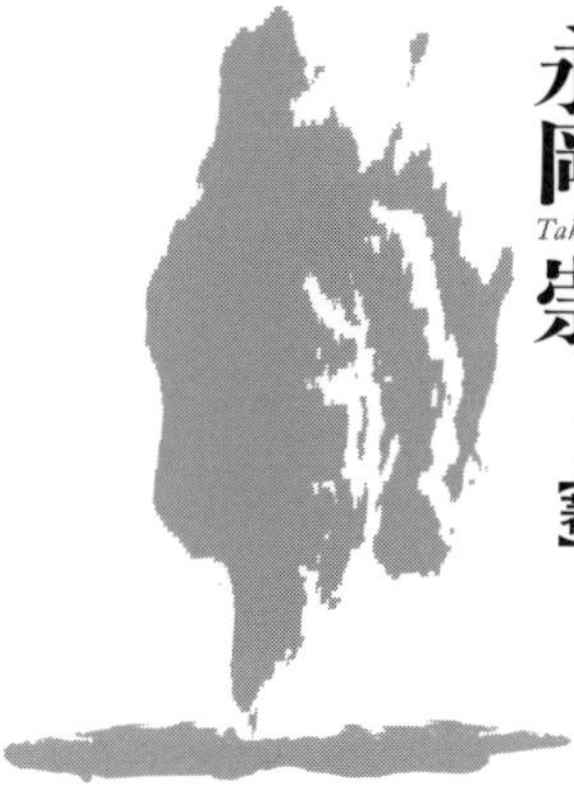

名古屋大学出版会

新宗教と総力戦——目　次

凡例

一、引用に際しては旧字体を新字体に改めるなど、表記を変更した場合がある。なお、引用文中の／は改行を表す。
一、引用文中の強調点は、すべて原文のものである。
一、引用文中の（前略）（中略）（後略）は引用者による省略、〔　〕は引用者による注記を表す。
一、天理教の教義にかかわる用語については〈　〉で表す。

序章　新宗教と総力戦

はじめに

今まで炭坑に働くといへば先づ人間並に思はれなかつたでせう。それがどうです。日本の決戦増産の土台になつてゐます。お道もかつては人並のやうに思はれなかつた時代もありましたが、それがこの決戦の土台の炭坑に働かして頂く日が来た。[1]

一九四四（昭和一九）年、日本全国の炭坑に、毎日一万人を超える天理教の信者たちが入っていた。アジア・太平洋戦争の戦局が悪化の一途をたどるなか、戦時増産体制を支えるべく出動した「いざ・ひのきしん隊」である。ここに引用したのは、この「いざ・ひのきしん隊」に参加したある隊員のことばだ。本書を始めるにあたって、近代日本における新宗教の歩みを凝縮するような彼の語りに耳を傾けてみよう。

この隊員は、炭坑労働と「お道」（天理教の信者たちは自らの信仰をこう呼ぶ）の運命を重ねあわせて語っている。彼によるなら、炭坑での労働は、これまで「先づ人間並に思はれなかつた」。天理教の信仰も、「かつては人並のやうに思はれなかつた」という点で、炭坑労働と同様である。だが今は違う。炭坑という場所は「日本の決戦増産のたったのだ。
土台になつてゐ」るし、天理教徒たちは「この決戦の土台の炭坑に働かして頂く」という、国家の重責を担うにいたったのだ。

荒唐無稽な教えを説き、呪術的な病気治しを布教手段とする〝淫祠邪教〟、あるいは民衆の弱みにつけこんでなけなしの財産を奪っていく〝詐欺集団〟。近世末期の農村で中山みきが教えを説きはじめて以来、天理教の人びとは、さまざまな負のイメージを押しつけられながら、長いこと彼らの「お道」を歩んできた。

総力戦末期の炭坑のなかで、いまや天理教を取り巻く状況は変わったのだと彼はいう。絶望的な「決戦」を続ける国家は、「人並のやうに」みなしてこなかった「お道」の力を必要とするようになった。国家や社会が変わったのか、それとも変わったのは天理教の人びとのほうなのか。

既成宗教／新宗教を問わず、当時の公認宗教のなかで、戦争協力と無縁だった教団などはひとつもない。しかし天理教のそれが際立っているのは、戦勝祈願や戦地慰問、イデオロギー的な戦争肯定にとどまらず、戦時増産のための労働に多数の一般信者を動員していったことだ。植民地出身の若者たちを「帝国主義的国民主義の統合の論理」[2]に向けた自己投企へと駆り立てていく機制を分析した酒井直樹は、「マイノリティであることは、「同胞」ではないものは直ちに敵であるという二項対立の論理が最も有効に働く領域に身を置くこと」なのであり、マイノリティの種は「マジョリティによって撲滅されたくなければ、国家内の支配的種にたいして忠誠を誓うという形を取らざるを得ない」[3]と指摘する。だがそうした自己投企を導いたものは、撲滅(ジェノサイド)への恐怖ばかりでなく、それを通じて〝大東亜共栄圏〟や〝聖戦〟などといった国家理念（たてまえ）に「日本人」として寄与し、宗主国民のようになりたいという欲望でもあるのだ。[4]〝淫祠邪教〟のレッテルを貼られつづけてきた天理教徒たちも、いわば宗教的マイノリティとして、おそらく仏教徒やキリスト教徒以上に、総力戦体制への過剰な同一化へと自らを水路づけていったのである。彼らの教祖が説いた信心から、あまりに遠くまで来てしまったという印象は否めない。だが、それを〝本来の教え〟から逸脱してしまったものと断じてしまうのは早計だろう。どのような教えも、個別の状況のなかでそれを受け入れ、読み替えていく人びとの実践を離れては意味をもちえないのであり、その読みの運動こそが天理教と呼ばれる宗教伝統であるのだから。

本書の課題は、近代日本を代表する新宗教である天理教が、支配体制やイデオロギー、具体的にいえば国家主義や植民地主義、そして総力戦といった歴史的事象と交錯することを通じて、彼らの教義や信仰の形態をどのように変容させていったのかを明らかにすることである。戦前日本の宗教政策のもとでは、諸宗教は自由を大きく制限された状態で活動を行わなければならなかったから、彼らは支配体制との関係をつねに意識せざるをえなかったのであり、そうした関係性の外部に、自己充足的な新宗教運動の歴史を想定することはほとんど不可能だろう。つねにすでに支配体制との関係のなかに投げこまれてあるものとして、新宗教運動は理解されなければならないのだ。

そして、近代日本の支配体制・イデオロギーが植民地主義や侵略戦争によって多くの人びとに苦しみをもたらしたことを考えれば、それとの密接な関係を維持してきた新宗教の社会的責任も問わなければならないだろう。もっとも、本書の考察は、植民地主義や侵略戦争に加担した天理教やその他の諸宗教の〝罪〟を糾弾しようとするものではない。刑法上・政治上・道徳上・形而上的のいずれであれ[5]、個人や組織や教義など、なんらかの主体に〝罪〟を配分しようとする試みは、諸主体間を流動しながら作動する植民地主義や戦争のダイナミズムをとらえるという目的には適していないと思われる（もちろん、社会的正義を追求するための、種々の法に基づく裁判の相対的な正当性は認められるべきである）。本書が目指すのは、単純だが、新宗教の国策協力・戦争協力という状況においていったい何が起こったのかを記述してみるということに尽きる。植民地主義や戦争への宗教の加担という問題をアクチュアルなものとして受けとめるには、それを可能にしたさまざまな要素の絡まりから手っ取り早くいくつかの要素を抽出して済ませるのではなく、複雑な連鎖のありようそれ自体を認識するところから始めるほかはないと考えられるからだ。

だがそのためには、いくつかの理論的な検討を経由する必要がある。以下、この序章では、先行研究の検討を通じて新宗教運動の近代経験を論じることの意義を再考したあと（第一節）、近代日本の宗教構造における新宗教と国家、新宗教と戦争との関係をめぐる議論を整理する（第二〜四節）。そして第五節では、各章の具体的な課題を簡潔にのべて、本書の全体像を予告する。そのうえで、天理教の歴史の起点に位置する中山みきの思想と実践について簡単な紹介を行うことで、次章以降の議論の導入としたい（第六節）。

一 新宗教の歴史性

新宗教の新しさ

「新宗教」「新興宗教」「民衆宗教」といった語の戦前以来の用例を検討し、日本の新宗教と呼ばれるものの範囲を整理しようとしたのは、宗教学者の島薗進である。[6] 島薗は、新宗教の要件として「宗教であること」「成立宗教であること」「既成宗教からの独立」「民衆を主たる担い手とすること」という四点をあげたうえで、「もっとも大きな問題」として、「どの時代から後の宗教集団をこの語で呼ぶか」を検討している。彼によれば、諸説が並立するなかで、もっとも多くの論者がとってきた説が「幕末維新期説」であり、つぎに有力な説が「二〇世紀初頭説」である。前者の理解では如来教や黒住教を先駆けとして、天理教・金光教をはじめとした広汎な宗教集団が含まれることになる。後者の場合は資本主義の発展という社会的条件の変化を重視し、一九世紀末に発生した大本を最初の新宗教とするが、しかし天理教や金光教などそれ以前の宗教集団も、その前ぶれとして扱われており、両者の間にそれほど大きな断絶は含意されていない。

島薗自身は、「幕末維新期説」に立っているが、それは主として、幕末以降に発生した宗教集団に共通してみられる現世救済思想が、それ以前の救済宗教において支配的であった来世救済思想とは際立った対照をなすということに拠っている。もちろん島薗がいうように、新宗教の性格を救済観念のみに回収することはできないが、近代日本という歴史的文脈のなかで生成し、展開してきた宗教運動を総合的に理解するうえでは、やはり幕末維新期以降の諸宗教を新宗教として把握するのが適切だろう。

日本の新宗教を主題とした研究としては、戦前から先駆的な業績が存在するが、一九六〇年代以降に展開した民衆宗教史研究、そして一九七〇年代後半以降に宗教社会学研究会のメンバーによる新宗教研究が現れるにおよんで、飛躍的な進展をみた。後者を代表する研究者のひとりである、宗教社会学者の西山茂は、当時の若手宗教研究者が新宗教研究へと向かった理由として、研究対象としての新宗教運動がもつ三つの「魅力」をあげている。それは第一に、「しばしばカリスマ的な教祖や指導者がいて、そこには彼らへの熱烈な恋慕信仰と、彼らによって可能とされる不思議であざやかな救済体験」がみられること、第二に「教えや儀礼などのような宗教文化のダイナミックな生成と変容が認められ」ること、第三に「発生－成長－発展－衰退といった生々しい運動過程と、その時々によって姿を変えつつ信者と教団の要求に応えていくしなやかな教団組織」があること、である。こうした「魅力」は、研究者にとっては「新宗教が成立宗教の始原の姿を比較的とどめているがゆえに、新宗教研究においてこそ、他の領域との関係を含む宗教現象の特徴がより純粋なかたちで理解できる」とする。西山によれば、それは「制度化をとげて妙に洗練度を増してしまった既成宗教」にはみられない、宗教研究上の「戦略高地性」なのである。[7]

ここで西山がいう「戦略高地性」は、端的に新宗教が既成宗教にはない（失われてしまった）「成立宗教の始原の姿」への手がかりを与えてくれるという点にある。いまだ制度化されていないこと、あるいは制度への変容が観察可能な段階にあることが、新宗教研究の戦略的利点とされている。

この点では、島薗も同様の立場をとっていると思われる。天理教や金光教、あるいは創価学会や立正佼成会といった、戦前・戦後に発展した新宗教教団が教勢の停滞に陥ったり、目新しさを喪失させていくという一九七〇～八〇年代以降の状況にふれつつ、彼は「「新宗教」の語が、今起こっていることを描写するものから、歴史的な時期区分に対応した「ある時代の現象」を指すものへと変わってきた」[8]と指摘している。彼自身、天理教や金光教の発生過程研究（一九七〇年代後半〜一九八〇年代前半）から新新宗教の諸教団（一九八〇年代後半から一九九〇年代）、そして新霊性運動・文化（一九九〇年代後半以降）へと、宗教研究者としての主な関心を移行させてきている。こうした重点移動の背景には、おそらく「宗教運動の信仰世界から、現代人の心の深層の欲求が読み取れるという立場」[9]があり、各時代における「欲求」をとらえるためには、その時代に発展期を迎えた宗教運動／文化に着目する必要があるとする考えがあるだろう。

教団のライフサイクルに着目する西山の説明と、新宗教に集う人びとの欲求を読みとることを目指す島薗の考えは、重点を異にしながらも、相互に補完的なものである。そこで重視されているのは、それらの宗教運動／文化の形態的・思想的な新しさにほかならない。しかもそれが、先行する／後続する宗教運動／文化との比較において認識される新しさである点にも注意しよう。ある時代、ある社会層にはそれぞれの欲求があり、その都度それに適合的な形態・思想を備えた宗教運動／文化が現れ、多くの人びとを惹きつける。やがてその宗教集団が制度化することにより、また人びとの欲求そのものが変化するなかで、その新宗教は新しさを失い、研究上の「戦略高地」としての役割を新たな宗教運動／文化に譲ることになる。

生きていく新宗教

このような考え方は一見して妥当であるように思えるが、つぎの点を指摘しておく必要がある。すなわち、こうした問題構成のもとでは、制度化してしまった新宗教教団は、研究対象としての積極的な意義を与えられない（私は、制度化後の新宗教教団についてなされてきた実証的諸研究を無視しているのではない[10]。ここで問題にしているのは、新宗教にとって制度化という事態を非本来的なものとみなそうとする語りの構造である）。たとえば本書の中心となる天理教は、明治・大正・昭和初期を通じて多くの信者を獲得しているが、一九三〇年代後半、とりわけアジア・太平洋戦争後には教勢を停滞させ、近年では信者数の漸減を示すようになっている。島薗の立場からすれば、戦後の天理教はすでに新しくなく、「旧」新宗教と呼ぶべきものである。むろん、島薗においても、「旧」新宗教になることは、それ自体としてよいことでも悪いことでもないが、彼にとってはすでに、「現代人の心の深層の欲求」を読みとらせてくれる対象ではなくなっているということになるだろう。

しかし、ここでいわれている人びとの欲求とは、どのようなものなのだろうか。貧・病・争からの解放、他者とのつながり、人生の意味の発見、規範の回復、自己変革、世直しなど、人びとが新宗教に求めるものとして似つかわしい項目は、いくつもあげることができる。これらは多かれ少なかれ、いつの時代にも存在する欲求なのかもしれないが、状況によってとくに希求される項目や、現れ方の違いがあることはたしかである。そうした変化に対応した教義・儀礼・救済財を提示する新宗教が登場し、発展期を迎えていく。そのかぎりで、島薗の見立てはまったく正当なものだろう。

だが留意すべきなのは、宗教運動というものは、信者の欲求と、指導者・教団による救済技法の体系との単純な対応関係のみで成り立っているわけではないということだ。運動に長く、深くかかわるにつれ、入信当初の欲求がべつのものに取って代わられることもあれば、不本意な活動に参加させられることもあるだろう。しかし、自らの欲求が十全に充たされないからといって、信者がただちに教団や運動から離れるとはかぎらない（もちろん、離れることもある）。いくばくかの不満を抱えながらも、教団にとどまり、新たな意義を見いだしていくことも多い（もちろん、そうでないこともある）。ここで、たとえば入信時の欲求を本来的なもの、その後に獲得された意義を派生的・非本来的なものと考える理由は――〝本来的な新宗教〟というイデオロギーを恣意的に設定するのでもないかぎり――ない。いずれもが宗教運動を構成する側面である、というしかないだろう。というよりも、入信時の欲求そのものも、その後の変容との連関のなかでとらえなければ、人間が新宗教の信仰を生きるということの意味は明らかにならないのではないだろうか。

そうであれば、その都度多くの信者を獲得した新宗教運動／文化に着目する、というスタンスは、かなり不充分なものといわざるをえない。むしろ、それぞれの宗教運動の「運動過程」に粘り強く寄り添っていくこと（もちろん、そのことは比較の重要性を否定しない）、すなわち変容していく運動への持続的な関心こそが重要なのである。こうした観点からすれば、新宗教運動／文化がその出発点においてもっていた形態的・思想的な新しさがしだいに古くなっていくという素朴な事実は、新宗教自体や信仰当事者が、その変容過程をどのように生きてきたのか、という問いに変換されなければならない。

だがこのような問いは、原理上、既成仏教やキリスト教についてもあてはまる。長い歴史をもつ宗教であれ、さまざまな時代や地域のなかで変容しつづけてきたのだから、この点において既成宗教と新宗教とを厳密にわけるものなどは何もない。そうであれば、つぎのような疑問が現れるのはもっともなことである。つまり、これまでの研究者が強調してきたような、新宗教研究の新宗教研究としての固有の意義は稀薄になってしまうのではないか。

ここで、新宗教そのものから、それが位置する歴史的文脈に眼を転じる必要がある。新宗教、とりわけ天理教や金光教のような初期の教団は、近世末期に発生し、近代日本のなかで／と並行して自己形成し、運動を展開してきた。それはたとえば民衆的・大衆的な支持を広範に集めた運動・文化であり、近代合理主義的価値観から駆逐すべき〝淫祠邪教〟と呼ばれた集団であり、天皇制国家にとっては国民統合や戦時動員のための戦略的な拠点として活用すべき集団であった。近代を構成する諸力が出会うひとつの焦点として（初期）新宗教がたどってきた軌跡は、近代日本と宗教との関係性を検討するうえで、きわめて重要な位置を占めているのである。

もっとも、〝近代〟あるいは〝近代日本〟なる実体を想定して、それに直接接近することはできないから、本書では、新宗教運動が戦前の日本社会における国家主義や帝国主義、総力戦という大きな文脈との間で取り結ぶ関係に着目することにより、近代日本と宗教との関係性の一端を照射しようとする。いうまでもなく、このようなテーマについては、豊富な研究の蓄積がある。以下ではそれらを検討しつつ、本書が取り組むべき課題を明らかにしていくこととする。

二　近代日本の宗教体系

本書では、おおよそ一八八〇年代から一九四〇年代にかけての天理教運動を取り上げる。一八八〇年代とは、天理教についていえば教祖・中山みきが死に（一八八七年）、残された信者たちが教派神道の一派である神道本局の下部組織として合法的な宗教活動へと移行していく（一八八八年）、大きな転換期にあたる。他方、国家の宗教政策からみると、明治維新当初の祭政一致路線やその後の大教院制度などの試行錯誤をへて、一八八九年の大日本帝国憲法発布によって曲がりなりにも「信教ノ自由」が保障されることとなり、神道非宗教論を基盤とした「日本型政教分離」（安丸良夫）が確立していく時期ということになる。

維新以降の展開と切り離すことができないことはいうまでもないが、まずここでは主として憲法制定以降の宗教政策、とりわけ新宗教運動に与えられた法的・制度的諸条件を簡単に確認する。そのうえで、新宗教運動が国家との間でどのような関係を形成してきたのか、という問題に取り組んだ諸研究を検討し、その問題点を浮かび上がらせていく。

皇室神道（宮中祭祀）、神社神道、さらに神仏基の諸宗教と「国体の教義」とが結びついた複合体としての「国家神道体制」という概念を用いて、戦前における日本の宗教状況を全体的に見通そうとした、村上重良の『国家神道』（一九七〇年）は、その後に提出されたさまざまな批判にもかかわらず、近代日本の宗教史を考えるうえで今なお参照されるべき重要性をもちつづけている。村上は、「明治維新から太平洋戦争の敗戦にいたる約八十年間、国家神道は、日本の宗教はもとより、国民の生活意識のすみずみにいたるまで、広く深い影響を及ぼした。日本の近代は、こと思想、宗教にかんするかぎり、国家神道によって基本的に方向づけられてきたといっても過言ではない」[11]とし、国家神道が国民生活全体に多大な影響を及ぼしたこと、また時期的な面からみても戦前の日本を一貫して規定しつづけたということを強調している。そして村上による国家神道の時期区分では、「形成期」（一八六八〜一八八〇年代末）→「教義的完成期」（一八八九年の帝国憲法発布〜一九〇五年の日露戦争）→「制度的完成期」（一九〇〇年代後半〜一九三〇年代初頭）→「ファシズム的国教期」（一九三一年の満洲事変〜一九四五年の太平洋戦争敗戦）と、時代を下るにつれて国家神道体制の支配がいわば単線的に強化されていくという構図が描かれるのである。[12]

こうした村上の見解は、後続する研究者たちからみれば「「国家神道体制」なるもので近代日本の宗教史を覆ってしまう結果となり、多様な宗教現象をひとつの檻のなかに追いたてるような性急さ」[13]があって、多くの点で修正を施す必要がある、ということになる。たとえば、明治期の国家による神社保護政策がけっして手厚いものではなかったことなどを綿密な史料分析によって明らかにしながら、国家と神社神道が密接な関係を築きつつ展開したとする村上流の国家神道イメージを批判・修正してきた、神道史学者たちの仕事も重要である。[14]だが、明治中期以降の多くの時間を教派神道という制度的枠組みのなかで活動した、天理教を主題とする本書の関心からは、国家と諸宗教教団の関係性を問題化した羽賀祥二や平野武、安丸良夫、島薗進らの議論を検討しておきたい。

羽賀や平野は、日本型政教関係確立の決定的な契機として、一八八四（明治一七）年八月の太政官布達第一九号を重視している。これは国家が宗教者を直接的に管理する教導職制を廃し、「国家・天皇が管長へ住職・教師の任免権を「委任」し、教規・宗制・寺法などの教団法によって成立する教団を国家が公認しようとするもの」[15]であり、以後「宗教法上の根本法規として近代日本の政教関係を決定づけた」[16]ものと評価される。この布達は諸宗教の教団「自治」を意味するものでもあったが、同時に「国家の祭祀としての神社神道（特別の宗教）、国家により「公認」された宗教（「まともな」宗教）、「非公認」の宗教（「まともでない」宗教）の区分」[17]を制度化するものでもあった。

とはいえ、この布達で制度化された「自治」や、大日本帝国憲法第二八条に規定された「信教ノ自由」が、大きな制限・制約をともなうものであったことは、あらためていうまでもないだろう。一八九一年と九二年につづけて起こった内村鑑三不敬事件や久米邦武筆禍事件に象徴されるように、学校教育や学問のような公の場において、天皇制やその神話的基盤の神聖性を損なうような言動は許されなかったのである。

明治後半期の「天理教」の場合、一八八八（明治二一）年に教派神道の一派である神道本局に属することとなり、布教が合法化され、「「まともな」宗教」の末端に位置づけられたとさしあたりいうことができる。だが、天理教会で医薬妨害、寄付強制、男女混淆が行われており、「取締ヲ厳重ニ」すべきだとした一八九六（明治二九）年の内務省訓令にみられるように、一方では「「まともでない」宗教」として、政府から直接的な介入を受ける可能性をつねに孕んでいた。一八八〇（明治一三）年に公布（一八八五年施行）された刑法などによって、多くの新宗教が信者獲得の主要な回路として実践していた病気治しや世直しといった行為が取締りの対象とされ、新宗教の法的地位はきわめて不安定だったのだ。[18]そして明治三〇年代の独立請願運動の過程では、独立教派として「公認」を受けるため、教義や儀礼、制度の面で政府当局からのさまざまな要求を呑まなければならなかったのである。また一八八五（明治一八）年に神道備中分局の所轄教会として布教合法化をはかった金光教も、天理教の場合ほど抑圧的な介入を受けたわけではないが、一派独立を目指して「組織的信心に対する類似異端行為の禁止と正統的信心への矯正教化」[19]を進めなくてはならなかった。

こうした日本型政教関係のもと、諸宗教は限定された自由の範囲内で各々の活動を展開していくことになった。このあたりの事情について、安丸は「国体論的ナショナリズムを受容すれば、その前提のもとでの「政教分離」と「信教の自由」が存在し、むしろ国家はそうした「自由」を媒介項とすることで広範な人びとの能動性を調達していた」として、「国家と宗教、また諸宗教相互の棲み分け」のありようを重視する。だが安丸によれば、こうした「棲み分け」は「絶えず侵犯される領域であり、むしろ社会的な矛盾や亀裂が先取り的に表現されやすい領域」なのであって、諸領域間の境界線が引きなおされ、秩序が再編成されていくダイナミズムを歴史的コンテクストのなかでとらえることによって、近代社会の全体性を理解する手がかりを得ることができる。こうした観点からすれば、村上のように多様な次元を「国家神道体制」のなかに括りこんでしまう見方は、諸領域間のせめぎ合いをみえにくくする弊害をもっており、安丸自身は「国家神道をあえて国家的祭祀儀礼に限定し」、国家神道＝国家的祭祀儀礼／公認教／民俗信仰／国体論的ナショナリズムという四つの次元の複合体として、「近代日本の宗教体系の全体」を理解すべきだと主張している。[20]安丸の議論は、「国家神道体制」に全面的に呪縛されるのでもなく、逆に国家的な管理・統制から完全に自由であるわけでもない、諸宗教運動の可変的な「能動性」をとらえることを可能にするものである。

これにたいして、島薗は村上の国家神道論を批判的に継承し、近代において「皇室祭祀と一体をなすべきものとして形成されていった」神社神道と、「国民に天皇崇敬を広め、それによって国民統合を強化しようという意図」とが相互に連関しあって形成される「「国家神道」とよべるような全体」があったとしている。[21]島薗は村上の議論に含まれる多くの問題点を指摘しているが、皇室祭祀－神社神道－国体論によって構成される国家神道概念そのものは、明確に継承しているのである。島薗の国家神道概念は、神道史学者や安丸に比べて広い領域をカヴァーするものであるが、彼の議論においても、国家神道が国民生活のすべてを覆うものとして認識されているわけではない。つまり、「ある範囲の天皇崇敬の言葉遣いや儀礼的皇位〔行為か〕を受け入れさえすれば、「私」の領域ではキリスト教徒であったり、啓蒙的な学問に従って真理追究に没頭したり、天理教の救済活動にわが身を捧げたりすることができた」のであって、「「公」の国家神道と「私」の諸宗教が重なりあうという二重構造的な宗教地形（religious landscape）が形成された」のだとするわけである。[22]こうした二重構造として把握された島薗の「国家神道体制」は、「国家神道を中核とした日本独自の強力なコスモロジー＝イデオロギー複合」[23]とも表現される。

このようにみてくると、近代日本の宗教体系（宗教構造）に関する安丸と島薗の見解は、少なからず似通っているようにもみえるのだが、両者にとっては看過することのできない相違があるようだ。島薗は、コスモロジカルな次元から歴史をとらえようとする安丸の立場に共感を示しつつも、安丸の研究には「一方に支配的な正統派のコスモロジー＝イデオロギー複合を置き、他方に異端のコスモロジーや民俗世界を先鋭に対置し、その対立を主軸として歴史の展開を見る」傾向があると指摘したうえで、実際には「下からの運動や秩序意識が国民国家へと向かう変革（秩序化）のイデオロギーに相即したり、組み込まれていくような事態が少なくなかった」のだから、「「正統」と「異端」の間の対抗関係はそれほど鮮明ではなく、日常生活のなかに両者の契機がからみあって埋め込まれている局面にもっと注意を向け」るべきだと批判する。[24] これにたいして、安丸は、民衆宗教が近代天皇制イデオロギーと接合され、島薗のいう国家神道を下支えするような機能を果たした面があることを認めつつ、「しかしそれでも、その接合は、複雑な齟齬・対抗などを伴うものだったということ」を強調すべきだという。安丸は、島薗が「コスモロジー＝イデオロギー複合」という「包括的な認識」を優先させることで、そうした「齟齬・対抗」を軽視し、結果として「歴史を縦深的な構造において捉えてゆく可能性が閉ざされてしまう」のではないかと危惧するわけである。[25]

つまり安丸にとって、民衆が現実的に支配イデオロギーを受容して生きているということはいわずもがなのことなのだが、彼は神がかりや百姓一揆などのような非日常的な局面において垣間みえる思想形成のありようを民衆の「可能意識」としてとらえて、「現実意識と可能意識との相互関係のなかで思想がとらえられなければならない」と考える。[26] それが、右の引用では天皇制イデオロギーとの「接合」のなかにみられる「齟齬・対抗」の問題として立てられているとみてよいだろう。

この安丸の用語によっていいかえれば、島薗が人びとの「現実意識」のありようを重視しているのにたいして、安丸は「現実意識」を念頭に置きながらも、「可能意識」の意義をより強調し、コスモロジーの深層に照準しようとしているということになる。すなわち、両者はそれぞれ異なるレヴェルの問題を主題化しているのであり、陳腐ないい方だが、二者択一の選択を行うよりも、それぞれの立場に応じて現れてくる分析次元の可能性を探るほうが有益だと思われる。とくに、戦後歴史学では、安丸のように正統／異端の対抗関係を強調する研究が多かったことを考えれば、人びとが支配イデオロギーを受容しながら文化を創造するということの意味を繊細に考えようとする島薗の提起は傾聴に値するものであり、本書もその流れに棹さすものである。

ただし、島薗の「コスモロジー＝イデオロギー複合」という視点が、本当に正統的なものと異端的なものの「齟齬・対抗」を認識することを阻むものであるのか、そうだとすればどのような理由によるものなのか、という点についてはもう少し検討しておいたほうがよい。私はこの点については、島薗の「宗教地形」を特徴づける、「二重構造」と呼ばれるものの内実を詳しく検討することが必要だと考える。この「二重構造」論をどうとらえるのかは、近代日本の宗教体系における新宗教運動の歴史的意義を考える際には避けて通れない課題なのである。そこでつぎに、「二重構造」論を含め、新宗教運動の側に視点を置いて、それらと国家との関係を論じた研究を検討してみよう。

三　新宗教運動と国家との関係性をめぐる研究

（1）「迎合・奉仕」論

反動勢力としての教団像

ここでも、最初に言及すべきなのはやはり村上重良である。『近代民衆宗教史の研究』（一九五八年）で、歴史学における民衆宗教史という分野を切り開いた村上は、明治後半期以降の天理教運動や金光教運動の展開をどのようにみていただろうか。

村上がいう近代民衆宗教とは、「幕末から明治前期にかけて成立した、共通の歴史的性格をもつ一連の民衆的諸宗教を総称する」[27]ことばであるが、彼の主要な関心は、天理教や金光教などの民衆宗教が「その社会の矛盾を深刻に反映し、反権力的な民衆組織をつくりあげた」[28]という点にある。そして、そうした特徴は中山みきや金光大神といった教祖の思想のなかにもっとも明確に読みとられることになった。みきの場合にはそれは「民衆の救済、現世中心主義、平等観、ヒューマニズム、平和思想、夫婦中心の家族観、反権力性、独自の創世神話など、民衆の要求を反映した前進性」と性格づけられ[29]、金光大神については「信仰における合理性・開明性と、政治の相対化」がみられるとし、それが「近代宗教の芽ばえ」であるとして高く評価されている。[30]

しばしば指摘されるように[31]、村上の宗教観はきわめて近代主義的なもので、呪術的なものの克服や権力からの自立など、近代的な価値観によって宗教現象の意義を評価してしまい、近代的価値のもつ負の側面への認識や、前／非／反近代的なもののもつ可能性などが入りこむ余地がない。進歩／反動の軸によって固く構築された彼の宗教史においては、教祖を失い教派神道として歩みはじめた明治後半期の教団の評価はつぎのようになる。

天理教も金光教も、国家神道との異質性のゆえに、明治中期まで、くりかえし禁圧と干渉をこうむらなければならなかったから、指導層は布教活動の合法化に教団の将来を賭けるかぎり、国家神道との妥協と、政治権力への奉仕のみちを択ぶ他はなかった。このことは、両教の体質に、表面的な国家神道への従属と内面的な民衆宗教としての独自の伝統の保持という隠微な二重構造をもたらし、全体としての教団の国策順応の姿勢を決定的にした。[32]

そしてこの「権力への迎合・奉仕」は、結果として「教団の半封建的構造を強化し、また信者の間にある呪術性・神秘性を温存助長して同教の近代化を阻む役割を果し」たとも指摘し[33]、近代主義者・村上にとっては受け入れがたい「権力への迎合・奉仕」「半封建的構造」「呪術性・神秘性」といった要素への傾斜を厳しく批判している。右の引用には、島薗にも引き継がれている「二重構造」への言及がみられるものの、ここでいわれている「表面」と「内面」とが具体的にどのような関係性にあったのか、という問題については深められていない。やはり村上において、教派神道時代の天理教や金光教は、教祖時代の「前進性」を際立たせるネガとしての役割を与えられているにすぎないと理解したほうがよいだろう。「国民の生活意識のすみずみにいたるまで」国家神道の影響を読みとろうとした彼の近代宗教史観からすれば、教派神道はあくまで国家神道体制を補強する存在でしかなかったのだ。

ところで、教派神道へと転化した民衆宗教にたいする彼の厳しい評価の裏面をなすのが、大本へのまなざしである。周知のとおり大本は、一九世紀末、つまり天理教や金光教がすでに教派神道のなかに位置づけられていた時期に産声をあげ、その後も独立教派としては「公認」を獲得しえないまま運動を展開し、二度の弾圧を受けることとなった。村上や安丸良夫、鹿野政直、栗原彬らは、天皇制神話・国家神道・国体的イデオロギーと対抗する大本の異端性を強調して高く評価してきた[34]。天理教や金光教のような先行する民衆宗教が体制化していくなかで、異端としての立場――超国家主義的運動も含めて――を貫いた稀有の宗教運動として特権的な位置を与えられたのである。このような評価の隔たりは、両者の歴史的展開自体の差異を示すものでもあるが、戦後宗教研究の思想的傾向を示すものとして理解することもできるだろう[35]。

村上のような立場を「迎合・奉仕」論と呼ぶとすれば、ここには小栗純子・大谷渡らの研究が属することになるだろう[36]。たとえば、一九一〇～二〇年代の天理教のありようを機関誌『道乃友』[37]から考察しようとした大谷は、この時期の「天理教の主張」が「国家主義的な主張から個々人の人格の強調にいたるまで」、「社会のあらゆるできごとに、きわめて柔軟かつ多様なかたちで反応していた」[38]とのべ、天理教の教会に集った人びとは、「和気藹々とした家族のような信仰のつどいに」「資本主義の矛盾からの解放を求めながら、結局、国家主義的色彩濃厚な信仰のつどいにかかえこまれていったのである」[39]とする。

大谷は『道乃友』に掲載された文章について、「教会本部の意向を相当程度反映しつつも、同時に信者のなかの意向の反映も強く含んでいたと考えられ」、「第一線の布教者・信者の意識と、教団の意向とを相互に結ぶパイプの役割を果たすものであった」[40]ととらえている。これは、「教会本部の意向」と「布教者・信者の意向」との差異を尊重しているようにもみえるが、記事のどの部分が本部の意向であり、どの部分が布教者・信者の意向を反映したものであるのかを判断する基準が明確でなく、両者の差異や対立を「パイプ」のなかに溶解させ、結果的に平板な「天理教」あるいは『道乃友』という主体が顔を出すことになる。そのために、『道乃友』の記事を単純に「天理教の主張」として位置づけてしまうのであり、それらの記事をもって天理教が「既成秩序にみごとに順応していった」[41]と結論づけるのである。だが、大谷が検討した記事に基づいて論証しうるのは、あくまで『道乃友』の編集方針や本部の意向が既成秩序に順応していたことだけなのであって、「布教者・信者の意向」までが既成秩序に順応するものであったとする根拠にはならないだろう。

権力から自立した宗教運動として出発したはずの天理教や金光教が、教派神道へと転身することによって大きく変質し、国家権力や既成秩序に従属する存在となっていったとするこうした議論は、「迎合・奉仕」に収まりきらないもの（それは自覚的な〝抵抗〟とはかぎらない。いわば知らず知らずのうちに、支配イデオロギーの枠組みを〝逸脱〟してしまうこともあるだろう）にたいする関心が薄い。だが、教団本部周辺と地方教会の差異、幹部信者や布教師と一般信者の差異、社会状況の変化などといった要素を考慮に入れるなら、明治後半期以降の新宗教の歩みは、より多面的な相貌をみせるのではないか。「二重構造」論は、こうした方向性へと議論を展開しようとする立場だといえる。

（2）「二重構造」論

記述と評価の癒着

「二重構造」論は、さきに引用した村上重良の研究にもその萌芽がみられるものだが、小沢浩や李元範、島薗進のような歴史学者・宗教学者だけでなく、天理教本部や金光教本部などの戦後教団にも採用されている立場である（天理教本部、金光教本部の歴史認識については、第2章を参照）。もちろん論者によって重点の置き方は異なるが、おおまかにいえば、国家神道体制の枠内で活動することを余儀なくされた天理教や金光教において、「一方に教団の国家本位のたてまえと、他方における信仰次元の自己本位の立場が、背を向け合って併存するという重層的・二極的構造[42]」が形成されていた、とするものだ。

たとえば小沢は、一九〇〇（明治三三）年に一派独立を果たした金光教について、つぎのようにのべている。

このようにして確立された教団の公的立場〔国家神道の宗教的性格を代位する教派神道としての役割〕が、教祖の思想からいかに逸脱したものであったかはいうまでもない。そして、教祖以後、とりわけ別派独立以後の金光教は、権力に屈服し去ったものとみなすのは、その限りでは正しい。しかし、教団としての公的立場がそのまま広汎な信徒大衆の立場をも代表しえていたと考えるなら、それは正しくない。というのは、自己の精神的救済を最大の関心事とする広汎な信徒大衆にとって、教団の公的立場や教義の改変などの問題は、さしあたって重要な関心事とはなりえないという一般論的な理由に加えて、金光教の場合はさらに、国体の教義とは本来的になじまない教祖の思想が、「取次」という独自の信仰形態を媒介することによって根強く信者大衆のなかに生きつづけることを可能にした、とみられるからである[43]。

小沢の歴史観をきわめて明快に表現した文章だといえるが、彼の「二重構造」論の特質を二点ほど指摘しておこう。

まず、さきほどの「国家本位のたてまえ」は「教団の公的立場」に、「信仰次元の自己本位」は「広汎な信徒大衆の立場」にそれぞれ割りふられている。つぎに、その「教団の公的立場」が「教祖の思想」から「逸脱」したものであることは「いうまでもない」のにたいし、「広汎な信徒大衆の立場」においては、「教祖の思想」が「生きつづけ」たのだとされている。

これを整理すると、一方に「国家本位のたてまえ」―「教団の公的立場」―教祖からの「逸脱」、と連なる系があり、他方に「信仰次元の自己本位」―「広汎な信徒大衆の立場」―「教祖の思想」の継承、で構成される系があって、それらが「背を向け合って」いるのが、教派神道・金光教の「二重構造」だということになるだろう。小沢は、金光教の「教祖の思想」について、「呪術からの解放＝教義の合理化と、信仰の個人化内面化、政教分離の志向などに特徴づけられる」[44]、近代宗教の先駆けとして高く評価し、そこからの「逸脱」に批判的な姿勢をとるというかぎりで、村上と同様の観点から宗教史をみようとしているといってよい。つまり、さきの「迎合・奉仕」論と「二重構造」論の間に、論理構成の面で本質的な差異はとくになく、「教団の公的立場」を重視して権力に従属する宗教運動の姿を描くか、逆に「広汎な信徒大衆の立場」の歴史的意義を強調して「教祖の思想」の継承をみようとするか、という強調点の違いが、異なった立場を生じさせているのである。

天理教の近代を論じた李元範も、小沢と同様の見方をしている。李は、日露戦争後に推進された「国民教化」政策への、天理教の積極的な参加を取り上げ、その結果として「信仰的権威」と「世俗的権威」の一体化が進み、教団における官僚主義的な傾向が強まったことなどを指摘した後、つぎのようにコメントする。

> 事実、こうした「国民教化運動」への積極的な参加を通しての教団活性化の試みが、天理教信者たちの宗教的実践を教祖の思想から如何に逸脱させてしまったのかは改めていうまでもない。外部の理論家たちが天理教の知的支配者として君臨すること自体が、既存の布教者たちからみれば天理教の堕落を意味するものであった。

それゆえ、そこからはほんとうの教団の活性化もうまれにくい[45]。

そのうえで、一九一〇～二〇年代に活躍した教内の二人の知識人、廣池千九郎と増野道興（鼓雪）を取り上げ、彼らはそれぞれ異なる方向性を目指しながらも、国家権力からの自立や新しい教祖像への志向において共通していて、「生の究極的な意味を問い続けた求道者としての真剣な姿勢によって他の信者たちに大きな影響を与え[46]」、そのことが教団の活性化をもたらしたのだとする。また、二人を多くの信者たちが支持すればするほど、「教祖ミキの日本の近代社会に対する逸脱的・自立的姿勢が呼び戻された」とも指摘している。

小沢と李は金光教と天理教という、異なった対象を論じているが、語りの筋道はきわめて似通っている。どちらの宗教運動についても、一方では、教団中枢における国家への「迎合・奉仕」の深まりを追認しながら、他方で信仰の次元においては、教祖以来の信仰のあり方が連綿と受け継がれていったのだとするわけである。ここでは彼らの語りが、「教祖の思想」というものをあらかじめ前提としたうえで、それが「生きつづけ」たり、逆にそこから「逸脱」したりするという問題について語られていることを確認しておきたい。そして、この「教祖の思想」が——村上の見解を引き継いで——近代天皇制国家の支配イデオロギーとは異質なものとされている点も共通している。

そうであれば、彼らの議論は、ふたつの作業が連結させられることによって機能しているはずである。すなわち、①「教祖の思想」とはどのような内容・性格をもつものであるか、という問題に関する解釈の作業と、②教祖以後の時代における教義や実践が、「教祖の思想」に合致しているか否か、という評価の作業、という異なるレヴェルの問題が結びついてはじめて、小沢らの語りが成立するのである。しかしこれは、見かけほど容易に受け入れられるものではない。というのも、①の作業自体は、「教祖の思想」の後継者たることを自任する戦前教団によっても行われたし、教団の公的な語りのなかでは、支配イデオロギーに合致する教義が、教祖の、も、の、と、し、て語られていた。

小沢らはこうした語りが、じつは教祖から「逸脱」するものだった、と断じるのだが（②の段階）、この評価の正当性は、いったい何によって担保されるのだろうか。「教祖の思想」に、なにか単一の正しい意味があって、自分たち（村上をはじめとする、歴史学者たち）の解釈こそがその正しい意味なのだ、という前提を基盤として、いわば超越的な語りの位置から評価を下すという立場をとるのでなければ、彼らの論理は成り立たない。

特定の立場から、特定の方法に基づいて、「教祖の思想」を自分なりに解釈すること自体に問題はないだろう。だが、自分の解釈と異なっているからといって、他者の解釈を誤りだと断じることは、非論理的であるばかりでなく、暴力的ですらあるふるまいではないだろうか。彼らが「広汎な信徒大衆」の信仰を「逸脱」から救出するときにも、その評価は「教祖の思想」を継承しているという点に求められる。やや乱暴にまとめてしまえば、民衆宗教としての金光教や天理教の歴史的価値は、教祖によって完成されているのであり、後続の信者や教団はそれを継承するか否か、という貧しい選択肢を与えられているにすぎないのである。

さしあたっては思弁的なものだが——とはいえ、本書において、具体的な言説に即して検討するつもりだが——つぎのような問いを立ててみれば、小沢らの議論が孕む問題は明らかになるだろう。金光教や天理教の信仰当事者が、自ら望む信仰を生きながら、しかも国家の意図に沿っている、という状態は考えられないのだろうか。小沢や李の理論にしたがえば、そうしたものは「教祖の思想」から「逸脱」しているから、「ほんとうの教団の活性化」にはならないことになっている。そこで問いの可能性は閉ざされてしまうのだ。教祖の時代をモデルとしてこしらえた民衆宗教イメージを硬直した尺度とする小沢らの「二重構造」論は、新宗教の思想や実践の多様な展開の経路をとらえることができないといわざるをえないだろう。

“本来的”な活動領域は存在するか

ここで、さきにのべた島薗の「二重構造」論に戻ってみよう。彼が提示する枠組みは、小沢や李と似通っているところもあるが、重要な差異もあり、評価には注意を要する。島薗の議論の独自性は、まず「公」と「私」の区分を設けつつも、両者は必ずしもイデオロギー的に対立するカテゴリーではなく、場合によっては接近しあい、同じ方向に向かうこともある、と考える点にある。

国家神道体制の下では、天皇を尊び、日本の国の聖なる歴史に思いをいたす国家神道と、神仏基（神道・仏教、キリスト教、この場合の「神」は教派神道のなかのいくつか）や新宗教など諸救済宗教が潜在的には対立の可能性をはらみながら併存し、場合により相互に補い合う関係にあったと言える。[47]

したがって、たとえば一九三〇年代になると、子どものころから国家神道の教育を受けた結果、「天皇崇敬や国体思想にまったく違和感のない人」、「「公」の秩序理念と「私」的な信条の分裂をまったく感じない人」が増加するということも起こっていくことになる。[48]そこには、国家に対抗する民衆宗教（あるいは、「教祖の思想」）へのノスタルジアはみられず、国家への「抵抗」と「協力」が複雑に絡みあう宗教運動の動態を率直にとらえようとする態度があるといえるだろう。国家あるいは国家神道と諸宗教の両義的な関係に目を向けようとするこのような考え方は、支配体制・イデオロギーとの接近を「逸脱」としてしか認識しない語りに比べて、はるかにまっとうで受け入れやすいものである。

しかし、私がみるところでは、近代日本の宗教体系において「公」の国家神道と「私」の諸宗教が併存していたと語ることには、依然として大きな問題、というよりも叙述上の困難が残っている。論理的にいえば、両者が対立するのであれ、親和的な関係を形成するのであれ、あらかじめ「私」の諸宗教なるものが想定されたうえで、それと「公」の国家神道なるものとの関係性が問題化されるのでなければならない。もちろん島薗の場合、ここでいわれる諸宗教は状況に応じて変容するものであり、なにか固定化された不変の実体として認識されているわけではない。だが、さきほども引いた箇所だが、「「私」の領域ではキリスト教徒であったり、啓蒙的な学問に従って真理追究に没頭したり、天理教の救済活動にわが身を捧げたりすることができた」とされるとき、「公」と「私」はその都度異質のものとして措定されることになり、「天理教の救済活動」はそれ自体としては国家神道のイデオロギーとは別のなにかであるかのように語られるのだ。いうまでもないだろうが、このようにのべるからといって、それを反転させて「天理教の救済活動」が国家神道のイデオロギーと重なるものであった、などといいたいわけではない。

あくまで問題は、「公」／「私」の「二重構造」を前提とする発話が、「公」との対抗や協力、取り込まれなどといった関係の〝外〟に存在する、あるいは存在したはずのものとして、「私」の領域としての「天理教」を想像させる行為遂行的な機能をもつのではないか、という点である。そうであれば、「天理教」の「公」への接近という事態は、オリジナルな救済活動に、異質のものとしての「公」が接ぎ木される、というかたちで語られ、それは逆に、「天理教」のオリジナルな救済活動そのものの、「公」との異質性を強調することになるはずだろう。「二重構造」論には、「公」＝国家神道と結びついた信仰は本来的なものではない、とする発想があらかじめ組みこまれているのだ。

急いで付け加えておかなくてはならないが、右にのべたことは、天理教など新宗教の教えが、本来的には支配体制・イデオロギーと異質なものであったと島薗が考えている、ということを意味するものではない。実際、彼は中山みきの「おふでさき」のなかに「明治維新が目指す新たなコスモロジー＝イデオロギー体制への異議申し立て」を読みとる一方で、彼女が語ったとされる創世神話「こふき」に言及して、「天理教は祭政一致の国家神道構想の中のユートピア思考的な一面と共鳴しあうもの」があるとし、「教祖の思想」そのものに支配イデオロギーとの親和性／対抗性がともに内包されている、という見方を示している[49]。したがって、島薗の仕事全体にたいするものとして読みとられるとすれば、右の批判は一面的で、不当なものというべきだろう。

そうではなく、私の疑問は、諸宗教と支配イデオロギーとの錯綜した関係に眼を向けようとする島薗の意図と、

「二重構造」という表象に孕まれる内的論理との間に、小さいが深い亀裂が走っているのではないか、という点にある。島薗の『国家神道と日本人』（二〇一〇年）を読むと、この「二重構造」は、いくつかのレヴェルにわけてイメージされていることがわかる。国家神道／諸宗教の二項は、①まず場の観点から国家行事・学校／寺院・家庭・伝統共同体、②実践内容については天皇崇敬の言葉遣い・儀礼的行為／救済活動など、③思想の領域としては国家的秩序／倫理・死生観、④拠って立つ政策的基盤では祭政一致／政教分離、といった項目とそれぞれ対応させられている。①と④については、島薗の国家神道概念からすれば当然の分類であり、とくに異論を挟む理由はないが、②と③はどうだろうか。天皇崇敬の言葉遣いや儀礼的行為を諸宗教において行い、諸宗教が国家的秩序の問題を扱うこともあるのではないだろうか。おそらく島薗においてそうした事態は、一九三〇年代以降に典型的にみられるように、「国家神道と諸宗教の二重構造は前者の圧倒的な優位に傾いて」[50]いった、というように表象されるだろう。

つまり「二重構造」論では、天皇崇敬や国家的秩序の領域にはかかわらないはずの諸宗教の信仰において、異質の国家神道的な要素が取り込まれていく、といった論理構成をとるしかないのである。それは、諸宗教が本来対象とすべき領域が、あらかじめ語り手によって規定されているからであり、国家神道への接近をそこからの「逸脱」として語るという点では、小沢や李の語りと共通するものだといえる。

おそらく、宗教の思想も、実践の領域も、個別の状況において差異を孕んだ独異（singular）なものとして現出するのであり、先験的に宗教運動の本来的な領域を確定することはできないのではないだろうか。天理教や金光教のような集団においても、さまざまな人びとが教祖たちの残した信仰遺産を解釈し、信仰実践を反復するなかで、思想面でも実践面でも絶えざる編成替えが行われてきたはずであり、そうしたダイナミックな読みの運動として新宗教運動の歴史を記述するうえでは、「二重構造」という表象には大きな限界があるのだと考える。むろん、島薗がいうように、国家神道と諸宗教とが、それぞれ実践の場や政策的基盤を異にするものであることはたしかであり、「二重構造」論を全面的に拒否する必要はない。ただ、その分離を、思想や実践の領域にまで一気に拡張するのではなく、その都度独異なものとして生起する信仰実践のありように寄り添って理解することが重要なのである。

(3) 読みの運動としての宗教文化史へ

「二重構造」論の脱構築

ここで私がいっているのは、新宗教運動の担い手となる人びとが、前代の信仰遺産をどのように継承し、自ら生きる社会のなかでどのように読み替えていったのか、その読みの運動そのものに真摯に耳を傾けてみるべきだという、あまりにも単純な提案なのだが、しかし、これは端的に面倒な課題である。ある特定の人物、ある特定の時期や集団を選び、そこに天理教なり金光教なりの本質が現れていると狙いを定めて、それを基準としてそれ以外の人物・時期・集団のふるまいを評価するというやり方に比べて、拡散しつづける読みの運動に付き合いつづけるという作業には、膨大な労力が必要になるだろう。そうした作業をあえてして、「二重構造」論の枠組みをずらしていこうとする試みは、やはり信仰当事者の側から現れてきたように思われる。とりわけ国家との関係については、佐藤光俊や渡辺順一など、金光教学者の研究が注目に値する。

佐藤光俊の「擬態としての組織化——神道金光教会設立とその結収運動」(一九七八年)は、明治一〇年代後半に佐藤範雄を中心として展開された、神道金光教会設立による布教合法化と、未統一だった教義・組織をまとめようとした「結収運動」の過程を検討している。金光大神の晩年において、彼の教えを受けた布教者(「出社」)たちは、「非合法で未統一な布教事態が惹起する政治的、社会的な摩擦、さらには布教者相互の相克、葛藤、或は習合などの現象が混然とした問題状況[51]」に直面していたのであり、佐藤によれば「教団組織化への願望とは、(中略)すぐれて政治的、社会的諸関係という客観的な規制によって発動せしめられた、一つの避け難い趣向であった」。佐藤範雄は一八八五(明治一八)年に神道備中分局所轄の普通教会として神道金光教会を設立し、それまで教導職試補を受けるなど、各々の判断で合法的布教の方途を模索していた布教者たちを「結収」していった。そしてそれが神道傘下の教会である以上、佐藤範雄らはさまざまな「神道的装い」を身にまとわなくてはならなかった。そのことについて、佐藤光俊はつぎのように指摘している。

それは神道と出社布教者双方の要求に応えながら、その許容範囲を計測しつつ、神道傘下における具体的な可能態を模索して採られた、そうでないものを恰もそのように仮設して実体を偽装する、偽似実体化と言うべき試行であったと考えることができよう。[52]

出社布教者に対しても金光大神とその教義とを神道化した偽装であったことに変りはなかった。偽装された教会教旨、教祖遺誡と出社布教者の信心との間には著しい隔たりが実感されねばならなかったろう。[53]

一見したところこれは、「実体」と「偽装」の対立によって構成された典型的な「二重構造」論の語りであるようだ。だが、佐藤の探求は、そこにはとどまらない。

布教方途の合法化が教会設立によって基礎づけられて以後の組織化過程にあって、直轄等級を昇り、一教独立の達成を直接の指標とする布教統一への意欲は、教会組織の直系的正統性と教会教旨の正当性との保全拡充という組織的欲望の所在を露顕するものであった。この時、擬制的組織体は、ほかならぬその擬態としての意味を返上して、自己目的化した実体化過程を歩まざるを得ない。(中略)偽装された徳目は、組織理念として、擬態としての意味を放擲しつつ作動して行く。[54]

ここでは、布教者が直面するさまざまな問題を打開するための方便として進められたはずの組織化が、それ自体として「自己目的化」し、人びとの信心のありようを変容させていくさまが、真っすぐに見すえられている。佐藤において「擬態」の「自己目的化」という事態が否定的にとらえられ、あるべき信心から外れたものとして認識されていることは明らかだが、その「信心の自家撞着[55]」は、金光教本来の信心からの「逸脱」としてではなく、佐藤自身が当事者としてそのなかに生きている金光教の信心そのものに胚胎した、あるいはこれからも胚胎しうるものとしてみつめられているのである。この点において、佐藤の「擬態」論は、たんなる「二重構造」論から逃れるものといえるだろう。

渡辺順一は、金光教が一派独立を果たした明治末期から大正期までを対象として、戦前の教団で代表的な教義としての機能を果たした「信忠孝一本」の思想が形成され、定着していくプロセスを検証している。神（および教祖）にたいする「信」と、国民道徳としての「忠孝」とが一本に連なるものだとするこの考え方は、一九一二（明治四五）年の三教会同に際して掲げられた教団スローガンとして誕生したが、それは「国家・社会に対する公認教団としての本教の信用獲得[56]」の機能を担わされていた。渡辺はその背景として、近代天皇制とは異質な神を奉斎しながら、にもかかわらず近代天皇制国家にとって有用な社会集団であることを示さなければならないという、当時の金光教団が抱えこんだ厄介な課題があったと指摘する。

ただし、渡辺はこの「信忠孝一本」がたんなる「国家本位のたてまえ」でしかなかった、というようにはみない。当初スローガン的に掲げられたこの考えは、第一次世界大戦時の説教や巡教をへて、「次第に教団教義としての内実を獲得していった[57]」という。そのうえで、「信忠孝一本」を説く指導層や布教者の語りを分析し、「日本の文化風土という成立基盤の共有性によって「信」と「忠」と「孝」が、伝統的な家観念を媒介に容易に「一本」のものとして受容され得るような極めて近しいものとして元々観念されていたと同時に、それが教義的に突き詰められるとき、天皇制と異質な神の世界性・絶対性を主張する以上、この教義構造の中では敬神と不敬は表裏のものとならざるを得なかった[58]」として、この教義のアンビヴァレントな特性を明るみに出している。そして「信忠孝一本」と支配イデオロギーとの関係は、社会状況に応じて変容する。すなわち、和泉乙三ら若い世代を中心として金光教信仰の独自性や内面的信仰の充実を求める動きがさかんであった大正期には、「忠孝」の部分を前提としながらも、「信」の要素を教学的に追求する試みがみられたが、和泉らの探求自体が「国民道徳を一日本人として受容した人間教祖を教義形成の視点にしたことによって、やがてデモクラシー期が過ぎ去って後の、敬神や忠孝といった国民道徳自体が戦争遂行へ向けて肥大化していく歴史状況に対して、天地金乃神との関わりでの超越論的な視点から批判していく信仰的論拠・規範を本教教義の中に形成する契機をも見失うことにも繋がっていった」というのである。[59]

渡辺の議論は、国家権力・支配イデオロギーへの迎合とみえる「信忠孝一本」を批判的に検討するなかで、それをたんなる「たてまえ」として斥けるのではなく、教団内部にそうしたスローガンを受け入れる土壌が存在していたこと、そして多くの信仰当事者がそれをそれぞれの仕方で咀嚼していったことを認め、「信忠孝一本」をめぐる語りの論理に入りこんで、それが国家への従属を肯定する契機と、それを内破していく読解の可能性とを読みとろうとする。渡辺において、それらの語りは従属か／抵抗かといった固定的な二項対立ではなく、複数の解釈がせめぎあい、状況のなかで不断に意味が更新されていくものとして認識されているのである。

佐藤や渡辺の仕事にみられるように、「信心の自己吟味」という役割を担わされた戦後の金光教学は、個別の課題の探求を通して「教祖の信心」を志向するものと考えられるが、[60]それは現行の教義における教祖理解を絶対的な基準として、過去のありようを裁断するという行き方をとらない。それが歴史的制約のもとでなされた解釈であるかぎり、戦前のものであれ、現代のものであれ、完成されたものではありえないのであり、これまで積み重ねられてきた読みの運動に真摯に向き合い、その歴史的意味を探っていくことを通してしか、「教祖の信心」へと近づいていくことはできないとする考えが、そこにはあるのだろう。

これにたいして、戦後の天理教学では、従来教団本部の「二重構造」論的な歴史認識の枠組みのなかで議論がなされる傾向が強く、戦前期の国家主義的な教義や信仰のありようを、自らの問題として切実に受けとめようとする姿勢は希薄であった。[61]だが、幡鎌一弘の近年の研究は、前述の金光教学者たちに通じる問題意識をもつものとして注目される[62]。幡鎌は、天理教の教語（「ふしん」「ひのきしん」「復元」など）がどのような社会的文脈において、どのような意味を付与して語られてきたのかを丁寧にたどり、戦前における国家との密接なかかわりをも、教団の現在のありようとつながりを有する重要な歴史的経験として位置づけなおす作業を行っている。現在の天理教におけるそれらの教語の意味づけを前提として語るのではなく、現行の意味の歴史的構築過程そのものが問題化されるのだ。

現行の教義を問いに付すことも辞さないこうした研究のあり方は、信仰当事者にとっては、信仰実践の基盤を掘り崩しかねないものとみなされるかもしれない。たしかに教義の形成過程を脱構築的に読むという作業は、現行教義の真理性に亀裂を持ちこむことになるだろうが、おそらく彼らにとってそうした亀裂は否定的なものであるというよりも、歴史的に規定された人間による解釈として現れるしかない教義の不完全性を認識し、そこから逆説的に生じる新たな信仰の可能性をつかみとるための手がかりとして、肯定的にとらえられているのだと思われる。そうであれば、こうした教学研究の姿勢もまた、ひとつの重要な信仰のあり方として位置づけることができるだろう。

四　新宗教運動と戦争との関係性をめぐる研究

総力戦と宗教

近代における戦争が、国民国家を基本的な単位として行われてきた以上、戦争と新宗教運動との関係も、前節で検討した国家との関係を基盤として問われることになるだろう。新宗教運動における戦争の問題に焦点をあわせた研究はそれほど多くないが、仏教史研究やキリスト教史研究の成果にも目配りをしながら、この主題に関する問いの広がりと、そこにみられる問題点を明確化してみよう。

その際参照すべきなのは、山之内靖らの『総力戦と現代化』（一九九五年）に代表される総力戦（体制）論である。

山之内らは、総力戦（total war）としての第二次世界大戦[63]を、「社会的紛争や社会的排除（＝近代身分制）の諸モーメントを除去し、社会総体を戦争遂行のための機能性という一点に向けて合理化する[64]」プロジェクトとして明確に規定したうえで、日本を含めた戦後の世界は「総力戦体制が促した社会の機能主義的再編成という新たな軌道についてはそれを採択し続けた[65]」として、総力戦体制と戦後体制の連続性を強調している。社会総体の根底的な編成替えとして総力戦をとらえる山之内らの視点は、近代社会の一員である諸宗教の総力戦経験を考えるうえでもきわめて重要なものとなるはずだ。そこでは、教義や儀礼、教団組織だけでなく、ことば遣いや思考様式、身ぶりをも含めた信者の日常生活のすべてが調達すべき資源となり、宗教のありようを変えていくことになる。だがこれまでの戦争と宗教をめぐる諸研究は——近年にいたるまで多くの成果が発表されているにもかかわらず——その問題提起に積極的に応じるものとはなっていない。その理由を探ることを通じて、本書が取り組むべき課題を浮かび上がらせることができるだろう。

ビリーフ‐プラクティスの相互作用へ

まず——一見自明のようだが——そもそも近代日本の戦争と宗教の関係を問うというとき、それはいったい何を問題にすることであるのか、確認しておく必要がある。宗教団体あるいは宗教家・信仰者の側を主体として、戦争（体制）への向き合い方に即して考えると、つぎのようにいくつかの問題領域に大別されるだろう。

①戦争への協力
②戦争への抵抗
③戦争への協力／抵抗の外部に展開される宗教活動
④戦争経験の振り返り

①と③については後に詳しく検討を加えるとして、②には非戦論・反戦論、神社参拝拒否、徴兵拒否など、④には戦死者慰霊・追悼、戦争責任告白、平和運動などといった営みが該当する。これらの領域については、敗戦直後から近年にいたるまで、多くのすぐれた研究が積み重ねられてきており、本書でこれ以上踏み込むつもりはない[66]。

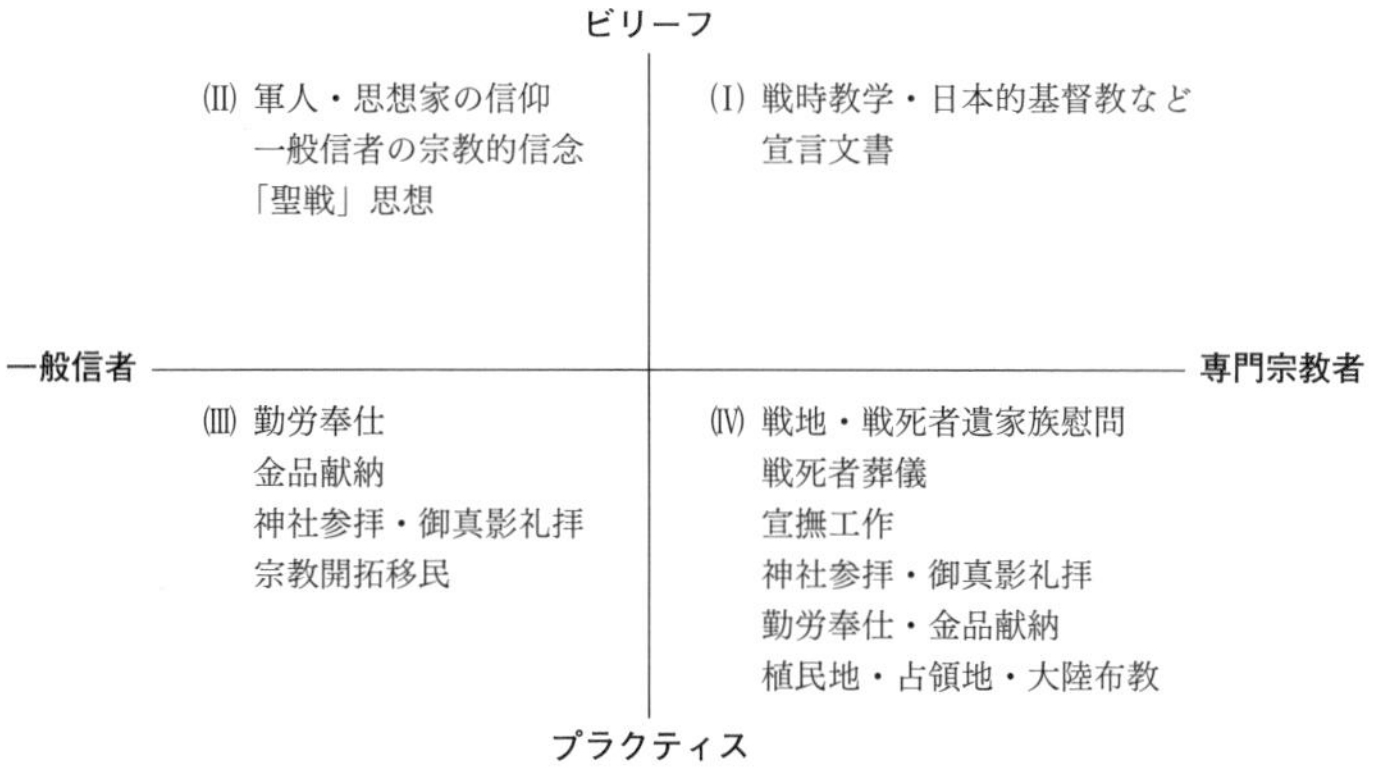

図序-1　宗教団体・宗教者の戦争協力の類型図

ここで詳しくみておきたいのは、戦争協力の問題と、協力や抵抗といった位相とは異なる地点で展開される宗教活動の問題である。まず前者についてだが、ひと口に宗教団体や宗教家・信仰者の戦争協力といっても、容易に概括できないほど多様な営みがあった。仏教の戦時教学やキリスト教の日本的基督教、あるいは教団による宣言文書のような戦争遂行の教義的正当化、軍人や思想家の信仰、一般信者の宗教的信念、アジア・太平洋戦争を「聖戦」とする宗教的言説、宗教家や一般信者による勤労奉仕、金品献納、神社参拝や御真影の礼拝、戦地・戦死者遺家族の慰問、戦死者葬儀、植民地・占領地・大陸での布教、宗教開拓移民といったものがあげられるが、これらを担い手の違いや活動内容の性質によって分類すると、図序-1のようになるだろう。

このうち、(Ⅰ)(Ⅱ)の領域では、質・量ともにもっとも分厚い研究の層が形成されており、これらを繙くことで、教団レヴェルから個人レヴェルにいたるまで、戦争協力を正当化するさまざまな教義・思想を見渡すことが可能である[67]。これにたいして、(Ⅲ)(Ⅳ)についてはどうだろうか。(Ⅳ)の植民地・占領地・大陸布教については、近年の（ポスト・）コロニアリズム研究の興隆のなかである程度の研究がなされているものの[68]、(Ⅲ)(Ⅳ)の大部分は、たんに戦争協力の実例として並べられるにとどまっているのが現状である。

私は、研究の充実の度合いにこうした偏りが生じている背景には、宗教の戦争協力に関する研究、ないしは戦争と宗教の関係をめぐる研究全体を規制しているビリーフ中心主義があると考える。関一敏にしたがえば、近代社会で広く受け入れられてきた、キリスト教をモデルとする宗教のとらえ方は、宗教をビリーフ（信、言語的に表明される信仰）とプラクティス（行、非言語的・非意味的な慣習行為）に分割したうえで、前者が後者を意味づけるというかたちでそれらがセットになっていると考える。[69] そして、宗教を理解するうえでは、プラクティスを意味づける能動的な主体としてのビリーフこそが中心的な役割を果たすものとされるのである。戦争と宗教の関係をめぐる研究にもこの発想は持ちこまれ、そこにおいて研究者の関心は、宗教の戦争協力を正当化する教義・思想はどのようなものなのか、またそうした教義・思想はいかなる文化的・社会的・生活史的環境のなかで生まれたのか、といった問題に集中していく。そして戦争協力のプラクティスは、行動原理としてのビリーフの帰結として位置づけられることになるだろう。そうした立場からなされる研究の基底には、教義・思想の領域をおさえれば戦争協力の問題は理解できる、という発想があるのではないだろうか。

だが、そのような発想は戦争と宗教の関係性をあまりにも単純化している。ビリーフがプラクティスのありようを規定していくことはたしかなのだが、本書の第4章で論じるように、戦争協力のプラクティスがビリーフのありように深い影響を及ぼすこともある。ビリーフとプラクティスの相互作用的もしくは循環的関係をとらえないかぎり、宗教が戦争に関与するということの歴史的意味は明らかにはならない。戦争協力のプラクティスを、宗教史・宗教学の問題として、より具体的にとらえなおす必要があるのだ。

宗教経験としての戦争協力に向き合う

つぎに、宗教の戦争協力をめぐる解釈・評価の問題について検討してみよう。ごく一部の集団を除いて、戦前の日本のほとんどの宗教集団が、日清戦争、日露戦争、第一次世界大戦、アジア・太平洋戦争といった対外戦争に際して、なんらかの協力を行ったということに関しては、疑問の余地はない。問題となるのは、まずそれが弾圧をも仄めかす政府当局の圧力によって、平和を願う宗教者たちの意思とは逆に戦争協力を行わざるをえなかったのだと考えるのか、外圧には還元しきれない、自発的に戦争協力へと向かうような要因が、その宗教の教義や信仰そのもののなかにあったのではないかと問いかけていくのか、という点だろう。

たとえば新宗教新聞記者の廣橋隆は前者の立場をとり、大日本帝国憲法や宗教団体法の下に置かれ、法的・制度的に厳しい統制を受けていた「新宗教教団の宗教的立場からすれば、むしろ戦争遂行のための超国家主義の犠牲者であった」と考え、新宗教教団に「直接の戦争責任の所在を問うことは、少々的外れということになる」とのべている[70]。もっとも活発な戦争協力を行っていた教団のひとつである天理教本部もこうした立場をとっており、戦争協力はあくまで外向きのカムフラージュであり、けっして本意ではなかったということが強調される。右の引用で廣橋のいう「直接の戦争責任」がどのようなことを指すのかはよくわからないが、こうした言説の特徴は、戦前の歴史を書くとき、宗教集団を徹底して受動的に描くことである（そしてしばしば、戦後には突如として能動的・主体的な存在となる）。宗教集団側の主体的な言説・実践に言及せず、政府当局の監視・弾圧だけを記述するなら、宗教集団が犠牲者として立ち現れてくるのは当然のことだ。このような方法は、宗教集団の立場を正当化するために都合のよい事例だけを取り上げているといわざるをえないだろう。

宗教集団による戦争協力の問題は、国家と教団との一対一の関係性に還元しうるものではなく、戦争によって国内外で大きな被害を受けた人びととのかかわりを視野に入れて問われるべきだろう。そのように、戦争協力ということの社会的性格を考えるなら、近代天皇制国家の被害者・犠牲者としてのみ新宗教運動をとらえる見方は、あまりにも内閉的・一面的なものである。教団や信仰当事者を戦争協力のエージェントとして成り立たせてきた機制は、国家権力という外部だけでなく、その宗教の組織・制度や信仰の論理などにも存在したのであり、そのことをみつめるところから、戦争と宗教との関係性を他者に開かれた問題として問うていく回路が見いだされるのではないだろうか。

戦時期における新宗教の教義や実践などに戦争肯定・戦争協力につながる要素を認め、批判的に考察しようとする研究は少なくないが、戦時期の教義・実践をその宗教伝統のなかでどのように位置づけるかという点において、それらはふたつに大別される。第一のものは、戦時期の教義・実践を、その宗教本来のありよう――それは平和を志向するものだとされる――からの「逸脱」とすることによって、現行の教義・実践の政治的無垢性を確保しようとする。たとえば金光教本部が戦前期の歩みを総括した『戦争と平和――戦後五〇年をむかえて』（一九九五年）という冊子では、自教団の戦争協力が多くの人びとを苦しめたことについての社会的責任を表明しながら、戦前期の「信忠孝一本」の枠組みのなかで時局活動を推進していった過去を検証しようとしているが[71]、金光教学者の渡辺順一や大林浩治は、本部のこうした姿勢を厳しく批判する[72]。

信教自由・政教分離の戦後的観点に立って、そこから「信忠孝一本」という認識的枠組みの中で展開された戦時下教団の営みを裁断するという態度は、一見真摯で自己批判的であるかのように見える。しかし、そのような方法・視点による過去の歴史の今日的総括（即ち清算）は、ややもすれば自らの過去を踏み台にして現在の立ち所を補強するというような、極めて不可思議で欺瞞的な自己肯定の論理にも繋がり兼ねない[73]。

前節でみたように、戦前、とりわけアジア・太平洋戦争期の金光教において「信忠孝一本」の教義は枢要な位置を占め、金光教が国策に沿っていくことの教義的裏付けとして機能していたが、戦後教団では説かれることがなくなっていった。渡辺は、すでに過去のものとなった教義を批判の焦点に据えることによって、そこから切り離されたものとして現行の教義を正当化しようとする身ぶりに反発するのである。そのような論理は、「自らの過去」という他者への批判とはなりえても、現在を生きる自分自身を対象とした「信心の自己吟味」にはいたらないということなるだろう。

仏教史やキリスト教史の文脈でも、こうした問題は少なくない。菱木政晴は、東西本願寺教団の植民地布教について概観しているが、彼の語りには、宗教者が宗教と戦争ないし帝国主義とのかかわりを問題化しようとする際に陥りがちな不毛性が露骨なかたちで現れている。菱木は植民地布教に先鞭をつけた小栗栖香頂をはじめとする僧侶らの行動を追いながら「その行為の実態と意義」[74]を明らかにしようとするのだが、「親鸞の仏教」に強い思い入れをもつ「仏教者と自認する」研究者としての彼には「教団のなしたことが「宗教活動」であったと言い切る自信はとてもな」く、「むしろ、政治的・経済的さらには軍事的活動に近接した文化活動だったというのが客観的な事実であろう」と論じる。[75]この議論の問題性は、「宗教活動」と他の「文化活動」をあらかじめわけてしまったことにある。植民地布教を「宗教活動」から切り離し、それを批判するというやり方は、「宗教活動」そのものにたいする批判への道を閉ざしてしまう。辻村志のぶは、戦時下の日本仏教がアジア地域での活動を行う際にその正当性を支えたのは、「宗教」と「政治」とを分離させる思考法であったと指摘している。そして、「実際には国策に沿っている日本仏教の国際活動には政治性がないと他者に強弁し、自らを納得させるために用いられ、結果として日本仏教は日本の対外政策に際限なく迎合することが可能になった」のだという。[76]つまり、政治的・経済的・軍事的な実践が、彼ら自身の論理では政治性のない「宗教活動」として語られていたのである。そうであれば、菱木のようにたんに「客観的な事実」によって裁断するのではなく、その「宗教活動」としての経験自体を問う必要があるのであって、そうでなければ批判は彼らには届かないだろう。他方、一色哲が指摘するように、戦時下のプロテスタントについての研究の多くは「キリスト教本来の平和的信仰の原理に基づけば必然的に戦争に抵抗すべきところが、第二次世界大戦期にはそのあるべきキリスト教像から逸脱し、日本のアジア侵略や国民に対する戦時統制に協力してしまったという前提に立っている」[77]。戦時期の教義や信仰についての個別の分析には学ぶところが少なくないものの、これらの諸研究においては、論者自身が前提とする〝本来的〟な仏教やキリスト教そのものが問いに付されることはないのである。

これらの研究にたいして、当該宗教本来の平和主義的・非政治的な教義・信仰なるものをあらかじめ前提せず、文脈に応じて戦争を肯定することも否定することもありうる、両義性を抱えたものとして教義・信仰の歴史的展開をとらえようとする立場もある。

たとえば仏教(者)と戦争とのかかわりについては、市川白弦やブライアン・ヴィクトリアなどによる成果が積み重ねられているが[78]、これらは仏教の教義そのものに、暴力や戦争、植民地主義などを肯定する論理が内在していることを厳しく追及してきた。そこでは禅仏教における「無我の境地」が暴力を正当化したり、禅寺での生活や訓練が軍隊におけるそれに適合し、流用されるといったように、教義や実践の中核的な部分が戦争への加担につながっていったことが明らかにされる。他方では大逆事件に連座した内山愚童や新興仏教青年同盟にみられるように、仏教には国家や戦争にたいする抵抗の論理を生み出す可能性があることも指摘されるのだが、市川らによる仏教の戦争責任論は、(近代)仏教の思想と戦争や帝国主義との関係性を問うことに重点を置くあまり、戦時体制への抵抗/協力という二者択一の問題に収斂してしまう傾向がある[79]。

他方、大林浩治は、アジア・太平洋戦争における前線や銃後において、金光教の布教師や信者がどのような信仰を渇望し、生み出していったのかをみつめようとする。当時の機関誌等に現れる語りにおいては、総力戦遂行へ向けて信仰を組織化していこうとする論理がみられる一方で、「日常からの信仰の渇求は、生活の当事者の最終的拠点に立って、既存の信仰をも含め皇国精神が促すもの一切への批判的対峙を促した」という。そして「それは、国策翼賛、戦争参加路線に対する「抵抗」「反対」ではなく、それとは別な方向性をもっている。そこに信仰ゆえの世界を見る思いがするのである」と大林は論じている[80]。抵抗か/協力か、という選択が、一定の倫理的価値規範や社会的な状況認識を前提とした理性的判断を意味しているとすれば、ここでいう「信仰ゆえの世界」とは、「生活の当事者の最終的拠点」において、理性的判断の手前もしくは彼方に見いだされるものとしてあるのだろう。

仏教研究やキリスト教研究では、教団単位の問題、あるいは指導的宗教者や宗教思想に影響を受けた政治的指導者など一部の個人の思想や実践が論じられることが多いのだが、とりわけ金光教や天理教のように大衆的な広がりをみせた新宗教における戦争の問題を考えるなら、教団組織や指導層のレヴェルだけでなく、多くの一般信者にとっての戦争をどのように考えるか、という問題を避けて通ることはできないだろう。ただし、それは戦争責任の範囲を無際限に拡大することを意味するのではない。誰に、あるいは何に、どのような罪状を割り当てるべきか、という戦争責任論の思考法からいったん距離をとり、戦争という歴史的文脈のなかで、どのような出来事が生起したのかを率直に見すえることへと、課題をシフトしていくことが求められるのではないだろうか。

天理教と戦争との関係性を問題化したものとして重要なのは、幡鎌一弘の「「復元」と「革新」」(二〇〇六年)である。天理教では敗戦後、「復元」と呼ばれる教義・制度改革が行われて今日にいたっているが(正確には、幡鎌が論じるとおり、戦前にも「復元」の前史は存在した)、彼は「敗戦後に叫ばれた「復元」をめぐる問題を引き受けつつ、何が変わり、何が変わらなかったのか、現在に至る歴史を解きほぐ」していくことの必要性を訴える。それは、「戦争の問題に対する〔現代の〕天理教人の姿勢そのものを脱構築しない限り、戦時下の教団を問いなおすことすらできない」という問題意識に基づいている[81]。

つまり幡鎌は、渡辺や大林が金光教史において試みたのと同様、「復元」以後の戦後教義や価値観を無批判に受け入れて戦時下の天理教の営みを評価することを避け、当時の言説の論理に寄り添いつつ、その問題性と可能性を読みとろうとするのである。幡鎌の読みにしたがえば、戦前の天理教のコスモロジーにおいては、普遍主義と国家主義とがコンフリクトを潜在させつつも、互いに支えあうという複雑な構造が成り立っていた。とりわけ興味深いのは、戦後教義を作り上げた中心人物が、日中戦争への従軍体験を通じて、ナショナルな枠組みを超えた普遍主義的な教義理解への手がかりを摑んでいくプロセスが描かれる点である(これについては、第6章でもふれる[82])。侵略戦争に加担したことの社会的な責任を抹消することはけっしてできないが、宗教(者)の戦争責任をめぐる言説を規定してきた抵抗／協力あるいは加害／被害といった二項対立に立ち止まらずに、戦場での経験を宗教的意味世界が再編成される場としてとらえようとするこのような見方は、宗教と戦争とのかかわりを問う新たな視角を提供するものといえるだろう。こうした点において、本書の議論も、幡鎌と基本的な問題意識を共有するものである。

新宗教と総力戦、そしてその外部

つぎに、戦争への協力あるいは抵抗といった能動的な態度の外部で展開される宗教活動に眼を向けてみたい。社会のあらゆる資源を動員して総力戦を遂行しようとする政府にとって、諸宗教教団のもつ組織力や資金力は両義的なものだった。首尾よく彼らの協力を得ることができれば、そこに集っている信者たちの戦争への合意を調達することができ、教団の資産を活用することも可能になるが、逆に教団が反戦・厭戦に傾いたり、あるいは政府の統制を離れた勢力を形成したりするなら、総力戦体制にたいする深刻な脅威となるだろう。このため、政府は一九三〇年代半ば以降、特高警察を尖兵とする取締りや、一九四〇（昭和一五）年に施行された宗教団体法などによって、総力戦に協力する宗教と抵抗する宗教とを厳しく峻別していった[83]。こうした状況のなか、諸宗教の側としても、総力戦体制にとっての友／敵のどちらであろうとするのか、二者択一の決断を迫られていったといえる。

しかし、私たちはさらに目を凝らしてみなければならない。一方で政府当局による弾圧の脅威を感じながら、同時に帝国日本の臣民としての自己意識を高揚させて戦争協力へと邁進するという宗教団体や信仰者たちの動きの線とはべつに、そこから脱落していく者たちが存在したことを。またそれは、敢然と戦争への抵抗の意志を表明した者たちでもない。いったい何者なのか。

手がかりを与えてくれるのは、金光教学者の渡辺順一による戦争責任論である。渡辺は、現在の教団につながる問題として戦時期の金光教団の態勢を批判的にとらえなおそうとしているが、彼がいう金光教の「責罪性」は、教団が現実的な組織防衛を第一義としたり、戦争を肯定する言説を生産したりしたこと自体には求められない（もちろん渡辺は、「日本が侵略し、あるいは戦場にしたアジアの諸国、他民族への責任ということは、日本国家を構成する一員として」金光教団も負わなければならない、ということは前提としてふまえている)[84]。渡辺が問題とするのは、「治維法〔治安維持法〕・宗団法〔宗教団体法〕との折り合いを付けつつ教団統合を推し進めて行く過程で、それまで自由で多種多様に展開されていた全教の「取次ぎ助け」の営みが、教政の目からは教務的に統制すべき対象と見做され始めたこと」であり、「生きたい・助かりたいという全教信奉者達の救済願望を、教団の組織防衛を第一義とするが故に信仰的に否定し去ったこと」である[85]。

彼は、金光教の信徒が一九四〇(昭和一五)年から一九四六(昭和二一)年の五、六年の間に約六〇万人も減少していることに着目する。それまで「地方から職を求めて流れてきた人々や、底辺の労働者、貧しい人々」の「生きることへの願望や、生活確保の苦難、戦時下故のさまざまな悩みや不安と向き合いながら、取次によって「おかげ」を与え、信心を手渡していた」金光教が、献金や戦時貯蓄を強要する金光教報国会などの運動のなかで、これらの人びとを切り捨てていったことをこそ痛切に批判しなければならないと渡辺はいう[86]。さきの仏教の戦争責任をめぐる研究でもみられるように、宗教と戦争の問題を考える場合、宗教(者)と国家の関係、あるいは戦争／平和についての思想、アジアへのまなざしなどが注目されることが多いが、渡辺の設定する論点は、救済を求める信者たちを前景化することによって、戦争というコンテクストのなかで逆説的に浮かび上がる救済宗教としての金光教の存在意義を問うものとしてきわめて重要なものである。

歴史学者の藤原辰史は、従来の総力戦研究が見落としがちだった論点として、「総力戦の外部、狭間、周縁の接合・反発の局面」[87]の分析をあげている。あらゆるものを動員する総力戦体制の外部に、あらゆるものとしての勘定に入れられない、いわば戦力外とみなされた者たちの領域が広がっているのだ。渡辺のまなざしは、まさにそこに注がれている。教団が戦争に巻き込まれるなか、そこに巻き込んだ信者たちと、巻き込みそこねた信者たち。それらを同時に認識することが、宗教と総力戦の関係性をめぐる思考には不可欠なのである。

来るべき「戦争と宗教」論

戦争と宗教の関係性をめぐるいくつかの重要な研究を検討するなかで、私が課題とすべき論点がかなり明瞭になってきたように思われる。

第一に、宗教による戦争協力の問題は、政府の強圧的な要請によるものにすぎないとか、信仰そのものにはかかわりのない表面的な協力にすぎなかったというような理解は成り立たず、教義や信仰そのものに密接にかかわる問題として受けとめなければならない。

第二に、現行の教義や組織のありようを基準とし、戦時期のありようをそこからの「逸脱」として断罪することは、安易な現状肯定へとつながってしまう恐れがある。したがって、当時の歴史的文脈と、そこで語られる論理に内在した歴史叙述が必要である。

第三に、大衆的な広がりをみせた新宗教運動における戦争の問題を考えるうえでは、教団や一部個人だけでなく、一般信者の信仰・実践まで射程に入れた問いを立てなければならない。

第四に、戦時期の複雑な問題群を戦時体制への協力か／抵抗か、という二項対立に還元するのではなく、総力戦という文脈において生起する信仰の世界そのものの再編成過程を描いていくことが重要である。

第五に、宗教集団の戦争協力という事態は、その周辺に〝遺棄される信者たち〟という存在を生み出していったのであり、彼らの存在は、戦争と宗教をめぐる問題系が、個別の教団という枠組みを超えて広がるものであることを示している。本書で充分に展開することはできないが、こうした〝遺棄される信者たち〟のゆくえを追うとともに、彼らが問いかけるものの意味を徹底して考えぬくことが重要な課題となるはずだ。

そしてこれらのことは、宗教における戦争という問題が、戦前・戦中という時空間のなかで完結させることのできるものではなく、戦後、そして現在の教義や組織体制、信仰を形成してきた実践の束としてとらえていくことの重要性を示しているだろう。

五　本書の構成

　ここで、本書で私が取り組もうとする課題と方法について具体的に記しておこう。

　数ある新宗教のなかで、私がとくに天理教を事例として取り上げるのは、まず活動時期の面で、戦前・戦中の全時期にわたって活発な運動を展開した教団であること、また運動規模の面でも、もっとも広範な信者を獲得した新宗教のひとつであることから、新宗教運動における近代経験の一典型を示すものであるという理由による。さらに、明治後半期以降基本的に合法的活動を志向した天理教は、支配体制・イデオロギーと新宗教の入り組んだ関係をとらえようとする本書の課題に重要な手がかりを与える集団なのである。

　ところで、ひと口に「天理教」といっても、幕末・維新期と明治中期、さらに明治末以降とでは集団の性格はかなり異なっている。そのため本書では原則的に、中山みきが宗教運動を始めてから一九〇八年に一派独立を果たす時期までの集団を親神共同体、独立以降のそれを天理教と呼ぶことにする。ただし、一八八八年に神道本局直轄の天理教会となってから独立までの時期については、必要に応じて天理教会という用語も使うことになる。

　本書では、部分的に明治前半期までの時期にも言及するが（第1章）、基本的には中山みきが亡くなる一八八七（明治二〇）年から、「天理教教典」の裁定によって戦後教義の軸が定まる一九四九（昭和二四）年までを対象としている。第三節で小沢浩や李元範の「二重構造」論を検討する際にのべたように、①「教祖の思想」をめぐる解釈と、②教祖の死後における教義や実践が「教祖の思想」を継承しているか否かの評価、という次元の異なる作業を安易に接合することによっては、新宗教の近代経験をとらえることができない。そのため、ここでは私自身が「教祖の思想」を解釈するという試みを放棄し、不在の教祖という焦点をめぐって展開されてきた読みの運動に、対象を限定しようとするわけである。

そして、天理教運動の近代的再編成を理解するために私がとくに重視するのが、国家にたいする「迎合・奉仕」や帝国主義、総力戦体制への順応などといった契機と、天理教の意味世界や信仰の変容との間にいかなる関係が見いだされるのかという点である。「二重構造」論の語りにおいては、こうした契機は天理教の信仰そのものにたいして表面的かつ一時的な影響しか与えなかったとされるのだが、そうではなく、意味世界や〝内面的〟な信仰そのものの持続的な、おそらくは現在にまでつながるような変化と密接にかかわっているのではないかというのが、本書を主導する仮設だ。現在の教団における価値意識からは否定的なものとして理解されるこれらの契機を、いわば重要な宗教経験として把握しなおすことが必要なのである。

各章において、この仮設をいくつかの角度から検証していく。そこで私がとる基本的な戦略は、「二重構造」論において国家主義や帝国主義などの文脈から遠い、本来的な信仰の領域とみなされる部分に焦点をあわせ、そこに含まれる国家主義や帝国主義との不可分な関係性を分析することによって、「二重構造」を基盤とする語りを失効させることである。

まず第1章では、みきが亡くなった後に信仰共同体を指導した飯降伊蔵（いぶりいぞう）という人物の、「おさしづ」という儀礼の場を取り上げる。そこにおいては、天理教の神である親神（天理王命）が伊蔵に憑依し、彼の口を通して信者たちに神の指図が伝えられたとされる。明治後半期は、みきの信者たちが神道本局の傘下に入り、国家にたいする「迎合・奉仕」が進められた時期だといわれているが、その集団の中枢では、近代合理主義的な宗教のあり方とは対照的ともいえる憑依信仰が息づいていたのだ。このように書くと、私自身が「二重構造」論にとらえこまれているようにみえるかもしれないが、この章の関心は、「迎合・奉仕」と無縁の信仰を描くことにではなく、憑依の身体を中心とした信仰の場において、伊蔵や信者たちが教義の近代化や神道化を要求する政府の意向とどのように向き合い、交渉していったのか、その過程で彼らの信仰のありようがどのように変容していったのか、という点にある。そこでは、国家への従属／抵抗が、外向きの教義／内的な信仰という区分に対応するという単純な理解を撹乱する事態が展開されていた。

第2章から終章にかけては、一九〇八年の一派独立以降の時期を扱う。第2章では、一九二〇年代末から戦後にいたるまで、天理教の管長としてリーダーシップを発揮し、現行の教義の成立に多大な役割を果たした中山正善（しょうぜん）の思想を検討する。正善は海外伝道に強い意欲を抱いており、そのための参考資料として、カトリックの伝道関係文献や、世界の民族資料を大量に収集していった。その一方で、教祖・中山みきが執筆した「おふでさき」や「みかぐらうた」の文献学的・書誌学的研究を行い、今日にいたる天理教教義学の絶対的権威としての地位を確立する。海外伝道や民族資料収集が、帝国日本の植民地主義と密接なかかわりをもっていることは容易に理解されるところだが、教祖の著作の書誌学的研究という実践は、そのような政治的問題とはかかわりがないようにみえるかもしれない。しかし、正善による収集や伝道の実践と、原典研究の実践とを連関したものとして読むことによって、非政治的な宗教実践とみえるものの政治的意味を考えようとするのが、この章の課題である。中山正善という人物が、現在にいたるまで天理教の教義理解の規範でありつづけているという事実は、この作業の重要性をより大きくするものだろう。

つづく第3章は、独立から太平洋戦争期にいたる天理教本部とその周辺の動向を大づかみに理解しようとする。この時期の前半、天理教本部は積極的な布教活動による信者の増加や原典（「おふでさき」「みかぐらうた」「おさしづ」）への関心の高まり、植民地をはじめとした海外伝道の展開、また布教師再生産システムの構築などにみられるように、近代宗教としての形態を整えていく一方で、政府側の要請を受けつつ国民教化運動の有力な担い手として自己形成を進めていく。だが総力戦体制が構築されていく一九三〇年代後半以降になると、教勢の拡大は停止し、政府による宗教の監視・統制が強まるなかで、教義面・制度面の改変を余儀なくされる。戦後の天理教は、この一九三〇年代後半以降の「革新」と呼ばれる改革に着目することで、国家の監視・統制の犠牲者としての戦前教団像を構築してきたといえるが、私はそこでみられる断絶の意味に留意しながらも、独立以来、国家主義や帝国主義と結びついて進められてきた教義形成の連続性を重視し、宗教と国家、あるいは戦争との関係性についての再考を試みる。

第4章は、天理教の重要な教語のひとつである、〈ひのきしん〉の歴史を辿っている。今日神恩感謝の奉仕行為を意味するこの語の典拠は中山みきの「みかぐらうた」に求められるが、そこにこめられる意味や信仰体系のなかの位置づけなどは、時代によって変化してきた。むろん、いかなる概念であれ、歴史的な変容を免れないといえるが、この語の変容は、天理教の国策協力や戦争協力という文脈と密接にかかわっているという点に特徴がある。国家主義、帝国主義、総力戦などといった文脈と宗教との関係が、抵抗／協力などといった単純な二分法ではとらえられず、教義の体系を再編し、信者たちの行動様式を変容させる機会を提供するものであることが、〈ひのきしん〉の歴史からは明らかになる。さらにその経験は、宗教にとって過去の不幸な「逸脱」などではなく、現在の教義や信仰を形成した歴史的契機として受けとめるべきものとして立ち現れてくるだろう。

第5章は、アジア・太平洋戦争と〈ひのきしん〉との関係を、べつの角度から検討する。ここで論じられるのは、「聖戦」と呼ばれたアジア・太平洋戦争そのものの宗教性と、そこに動員される個別宗教としての天理教における〈ひのきしん〉の教義との間にみられる親和性と緊張関係である。差異を内包しながらも、〈ひのきしん〉の教義が「聖戦」の教義を下支えし、総力戦体制への人びとの動員を可能にしていった機制の一端を明らかにする。

第6章では、敗戦後の天理教を対象とし、新たな教義体系の構築と信者の動向を検討することで、戦後、そして現在の天理教と戦前・戦中期における歴史的経験との関係について考える。中山正善は、天皇による〝玉音放送〟のあった一九四五（昭和二〇）年八月一五日、ただちに新たな教典の編纂を指示した。それは、天理教の「革新」体制からの決別を示すエピソードであり、敗戦を契機に天理教は〝戦前的なるもの〟から解放されたようにもみえる。しかし、国家主義や帝国主義、総力戦などといった文脈のなかで培われた戦前・戦中期の経験は、政治体制の変化によって単純に消し去ることのできない痕跡を残していた。本部、青年層、末端信者層という異なったレヴェルにおける戦後を考えるなかから、「復元」と呼ばれる戦後体制と、「革新」またそれ以前の思想や実践との歴史的関係を考察する。

終章では、それまでの各章の議論を、読みの運動という観点からあらためて整理して、新宗教が近代を生き、総力戦に巻き込まれるとはどのような出来事であるのか、そしてそれが何を生み出していったのかを考えてみたい。

六　中山みきとは誰か——ひとつの〝読み〟として

次章以降の本格的な考察に先立って、天理教運動を始動させ、その後の読みの運動のなかでも特権的な参照点でありつづけてきた人物である中山みきについて、ここで最小限の紹介を行っておきたい。ただし、前節でのべたとおり、本書では、教祖の思想や実践についての私自身の解釈を括弧に入れることにより、天理教に集まった人びとの読みの運動を柔軟にとらえることを目指している。したがって、みきに関するさまざまな史資料を自分なりに組み合わせて成り立っている私の〝読み〟を、天理教という読みの運動を追跡する本書の論述のなかに持ち込むつもりはない。それはあくまで、自分自身も読みの運動に巻きこまれている者としての〝私〟の立場を自覚的に示すとともに、読者の理解を助けるために書かれるものである。

東大寺や春日大社のある奈良市の中心部から、大和高原を左に眺めつつ山辺の道を一〇キロほど南に下っていくと、布留山の麓に石上神宮が鎮座している。かつて物部氏の鎮守であったこの古社から数百メートル西に進めば、天理教本部の壮大な建造物群にたどり着く。庄屋敷村と呼ばれたこの地に住んでいた農家の主婦中山みきが、神がかりを契機に宗教的回心を経験し、独自の宗教思想や実践を生み出していったことが、今日の天理教のはじまりだとされている。(88)

みきは一七九八（寛政一〇）年、庄屋敷村から南方に約一キロ離れた三昧田村に生まれた。実家の前川家は農民ながら領主の藤堂藩から苗字帯刀を許された富裕な小地主で、みきは幼少期から家事・農事を手伝う傍ら寺子屋で読書・習字・算術などを覚えることができた。一方で、「わしは、子供の時から、陰気な者やったで、人寄りの中へは一寸も出る気にならなんだ」[89]と後に自ら語ったといわれるように、ひとりで裁縫や細工物をするのを好む内向的な性格の少女でもあった。みきは、一二歳のときに尼になりたいと両親にせがんだという逸話があるほど、家の宗旨である浄土宗の信仰に熱心で、早くから信心ごとに強い関心をもっていたことがわかる。

一八一〇（文化七）年、一三歳のとき、庄屋敷村の中山善兵衛に嫁いでいる。中山家も、前川家と同様に富裕な地主であり、多くの労働力を雇って広い田畑を耕す一方で、米や綿の商いや質屋業を営んでいた[90]。みきはこの家の主婦として、使用人の管理を含めた家事・農事全般をこなし、六人の子を産んだ。

村上重良は主婦としての彼女の生活を、「封建社会末期に生きる妻、母さらにはひとりの女としての多難な人生」[91]と評している。当時のみきについて語られた逸話を読むかぎりでは――夫の浮気相手である下女に毒を盛られるという事件はあるが――大本を開いた出口なおのような「すさまじいほどの苦難」[92]を経験したという印象は受けない。実際、大正期に書かれたみきの伝記では「外より此を窺へば、極めて平穏無事」で「読む者の自ら興味を惹く事能は」ないのではないか、という危惧が表明されていたほどなのだ[93]。もちろん、この伝記作者にはみえていなかった、主婦に過重な負担を課す家父長制の桎梏が、みきの心身を疲弊させていったのであり、幕末期の農村女性が共通して抱えた苦難のひとつの典型――なおの場合は、近代初期の都市細民を襲った苦難の極限を表象する――を示すものだったとはいえるだろう。

みきに神がかりが起こったのは、一八三八（天保九）年、四一歳のときである。長男の年来の足痛に加え、夫の眼、そしてみき自身の腰の患いに対処するため、近隣の修験者を招いて寄加持を行おうとしたところ、加持台となる女性が不在のため、みきの身体に神霊を降ろすこととなった。ところが、みきに降ったのは家族の病いどころか、世界全体の救済という途方もない宣言をする神だったのである。

不可視の神霊が生身の女性に憑くというこの神秘現象をどう説明するのか、当然ながら立場によって見解は異なってくる。信仰の立場からすれば、それは文字通り親神（＝「月日」）がみきを「月日のやしろ」と定め、救済者としての使命を告知したことを意味する出来事である。他方、歴史学や社会学の研究者であれば、神がかりといわれる人格転換を生理学的もしくは心理学的に説明しうる現象と考えるだろう。それは同時に、彼女の神がかりをある種の病理としてとらえようとする立場にもつながるが、その病理は必ずしも原状への復帰としての〝治癒〟を目指すべき問題であるとはかぎらない。たとえば精神医学者の中井久夫は、みきの「忍苦が限界を超えた」ことによる「変貌」を「宗教的「創造の病い」」と位置づけ、「暗鬱な雲が一度に吹き払われて、明るい天地が眼前に開けた印象」を語っている[94]。中井にかぎらず、みきの前半生における苦難の蓄積が、寄加持というきっかけによって神がかりによる人格転換をもたらしたと考える論者は多い。

だがここでは、「何が憑依をもたらしたのか」という遡及的な問いに深入りするのではなく、むしろ「憑依が何をもたらしたのか」を考えたい。はじめての神がかりから、みきが救済者としての本格的な活動を開始するまでの間には、じつに一六年もの沈黙の期間があった。この間、神との出会いをみきがどのように受け止め、信仰へと結実させていったのかを深く考えようとしたのは、島薗進である。前述のように、みきに降った神のメッセージは、通常の寄加持において期待されるものの範疇を超え出てしまうものだった。それを受け入れることによって、みきは「生活者でも民間宗教家でもありえぬ孤独な空間に踏み込まざるをえなくなった[95]」と島薗はいう。他方では、中山家の経済的な没落が進み、彼女の不幸の感覚は深まっていく。神による救けの約束は本当に実現するのか、「疑いと絶望[96]」のなかでみきは孤独な思考を強いられていくことになる。

やがて彼女の徹底した問いかけは、家の没落とそれに伴う家父長的秩序意識の解体を、神の「トータルな救けの約束[97]」の下で新たな倫理や希望が生成するための条件として意味づけなおしていった。そして子どもたちの結婚や出産、また少しずつ集まり始めた若い信者たちとの対話のなかで、みきが新たに見いだした倫理と希望が具体的なかたちをとって現れ始めたというのである。

憑依の出来事がもたらしたものについて、島薗がみきの内面の葛藤に焦点をあわせて理解しようとしたのにたいして、川村邦光は、みきと彼女の憑依をみつめる他者との相互作用に着目しながら議論を展開する。神がかりを体験したみきは、当初〝生き神〟として尊崇されるどころか、「狂人（きちがい）」「乱心」「瘋癲（ばか）」「狐憑」といったことばで蔑視され、「ごくありふれた地域社会の生活世界から逸脱した言動とみなされて異常者として名指しされ、孤立を深めていった[98]」。みきは、神が指示するままに中山家の土蔵（「内蔵」）に籠り、線香を焚きながら「なむてんりわふの命〳〵」と唱えつづけていたとも伝えられる[99]。川村は、こうした一定の場所での籠りや唱え言の繰り返しが、信心を深化させていったばかりでなく、憑依による荒立ち、心身の不調、また心身状態の不安定からの回復をもたらすことになったと指摘する。

はじめての神がかりから一六年後、一八五四（安政元）年に、娘の出産に際して安産の守護を与える「をびや許し」と呼ばれる呪術的技法を施し、その後近在の家々に出向いて病人を癒す地域社会の宗教者としての活動を行っていく。「みかぐらうた」で「いつもわらはれそしられて／めつらしたすけをするほどに」と歌ったように、籠りの期間をへて、自らを嘲笑する周囲の視線に対抗する「月日のやしろ」としての自己像を構築していったのである。川村によれば、幕末ごろから一定の信者集団が形成された後も、みきは近在の神社や寺院などの既成宗教勢力や明治国家の官憲による干渉・弾圧を受けながら、「支配に対抗する憑依のポリティクスを実践していった」。彼女は「終生、憑依という出来事に生命を賭けて、充実した生き方を展開していった」のだと川村は論じている[100]。

島薗と川村の議論をあわせて考えるなら、個人的かつ社会的・政治的な出来事としての憑依との長期にわたる向かい合いをへて、みきが次第に新たな宗教活動の地平を開いていったことがわかる。では、みきが新たに生み出したものとは、いったい何だったのだろうか。村上は、「おふでさき」や「みかぐらうた」に表現された「天理教の教義・儀礼には、仏教・習合神道・修験道・心学等の影響がみられるが、徹底した現世中心主義に立ち、封建制末期の先進的農村の農民の、生活に根ざした現世利益的な願望が、卓越した一神教的な神による救済に集約されている」とのべる。[101] とくに、明治期に入って度重なる官憲の弾圧を受けながらも、屈することなく「高山」（＝権力者）への批判を「おふでさき」に歌いこみ、権力から自律した信仰共同体を樹立しようとした点を、村上は高く評価していた。

島薗は、前述の考察をふまえて、みきの信仰の「従来の宗教と異なったきわだった特質」として、それが「突然の悟りや超自然的力の介入によってもたらされたのではなく、徹底した孤独な問いかけと生活のゆっくりとした歩みによって徐々に形成されたものであり、そのことが疑いや絶望に耐えうる信仰の強靭さと奥深さをつくりあげた」ことと、「従来の習合宗教の神仏」を教義の基盤としながらも、それを「首尾一貫した意志をもつ創世主宰神」へと鍛え上げるなかで「伝統主義の霊気（アウラ）」を払拭し、「人々の日々の生活の中で働く神」へと脱皮させたことをあげている。[102]

思想としての近代性や反権力性に重点を置く村上と、信仰が育っていく過程や人々の日常生活を支える神イメージの生成に目を向ける島薗とでは少なからぬ立場の違いがあるともいえるが、それぞれにみきの宗教思想・実践の特徴を的確にとらえているのではないだろうか。近世農村社会が動揺し、解体へ向かうなかで、しかし新たな支配秩序へと単純に組みこまれてしまうのではなく、農村に生きる民衆の境位から新たな意味秩序を構築してそれを貫きとおしたところに、みきの生涯の画期性はあったといえる。だが私の〝読み〟はこのぐらいにして、ここからは、みきの信仰を継承しようと試みた無数の信者たちの〝読み〟に耳を傾けてみよう。

第1章　信仰共同体の危機と再構築
——飯降伊蔵と本席 - 真柱体制

はじめに

教祖・中山みきを失ったあとで、後に天理教と呼ばれることになる、親神への信仰によって結びつけられた共同体——ここでは親神共同体と呼ぶことにする——がどのように再構築されていったのかを、飯降伊蔵（一八三三〜一九〇七年）という人物を介して明らかにするのが、本章の第一の課題である。

みきのように大きなカリスマを認められた宗教指導者の死を、信者たちがどのように受け止め、新たな歩みをはじめていくのか。こうした問いは、宗教社会学であればカリスマの制度化や継承の問題として扱われるだろう。たとえば川村邦光は、ウェーバーのカリスマ理論を引き継ぎながら、中山みき、金光大神（金光教）、出口なお（大本）の死の前後における信仰共同体の動向を分析し、後継者たちが「教祖の死というドラマを演出し、その一方で教祖の不死というドラマを演出し続ける」ことを通じて、「指導者の霊能・人格カリスマ、さらに生前既にそこから分化され制度化されていた技法・事物カリスマは、あらためて世襲・官職・技法・事物・場のカリスマへと制度化され、教祖カリスマが再構成される」と論じている。[1] また渡辺雅子は、霊友会から分派した妙智会教団を取り上げて宮本ミツ・孝平夫妻の教祖化過程を分析している。[2] 彼女によると、妙智会では、霊友会の創設者・久保角太郎の教えの正当な後継者であることを主張する初期の段階をへて、妙智会設立以前に故人となっていた孝平を顕彰することにより、霊界にある指導者としての孝平と、現界にあるミツとが一体となって働いているという、「共働の教祖」のイメージが形成され、ミツの指導者としての地位も確立されていった。

カリスマ的指導者の死、あるいは不在の指導者を、後継者たちがドラマティックに演出・顕彰することによって「教祖」と「教団」が形成されていくとするこれらの議論は示唆に富むものである。しかし、渡辺順一が宗教学・宗教社会学的な新宗教研究について「教祖達の宗教運動を「宗教」の「発生過程」として見る見方は、「教祖」ではなかった教祖達自身の運動への思惑や、その宗教運動の渦中で動態的に立ち現われていた運動体としての「共同体」を、明治以降の宗教制度史の枠組みの中に閉じ込めてしまうことになるのではないか[3]」と指摘しているように、川村や渡辺雅子の議論にも、後に成立した「宗教」としての教団をあらかじめ前提としたうえで、その〝前史〟として指導者の死とそれにつづく出来事を解釈しようとするところがある。つまり、いまある教団を出発点として、その形成を可能にした要因を、以前の段階に遡って探し求めようとする論理構成がとられるわけである。もちろん、原理的にいえば、過去の事象を扱うあらゆる研究は、後追いの解釈としてしか現れることができないのだが、宗教概念や「天理教」「金光教」「妙智会」などといった組織・制度の歴史性をふまえて、指導者の死を前に立ちすくむ人びとの「実践の地平[4]」をとらえるための工夫が必要だろう。

他方、歴史学的な新宗教研究（民衆宗教史研究）は、みきによって展開された思想・実践が、彼女の死によってどのように変容していったのか、とりわけ近代天皇制国家、国家神道体制との関係がどのように変化したのか、といった点に関心を示してきた。序章でものべたように、村上重良はみきの思想の近代的・進歩的性格を積極的に評価していたが、みき没後の信仰共同体にたいしては、彼の評価は反転する。村上は残された信者たちが神道本局六等直轄教会として許可を受けた一八八八（明治二一）年から、教派神道の一派として天理教が独立を果たす一九〇八（明治四一）年までを天理教の「第一次発展期」とし、この間、「呪術的な現世利益と強烈な救済の教義」によって教勢は急速に発展したが、同時に「教団の権力への妥協が意識的に進められ」ていったとしている。[5]また、小栗純子も、村上の主張を引き継いで、「政治的権力との妥協」の歴史として天理教の近代を描いている。「政府に対する全面協力」の例として、彼女は日清戦争に際して「全国信徒のなかから渡韓して労働奉仕をするものを応募させ」たこと、同じく日清戦争における一万円の軍資金献納、戦没者弔魂祭の執行などといったものをあげている。また、ジャーナリズムや一般社会からの非難をかわすために天理教が行ったさまざまな対策にも言及する。たとえば、町の辻々に道路案内標を立てたことや、道路工事のために人夫を差し出したこと、伊勢神宮徴古館や國學院、赤十字にたいする寄付を行ったことなどである。[6]たしかに、当時の機関誌『道乃友』の記事や、一派独立運動の過程で作成された「天理教教典」(一九〇三年、「明治教典」と通称される)のなかに、国家にたいして「無抵抗な天理教」の姿をみてとることはたやすいように思われる。

すなわち、反権力を貫いたみきの死を境として、信仰共同体の性格は、呪術的救済に訴えて信者を獲得しつつ、国家権力への迎合を進めていく方向へと根本的に変質したことになる。このような評価が定着していく一方で、みきの〝御昇天〟後、信者集団が親神への信仰や共同体を再構築していくプロセスの具体的な様相については、あまり問われてこなかった。教団の「権力への妥協」を批判的に検討するのは、おそらく重要なことだろう。しかし、「妥協」のプロセスは、日清戦争時の政府への献金などにみられる国家協力の事例や、機関誌や「明治教典」などで説かれた、国家主義的な教説を分析することによって充分に説明できるだろうか。それらの基盤となる、個々の信仰の現場に着目してはじめて、信者たちにとっての「妥協」の意味も明らかになるのではないだろうか。親神共同体の信仰の現場から、「権力への妥協」という問題をとらえ返すことが、本章の第二の課題となる。

このような課題を立てるとき、キーパーソンとして立ち現れてくるのが、飯降伊蔵である(図1-1)。みきの〝御昇天〟後、伊蔵は「本席」という地位について、親神のことば=「おさしづ」を語り、一九〇七(明治四〇)年まで親神共同体を指導しつづけた。みきの孫で神道天理教会の教会長(後に天理教が一派独立を果たすと、初代管長

図 1-1　飯降伊蔵

に就任する）でもあった中山真之亮（一八六六〜一九一四年）と飯降伊蔵、互いに異なる役割を果たしたふたりの指導者を中心として、明治後半期の親神共同体は運営されていったといえるだろう。真之亮以降、教団としての天理教の最高責任者は「真柱」とも呼ばれている（ただし、戦前期においては、宗教法規上の呼称である「本部長」「教長」「管長」などが併用されていた）[7]。そのため本書では、親神共同体を支えたこの形態を本席－真柱体制と名づけておきたい。とりわけ、親神のことばとしての「おさしづ」とそれを語る伊蔵の身体、そしてそれを取りまく真之亮を含めた信者たちの視線とに着目することによって、みきを失った共同体がどのようにして再構築されたのか、日常的な信仰をどのように再生産していったのか、という問題に取り組むことができるはずである。もちろん、伊蔵が本席として活動した明治後半期は、みきによって始められた信仰が、数的にも地域的にも飛躍的に拡大していく時期にあたるのであり、それぞれの場において多様な信仰の展開があったことはいうまでもない。本章で論じられるのは、そうした多くの場の連鎖によって構成される新宗教運動の、ひとつの重要な結節点の歴史である。

一　教祖の死と信仰共同体の危機

不可視化される飯降伊蔵

本席‐真柱体制は、どのようにして成立したのだろうか。このことを明らかにするための不可欠な要素として、次節では飯降伊蔵の生活史（ライフ・ヒストリー）を描いていく。ところで、天理教研究のなかで、飯降伊蔵を正面から取り扱ったものは、これまでほとんどない。ここで「正面から」といういい方で含意しているのは、伊蔵がひとりの人間としてどのように社会的世界を生き、本席という立場へといたる過程をどのように経験していったかを丁寧にたどることであるが、私のみるところ、こうした点についての問いが欠如していることには、明白な理由がある。そのことについて、ここで簡単に検討しておこう。

ここでは、村上重良が伊蔵をどのようにとらえていたかをみてみたい。みきと伊蔵は、親神に憑依され、そのことばを語っていると信じられていた点で共通しているが、村上にとってその意味はまったく異なっていた。

〔みきの死後〕飯降は「本席」と称することになり、「今迄渡さうと思ひ乍らよう渡さなかった」「おさづけの理」（呪術）をひろく中核的な信者に授けることになった。（中略）この措置は呪術的治病による布教の急速な展開を可能にした。飯降は、みきの生前すでに「仕事場」とよばれて神のことばを伝えていたが、こののちは「本席」として、神の権威を負って教義・信仰生活・教団経営など広範な問題に「おさしづ」を与えることになった。(8)

この記述において注目すべきなのは、伊蔵が「呪術」とはっきりと結びつけられていることである。村上の『近代民衆宗教史の研究』には、中山みきがもっていた呪術性に関する記述もあるが、伊蔵の場合は「呪術」としか結びつけられていない。これは、村上が「みきの開教＝神がかりについて、われわれが注目すべき問題点は、その中心的内容として伝えられる観念が有する宗教史的意義である」として、みきの「観念」つまり思想内容に着目すべきことを説いていたのとは著しい対象をなす。伊蔵は神がかりの状態において、（少なくとも量的にはみきが残したテクストをはるかに凌ぐ）膨大な「おさしづ」を語っているのだが、その内容について村上はただの一言も言及していないのである。つまり、みきの憑依について語られるのはその思想内容であり、伊蔵の憑依については「呪術的治病」を可能にしたその形式が語られたのだ。伊蔵が本席として「おさしづ」を語ったのは、村上が「教団の権力への屈従」として批判した時期にあたっており、「おさしづ」の内容は語るに値しないと考えたのだろう。このとき、親神の憑依はその儀礼的形式だけが注目されることになり、「呪術」と結びつけられ、「民衆宗教」の物語のネガとして、村上の語りを正当化するために動員されているのである。すなわち、村上においては、伊蔵が検討されるべき思想主体であることを否定することが、本席－真柱体制に移行した親神共同体の思想史的意義の軽視に対応している。このことを逆にいえば、伊蔵の経験や「おさしづ」の語りを主題化することによって、村上説では看過されてきた、べつの歴史像を構想しうるのではないだろうか。

〝教祖の死〟というドラマ

さて、具体的に伊蔵の生活史をのべていく前に、中山みきが九〇歳で死を迎えたときの状況をみておきたい。その場面で伊蔵がどのように位置づけられているかを確認することによって、私たちは彼の生活史のどこに焦点をあわせてみていくべきであるかを知ることができるだろう。

みきがその波乱に満ちた生涯を終えたのは、一八八七（明治二〇）年陰暦一月二六日であった。このときの様子は、戦後天理教の公式教祖伝である、『稿本天理教教祖伝』にドラマティックに描かれている。[9] 同書にしたがって、このドラマの主旋律をみてみよう。

「明くれば二月十八日、陰暦正月二十六日である。恰も、従来から毎月、つとめをして来た日であるし、殊には、教祖のお身上に関して、つとめをお急込みになって居る。近郷近在からは多数の参拝人が詰めかけて居る。しかも、官憲の目は厳しく、一つ間違えば、お身上中の教祖をも拘引しかねまじい剣幕である。人々はこの板挟みの中に立って、思案に暮れた」。数日前から、みきは激しく〈かぐらづとめ〉を信者たちに催促していたのだが、中山真之亮たちは官憲の監視を理由に逡巡しており、その状態がみきの最期の日まで続いていたのである。この〈かぐらづとめ〉とは、みきが執筆した「みかぐらうた」の地歌と鳴物に合わせて手振りをし、親神の人間創造の守護を表現するもので、天理教のもっとも中核的な信仰実践と位置づけられているが、「みかぐらうた」のなかで「よるひるどんちやんさわぎする／そばもやかましうたてかろ」（四下り目）と歌われているとおり、賑やかな雰囲気が官憲を刺激したことだろう。

だがこの日、みきの「一体お前達は法律が怖いのか、をやの話が尊いのか、どちらに重きを置いて信心をして居るのか、この点をよく考えなければならない」ということばによって信者たちは盛大な勤めをすることを決意する。「教祖のお身上がいよいよ迫って来たので、一同全く心定まり、真之亮から、おつとめの時、若し警察よりいかなる干渉あっても、命捨ててもという心の者のみ、おつとめせよ。と、言い渡した。一同意を決し、下着を重ね足袋を重ねて、拘引を覚悟の上、午後一時頃から鳴物も入れて堂々とつとめにとりかかった」。一時間にわたる勤めの間、巡査は一人もやってこず、「これこそ驚くべき奇蹟であった」。そして、勤めが終わる頃にみきは息をひきとったのである。

「人々は、全く、立って居る大地が砕け、日月の光が消えて、この世が真っ暗になったように感じた。（中略）常々、百十五才定命と教えられ、余人はいざ知らず、教祖は必ず百十五歳までお出で下さるものと、自らも信じ、人にも語って来たのみならず、今日は、こうしておつとめをさして頂いたのであるから、必ずや御守護を頂けるに違いないと、勇み切って居ただけに、全く驚愕し落胆した。人々は、皆うなだれて物を言う気力もなく、ひたすらに泣き悲しんで居たが、これではならじと気を取り直し、内蔵の二階で、飯降伊蔵を通してお指図を願うと」、「をやの命を二十五年先の命を縮め」たとする「存命の理」が示された（図1-2）。

図 1-2　内蔵

　おおよそ以上のようなものが中山みきの死に関する正統的な語りである。この物語のなかでは、官憲による監視のなか〈かぐらづとめ〉の敢行を決断する真之亮のリーダーシップが際立っているが、そこで伊蔵はどのような役どころを与えられているだろうか。伊蔵は最後に神の啓示（＝「おさしづ」）を与える者として鮮やかに登場するわけであるが、彼は神楽勤めには参加せず、「家事取締」を行っていたようである。[10] みきの死後、彼は内蔵の二階に移動して、「おさしづ」を語ったことになる。以下で私は、伊蔵の生活史を検討することによって、この日の彼の行動を、前半生における彼の経験からの連続性において理解しようとする。あるいはそれは、信者集団のなかでの彼の位置づけと、その神意の代弁者としての役割がどのようにして形成されていったのかを問うものでもある。またそのためには、このドラマにおいて指導力を発揮している真之亮とは何者であるのか、ということにも関説する必要があるだろう。

　ところで、このドラマに緊張感を与えているのは、教祖の死という要因だけではない。親神共同体が継続的な監視にさらされ、いつ官憲の介入があるかわからないという危機的状況が、ここで少なからぬ演出効果を発揮しているといえるだろう。官憲をはじめ、みきたちに対立した勢力との関係性についても言及しておく必要がある。それは伊蔵の経験にも深くかかわっているはずである。

　上にのべた点をふまえて、伊蔵の前半生をみていくことにしよう。

二　飯降伊蔵のライフ・ヒストリー

千軒きっての正直者

みきのもとに参拝する以前の飯降伊蔵は、幕末期の貧しい大工であったにすぎないから、もとより詳細な記録が残されているわけではない。大正期に出版された伝記『聖本席』（一九二四年）などが参考になるが、信仰当事者たちが、すでにこの世を去っていた「聖本席」の生い立ちを語るという書物の性格上、その記述には誇張や美化が少なからず含まれていると考えるのが妥当だろう。とはいえ、そうした脚色を割り引きつつ、この『聖本席』に基づいて簡単にみておきたい（以下、伊蔵の前半生については、特記する場合を除き、同書による）。

伊蔵は一八三三（天保四）年、大和国山辺郡向淵（むこうじ）村に、飯降文右衛門・れい夫婦の三男として生まれた。この大和高原の寒村で、父・文右衛門は村の庄屋をつとめたこともあり、飯降家は「村内切つての豪家」(11)であったという。幼い伊蔵は腕白で、「人をチャームする魅力」に富んでいたと記され、「後年幾百万の人たちから生き神として尊崇せらるゝに至」った片鱗がそこですでにみられたとしている。(12)また、伊蔵は八歳のときから寺子屋に通ったが、三年でやめ、学問と呼べるものにふれたのは、その期間だけであった。一四歳から一九歳まで、近隣の大工のもとで修業して技術を身につけた後、一八五四（嘉永七／安政元）年、二二歳のころ、大和国中、みきの庄屋敷村の北に位置する櫟本（いちのもと）村に出て、大工として生計を立てるようになった。

一八五六（安政三）年には、伊蔵ははじめての結婚をしている。妻は、近隣の村の娘で川畑なつといったが、彼女は非常な吝嗇家で、「慈悲深くして物に対する淡白な本席の性格と相容れなかつた」(13)という。なつは、翌年男児を生んだが、産後の患いで亡くなり、その子も二年目に亡くなってしまった。なつの死の翌年、伊蔵は竹田ならゑという女性と二度目の結婚をするが、この女性は博打が好きで、伊蔵の「正直正銘のお心と、絶対に相容れないもの」[14]であり、翌年には離婚にいたっている。こうして、心の通い合わない二度の結婚はいずれも一年ほどで終わり、はじめての子を亡くしたことも含め、伊蔵にとっては辛い経験として残ったことだろう。

中山みきとの出会い

伊蔵が馬場さとと三度目の結婚をしたのは、一八六一（文久元）年のことである。さとの実家は、醸造家の馬場家の分家で、相当の資産家であったといわれている。伊蔵は最初にさととの縁談を持ちかけられたとき、「ご親切はありがとうございますが、私はやもめ暮しをしようと思います。その方が却って気楽です」と答えたという[15]。さとも一度離婚経験があり、それほど再婚を望んでいたわけでもなかったようだ。それでもなんとか縁談がまとまり、貧しい伊蔵の家に嫁に来たとき、さとは「貧乏はもとより承知であったけれど、これ程までとは思わなんだ」と人にもらしたという[16]。当時、伊蔵は弟子たちと同居しており、生活は困窮していた。彼はならゑとの離縁に際して、家田畑や財産を売り払い、彼女が博打で作った借財を処分したとされている。さらに、島薗進が指摘するように、「不作続きによる米価の値上がりなどの商品経済の圧迫」が、伊蔵たちの貧困に拍車をかけただろう[17]。

さととの結婚生活も当初あまりうまく行かなかったらしく、しかもさとは二度の流産を経験するのである。その様子は「里へ帰ってしまおうとすると妊娠し、流産したので今度こそと思うとまた子が宿った[18]」という彼女の回想に表れている。さとが二度目の流産をした一八六四年、伊蔵ははじめて庄屋敷村にあるみきの屋敷へ参拝することとなった。

中山真之亮が伊蔵自身から聞き書きをした「翁より聞きし咄」という文章がある。一八九九（明治三二）年ごろ、「〔飯降〕翁の入信の事から勤場所の普請の件、その他の事柄について思ひ出されしまゝに聞き書きされたもの[19]」であり、これによると、伊蔵の初参拝はつぎのようである。

時ハ元治元年春五月ノ頃、（中略）家内ノサトガ半産シマシテ、ソノ産後ガモツレマシタノデ、近辺ノ医師ニカヽリ種々手ヲ尽シマシタガ其効ナク、困リ果テタ末、河内富田林ニ産ノ妙ヲ得テヰルモノアルト聞キ、依頼ニ行カントシテヰル所へ、椿尾村喜三郎ナル人ガ来リ合セ、『七条村ノ矢追ト申ス医者ノ所へ行キ帰リガケニ、横田村ニ咄シテヰルノニ、今度、庄屋敷村ニ、産ニ妙ノアル神様ガ現ハレタトノ事デシタ』ト教ヘテクレマシタ。ソコデ早速ト、来合セタ人々カラ庄屋敷村トハ、布留村ノ下ニアルト聞イテ、大急ギデ夕頃ニ参拝シテ来マシタ……[20]

庄屋敷村の場所を尋ねていることからしても、伊蔵はその時まで「産ニ妙ノアル神様」の存在をまったく知らなかったことがわかる。最初は医師に診せたがさとの容態が回復せず、つぎの手立てとして民俗宗教的な職能者に依頼しようとしたわけだが、そのときみきのもとを訪れたのは、偶然といってよかった。さて、みきの屋敷に参拝した伊蔵は、「若い神様」と呼ばれたみきの五女・こかんから神への取次を受け、こかんに言われたとおり腹帯をとき、散薬を飲ませると、三日目にはさとの状態は良くなった。

みきは、一八三八（天保九）年にはじめて神がかりを経験したあと、ただちに教えを説いたり、宗教的な救済行為を行っていったりしたわけではない。彼女が親神への信仰を深め、「月日のやしろ」として自己神化を行っていくのには、長い孤独な問いかけの時間が必要であった。[21] ようやく一八五四（文久七／安政元）年になって、三女・はるに安産の守護を保証する「をびや許し」を与えたのをはじめとして、民俗宗教的な職能者としての歩みを進めていった。伊蔵がはじめて参拝したのは、「産ニ妙ノアル神様」としての評判が立ち、固定的な信者が少しずつ集まりはじめたころだったのである。

妻の産後の患いに対処するため、評判の「神様」のもとへ出向くという行動そのものは、当時として珍しいものではないだろう。だが、伊蔵が他の人びとと少し異なっていたのはこのあとである。みきのふしぎなたすけに深く感謝した伊蔵とさとは、お礼に小さな社を作って納めようと申し出た。すると、みきの神はそれを「社はいらぬ。小さなものでも建てかけ[22]」と、小さな建物を作れという指示に変えたのである。この指示にしたがって、当時みきの家に出入りしていた信者たちが資金や資材を出し合い、大工の伊蔵が工事を行うというかたちで「勤め場所」を作ることになる。こうして伊蔵夫婦の生活は次第にみきの神を軸に回り始め、共通の目標を見いだすようになった。島薗進は、「勤め場所」の完成は伊蔵たちだけではなく、みき自身にとっても大きな意義をもつ出来事であったという[23]。島薗によるなら、みきと夫・善兵衛の夫婦生活は彼女が願う意味でけっして幸せではなかったのであり[24]、それとは対照的な伊蔵夫婦が支えあって「勤め場所」を作り上げていく姿を見、「みきが一生をかけて求め続けてきた夫のまことと妻のこころづかいのみごとな合致」をはじめて身の回りに実感したのである。島薗はそうしたみきの心踊る様子を描いたものとして、「みかぐらうた」を引用している[25]。

二ツ　ふしぎなつとめばしよハ　たれにたのみはかけねども
三ツ　みなせかいがよりあうて　できたちきたるがこれふしぎ（三下り目）

二ツ　ふうふそろうてひのきしん　これがだいいちものだねや
三ツ　みればせかいがだんだんと　もつこにのうてひのきしん
四ツ　よくをわすれてひのきしん　これがだいいちこえとなる（十一下り目）

伊蔵の入信とそれにつづく「勤め場所」建設は、みきにとって、たんなる流行神から固定的な信者集団を築きあげるという新展開を画すものとなるはずであった。だが、その直後に「大和神社のふし」と呼ばれる試練がつづくのである。この事件は、信者たちが棟上げの祝いに山中忠七（伊蔵よりもやや前に信仰を始めた信者）宅へ向かう途中、みきの指示により、近くの大和神社に向けて鳴物を打ち鳴らし、「なむ天理王命。なむ天理王命」と大声で唱えていたところ、それが問題となり太鼓が没収され、多数が拘引されたというものだ。このころ固定的な集団を形成しつつあった信者たちも、事件をきっかけに再びみきの屋敷に寄り付かなくなってしまった。

中山家への住み込みと嫉妬

しかし、伊蔵夫婦だけは事件のあとも屋敷に通いつめ、窮乏するみきとその家族を助けた。「大和神社のふし」によって、信者の出資でまかなうはずであった材木代や瓦代の支払いが不能になってしまったが、みきの長男・秀司が「ドウシタラヨカロトテ案ジ居」るのにたいして、伊蔵は「何ニモ案ジテ被下ナ、内作（造）リハ必ズ致シ升」と請け合ったという[26]。そして、伊蔵は勤め場所を完成させる一方で、材木屋や瓦屋と交渉し、支払いの猶予をかちとっている。こうした伊蔵の働きに、こかんや秀司が深く感謝し、信頼を置いていたことが、「翁より聞きし咄」には記されている。

みきは、たびたび伊蔵一家に屋敷に住み込むよう求めたが、周囲の反対などもあってその決断にはかなり時間がかかっている。だが、住み込みを逡巡していた伊蔵や家族の身に、さまざまな異変が起こる。伊蔵や娘たちは眼を患い、息子の政甚は口がきけなくなってしまったのである。こうしたことを、屋敷への住み込みを促す神の意志ととらえた伊蔵とさとは、櫟本の家を引き払い、みき一家のもとに住み込むことを決意した。一八八一（明治一四）年に、まずさとが下の二人の子どもを連れて屋敷に移り、翌年伊蔵が長女の芳枝とひとりの弟子とともに移住したのである。

伊蔵一家の住み込みは、みきが熱心に希望したことであったが、そこに伊蔵たちの平穏な生活があったわけでは、おそらくない。『聖本席』には、当時四人であった中山家に、「本席が弟子まで連れて六人で入り込まれたのであるから、随分本席の心としては気苦労なされたことは言ふまでもないのであります。／道が幼稚なだけそれだけ信者の人たちの心も幼稚であるから、若しさういふことの理由によつて彼等の心に不足を積ませたり、信仰に汚点を印さしては、神様に対して申訳がない——と、正直な本席の心には此の事で一杯になつてゐたのである」[27]と記されている。後年、伊蔵の長女・芳枝が語ったところでは、「飯降の家族は多人数で、殊に子供の喰ひ潰しが多い」[28]という非難の声が聞かれたという。この当時の小さな信仰共同体のなかで、他の信者たちのなかには、みきの信頼を一身に集める伊蔵にたいする嫉妬の感情もあったのだろう。みきの熱心な勧めにもかかわらず、伊蔵が住み込みを長い間ためらっていた背景として、伝記には櫟本の人びとが、彼が町を出るのを惜しんで引きとめたことが語られているが、伊蔵自身がこうした非難を予想していたということも大きいのではないだろうか。

みきの屋敷に移り住んだ伊蔵は、「朝早くから夜晩くまで畑へ出て、二人前の野良働き」をし、ひどい下痢を起こしながら働き、「傍の見る眼も気の毒なほど」のこともあった。そして「夜々の手すきに、神様の社を拵へてはそれを人々に頒ち、それから得るいくらかの謝礼金を以て小遣に宛て」ていたともいう[29]。一八八八年ごろの屋敷を回想した信者は、当時の伊蔵について、「本席になられるまでは、伊蔵さんと呼んで、中山家の小使やつた。河内からぼん〔述懐している信者〕が来よつたから、伊蔵さん、魚買うて来て、という様な事やつた」[30]と語っている。つぎにのべるように、伊蔵はみきが健在であったときから信仰面でも重要な役割を与えられていたのだが、にもかかわらず本席として認められるまで、伊蔵は「中山家の小使」にすぎず、他の信者から軽んじられていたところもあったのである。

生き神集団としての親神共同体

ところで、みきの卓越性を強調した現在の教義からはなかなかみえてきにくいことであるが、みき存命中の集団のなかでは、カリスマ的資質の有無によって選び出された複数の「生き神」たちが並立していたと考えられる。なかでも注目されるのは、みきの五女であり「若い神様」と呼ばれたこかんだろう。彼女が幼いころにはすでにみきの神がかりによって中山家は没落の一途を辿り[31]、こかんは生涯結婚することもなかった。みきを支えつづけたこかんと兄・秀司について、後に伊蔵＝親神は「若き神、名はこかん。これらは成らん〳〵の中順序通して、若き神はずっと以前に暮れた。知って居る者ある。よく伝え。又秀司という、めん〳〵の心、楽しみ一寸通りたなれど苦労の道筋、どうなりとして通りた」（明治三一年七月一四日夜）と語り、「苦労の道筋」を通ったふたりの生き方を信者たちに伝えようとしている。

伊蔵が「其時分〔伊蔵入信のころ〕ニハ教祖様ト小寒様トニ互ヒ違ヒニ神カヽリアリテ御咄シアリマシタ[32]」と語ったように、こかんは親神の意思を取り次ぐようになっており、みきの能力の多くの部分を身につけていたとみられる。みきの後継者としてもっとも嘱望されていた人物かもしれないが、みきよりも早く、一八七五年に亡くなった。

その他の信者たちも、みきから霊的能力を部分的に授けられている。たとえば扇のさづけ（伺い）、御幣のさづけ、肥まるきりのさづけといった救済技法である。このうち、元治・慶応のころに与えられた、扇のさづけについてのべておこう。これは、扇を手に持って正座し、願い事を親神に祈願すると扇がひとりでに動き、その動き方によって神意を悟ることができたのだという。伊蔵の娘・永尾芳枝は扇のさづけについてつぎのように語っている。「扇の伺ひといふのは、最初は二十三人の人達がお許しを受けたのやが、皆〝一名一人限り〟といふて自分の事の他はお伺ひ出来やへんのに人に頼まれて他人の事までも伺う人がある。そうやから御守護がない。まるで間違ふたことをお知らせになる。それで折角許された扇の伺ひもたいがい教祖様はお取上げになつたのやつた[33]」。そして最終的に神への伺いが許されたのは伊蔵だけであったという。みきは、一八八〇年ごろから、信者たちに「埃のことは仕事場〔伊蔵を指す〕へまはれ」と指示し、日常的な諸問題については伊蔵を通じて神の指図を受けとることとされていった。晩年のみきのことばや屋敷での出来事を筆録していた信者の山田伊八郎は、一八八六年につぎのようなやりとりを書き記している。

明治十九年旧四月一日晩　こいそが、あつなりたり　さぶなりたり、かたがこりつめ、翌二日、神様〔みき〕に石版に書テ、御窺候バ、神様の仰にハ
耳がきこゑず、眼がめへず。依テ飯降伊蔵様に御願呉。
との神様ヨリの仰也。夫レヨリ、飯降様に御願候得バ、直様扇ヲ以テ御窺下。[34]

ここには、当時の親神共同体における信者とみき・伊蔵との関係性がよく表れている。老齢に伴い身体が衰え、みきは信者の相談に充分に応じることができなくなっていたようだ。そうした状況のなか、伊蔵はみきの指示にしたがって扇をもち、神のことばを信者たちに伝えていたのである。

山田はまた、伊蔵から聞いた話として、つぎのようなことも書き残している。

過日、伊蔵様へ神様が、
あんた神様ヨリやぶんに　なんぞ噺シききなされたか、
私ハ　なにもき丶ません。ゆへバ。神様の御噺にハ　いき神様の仰にハ
私ハ一寸奥ヨリ神様に承り。
あの事が、こんな事になるとハなあ　と、ゆふ事が、何時どんな事が　聞やしれんで。[35]

みきは、伊蔵を自らと同じく親神のことばを聞くことができる者と認め、自分が神から聞いた「噺シ」を聞かせている。このとき伊蔵は自分は何も聞いていないと答えているが、神のことばについて互いに語りあうこともあったのかもしれない。

みきから直接に伝授された能力としての扇のさづけとはべつに、伊蔵は何度か神秘的な体験をしている。それは一八七五年ごろから始まったといわれる。直接的な関連があるかどうかはわからないが、それはみきの代理を務め

ることも多かった、「若い神様」こかんが亡くなった年でもある。『聖本席』の記述によれば、このころつぎのようなことがあった。

ある夜、本席が寝つかれてから、真夜中ごろ、突然ムクムクと蒲団の上に起きあがられた。／そして本席は、『夫婦の訣れや々々』／と仰せられたのであります。お里さんや子供たちは、気でも狂つたのかと思つて大変に驚いた。／するうちに本席は、すばつと飛んで枕許から一間半ほどの向ふへ座つたなり、『わしは五里東の山中の者でございます。子供五人残して先にゆくのは情ない』と言つて、サメザメと泣かれた。さうしてから本席はまたスヤスヤと寝につかれたのであります。[36]

そして、さとに揺りおこされた伊蔵は、そのことについて何も覚えていなかった。この出来事は、同時刻に死んだという伊蔵の姉が知らせにきたのだと解釈されている。すなわち、親神が憑依したとする後の「おさしづ」とは違い、亡くなった近親者の霊魂が忘我状態の伊蔵に入りこんだと理解されているのだ。

同じころ、貧しい家計を支えるためにさとは小さな駄菓子店を開いた。すると、やはり真夜中に、伊蔵は「スツクと起上り、大きな声で」、「せつちん紙か落し紙のやうなものを楽しんでゐる。そんなもの、街の真央へもつて出て、ほつてしまへ」と叫んだ、という。[37] またべつの夜には、むっくと起きあがった伊蔵が「見えん先のこと、見えてない事言うて置くで……国々処々名称の旗提灯建てに来るで。建てに来たら世界の人たちが来て、批評する。何と天理さんはエライものになったなア、と批評するで」と語ったという。[38] これらの場合には、親神が伊蔵の身体に入りこんだと理解されているようだが、後の「おさしづ」と比較した場合、かなりことば遣いが異なっていることに注意しておこう。

伊蔵の人物像

ここまでのべてきたことから、伊蔵の人物像についてまとめておこう。いくつかの伝記において語られる飯降伊蔵は、大別して、①模範的な信者、②みきに代わって親神のことばを伝える本席、というふたつの役割を与えられている。中山正善に代表されるように、伊蔵が親神から本席という役割を与えられた根拠として「十年一日の如く、お屋敷第一、と勤めて来られた」①の側面があげられることもあり、[39] ふたつの側面が関係づけられてはいるが、全体的にみれば①の側面を描くことに伝記の重点が置かれている。だが、親神の選びという神学的な跳躍ではなく、本席・飯降伊蔵の誕生するプロセスを世俗的なことばで連続的に理解しようとする本書の立場からは、貧しく熱心な信者という特徴だけでなく、伊蔵が親神共同体のなかで置かれていた立場、官憲からの弾圧、のちの「おさしづ」を想起させる（当初は未熟な）神秘体験とみきのもとでの霊能的修行といった諸々の要素が重要であると思われる。みきの〝御昇天〟に引きつづく本席制定の出来事を、伊蔵や信者たちの意識や論理に即して理解するうえでは、伊蔵がそれまでに培ってきた生き方、経験が、そこにどのように現れているかを検討しなければならないからである。

模範的な信者としての伊蔵に注目しているのが、さきほどから引用している島薗進である。[40] 島薗によれば、自分たちの暮らしもかえりみずお屋敷に通い詰める伊蔵夫婦の姿は、「みきの周囲に集まり始めていた信徒達の信仰のもつ可能性を、典型的な形で示すものであった」[41]。裕福な家に生まれ、庄屋に嫁いだみきに比べ、伊蔵たちを含む多くの信者達は貧しく、「家の希望や倫理」に深くからめとられていたわけではなかった。だが、それに代わる価値観をもっていたわけでもなく、いわば自らの生を意味づける明確なヴィジョンをもたない存在だった。そんな彼らにみきの教えは新しい希望や倫理を提示し、信者たちの生活空間は変化していったのである。そのような過程を明確に実現していったのがもっとも貧しかった飯降伊蔵夫婦であり、その様子を目の当たりにしたみき自身も親神への確信を深めていった。

つぎに、扇のさづけ、および神がかり現象について検討してみよう。最初複数の信者に許されていた扇のさづけが、しだいに伊蔵一人に絞られていったプロセスは、みきの伊蔵への信頼の厚さを示すことはいうまでもないが、みき自身のなかで神の働きにたいする考え方が変容していく過程、つまり当初は複数の信者たちにある程度分有させていたカリスマを、無制限に発現させるのではなく、もっとも信頼しうる信者としての伊蔵に収斂させていくべきものとして理解するようになっていった過程であるともいえるだろう。

姉や親神の霊魂が伊蔵の身体に入りこんだという現象は、みきやこかんの神がかりを見聞きしたり、扇のさづけなどを自ら実践したりするなかで、いわば文化的・社会的に発生したと解釈すべきだろう。そして、さきにのべたとおり、これらの状況において語られたことばは、のちに本席としての伊蔵が語った「おさしづ」のそれとはことば遣いが異なっている（「おさしづ」のことばは、次節以降でいくつか紹介することになる）。もちろん、一言一句も違えないように慎重に書きとられた「おさしづ」と、周囲の人びとの語り伝えに依拠したこの時期のことばとを単純に比較することはできないのだが、ここでみられる口調の明らかな違い、また憑依する主体の揺れは、まだ伊蔵の語りの技術が洗練されていないことを示している。シャーマニズム研究の文脈に置きなおすなら、これらは伊蔵における成巫過程の一部として理解することができるのである。したがって、みきの死の場面における「存命の理」はこうした連続的なプロセスのなかに位置づけることが必要なのであり、けっして突然神がかりが起こったのではないということに注意しておこう。

三　中山真之亮と信仰共同体の闘い

真之亮の生い立ち

さきにふれたとおり、教祖の死後に信仰共同体の機軸となったのは、飯降伊蔵だけではない。明治後半期の天理教会を理解するうえでは、教祖の死というドラマのもう一方の主役である中山真之亮[42]について、若干の検討を行っておく必要がある[43]。現在にいたるまで、天理教では教祖の血統を引く「真柱（しんばしら）」が教団最高指導者となっているが、みきの孫である真之亮は、その初代として位置づけられている。

真之亮は一八六六（慶応二）年――伊蔵がみきのもとにはじめて参拝した翌年のこと――みきの三女・梶本はると夫・惣治郎の三男として生まれた。はるが真之亮を身ごもったとき、みきは「今度、おはるには、前川の父〔みきの実父〕の魂を宿し込んだ。しんばしらの真之亮やで[44]」と語ったとされている。この伝えによれば、みきは真之亮がはるの胎内にいたときから、すでに後の「しんばしら」＝真柱として定めていたということになる。こうした伝承を額面どおり受けとることができるかどうかは微妙だが、ここでは現在の天理教において、彼が生まれながらにして、教祖に正統性を付与された教団指導者として位置づけられていることだけを確認しておこう。やがて神がかり後の困難な時代にみきを支えつづけた五女・こかんと長男・秀司が亡くなり、真之亮は信仰共同体の将来を担う存在として大切に育てられていく。

父の惣治郎は鍛冶屋で、真之亮は父の仕事や農作業を手伝いながら、小学校に通い、卒業した後も国語や漢学などを学んだ。真之亮は学問を好み、中山家の人となってからも、京都へ勉学修業にいくことを望んだが、みきの「私モ連レテ行ケソウシタラ何処エ行キテモ宜シ[45]」ということばに思いとどまったという。

右のことばにも表れているが、みきが真之亮にたいして大きな期待を寄せ、かわいがったことはたしかなようである。たとえば、一八七四（明治七）年に執筆された「おふでさき」第三号には、「このたびハうちをふさめるしんばしら／はやくいれたい水をすまして」（三号、五六）とあり、これは真之亮の伝記『稿本中山真之亮伝』の解釈では、「一刻も早く、真之亮を元のやしきの後継として定住させたいと急き込まれた」ものである。[46] こうしたみきの希望もあり、幼いころから母・はるに連れられて頻繁に中山家を訪れていた。実際に真之亮が梶本家を出、秀司の養子として中山家に移り住んだのは一八八〇（明治一三）年、一五歳のときであった。その翌年には養父となった秀司が亡くなり、一八八二（明治一五）年に真之亮が中山家の家督を相続する。先述したとおり、この年には飯降伊蔵も中山家に移住している。

既成宗教・官憲による干渉

真之亮が生まれ育ったのは、伊蔵も含めて、みきの周りにしだいに多くの人びとが集まっていった時期だったが、それに比例するように多くの対抗勢力が現れてくる時期でもあった。まず幕末期からみきに敵意を示した勢力としては、近在の僧侶、神職、医者、山伏のような人びとがあげられる。医者や山伏のように、治病行為によって生計を立ててきた人びとに関していえば、みきは彼らにとって競合する宗教的職能者として現れたのであり、彼女の評判はこれらの人びとに経済的圧迫を与えることになったのだ。また寺院や神社からすれば、幕藩体制下の宗教行政が提示する秩序を乱す存在として、脅威とみなされたのだともいえる。[47] 伊蔵が庄屋敷村に通うようになってから一年ほど経った一八六五年六月には、刀をもったふたりの僧侶が現れ、こかんに難問を吹きかけたあげく、畳や太鼓を切り裂いて帰るという事件もあった。後に伊蔵＝親神は、このときのことを鮮明に思い返している。

寒ぶい晩もあったなあ。もう夜明けやでなあ。鶏が鳴いた事もあったなあ。そうやった。とんでも無い事あったなあ。その時どんな事も通って貰たんであったよって、今日は遠慮せんならん事はない。六月頃の話、坊主来よったのがあら古い事、畳へ刀を抜きやがって、ぐさと差しよった事もあって、どうしょうやなあ、こうしょうやなあ、その時の事第一思う。（明治三一年一二月三一日（陰暦一一月一九日）午前一時）

こうした既存の宗教勢力との軋轢を避けるべく苦慮したのが、秀司だった。彼は、まず神祇管領を務めていた吉田家に入門を申しこみ、一八六七（慶応三）年七月に公許を受ける。大和国の神職支配に大きな影響力をもった吉田家の権威に訴えることで、外部からの攻撃を軽減させようと考えたのである。

吉田家の公許はそれなりに功を奏し、既成宗教勢力による圧迫は鎮静化したようにみえたが、明治期に入ると、吉田神祇管領が廃止となり、みきたちは再び外部勢力からの妨害に苦しめられることになる。そこで前面に現れてきたのは、官憲による熾烈な監視・干渉だった。一八七四年にみきが帯解村の円照寺（山村御殿）に召喚され、奈良県庁社寺掛に取調べを受けたことを皮切りに、彼女は死の前年の一八八六（明治一九）年までに一八回にのぼる拘留処分を受けている。みきは「高山」（国家権力）への批判を続け、それとの妥協をけっして認めることはなかったため、いきおい官憲の弾圧も激しくなったといえる。

伊蔵が移り住んで間もない一八八二年五月には、中山家に設置されていた「かんろだい」と呼ばれる石造の台（「天理王命が、地上においてお鎮まり下さっている標[48]」とされる。現在天理教本部に据えられている「かんろだい」は木造のもの）が、「祈禱符呪ヲ為シ人ヲ眩惑セシ犯罪ノ用ニ供セシ物件[49]」とみなされ、数名の警官によって取り払われる事件が起こっているが、これについて「おさしづ」はつぎのように語る。

つとめ一条は出けず、かんろうだいも、世界分からんから取り払われた。あれでもう仕舞やと言うた日もあった。（明治三一年七月一四日夜）

ここでいわれている「世界」とは、親神の教えを理解しない者たちによって構成されている社会といったほどの意味だろう。「世界」の無理解によって「かんろうだい」が取り払われた。「あれでもう仕舞や」ということばから、事件が信者たちにもたらした衝撃の大きさが伝わってくる。

彼らがみきの共同体に干渉した背景には、もちろん、国家神道体制の成立と西洋医学の影響がある。明治政府は当初、祭政教一致の方針を打ち出し、神祇官の再興、教部省・大教院の設置などによって国民教化を推進しようとした。しかし、間もなくこの方針は挫折し、神社神道は教化や葬儀を切り離し、祭祀だけを執り行うものへと転換を余儀なくされていく。そして、教義・教化の部分は教派神道が担っていくことになる。祭政教一致路線が挫折したとはいっても、記紀を典拠とし、天照大神を頂点とする神々のヒエラルキーが打ち立てられていったことには変わりなく、民衆のなかで息づいていたさまざまなカミたちは淫祠として排除されていったのであり、みきの唱えた天理王命も例外ではなかったのである（奈良中教院が主張したように、「天理王という神はない」[50]というわけだ）。

神の由緒にかかわる問題に加え、文明開化期に権威とともに入ってきた西洋医学の影響も大きい。民俗宗教は病気の治癒をその主要な役割のひとつとしていたが、そのような側面が西洋医学を妨げるものとして発見されたのである。川村邦光のいう〈民間の知〉と〈制度の知〉の対立[51]といえるが、全般的には西洋医学の圧勝であり、民間医療は取るに足らない〈迷信〉として貶められる存在になっていった。具体的な施策をみると、一八七三（明治六）年に「梓巫市子憑祈禱狐下ケ抔ト相唱玉占口寄等之所業ヲ以テ人民ヲ眩惑セシメ」ることが禁止され（教部省達第二号）[52]、一八八〇（明治一三）年に制定された刑法では「禁厭祈禱」は刑事事件の対象となり、罰則も設けられた。これらを根拠として、無資格の民間宗教者としてのみきたちは、たんなる嘲笑の対象というだけではなく、法を犯し、「医療ヲ妨ゲ湯薬を止メ」、「貴重ノ人命ニ関シ衆庶ノ方向ヲモ誤ラセ[53]」ようとする集団として、厳しく監視されることとなったのである。

当時を振り返った手記に、警察への対応に追われる中山家、そして真之亮少年の姿が垣間みえる。

真之亮ハ、十五、十六、十七ノ三ヶ年位、着物ヲ脱ガズ長椅子ニモタレテウツウツト眠ルノミ。夜トナク昼トナク取調べニ来ル巡査ヲ、家ノ間毎間毎角々迄案内スルカラデアル。甚ダシキハ、机ノ引出し（ママ）簞笥戸棚迄取調ベラレタリ。巡査一人ニテ来ル事稀ナリ。中山家ニ常住スルモノハ、教祖様、真之亮、玉恵〔秀司の娘〕、久〔梶本ひさ、真之亮の姉〕ノミナリ[54]

真之亮が仮眠に使った「長椅子」は、伊蔵に作ってもらったものだという。夜も落ち着いて眠れないほど、生活空間に警察権力が介入してくるという経験は、多感な時期の少年に強い影響を及ぼさずにはいなかっただろう。このさき彼は、神の意思と国家権力の狭間で親神共同体がいかにして生き残っていくべきか、その方途を模索することを四九年間の生涯のテーマとしていく。

信者たちの戦術と真之亮の教導職補命

信者たちは、さまざまな手段で官憲の監視・干渉をかいくぐろうとした。彼らの戦術は、合法的な宗教集団の傘下に入ろうとするものと、非宗教的な商業活動を建前とすることで弾圧を回避しようとするものとに大別できると思われる。

まず前者の事例としては、一八七五（明治八）年に奈良県宇智郡の真言宗寺院・地福寺と手を結び、地福寺住職を社長、秀司を副社長とした「金剛山地福寺出張所転輪王講社」を結成している[55]。幕末期の吉田家入門のときとは異なり、ここでは仏教結社としての形態をとったのである。また、大阪の信者・梅谷四郎兵衛は、大阪阿弥陀池の和光寺の尼宮を通して公認を得ようと画策したり、京都・大阪の信者集団が「心学道話講究所天輪王社」の名義で公許を受けて活動するなど、中山家を中心とした結社だけでなく、多焦点的に信者の公認運動が展開されていたことがわかる。

後者の戦術についてもみておこう。一八七六（明治九）年、秀司は中山家への参拝者にたいする干渉を避けるため、蒸し風呂と宿屋の営業許可をとった。参拝者を宿屋の「宿泊人」とすることで取締りを回避しようというわけなのだが、逆にこれが原因となって、トラブルが発生することもあった。伊蔵が中山家に移り住んだ一八八二年の九月、みきは奈良の監獄で一〇日間の拘留処分を受けていたが、その拘留期間が明ける前日、伊蔵が宿屋営業法違反のかどで一〇日間の拘留処分を受けたのである。この宿屋の宿泊人名簿にない伊蔵の弟子が「宿泊人」と同じ部屋で寝ていたことが問題視されたとされている。[56] 官憲がさまざまな口実を作って親神共同体にたいする干渉を行っていたことが、この一件からも伺われるだろう。その一方で、このときの拘留が解け、みきが屋敷に帰る道中では、「取次の先生方は申すに及ばず、其の他の人々におきましても、思ひ〳〵に、人力をとつて、お後につゞきまして、其の数が百六十台余でござりまして、迎への人数は千何百人といふ人数でござりましたさうでして、大層な評判だつた」[57] といい、みきの信奉者や彼女に共感する人びとも、相当な広がりをみせていたのである。

秀司の死後、真之亮も公認運動に乗り出していく。一八八五（明治一八）年、神道事務局――神道の公的中央機関として設立された組織が民間教派へと移行したもの――との交渉によって、真之亮をはじめとする十数人の信者が教導職に補命され、親神共同体は神道事務局直轄六等教会の許可を受けることに成功した。だが、大阪府知事からの公認は得られず、その後もみきたちへの監視・干渉は続いたのである。彼らの宗教活動が一応公認されるのは、みきが亡くなったあとのことになる。

さきにふれたように、死を目前にしたみきは〈かぐらづとめ〉の実践を信者たちに強く求めたが、このとき真之亮は「法律がある故、つとめ致すにも、難しゅう御座ります」「神様の仰せと、国の掟と、両方の道の立つように、おさしづを願います」と、みき＝親神に訴えている。こうした真之亮の苦悩は、長きにわたって近代日本社会で生き残っていく道を模索しつづけることになる天理教の運命を象徴するものといえるだろう。

総じて、物心つくころから中山家を担う存在として周囲からの期待を受けた真之亮は、家長としての確固とした自覚も定まらないうちに官憲への対応に追われ、必死に青春時代を生きた印象がある。伊蔵のように神秘的なエピソードに彩られることもなく、もっぱら実務的な役割を担った彼は、みきよりもむしろ養父・秀司の後継者であった。また、みきも真之亮にはそのような役割を期待していたのではないだろうか。次節で論じる本席-真柱体制の構造は、みき在世時代に少しずつ準備されつつあったのである。

親神共同体へのまなざし

ここまでのべてきたように、みきたちは既成宗教勢力や警察権力などから直接的な妨害を受けていたが、そればかりではない。彼女やその信者たちは、近世農村の平凡な日常生活を営んでいた人びとなのであり、その日常からいわば部分的に抜けだして新たな宗教運動に身を投じていった人びとである。地域社会の人たちは、どのようなまなざしをもってこうした親神共同体を眺めていたのだろうか。当時の一般的な民俗的心性を考えることで、ある程度推測することは可能かもしれない。

川村邦光は、明治期の精神医学の通俗的流行によって、かつては狐憑きと呼ばれた現象が「脳病」「神経病」として理解されることとなり、狐憑きを信じる民衆が迷信深い者として貶められていく経緯を描き出している(58)。神がかり当初の中山みきも、天保時代のことであるから、まずはこうした憑きもの信仰の枠組みのなかでまなざされていた。『稿本』では、「教祖の言われる事なさる事が、全く常の人と異なって来たので、善兵衛初め家族の者達は、気でも違ったのではあるまいか、又、何かの憑き物ではあるまいか、と心配して、松葉を燻べたり、線香を焚き、護摩を焚きなどして、気の違いなら正気になれ、憑き物ならば退散せよ、と、有らん限りの力を尽した(59)」と、家族とみきに憑いたモノとの対決が描かれている。

近世の農村において、狐憑きはかなりありふれた現象であり、ここでも典型的な狐退散の作法に則った対処がなされているといえるだろう。また、後年ある信者は、「中山さんは、人を救けるといい乍ら、家の人のちんばがなおらん、あら狐憑きやと皆笑いました[60]」と回想している（「家の人のちんばがなおらん」というのは、足に障害を持っていた長男・秀司のことを指している。みきの神がかりの直接的なきっかけとなったのも彼の足痛であり、結局生涯治ることはなかったようだ）。池田士郎は宮本常一の考察を引きながら、「関西の憑きものの特徴は、山陰地方のような憑きもの筋というような家系単位ではあまり見られない」が、「憑きものを忌み嫌い、憑きものを出した家や人との付き合いを避けるという意識構造においては、大和地方もそれ以外の地方も大差はない[61]」とのべている。みきや家族の者たちは、狐憑きとして、また、怠け者、すなわちムラ社会における逸脱者として嘲笑われ、忌避されていたのだろう。それだけではなく、みきが親神の指示に従い際限のない施しをしたことは貧民層や被差別民衆を呼び寄せることにもなり、村全体の秩序を乱す存在として嫌悪の対象にもなった。「過剰な施しは不安要因を醸し出す引き金になりやすく、称賛となるどころか、迷惑な行状とみられていた[62]」のである。

他方で、みきと「神経病」を結びつけた逸話も残されている。さきにふれたように、一八七四（明治七）年、みきは県庁の役人から円照寺（山村御殿）に呼び出され、取調べを受けた。その際、みきは「火・水・風共に退くと知れ」などと語ったが、社寺掛にはその意味を理解することができず、「社寺掛ノ曰ク、是レ神経病ナリ、ト言テ医師ニ掛ケルト、医師教祖ノ脈ヲ取リテ曰ク、此人老体ナレドモ脈ハ十七、八ノ脈ナリ、ト云エリ[63]」。役人が「狐憑き」ではなく「神経病」という新たな医学的語彙を用い、医師にみせると脈拍の健康さに驚かされている。いわば、親神の力が西洋医学を超越しているというエピソードだが、ここに近代医学の枠組みが憑きもの信仰に取って代わり、それに対応して、人びとのみきにたいする視線が変化しつつあったことを観察することができるだろう。「憑狐」とはすなわち「奇症の神経病」のことなのだと説明した初期の例として、一八七五（明治八）年の増山守正『旧習一新』などが知られているが[64]、この円照寺での出来事はこれよりも早い。このとき本当に県庁の役人が「神経病」ということばを用いたのか、やや疑問だが、いずれにせよ一八八〇年代以降には「脳病」「神経病」といった語彙がかなり通俗的に流布していき、憑きものへの信仰は「迷信」に転落し、みきのような人びとは、精神病のカテゴリーへと包摂されていくことになる。

　ところが、時代をかなり下って、一八九六（明治二九）年の『中央新聞』による天理教会批判キャンペーン「邪教淫祠天理教会」では、再びみきと狐とが結びつけられている。記事はみきが死亡したのと同時刻に、べつの場所で狐が猟師に撃ち殺されたという話を紹介し、「余は彼れ妖婆おみきを狐遣いなりとは信ぜざるも彼れは慥に純然たる老狐に相違なし」（六月六日付）としている。この筆者は狐憑きを信じているわけではない。「通常の野狐と雖も尚且つ応分の自在力を有すとの想像は自ずから世人の脳中に生じ知らず識らずの間之を信ずるの深き遂に一種の精神的作用に拠りて自ら狐に誑かされたる如き感をなす」（六月七日付）と、狐憑きは「脳中」において起こる「精神的作用」によるものだとする見解を披瀝している。他方、みきの場合、「其外形は聊か人間に似たりと雖も其心性の妖邪奸悪なる彼の金毛九尾の妖狐と果して何の異なるあらん」（六月七日付）ということになる。また、六月七日の記事には「妖婆おみきに関する最も面白きポンチ画」が掲載されている（図1-3）。十二単のようなものを着た老婆が壇の上に座り、後ろには狐の尾が九本生えているというものである。そこでは天保時代のような、狐憑きとリアルに対峙しようとする心性は失われ、天理教会のインチキさ、滑稽さを強調するためだけに狐が持ち出されているといえるだろう。

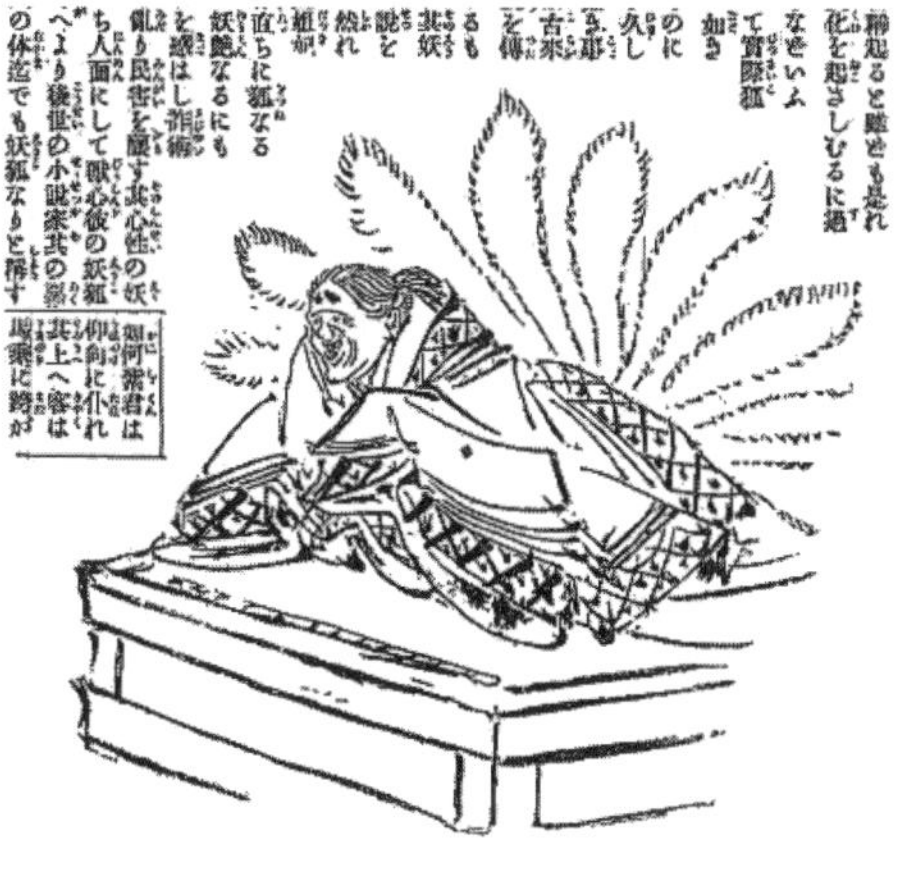

図 1-3　妖婆おみきに関する最も面白きポンチ画

　このように時代の推移にともなって解釈枠組みは変化していくのだが、一般的にみきたちの信仰共同体は嫌悪や嘲笑の対象としてイメージされてきたのである。こうした〝淫祠邪教〟視は、戦前期を通じて天理教に付きまといつづけるものであった。

四　本席－真柱体制の成立

教祖の〝代理〟として

飯降伊蔵や中山真之亮の人物像、および親神共同体をめぐる外在的状況について検討したところで、再び、教祖の死という危機の場面に立ち戻ろう。一八八七（明治二〇）年一月、みきは体調を崩し、四日には一時息が止まる状態にまで陥っている。

伊蔵はこの間、中山家の「家事取締」を行っていたのだろうが、その一方ではみきの代わりに親神のことばを取り次ぐ役割を担っていた。信者たちは、みきの容態が比較的良いときには本人に伺い、それができないときには伊蔵に伺いをたてているようだ。

この時期の「教祖御話」と伊蔵の「おさしづ」を少し並べてみよう。

教祖御話

さあ〱年取って弱ったか、病で難しいと思うか。病でもない、弱ったでもないで。だん〱説き尽してあるで。よう思やんせよ。（明治二〇年一月九日（陰暦一二月一六日））

飯降伊蔵を通しておさしづ

さあ〱これまで何よの事も皆説いてあるで。もう、どうこうせいとは言わんで。四十九年前よりの道の事、いかなる道も通りたであろう。分かりたるであろう。救かりたるもあろう。一時思やん〱する者無い。遠い近いも皆引き寄せてある。事情も分からん。もう、どうせいこうせいのさしづはしない。銘々心次第。もう何もさしづはしないで。（明治二〇年一月一〇日（陰暦一二月一七日））

「さあ〱」という語り出しや、「思やん」といった用語法などに、著しい類似性がみられることに注意したい。つねにみきのもとに伺候し、その思想を、身体技法を心身に刻みこんだ伊蔵でなければ、この重大な局面における「おさしづ」を語ることはできなかっただろう。第二節でみたように、伊蔵がトランス状態のなかでの語りを始めたのは一八七五（明治八）年ごろからだったが、それから十年あまりが過ぎ、「埃の仕事場」として親神のことばを取り次ぐ役割を果たしていく過程で、彼の語りの技術は内容、形式ともに洗練の度を加えていったのだと思われる。このとき、伊蔵はまさに親神＝みきと一体化しているといってよいかもしれない。

ところで、この伊蔵による「おさしづ」の内容は、かなり興味深いものである。彼は「これまで何よのことも皆説いてある」ので、「もう、どうせいこうせいのさしづはしない」といっている。これは、文字通りに解釈するなら、神による指図の終わりを意味しているだろう。親神＝みき＝伊蔵はこのとき、みきの死とともに指図を終わろうとしていたのではないかと思われるのである。だが、実際にはこのあと二〇年もの間「おさしづ」は存続することになる。それは一体どういうことなのか。ここで、みきの死後約一ヶ月経ったときの「おさしづ」をみてみよう。

　　よう聞き分け。追々刻限話をする。（明治二〇年二月二四日（陰暦二月二日）午後七時）

ここにおいて、「おさしづ」の存続が宣言されているのだ。伊蔵の神を翻意せしめたものは何だったのか。

信者たちにとっての親神共同体

伊蔵による「おさしづ」の存続を考えるための重要な要素として、ここで信者たちの期待ということについて考えておきたい。村上重良や小栗純子は、みきが死んだとき信者たちが集団の存続を望んだことを自明のこととして、ほとんど問題視していない。だが、なぜ集団がみきの死後も維持されなければならなかったのか、ということについてはあらためて問われるべきなのではないだろうか。論理的にいえば、みきの死をもって集団は解散するという選択肢もありえたはずだからである。

村上の言い回しを用いれば、みきの教えには「民衆の救済、現世中心主義、平等観、ヒューマニズム、平和思想、夫婦中心の家族観、反権力性、独自の創造神話など、民衆の要求を反映した前進性[65]」が含まれていた。大部分の信者は病気治しをきっかけに入信しているとはいえ、それだけなら数多くの流行神と同じく、彼らはみきのもとを通り過ぎるだけの人になっていただろう。みきが固定的な信者集団による共同体をもつことができたのは、彼女のカリスマ性や思想に人びとが共鳴し、新しい倫理や希望の可能性を見いだしたからであった。

「狐憑き」「狂人」などといった汚名＝スティグマを身に受けながら、その汚名を聖痕として引き受けなおし、強力なカリスマを獲得したみきと同様に[66]、世間の嘲笑と非難を受けながら中山家に通った信者たちもまた、それまでとは違った世界観を獲得していたと考えられるし、従来の村の秩序に復帰することは難しかったのかもしれない。みきが死んだ直後の、「おれは、家へ帰れん（中略）教祖様は百十五才が定命やと仰有つた。それでおれは滅多にかみ様のお話にちがひはない。キツトよくなつて下さると信じてゐたし又人々にも話してきたんや。若し違ごたら俺の首やろとまで云つてきたんや[67]」というある信者のことばは、このような事情を端的に表現している。

彼らの共同体は、自足した閉鎖的なモデルで説明しうるものではなく、周辺社会との緊張関係のなかで存立している。みきを中心とした共同体は、当該社会において「異常」のレッテルを貼られ、そのレッテルに積極的な意味を付与することによって対抗的な価値を生み出した。だが、みきの死とともに親神共同体が解散したとすれば、対抗的な価値は失われ、ムラ社会の逸脱者としてのレッテルだけが残ることになるだろう。それゆえ、信者たちは彼らの存立基盤を確保するため、共同体の維持を強く期待したと考えられるのだ。新しい倫理を打ち立てようとしたみきの闘いは、すでに信者全体の闘いとなっていたといってもよいのではないだろうか。

存命の理から本席制定へ

信者たちがこのような期待を抱いた状態で教祖の死を迎えたとすれば、なんらかの方法で親神共同体の存続をはかる必要がある。『稿本』によれば、まず信者たちはひと通り嘆き悲しんだあと、「これではならじと気を取り直し、内蔵の二階で、飯降伊蔵を通してお指図を願」った。みきが息を引き取ったあとも、伊蔵を通じて親神のことばを聞くことができると考えた、あるいはもしかすると聞けるかもしれないと考えたのである。はたして、伊蔵の口からいわゆる「存命の理」が下された。

「存命の理」を要点のみ説明しておくと、みきはたんに「現身を隠した」だけで、じつは永久に生きつづけるのであり、存命のまま人間たちを守護しつづけるという。また、さきほど引用した信者のことばにあった、一一五歳が寿命だという予言がはずれたことについては、人間たちを早くたすけるため、予定よりも二五年命を縮めたのだと説明されたのである。

こうしたものは、伊蔵が以前から練り上げていた論理だったのだろうか。教祖の死の論理的回答としては重要であり、今日まで天理教で受け継がれているものである。ところで、みきの死の当日に伊蔵を通して「存命の理」が下されたとする『稿本』の記述について、島田裕巳が異論を唱えている。島田は、その日に信者の梅谷四郎兵衛が妻に書き送った手紙のなかに、「存命の理」に関する言及がないことなどを根拠として、実際に「存命の理」についての「おさしづ」があったのは、五日後の葬儀の日であったとしている。「存命の理」という「理屈をひねり出すまでには、五日という時間を必要とした」というわけである。[68] この島田説にたいしては、天理教一広分教会長の安井幹夫が、島田の史料批判の杜撰さを突きながら、根拠のない憶説として斥けている。[69] とはいえ、私にとって重要なのは、「存命の理」が下されたのがみきの死の当日であれ、葬儀の日であれ、これによって共同体の危機が回避されたわけではないという点である。みき亡き後の天理教が一応の方向性を打ち出し、新しい体制を築いていくには、一ヶ月後の本席制定を待たなくてはならないのだ。

本席制定とは、みきの死後、飯降伊蔵が親神の意志を伝える「本席」として信者たちに承認されたことを指す。このことについて、主題的に考察した研究はないが、小栗純子の説明をみてみよう。小栗は本席制定の目的を「第二のみきを誕生させず、しかも、みきの心、親神の心を失わず、それまでのように救いを発揮させる」ことだったとする。[70]そのため、まず「天理教は、みきなきあとの親神のやしろを、庄屋敷村の中山家〔「ぢば」〕に定着させ、そこから今までどおりに人びとを救うのだという論理を打ち出した」。だが、人ならざる『ぢば』は口をきくことができない」ので、「天理教が設けたのが、神意の取次者、本席・飯降伊蔵であった」。[71]集団内におけるあらゆる相互作用を無視して「天理教」という主体を前提する小栗の論理には問題があると思われるが、それはともかくとして、結果的にみれば「ぢば」と「本席」の存在が親神共同体の危機を回避させたことは事実だといえる。

それでは、問題の本席制定の経緯をみてみよう。みきの死から一ヶ月近く経った三月一一日、昼食後伊蔵は何となく体にだるさを覚え、悪寒を感じたため床に就いた。症状は一向に良くならず、逆に日に日に伊蔵は衰弱していった。永尾芳枝によるなら、高熱で汗が噴き出し、「その汗を拭いて絞ると、飴の様なものが流れて糸の様に引張った。そして、「あばらの骨が一本づつ、ぶち〳〵と折れて、その折れる間に骨と骨との間に煮え湯が沸いて、（中略）それからこち〳〵と音がして元の通りにはまつていつた」と伊蔵は後に語ったといい、側にいた芳枝たちにもその音が聞こえたという。[72]この状態のなかで、伊蔵の口から神のことばが頻繁に出された。たとえば、つぎのようなものである。

刻限御話

さあ〳〵今までというは、仕事場は、ほこりだらけでどうもこうもならん。難しい難しい。何も分からん。何も分からんではない、分かってはある。なれどもほこりだらけや。さあ〳〵これからは綾錦の仕事場。錦を仕立てるで。こゝ暫くの間は、今日は食事の味が無いという日もある、又進む日もある。あちらこちらもほこりあっては、錦の仕事場にならん。さあ、すっきりとした仕事場にするのやで。綾錦の仕事場にはならん。さあ、すっきりとした仕事場にするのやで。綾錦の仕事場に仕立てる。（明治二〇年三月一七日午後七時）

「仕事場」とは伊蔵がみきの代わりに扇の伺いを立てていた場、あるいは伊蔵自身のことをいうのであり、この「おさしづ」は伊蔵を神の代理として承認するよう迫るものとして理解される。異常な心身状態のなかでこうしたことばがひっきりなしに出され、伊蔵＝親神はさらに真之亮を呼ぶことを求めたが、真之亮はその場になかなか現われない。この間、妻さとと娘の芳枝は、「あの通り身上が迫つては、とても三日の日も持つまい。あれほど神様がお呼びになつても、如何したわけか真柱様は来られず、もしもそのうちに父様が出直さはつたら、（中略）今更櫟本へ帰る事なんぞは出来ず、いつそのこと親子四人（中略）河内の国の方へでも行つて、乞食をしようとも大和の土地は踏まんとこう[73]」と、泣く泣く話し合ったという。しかし最終的に三月二五日、信者たちの説得により、真之亮が伊蔵の前に現れる。そのときの「おさしづ」を、少々長いがあげておく。

刻限御話

さあ〳〵あちらこちら、摘まんだような事を聞いて居た分には分からんで。これしっかり聞き分けねば分からん。神というものは、難儀さそう、困らそうという神は出て居んで。（中略）紋型の分からん處から、神がこのやしきに伏せ込んだ。さあこの元を分かれば、さあ知らそう。承知が出けば知らそう。承知が出けねばそのまゝや。さあ返答はどうじゃ。無理にどうせと言わん。

内の者答『いかにも承知致しました』と申上ぐれば、神様より

さあ〳〵しっかりと聞き分け。今までは大工と言うて、仕事場をあちらへ持って行き、こちらへ持って行た。それではどうも仕事場だけより出けぬ。そこで十年二十年の間に心を受け取りた。その中に長い者もあり、短

い者もある。心の働きを見て、心の尽したるを受け取りてあるから、やりたいものが沢山にありながら、今までの仕事場では、渡した處が、今までの昵懇の中である故に、心安い間柄で渡したように思うであろう。この渡しものというは、天のあたゑで、それに区別がある。この通りに、受け取りてあるものがある。それを渡すには、どうも今の處の仕事場と言うた事を消して、本席と定めて渡そうと思えども、このままでは残念々々。さあ〳〵本席と承知が出けたか〳〵。さあ、一体承知か。

真之亮より、飯降伊蔵の身上差上げ、妻子は私引受け、本席と承知の旨申上ぐれば、引続いて

一寸頼み置くというは、席と定めたるといえども、今一時にどうせいと言うでない。三人五人十人同じ同席という。その内に、綾錦のその上へ絹を着せたようなものである。それから伝える話もある。(明治二〇年三月二五日午前五時三〇分)

この一連の問答を経て、伊蔵は真之亮以下信者から本席として承認されることとなり、例の異常な病も「嘘のように回復」した。

以上が、本席制定の経緯である。さきにふれたように、小栗は、伊蔵やその家族、真之亮らがそれぞれに抱えた事情や思いは無視し、「天理教」なるのっぺらぼうの主体を単位として議論を進めていた。だが、上記の過程を検討するなら、そのような理解が根本的に不充分なものであることが明らかになるだろう。

イニシエーションとしての病

この過程を、私なりに分析してみよう。まず目をひくのは、伊蔵の衰弱していく肉体であり、肋骨が折れ、再びはまりなおしていくさまである。こうした症状は、シベリアのシャーマンが経験するイニシエーションを想起させ

る。ミルチア・エリアーデのことばを用いるなら、それは「肉体の解体とその諸器官の更新、復活を伴う儀礼的死」[74]ということができ、伊蔵は儀礼的な死をへて、新たに本席・伊蔵として生まれなおす。だが、より重要なことは、この病を伊蔵の経験というコンテクストに位置づけてみること、そして、周囲の人びとが、伊蔵の象徴的な生死をどのように感知したのか、そこからどのような社会関係が新たに打ち立てられていったのか、といった問いを発してみることである。

本席制定のプロセスにおけるトランス状態に伊蔵を導いた決定的な条件が、みきのもとで霊能的修行をつづけてきた結果、心身に刻み込まれた技法であったことはいうまでもない。だが、異様な病を伴い、伊蔵を親神の代理として承認することを要求する語りは、それ以前の「おさしづ」とは大きく異なっており、修行の成果としての語りの技法というだけでは説明がつかない。第二節でのべたように、伊蔵は非常に貧しい大工であり、二度も結婚に失敗し、三番目の妻さとも二度の流産を経験した。近世社会においては、離婚や再婚、三婚もありふれたことだったとはいえ[75]、思うように家族を築くことができないことによる心痛は小さくなかったと推測することはできるだろう。さらにみきのもとへ通うようになってからは激しい官憲の迫害・拘留、中山家に住み込んだ後も他の信者から蔑視や非難に晒されるなど、伊蔵の前半生は苦悩にみちたものであった。こうした「人間苦」がトランスと密接なかかわりがあることはよく知られている[76]。それに加えて、伊蔵にとって重要な他者である教祖・みきの死、彼がほとんど生活のすべてをかけて支え守ってきた親神共同体の危機、またさきにのべた信者たちの共同体維持への期待といったものが、培われてきた心身技法と結びつくことによって、伊蔵を「統御できない憑依状態[77]」へと水路づけていったと考えられる。

一八七五年ごろから始まった霊能的修行は、みきの死までに伊蔵の心身技法をかなり高度に洗練させていたといえるが、その語りだけでは本席制定の正当性を信者たちに承認させることはできず、彼の苦しむ身体が重要な意味をもった。伊蔵の病は、家族や見舞いに来た者に異様な印象を与えたようである。それは、さとや子どもたちに彼の死を切迫したものとして予感させ、一家の未来についての昏い不安を抱かせた。彼女たちが思い描いた未来の生活のなかに、真之亮らの支えはなく、むしろ追われるように「河内の国の方へでも行」かざるをえないとされている。永尾芳枝は「此の時の有様を詳しく言へば、人を恨むやうになるさかひ言はんとくが、それは〳〵苦しいものやつたのや[78]」と語っている。伊蔵の発症から二週間、真之亮が現れなかった事情については推測するほかないが、ここには共同体の主導権をめぐる、伊蔵＝親神と真之亮の間の対立・葛藤があったと考えるべきだろう。さきにふれたように、真之亮らはみきの埋葬などの問題に際して伊蔵の「おさしづ」を願っていたが、こうした個別の問題に関する指図と、伊蔵を永続的な親神の代理として承認することとの間には、根本的な差異があると認識されていたことがわかる。本席制定が完了するまで、信者たちに承認されていた伊蔵の霊的な力＝カリスマは、限定的なものであった。「中山家の小使」であった伊蔵を親神の代理にするように求める「おさしづ」の主張は、真之亮らによって共同体の秩序を脅かすものとみなされ、伊蔵とその家族は共同体の周縁領域に押しこめられてしまったのである。

刻限御話

さあ〳〵変わる〳〵。今まで弱き者が強くなる。今まで強き者が弱くなる。目に見えねば分かろうまい、離れては分かろうまい。傍にありても敵うまい。月が更わればころっと変わる。弱い者が強くなる、強い者が弱くなる。そこで分かる、という事を知らして置く。（明治二〇年三月一六日午後一一時）

たとえば右の「おさしづ」では、ラディカルに既存の優劣関係の転倒がいわれている。「弱き者」とは、官憲に取り囲まれた親神共同体のことであるとも解釈できるが、右にのべた状況を考慮するなら、伊蔵その人を指しているとも解釈できる。みきの死によって現出した共同体の危機、そして伊蔵自身の危機のなかから、伊蔵の神は現状の根源的な変革を唱えたのである。

信者たちがどのように説得したのかはわからないが、真之亮が現れて伊蔵を本席として認めると、病は嘘のように回復する。教祖の死から始まる一連のドラマはここで一応の完結をみるわけだが、みきが〝現身を隠した〟とき、「存命の理」を授けて共同体の危機的状況を救うのが飯降伊蔵であり、逆に伊蔵自身の危機的状況を、本席の承認によって救うのが中山真之亮であったということに気づく。みきの霊能的後継者と世襲的後継者とが、危機に際して互いの正当性を承認しあうことによって、共同体の消滅あるいは分裂の危機を乗り越えていくのである。この本席制定のプロセスが原型をなしているように、本席と真柱、そして彼らを取り巻く信者たちとが互いに補完し合いながら生成するのが、本席‐真柱体制なのだ。

五　「おさしづ」と親神共同体

「おさしづ」とは何か

ここであらためて、「おさしづ」とは何であるのかを確認しておきたい。まずは現在の天理教学における説明をみてみよう。山本久二夫と中島秀夫の『おさしづ研究』によれば、「おさしづ」とは「文字通り、すべての人間を救済したもう目的をもって明かされた親神の啓示的意図である」[79]。やや具体的にいえば「教祖によって語り述べられたお言葉を指す」[80]わけだが、じつは、中山みきの「お言葉」は数えるほどしか残されていない。山本らが「直接に教祖のお言葉を聞かせていただいた有難さに心いっぱいで、筆録するというような心の冷静さなどなかったのではないだろうか」[81]とのべているように、みきを中心にした初期の共同体は「情熱的・行動的で、集団の客観的自己規定などにさほど関心を払わな」[82]かったため、「お言葉」が記録されることもなかったのだ。そして、「おさしづ」として現存しているもののほとんどは、「飯降伊蔵先生の御口から出たもの」[83]なのである。

つまり、みきの「お言葉」も、伊蔵の「御口から出たもの」も同じ「おさしづ」であるという。これは、「おさしづ」を語らせている主体はあくまで親神だという論理に支えられている。だがその一方で、伊蔵の立場については、「教祖が「月日のやしろ」として恒常的に一貫して親神の取次者であられるのに対し、席に立たれない時の本席飯降伊蔵先生は、一般の人間として他の人びとと少しも異なつたところはない」[84]と、日々のふるまいを含めて親神と同一視される教祖・みきとの相違が強調されており、現在の天理教学では、「おさしづ」と伊蔵の人格を完全に切り離して語ることになっている。あるいは、そのように語らなければならない。このことは、第一節でみた『稿本』における、教祖の死をめぐるドラマにも反映されていた。そこにおいて、伊蔵が登場するのは「飯降伊蔵を通してお指図を願うと」という一箇所のみである。ここでは、一方に「お指図」を願う主体としての信者たちがまずあり、他方にそれに応える親神の存在がある。そして当の「飯降伊蔵」は、いわば両者を媒介するカラッポの器として表象されているのだ。

だが、伊蔵の前半生と本席制定の過程をめぐるここまでの分析が示すように、彼の「おさしづ」を、伊蔵自身の心身と彼の経験、そして他の人びととの関係性と切り離して語ることはできない。共同体の信仰を構成していたのは、親神と信者の透明な向かい合いではなく、伊蔵の心身から紡ぎだされる語りであり、それをみつめる人びととの関係性だったのである。したがって、本節では、信者たちの視線に攻囲される伊蔵の身体に焦点をあわせ、本席‐真柱体制期における信仰のありようを描きだすことを試みたい。

「おさしづ」の時空間

本席となった伊蔵は、どのように「おさしづ」を語り、それはどのような内容をもつものだったのか、そしてその語りは信者たちによってどのように見られ、聞かれたのか、それが親神共同体の信仰や意思決定とどのようにかかわっていたのか。「おさしづ」が語られた現場を伝えるテクストとして、橋本正治の『本席の人間像』(一九五一年）がある。戦後の著作ではあるが、橋本は「人間としての本席について、書かれたものは一つもないといってよい」状況のなかで、「本席のお側近くに仕えた人で、今残っておられる」唯一の人物である清水由松からの聞き取りに基づいてこの本を書いている。[85] これに依拠して、「おさしづ」の時空間をできるだけ詳しくみてみよう。[86]

橋本は、「おさしづ」の語られ方を三つのパターンに分けて描写している。はじめにそれらのパターンをのべておこう。それぞれ「お授け（のお運び）」「事上（のお運び）」「刻限（天啓）」となっている。ひとつめの「お授け」とは、「別席（運び）」と呼ばれる一連の修養（修行）の最終段階として行われ、信者が講話を九度聴いたのち、本席から「さづけ」[87]を頂くというもの、ふたつめの「事上のお運び」は、信者の病気や教会関係、外部との折衝にかかわる問題について親神の意思を伺うものである。最後の「刻限（天啓）」は、親神が自発的に信者たちに向けて語りかけるものである。したがって、人間側からの伺いにたいしての応答（「お授け」「事上」）と神の側からの語りかけ（「刻限（天啓）」）とに大別することもできる。

まず「お授け」の様子をみてみよう。このとき、伊蔵は下帯（越中ふんどし）を含めてすべてを着替えた。「七子か羽二重の黒紋付、浅黄か茶色の、真ん中に模様のあるひとえの角帯（所謂とっこ帯）、井桁の五つ紋付の羽織に白足袋（十文）で、袴は召されず扇子ももた」ないという出で立ちであったようである。「お授け」の場に立ち会うのは、中山真之亮、言上方、付添方の三人で、「さづけ」を頂く者（お授け人）が一人ずつ順に部屋に入ることになる（たいてい一日に四五人ほどが「さづけ」を頂いたという）。

お授け人にたいする注意などの準備が整うと、伊蔵が書斎から「お運びの間」に入り、運びの席に西向きに正座する。伊蔵につづいて真之亮が、向かって左に南向きに着座する。「その前下手にお盆が一つ、それに九谷焼の蓋つき湯のみと水さしとがのせてある」。伊蔵を中心にし、向かって右に言上方、左に付添方が着座、平伏する。伊蔵は付添方が湯のみに注いだ水を一口飲むと、「ううーん」と唸り、これが「人間界から本席が離れられた証拠」であるという。つづいて言上方が次の間に向かって「はい」と合図をすると、お授け人が一人ずつ部屋に入ってくる。

言上方と付添方との間にお授け人が座り、「両掌を上向きに理を頂く形で平伏する」。三人の立会い人が二拍手し、言上方が「何々部内何県何某何才、別席順序をすましまして、御本席様にお願い申上げます」と言上する。伊蔵は「うううーん」と唸ると、「早からず遅からず、悠容迫らず肚の底から、太い強い別人のような、お授けのお言葉がさがる」。そして最後に「さあ〱うけとれエー〱」と言う声は、「立会いの者も思わず肚の底まで、ずーんとひゞくゆくような、強い〱力のこもつたものであつた」という。この調子ですべての「お授け」が終了すると、伊蔵はまた「ううーん」と唸る。これは「神あがり」の合図であった。そして「夢から覚めたように」なる。また、残った水は「御神水」として関係者へ与えられた。

「事上」は基本的に「お授け」に引きつづいて行われるので、道具立てなどはほぼ同じであるが、もっとも大きな違いは立会い人のなかに「書きとり方」が加わることである。彼は言上方の南斜下座に座り、畳の上に美濃半紙を直に置き、伊蔵のことばを書きとった。書きとられたものは清書され、真之亮に一枚、書いた本人に控えとして一枚が渡されたという。

最後に「刻限（天啓）」についてみておこう。「刻限」があるときには、必ずといってよいほど伊蔵の健康状態が悪化した。逆にいえば、伊蔵の健康状態が悪化したとき、信者たちは「刻限」があるだろうことを予測したのである。症状が軽いときには「お運び」が済んだあと、真之亮などが「本席の御身上、何かおしらせ下されるのでありますか」と尋ね、それを契機に「おさしづ」が始まる。「お運び」ができないほど症状が重い場合は、夜中に床の上で「刻限」があった。世話係の増井りんや青年が伊蔵の体をさすっていると、「本部員皆呼んで来い」あるいは「真柱を呼べ」という声がかかり、青年たちが本部員（教会幹部）を起こしてまわり、大体集まってくるころには伊蔵は床の上に正座する。部屋は本部員でいっぱいになり、比較的新しい者などは部屋からはみ出した状態で平伏し、伊蔵のことばを待つ。著者の橋本は「この際、〔伊蔵が〕扇子を持たれることもなければ、お床の上に横になられたままのことは全くな」かったと記し、それにつづけて「けれども教祖様は、お床にお寝みになつたまゝ天啓があつたし、御熟睡中でも伺うとお言葉が頂けた」と、みきと伊蔵の差異をのべている。このような状況のなかで語られた「刻限」であるが、その様子は「極寒の折でも、天啓のある時の本席は、夏の土用中のように、全身脂汗でびつしよりになられた」という。「刻限」も「事上」と同様に書きとられたうえ、清書したものを必ず伊蔵にみせたということである。(88)

「おさしづ」が創る世界

これらの「おさしづ」がどのように扱われたのかについては後にのべるとして、ひとまずここまでのところについて考察してみよう。まず、一見してわかるのは、伊蔵の「おさしづ」と、彼のトランス状態とが不可分のものであり、「お運び」にみられるように、伊蔵は信者たちの願いに応えて、日常的な心身状態と親神に憑依された状態とを往還することによって「おさしづ」の時空間を構成しているということである。すなわち、伊蔵の非日常的な心身状態が、信者らによって親神が憑依している状態と認められ、そのとき発せられたことばが「おさしづ」として聞かれ、書きとられるのである。これにたいして、みきは日常生活のさまざまな場所・時間において発言し、それらが聖なることばとして信者の信仰生活に影響を及ぼし、さらに官憲との軋轢にもつながった。だが、伊蔵の「おさしづ」は制度化された手続きを踏み、限定された場で、限定された信者にたいして、限定された内容について語られたにすぎない。したがって、伊蔵の「おさしづ」が、中山真之亮ら幹部によってかなりの程度において管理されていたということは否定できないだろう。

ところで、「お運びの間」という場に目を移してみれば、親神憑依の空間において伊蔵と真柱・中山真之亮の関係が逆転していることがわかる。日常生活のなかで、伊蔵はつねに真之亮を立て、自らを下に置くように心がけていた。こうした日常的空間での関係（主 - 真之亮、従 - 伊蔵）が俗なる秩序に基づいているとすれば、「お運びの間」におけるそれは聖なる秩序だといえるだろう。「おさしづ」が語られるたびに、俗なる秩序が親神の介入によって中断され、聖なる秩序の更新が演じられるのである。「おさしづ」のこの演劇的性格に注目するなら、ドラマを鑑賞し、評価するオーディエンスが必要になるだろう。立会いの本部員や「お授け人」がそれにあたる。本部員たちは伊蔵の身体を注視し、その身ぶりや「太い強い別人のような」声のなかに親神の存在を実感しただろうし、地方から「さづけ」を頂きにきた「お授け人」は所属教会に帰り、〝生き神様〟の姿をいささか興奮気味に話したかもしれない。

「おさづけ」はぢば以外で頂くことはできない。地方信者たちは「別席運び」のために大和にある本部へと聖地巡礼にやってくるのであり、その旅のハイライトとなるのが「お授けのお運び」なのだった。そこで彼らは伊蔵の身体として可視化された親神をみることができるのである。だが、彼らにとって、伊蔵とは親神の意思を伝えるカラッポの器というよりは、まさに「生き神」というべきものであった。先述したように、天理教の公式的な教義では、伊蔵は「おさしづ」を語る場においてのみ、親神の一時的な代理として認められるが、それ以外の場面ではあくまでも人間であると説明されている。「おさしづ」そのもののなかでも、「席に入り込んだら神やで。なれど入り込まん時は人間やで」（明治四〇年四月一二日）と説かれている。とはいえ、たとえば橋本正治が、伊蔵の臨終の際に医者を呼んだのは「生神さんを死ぬまで医者にも見せずに抛つときよつた。それくらいやから世間のいう通りや」という非難を予防するためだったとのべているように、[89]伊蔵その人を「生神さん」とみなしていた人びとも少なくなかったと思われる。伊蔵が飲み残した水が「御神水」として扱われたこと――「おさしづ」の後にかぎられているのだが――も、伊蔵の心身そのものが聖性と結びつけられる道具立てとみなすこともできるだろう。当時の信者たちが、「入り込まん時は人間」という画然とした区別を実感的に行っていたとは必ずしもいえず、人間としての伊蔵／生き神としての伊蔵というふたつの理解が重なりあっていたといえるのではないだろうか。

つぎに、これはもっぱら「刻限（天啓）」にかかわる問題だが、伊蔵の心身状態と「おさしづ」との関係にも注目すべきである。信者たちは、「本席の身上不快は、大抵刻限（天啓）のある時であつた。勿論、ない時もあつたが、大体そう心得ていてよかつた[90]」というように、伊蔵の心身状態と「刻限」とを強く結びつけて理解していた。伊蔵の病は近代医学的なまなざしとはまったく異なったレヴェルで観察されたのだった。それは、「おふでさき」の説く病気観を象徴するものといえるだろう。みきは「おふでさき」において、病は欲や高慢といった「ほこり」をもった人間の心を直すために親神が授けたものであり、神の手引きなのだとのべていた。伊蔵の病は彼自身の「ほこり」によるものではないが、親神の働きによって発生したり治ったりするという点で、同じ世界観のなかに位置づけられるものである。「とかく人間の心は、ゆるみ易い。天啓があると一時心はしまつても、いつの程にかゆるんで、なおざりになつてゆき、神様から御意見頂かねばならぬことが山と悶えてくる。するとそれが本席の身上のおさわりとなる[91]」という記述からわかるように、伊蔵は世の人間を代表して「ほこり」にたいする手入れを一身に受けていると理解されることもある。

また、彼の病に際して、信者たちが医者を呼ぶことはなかった。「それは本席のお身上は、必ず天啓の前触れで、普通の御病気ではないからである。従つてお薬をさしあげるなどは、全然思いもよらぬ事である[92]」。明治期の天理教会への批判や弾圧の主要な根拠のひとつは、西洋医薬を妨げるというものだった。そのようなまなざしのなかで、信者たちは信仰と西洋医学との妥協を余儀なくされていったはずだが、伊蔵の身体だけはべつだったのである。伊蔵の身体がいわば親神共同体の最後の砦として、親神の存在を確かめ、その働きを実感するためのよすがとなっていたといってよいだろう。

神と人間

「おさしづ」の語られ方、聞かれ方についてみてきたが、こうした「おさしづ」はどのような内容を持ち、それは親神共同体の信仰とどのようにかかわっていたのだろうか。

小栗純子は、「おさしづ」の機能についてつぎのようにのべている。

天理教がみきなき後の善後策に「ぢば」と「本席」の設定を考え出したことは極めて賢明な策であった。（中略）そして「本席」を通じての、みきのお指図によって天理教幹部が行動すれば、たとえそれが誤りであっても、幹部たちの責任にはならなかった。[93]

小栗によれば、「おさしづ」とは幹部の行動に正当性を与える形式的儀礼であって、彼らの責任を曖昧にするための道具にすぎない。きわめて合理主義的な解釈だといえる。かつて憑依研究において支配的であった演劇モデルによる説明に、それは似通っているように思われる。演劇モデルにおいては、憑依の場面におけるドラマ化の行為それ自体が重要なのであって、オーディエンスが憑依を信じているか否かは問題にならないとされる。だが、このモデルにはつぎのような疑問が提出されなければならない。「お芝居の現実を知りながらも、真相にふれないことをひそかに契約し、一人一人がたがいの共犯者となってどうにかゲームを続け、各自の社会戦略が生産されるようなグロテスクな社会が、はたして成立するのか[94]」。また、小栗のいう「誤り」とは一体何のことなのだろうか。国家権力に抵抗することが「誤り」なのか、それともみきの教えに反して権力への妥協を行うことが「誤り」なのだろうか。いずれにしても、信仰の世界を閑却した近代的な価値観に基づく、ご都合主義的な判断にすぎないのではないだろうか。

小栗の議論において見いだされる以上のような問題点を念頭におきつつ、「おさしづ」の扱われ方をみていこう。さきほどものべたが、「おさしづ」は形式的にみて伺いにたいする神の応答としてのもの（「お授け」「事上」）と、神が自発的にことばを発する「刻限」の二種類がある。しかし、全体の分量からすると、「刻限」が占める割合は非常に小さく、ほとんどは伺いにたいする返答としての「おさしづ」なのである。[95] そうであるとすれば、伊蔵（あるいは伊蔵の神）が自発的に指示をする場面はめったになく、多くの場合、真之亮らの提案にたいして是非の判断をする程度の役割しかなかったということなのだろうか。こうのべてくると、どうも「おさしづ」は実際には教団運営にほとんど影響力をもちえなかったという結論が導かれそうである。むしろ小栗の解釈が妥当であるようにみえる。だが、結論を急がず、もう少し詳しく、残された史料を読んでみよう。

さきほども引用した『本席の人間像』には、「刻限」を受けたあとの本部員会議の様子がのべられている。

おさしづが終ると、それに基いて本部員会議の上、神意を悟つて決をとり、本席にも申上げる。神意に叶う場合は、何とも仰言らぬから、直ちに実行に移してゆく。若し又神様の思惑に副わぬ時は、おさしづがあるから、更にねり直して思召にそうようにしてゆく。余りに神意と違いすぎる場合は、非常なお叱りがある。そこで、本部員会議と言えば、真剣そのもの、火の出るような緊張裡に、ねり合いくされた。(96)

ここには、親神と本部員たちの真剣な対峙がみられる。さきに「刻限」の絶対数が非常に少ないことを指摘したばかりであるから、これをもって本席‐真柱体制期の天理教が「おさしづ」に基づいて行動していたと考えるには不充分である。とはいえ、本部員たちが神のことばにたいし、依拠すべき行動の規範として真摯に対応していたということは、この文章から推測することができるのではないだろうか。小栗のいうような、幹部の責任を軽減する装置としての「おさしづ」に「火の出るような緊張」が介在する必要はないはずである。ここに見いだされるのは、たんなる「お芝居」に還元されえない信仰というものではないだろうか。

ところで、本席‐真柱体制期の天理教会の歴史を描いた〝正史〟というべき、『稿本中山真之亮伝』には、本書の関心からみて、叙述上の特徴がふたつある。ひとつは、この歴史物語のなかに、飯降伊蔵がほとんど登場しないことであり、もうひとつは「おさしづ」が大量に引用されていることである。第2章で論じるように、戦後の天理教は中山（真柱）家を中心として構築されており、その立場からする歴史のなかでは、伊蔵という指導者の姿はきわめて稀薄なものとなっている。にもかかわらず、彼が語り、しかし彼の身体から切り離された親神の意思としての「おさしづ」だけは、物語からけっして切り離すことができない。そこに、伊蔵と「おさしづ」のねじれた関係があるのだ。

『真之亮伝』の叙述を読むと、真之亮や幹部たちが重要な行動を起こす前後には必ずといってよいほど「おさしづ」が登場している。若干例をあげるなら、みきの遺体を仮墓地から豊田山へ改葬するときや日清戦争、独立請願運動関係など、ことあるごとに「おさしづ」を願っていることがわかる。『真之亮伝』は「おさしづ」に寄り添うようにして物語が展開しているのである。つぎに『真之亮伝』から一例をあげてみよう。この書物の叙述スタイルの、典型的なものである。

かくて、いよいよ上京出願の手順につき、相談を重ねた上、先ず、清水、諸井が先発しようという事になり、三月十一日、おさしづを願った。

さあ〳〵いずれの話も聞かしてある。道のため先は理もだん〳〵付くは所の理、いずれの理一つの事情という。一日々々の理、身上一つの理、世界のため定め一つ運ぶ〳〵。天然自然いかなる道、どういう道も連れて通ろう、早くの道も連れて通ろう。幾重の道も連れて通る。

このように、快くお許し下されたので、二人は、三月十四日、おやしきを出発（後略）[97]

一八八八（明治二一）年の教会本部開設にかかわる記述である。内容はともかくとして、『真之亮伝』がつねにこうしたスタイルで語られていることに注意しておこう。天理教のなかで、少なくとも建前において、「おさしづ」がいかに重要なものとして位置づけられているかが、ここから理解できる。

ただし「事上」というかたちで「おさしづ」を願うときのスタイルは、実質的に「〜にしようと思いますが、よろしいでしょうか」という形式か、「Aにしましょうか、それともBにしましょうか」という形式がほとんどであることはのべておかなくてはならないだろう。このような願い方であれば、返答のヴァリエーションはかなり限られてしまう。そして、後に引用するように、これにたいする返答としての「おさしづ」はつねに難解なものである。もちろん、真之亮たちが聞き取ったのは書かれたテクストではなく、伊蔵によってライヴで語られることばであったし、彼らは語彙やイントネーションを共有する言語的同質性の高い集団であったと考えられるから、今日私たちが感じるよりは理解しやすいものだっただろう。それでも、幹部たちは抑揚の調子やことばの一部（たとえば、「おさしづ」では「許し置こう」ということばが頻繁に使われるが、これをもって親神の許しを得たと判断することができる）を手がかりに内容を解釈していたというのが実際のところだったと思われる。そしてそこには、幹部たちによる恣意的な読みが行われる余地も少なからず残されている。したがって、「おさしづ」のなかに小栗が指摘したような政治性が存在することは、たしかに間違いではない。

だが、私は小栗のいうような機能主義的説明によってすべてが説明されているとは思わない。真之亮らは伊蔵と「おさしづ」を完全な管理下におくことはできなかったし、逆に「おさしづ」が指示するままに盲従していたのでもない。「おさしづ」は見られ、聞かれ、書きとられ、読まれ、協議され、ずらされていく過程のなかでその姿を変えながら、信仰を再生産していったのである。求められているのは、「おさしづ」への全面的信仰／「おさしづ」の道具的利用、といった二項対立的な思考を越えた、より重層的な状況を描写することではないだろうか。

「おさしづ」を聞く

ここで、書きとられた「おさしづ」をひとつあげてみよう。

本席の事情だん〳〵つかえ、別席の處も日々増加するを以て、遠く所三三三の理を以て九箇月通るよう改むる御許しの願

さあ〳〵何かの所尋ねるであろう。一つ〳〵理を尋ねにゃなろうまい。さづけ一条の席よう聞け。だん〳〵遠

く事情一つの理、近く一つの事情、同し一つの理を渡す。先ず〱暫くの處席を縮め〱、これから縮め。最初水の花が出る。前々があって遠くの事情、一つの理通う通わんは大き。一度席に運んで、遠くの所、一度運んでじいと置き、又一度所々心の誠治める。所々急いで〱ならん。そこで縮める。遠くの所一度でじいと。又二度の席許して、一度の席では分からん。（中略）遠くのとこは二度運んで遠くの所、三三九度一つの理を治め。胸の内発散するである。随分秘っそり。（明治二二年一〇月一七日（陰暦九月二三日））

この「おさしづ」は先述した「別席」にかかわるものである。「さづけ」を頂く者が増加するに従って伊蔵の心身にかかる負担も大きくなった。それを軽減するために、「さづけ」を頂くには九度の講話を聞かなければならないという制度を設けたときのものだ。「遠く所三三三の理を以て九箇月通るよう」制度を改めることが幹部たちから提案され、伊蔵＝親神によってそれが承認されている。幹部たちの呼びかけに誘導されて、「おさしづ」が語られているようだ。

ここで注目してみたいのは、「おさしづ」テクストの細部である。幹部の願にたいして伊蔵の神は、「遠くのとこは二度運んで遠くの所、三三九度一つの理を治め」と応答している。両者の表現は似通っているのだが、伊蔵の神によって微妙に再構成されているのだ。これはたんなる表現だけの問題ではない。幹部たちは制度変更の理由を「別席」の人数が増え、伊蔵の負担が大きくなってきたこととしていた。ところが伊蔵の神は、「一度席に運んで、遠くの所、一度運んでじいと置き、又一度所々心の誠治める。所々急いで〱ならん」（修養の完成を急ぐのではなく、じっくりと「心の誠」を治めるべきだというほどの意味だろう）と、制度的改変に宗教的な意味を付与しなおしているのである。すなわち、幹部たちによる提案は伊蔵の神との間を往復するなかで、宗教的により〝納得しうる〟ものになっていく。

「最初水の花が出る」とか「随分秘っそり」といったことばは、この文脈においては意味がとりにくい。また、類似した表現の繰り返しもかなり多くみられる。それは、私たちが日常的に抱いている言語観、つまり言語とは「客観的事実」をできるだけ忠実に、効率的に（経済的に）描写するものだという理解にはそぐわないものである。[98]そうした言語観に立つならば、これらの表現は冗長なもの、無意味なものとして切り捨てられるだろう。しかし、「さあ〳〵」といった決まり文句とともに、こうした表現は「おさしづ」の不可欠な構成要素であるともいえる。そもそも、「おさしづ」の正当性は何よりも伊蔵が中山みきの後継者であることに存しており、したがって伊蔵の語りはみきの語りと似通っていることが必要である。だが、それらはまったく同一のものではなく、伊蔵がトランスにおけるアレンジを加えながら、みきの語りのイメージを絶えず喚起するのが「おさしづ」だといえるだろう。とすれば、一見して意味のわからないことばや決まり文句などは、それ自体でみきの記憶、あるいは信者たちに共有されてきた信仰文化の記憶に訴えかけるレトリックとして語られていったのではないだろうか。

教祖の記憶

みきの記憶という問題について、もう少し補足しておこう、伊蔵の「おさしづ」は、たんにみきの語りをその形式において想起させるばかりでなく、「存命」の彼女について、直接的に語ってもいた。「おさしづ」において、「存命」の教祖がどのように表象されていたのか、少しみてみよう。

何處其處で誰それという者でない。ほん何でもない百姓家の者、何にも知らん女一人。何でもない者や。それだめの教を説くという處の理を聞き分け。何處へ見に行ったでなし、何習うたやなし、女の處入り込んで理を弘める處、よう聞き分けてくれ。（明治二一年一月八日（陰暦一一月二五日））

ここで描かれているみきは、特別な知識や学問、あるいは財産や家柄、身分といったものをもたない、農家の「何にも知らん女一人」である。[99]伊蔵＝親神が強調するのは、みきの資質ではなく、「月日のやしろ」と定まって以降に積み重ねた経験にほかならない。「存命の間というものは、何も楽しみ無くして通りた道、諭し掛ける。艱難苦労分かり無くてはならん」（明治三四年九月二七日）と、みきの「艱難苦労」を理解することが求められるのである。正確にいえば、みきだけでなく、秀司やこかん、そして伊蔵をも含めた中山家の「艱難」も繰り返し確認されていったのであり、伊蔵＝親神は「艱難苦労」の記憶を分有することで現在を生きる共同体を構築しようとしていたと考えられる。実際、日常生活や布教の現場で出会うさまざまな困難をみきの「艱難」と重ねあわせ、信仰上の実践課題として肯定的にとらえようとする思考様式・行動様式は、二〇世紀前半の天理教において広く共有されていた（第4章参照）。

また、みきが生前に着ていた赤い着物（赤衣）は、御守りとして信者たちに少しずつ与えられていたが、一八九〇年には尽きてしまった。伊蔵＝親神は新しく赤衣を仕立て、「これをお召し更え下されと願う」よう指示するが、幹部たちは「御霊前へ供えますや、本席へ御召し更え下されませと御頼み申しますや、どちらでありますや」と聞きなおしている。この時点で、信者による「存命」の教祖への奉仕のあり方は定まっていなかったのである。この問いにたいして「おさしづ」では、「夏なれば単衣、寒くなれば袷、それ〳〵旬々の物を拵え、それを着て働くのやで。姿は見えんだけやで、同んなし事やで。姿が無いばかりやで」と答えている（明治二三年三月一七日（陰暦正月二七日））。新しく仕立てられる赤衣を着て働くみきのイメージが具体的に示され、「存命」の教祖が造形されていく。「日々の給仕、これどうでも存命中の心で行かにゃならん」（明治二五年二月一八日夜）とし、毎日食事を用意することや、居間に座布団、火鉢を置くことなど、「存命」の教祖の日常生活にかかわる指図を行っていったのである。(100)

だが、伊蔵の「おさしづ」は、単独で存立していたわけではなく、伊蔵自身の「存命」の教祖への信仰によって担保されていた。『聖本席』には、つぎのような記述がみられる。

本席〔伊蔵〕は身上に支障のないかぎり限り毎日夕方には必ず教祖殿へ参拝されました。／さうして神霊の前に端坐したなり、小声で何かしら、恰も生きてゐる人間に話しかけるやうに、話しをしてをられたのです。時には笑つたり、時には面白さうな身振をして、さも教祖が其処にをられるやうに、いつまでも〳〵長話をしてをられたといふことです。／かくして本席の心は、具象の世界を超ゑていつも教祖の霊と交通してをられたのであります。(101)

伊蔵にとって、みきは一方向的に表象される客体であるばかりではない。敬虔な弟子として、「恰も生きてゐる人間に話しかけるやうに」、「笑つたり、時には面白さうな身振をして」、彼はみきと向かいあい、対話を続けていたのである。「存命の理」を語りだしたのは伊蔵自身であるといえるかもしれないが、そうした教義的な説明は、彼が「存命」の教祖への信仰を実践し、教祖と「交通」することによって生命を付与されるのだ。

伊蔵自身の死に際しても、「存命の理」は回帰する。「どうか、もしもの事あれば、半端と思うやろう。これは前々にも言うて置いたる。百十五才定命、二十五年縮める事思うてみよ。昨日の運び済んで、今日の運び滞り無く済んだら、案じる事いらん」(明治四〇年六月七日午前二時)とは、一九〇七年六月九日に伊蔵が死ぬ、その二日前の「おさしづ」である。伊蔵＝親神は、二〇年前、みきが〝現身をかくした〟日のことを、そのときの信者の動揺を想起していたと思われる。伊蔵の身体が滅んでも、親神および「存命」の教祖による救けの道が揺らぐことはないということを、信者たちにたいして強調したことばなのだろう。そのことばの真理性を、伊蔵はおそらく彼自身の「存命の理」への信仰によって心身に刻みこんでいる。このような信念においてこそ、「理は半端やないで、身は半端やで」(明治四〇年六月六日(陰暦四月二六日)午前四時半)という確信にみちた「おさしづ」が生まれ出たと考えられる。

伊蔵は「本席」として、親神の絶対的な権威のもとで、教祖の死を独占的に意味づけたが、他方でみきの対話相手として、「存命」の教祖と向きあっていた。自ら語りだした死の物語への信仰を、自らの死にいたるまでまっとうしたといえるだろう。伊蔵の心身という場において、みきの死についての代理＝表象の行為と、そうして表象されたものへの信仰が出会い、両者が互いを根拠づけていたということができ、それだからこそ、伊蔵＝親神の語りが信者たちの信仰の拠りどころとなり、力強い始原的物語となったのである。

「おさしづ」と親神共同体

こうしてみてくると、伊蔵の語る「おさしづ」が、親神共同体の信仰を再生産するうえで不可欠の役割を果たしていたことがわかる。それはたんに、親神の意思として理念的に認められたからだけではなく、伊蔵の身ぶりや声、病、語りのことば遣いなどが絶えずみきの記憶を喚起し、さらにそれらを変化させながら信者たちの信仰を獲得していったのである。また、『真之亮伝』の叙述スタイルにおいてみられたように、信者たちの行動は、伊蔵の神とのインタラクティヴな折衝のなかで行われていた。自分たちの行動が神意に沿うているのかどうかという配慮、あるいは憂慮といったもの、それは小栗純子のいうような道具としての「おさしづ」という理解も、信者が「おさしづ」に盲従したという理解もともに拒否するようなものであった。

ここで、本節でこれまでのべてきたことを簡単にまとめておこう。私の関心は、伊蔵による「おさしづ」の語りがどのような状況のなかで紡ぎだされていったのか、またそのことによって信者たちの信仰はどのように形成されていったのか、彼らの行動と「おさしづ」とはどのようにかかわり合っていたのか、といった点にあった。

まず、「おさしづ」の技術や現場に着目した場合、伊蔵は日常的な心身状態とトランス状態とを必要に応じて往復することができた。このことは、神のことばの内容および範囲がかなり限定され、幹部たちによってある程度管理されることを意味した。一方で、「おさしづ」が語られるとき、真柱・中山真之亮と本席・伊蔵の立場が一時的に逆転することにより、他の幹部や「お授け人」たちの立会いのもと、聖なる秩序の更新が儀礼的に演じられたのである。

伊蔵は現在の教義においては一時的に神のことばを伝えるカラッポの器としての役割しか与えられていないが、実際の「おさしづ」が語られた現場においては、むしろ彼自身が「生き神」としての性格を色濃くもっていたのであり、とくに地方信者たちにとっての親神のイメージは、伊蔵を介して形成されていったと思われる。また、伊蔵の病が「天啓」と結びついて理解され、彼には薬を与えられなかったということも注目される。天理教会がさまざまなかたちで権力への妥協をすすめていった時期において、みきの唱えたコスモロジーを体現する身体として、伊蔵は評価されただろう。

さらに、「おさしづ」のテクスト自体に目を向ければ、さまざまなレトリック——近代的言語観からは無価値なものとして切り捨てられるような——によって、宗教的意味の付与、みきの記憶の喚起、あるいは創造を行い、信仰が再生産されていったことがわかる。そのような「おさしづ」に寄り添うように、本席‐真柱体制期における天理教の歩みはあったのである。

近代日本と「おさしづ」

とかく軽視されがちだった明治後半期の親神共同体における信仰文化の特質を論じることは重要であるが、しかし、それだけでは村上重良以来つねに指摘されてきた政府とのかかわりについて理解することはできない。親神共同体の行動と「おさしづ」が不可分の関係にあることを確認したいま、「おさしづ」自体の内容が問われなければならない。

前提として、本席‐真柱体制期の親神共同体が、国家権力との関係においてどのような課題に直面していたのかを確認しておこう。さきにのべたように、中山みきの晩年における官憲からの監視・干渉を避けるための試行錯誤を繰り返すなかで、真之亮らは神道本局の直轄教会としての許可を得ることに成功したものの、大阪府知事の公認を得ることはできないままでいた。その後、みきの死の翌一八八八年に東京府で神道天理教会の設置が認められ、活動の一応の合法化に成功する。しかし、教会はあくまで神道本局の傘下に置かれていたうえ、序章でもふれたとおり、布教活動を支える重要な柱であった呪術的な病気治しなどは刑法の取締りの対象となり、充分な「信教ノ自由」にはほど遠い状況にあったのである。

真之亮らは、政府との交渉を通じて事態を打開しようとした。東京での教会設置出願も担当した松村吉太郎を中心として、一八九九（明治三二）年から約一〇年にわたる一派独立運動が展開されていく。布教師養成のための天理教校の開設（一九〇〇年）や国家主義的な教典の編纂（一九〇三年）といった組織・教義面の改革など、政府当局からの種々の要求を呑むことで、独立への道を切り開こうとしたのである。こうしたプロセスのなかで、親神共同体の幹部は、「おさしづ」の場に立ち会い、神の指図を人びとに取り次ぐ者（「取次ぎの先生」と呼ばれた）と、松村のように渉外や事務を担当する者にわかれていくことになった。[102] 若干の自嘲をこめて、自ら「この道の実際の伝道活動に生きたというよりも、政治と事業の二面にその大部分を費した」という松村は、人から「松村は埃のかたまりだ、道の精神を知らない……」と評されたと回想している。[103] さきほどもふれたように、「おふでさき」で説かれる「埃」（ほこり）とは、神の意思に沿わない誤った心遣いのことであり、松村が進めた諸改革に反発する幹部もいたのである。だが、だからといって、世俗権力におもねる改革を推進する松村らと、従来の信仰のありようにこだわる「取次ぎ」の幹部たちとの単純な対立構図を描くだけでは、当時の親神共同体と政府との関係をとらえることはできない。ここで、「おさしづ」の場が政府との交渉という問題にどのように向き合っていったのかを考えてみる必要がある。

金平糖の御供

これまでのべてきたように、信仰共同体のありようを左右する重要な決定が行われるときには、つねに「おさしづ」が願われている。ここではそのなかから、御供をめぐる「おさしづ」を事例として取り上げてみよう。

御供は、救済技法である「をびや許し」などの際、信者に与えられるものである。具体的に何が与えられるのかといえば、じつは時代とともに変化してきているのだ。簡単にその変遷をみておこう。最初、中山みきは御供を与えることをしなかったようだが、のちにはったい粉を御供として与えるようになる。少なくとも伊蔵がはじめて参拝をした一八六四（元治元）年ごろまでには、はったい粉が使われるようになっていたらしい。さらに、一八七八（明治一一）年ごろからは、はったい粉に代わって金米糖が御供として定着していった。金米糖はみきの死後も御供として使用されていくが、一九〇四（明治三七）年に至り、洗米に改められた。[104]

問題は、御供が金米糖から洗米に改められた経緯である。独立請願運動の過程での、政府当局の介入による改革の一環としてこの変更措置がなされているのだ。このことについて一九〇二（明治三五）年から一九〇四年にかけて数度にわたり「おさしづ」が願われていることから、御供の問題が幹部たちにとってかなり大きな懸案となっていたことがわかる。金米糖の御供がなぜ問題にされたかについては、たとえばこのあとであげる「おさしづ」においては、金米糖の腐敗という問題があげられている。また、これ以前には金米糖にモルヒネが混入されているという噂がたったこともある。つまり、表立っては衛生面の問題が指摘されているのだが、実際には、「をびや許し」のような現世利益的救済技法を通して急速に拡大する〝淫祠邪教〟としての天理教会にたいする政府や一般社会の敵意が、金米糖廃止の要求として現れているとみるべきだろう。だが、ここではそうした背景事情には深く踏み込まず、伊蔵の「おさしづ」がこうした事態にどのように対応していったのかを検討したい。

さて、御供について最初に「おさしづ」が願われたのは一九〇二年七月一三日、内務省より、「金米糖は絶対に廃止せよ」「若し出来ざる時は製造の方法に対し、腐敗せざるよう出来ざるものか」という要求がなされたときである。このときの「おさしづ」を一部あげてみよう。

御供というは、成るだけく〳〵踏ん張ってみよく〳〵。（明治三五年七月一三日）

今のまま、つまり金米糖のままで維持せよという指示と解釈することができるだろう。伊蔵の御供にたいするこだわりを読みとることもできる。信者たちはこの指図どおり、（「製造の方法」を改めたか否かはわからないが）金米糖の御供を変更することはなかった。だが、一方、数日後の「おさしづ」では、つぎのようにのべられている。

御供という、御供で皆救かると思て居る心、これは心休めの印や。（中略）何も御供効くやない、心の理が効くのや。（明治三五年七月二三日）

伊蔵の神によれば、御供の内容物が問題なのではない。「心の理」が効力をもつのであり、御供（金米糖）は「心休めの印」にすぎないのだ。前の「おさしづ」との整合性に欠けるようにも思われるが、「これまで可愛い可愛いで許したる」、つまり「御供で皆救かると思ている」信者たちの意を汲んでこれまで通りの御供を出すよう指示したのだと解釈することもできる。[105]

しかし、一九〇四年になるとさらに状況は厳しくなり、「洗米と改め下付する事一同協議の上願」（明治三七年三月二九日）が出されている。このときは信者側から具体的に御供を洗米に改めることが提案されているが、これにたいする「おさしづ」はそれを許すものではなかった。だが、内務省からの圧力に耐えかねた信者たちは、数日後に再び「おさしづ」を願った。

尋ねる事情は皆々の心の中も余儀無き事情であろう。（中略）どうこうなりと、今の處皆々の心に委せ置こうく〳〵。（明治三七年四月三日）

この妥協的な「おさしづ」に従い、御供は洗米へと改められることとなった。つづいて「洗米御供幾粒ずつにして包めば宜しきや」という願にたいしては、つぎのように答えている。

何も御供効くのやない。心の理が効くのや。（中略）どうしたてこうしたて、何も言やせん。（明治三七年四月三日）

「心の理」が重要なのだという論理がここで生きてきている。とはいえ、こうした一連の経緯をみれば、伊蔵の神の段階的な譲歩、官憲への屈服であることは明らかだろう。やや投げやりになっているように読めなくもない。これまで私は、伊蔵の語る「おさしづ」がこの時代の親神共同体における信仰を再生産していたことをみてきた。とすれば、ここにおいて見いだされるのは、宗教的指導者による国家権力との妥協であると同時に、国家権力の介入によって宗教的意味世界までが改編されていくさままではないだろうか。教祖・中山みきは、死の直前まで国家権力との妥協を許すことはなかった。みきの神が〝拒む神〟であったとすれば、伊蔵の神は〝妥協する神〟だといえる。

このことにかかわって、「明治教典」の制定についての「おさしづ」を、若干みておきたい。「明治教典」は、独立請願運動のなかで提出された、神道的ディスクールによって構成された教典である。これがみきの唱えていた教えと少なからず異なったものであることはいうまでもない。この「明治教典」にたいし、伊蔵の神はどのように反応したのだろうか。

さあ〳〵出すものは出したがよい〳〵。まあ〳〵出したからとて〳〵何も分からん者ばかりや。こんな所にこれだけの事あったかと、これだけの事よう喰い縛りたなあ、と言う日がある程に。（明治三六年五月二九日）

ここにも伊蔵の神の妥協的な姿勢が見られる。また、「明治教典」はみきの唱えた神名の改称（次の「おさしづ」では「大斗之地之命」を「大日靈命」に改称することが願われた）をも含むものだったが、これにたいしても、

まあこれ一寸道理より諭せば黒札同様。黒札というようなもの。何も言う事無い。明るい日がある。(明治三六年五月二九日)

と答えている。札を裏返すように、真実を一時的に伏せたもので、いずれ表に返すときがあるだろうから、今は何もいうことはないというのである。国家権力とのかかわりに限っていえば、他の場面でも、「おさしづ」においてはこの姿勢が貫かれている。圧倒的な国家権力の前に、なすすべもなく妥協を重ねていく伊蔵翁の姿を、思い浮かべるべきなのだろうか。

ここで、右の「おさしづ」にみられる「これだけの事よう喰い縛りたなあ、と言う日がある程に」「明るい日がある」ということばに注目してみたい。どちらも、国家権力への妥協・屈服からの解放をいうことばである。じつはこうしたことばは「おさしづ」において多くみられるのだ。ごくありふれたことばではある。だが、こうした親神＝伊蔵によって語られるありふれたことばの力を見落とすべきではない。独立請願運動の中心人物であった松村吉太郎は、この「おさしづ」について、真之亮とつぎのような会話を交わしたという。

〔松村〕「この黒札とおつしやつていますが、皆さまは、どう悟つて下されたのですか?」〔中山真之亮〕「黒板同様ということに悟つた。場合によつては何とでも書いておけばよい、何時でも又書きかえられる、こういうことやろう」〔松村〕「皆さん、それで十分の得心をしてくれましたか」〔真之亮〕「神様も、内々の心を一つにせいといわれる、皆なその精神になつてくれた」〔松村〕「しかし、応法とはいいながら、ずいぶん変へてきました……」というと私の胸が詰つた。(106)

真之亮たちは、「黒札」を「何時でも又書きかえられる」「黒板同様」と解している。「おさしづ」が語られる時空間においては、「何も分からん者ばかりや」と国家権力側の論理が批判あるいは相対化され、真実＝解放の成就が予言される。国家の介入という危機に際して、真実の復元が待望される信仰へと天理教の世界は組み替えられていくのだ。すなわち、「おさしづ」の語りは、なお国家権力への批判的契機を孕んだものといえるだろう。伊蔵＝親神は帝国議会開設の翌一八九一年に「これから先は神一条の道。国会では治まらん。神一条の道で治める」（明治二四年二月七日（陰暦一二月二八日）夜二時）とのべ、国会による政治のありようを明確に否定し、「神一条の道」という統治原理を対置している。こうしたことばは、まさに中山みきの「おふでさき」の思想を彷彿させるものである。

しかしながら、親神＝伊蔵による語りがそのような可能性をもっていたとしても、それが実際に外部社会へ向けて発信されるにはいたらなかった。「おさしづ」の論理は権力側の論理を批判しながらも、それにたいして蜂起する方向には向かわず、信者たちに耐え忍ぶことを教えたのであった。松村は、神によって「黒札」を許されているのだが、それでもやはり「胸が詰」ってしまうのだ。信仰者にとって、神と世俗権力の狭間にあって与えられる「黒札」は重要な信仰上のテーマとなるだろう。

ともあれ、「おさしづ」の儀礼は信仰の世界そのものを再生産していく時空間なのであり、神語りとして、圧倒的な権力への屈服が追認されるとき、信者たちはもはや抗うことのかなわない現実としてそれを受け入れることになる。そして「おさしづ」によるこうした妥協の事例が重なっていくにつれて、彼らは慣習化されたプロセスに沿って、いわば主体的に権力への屈服を選びとるようになっていったと考えられるのではないだろうか。明治後半期における、天理教の国家権力への組みこまれという歴史的プロセスは、憑依の身体とそれをめぐる信者たちの視線から構成される「おさしづ」の〝場〟をとらえることなくしては理解できないのである。

おわりに

「呪術」と「思想」のあいだ

本章の課題は、まず、親神共同体に集った人びとが中山みきの死という危機を経験し、やがて彼らの信仰を再構築していく過程を理解することであった。その際、きわめて有益な視角を提供してくれるのが、飯降伊蔵、そして彼の憑依の身体である。天理教本部や教外研究者による、みきの死をめぐる語りにおいて、伊蔵はつねにその姿を現していた。だが同時に、それぞれに必然的な理由によって、歴史主体としての伊蔵の意義は、あまりに過小評価されつづけてきた。天理教本部において、みきの死をめぐるドラマは、親神と真之亮を中心とした信者たちとの直接的な対面として描かれるべきであり、そこに介在したはずの伊蔵という第三項は後景化されることになる。他方、村上重良のような近代主義の歴史学者は、みきの〝進歩的〟な思想を〝後退〟させた、「呪術」の源泉としての伊蔵に「思想史的意義」を見いだすことができなかった。これらの語りの問題性は、明治後半期における信者たちの親神への信仰と、同時に進行した「権力への妥協」とを、関係づけて説明することができないという点において露わになる。私はここで、伊蔵と、彼を中心として構成される「おさしづ」の場を前景化することにより、信仰／妥協の境界領域について思考しようと試みたのである。

ここまでの論述で明らかにしたように、「おさしづ」が語られる現場は、伊蔵の身ぶりや声、病、語りのことば遣いを介した信仰の再生産の場であり、神の指図と信者たちの交渉の場でもあった。『本席の人間像』では、「真柱様〔真之亮〕の仰せ通りにすれば、神様からお叱りを受けるし、真柱様は又政府の言う通りになさらねばならず、（中略）〔取次ぎの〕先生方は又真柱様と本席との中に立つて、あちら立てればこちらが立たずで随分苦し」んだことが伝えられている。[107]一八九六（明治二九）年の内務省秘密訓令後の時期を中心に、共同体は政府当局から、みきの説いた神名を変更することを含む、教義・儀礼にかかわる要求・干渉を受けていたのであり[108]、政府の指示を重視する真之亮の立場と、「おさしづ」の神意とは、しばしば対立することがあったのである。幹部たちは、ただ「おさしづ」に盲従していたのでも、自分たちの判断を正当化するためにそれを道具化していたのでもなかった。神意と真摯に向きあいつつも、「火の出るような緊張裡に」それと交渉しながら、近代社会のなかで共同体を維持・発展させていく方途を探っていったということができる。

ところで、本章のはじめにものべたように、全国に拡大した明治期の親神共同体のありようは、「おさしづ」の場において営まれた信仰世界のみによって説明することはできない。地方の諸教会などでは、民俗宗教的な世界と色濃く結びついたさまざまな「天理教会」が存在していたと考えられる[109]。その具体的な様相を描いていくことは今後の課題としなければならないが、みきによって始められた信仰は近代的宗教とは受けとめられることなく、それぞれの民俗的な信仰のなかに、霊験あらたかな新しい神様として組みこまれていったと考えるべきだろう。伊蔵その人においてすら、親神への信仰と、他の神仏への信仰とが矛盾なく同居していた。彼は、近畿地方の大工の間で広く行われていた聖徳太子信仰を、本席となってからも熱心に続け、毎年法隆寺で開かれる聖徳太子会式に参列していたのである[110]。村上は民俗宗教や呪術と結びついた信仰のあり方を天理教の「近代化を阻む」ものとして批判したが、近代的／前近代的あるいは進歩／後退といった構図で二項対立的に整理するのではなく、重層的な信仰状況を重層的なまま理解し、そこに集った人びとの近代経験を記述していくべきではないだろうか。

そうであれば、本章でのべてきた飯降伊蔵をめぐる信仰共同体も、（本部と地方教会という、中心と周縁との不均衡な権力関係は作用するとしても）極端にいえばそうした多様な「天理教会」のひとつとして位置づけることができるのかもしれない。そして、信仰のありようが多様であるのに対応して、信者たちにおいて国家協力の主体が形成されるプロセスもまた、複数の経路をたどるものであったと推測できる。おそらく、前節で検討した伊蔵の御供に関する一連の「おさしづ」などは、いくつもの経路のなかのひとつにすぎないだろう。その意味で、親神共同体の歴史は、複数の語りへと開かれていくべきなのであり、その複数性のなかにこそ、近代日本のさまざまな地域において大きな勢力を獲得した、天理教運動の歴史的意味があるのだ。

本席‐真柱体制の崩壊と教団の近代化——上田ナライトについての覚書

飯降伊蔵は、約二〇年にわたって本席としての務めを果たし、一九〇七（明治四〇）年に亡くなった。その翌年には一〇年に及ぶ請願運動が実を結び、天理教は教派神道の一派としての独立を認められている。伊蔵＝親神は、彼の死後にも「おさしづ」を存続させることを望んでいた。「おさしづ」において本席としての後継指名を受けたのは、上田ナライト（一八六三～一九三七年）という人物である。存命中の昭和初期においてすでに、「消息は雲か霞の彼方に立消となつて、誰も知つて居るものがない」[111]という状態であったナライトの軌跡をたどろうとした、天理教同志会『奈良糸様のいたゞかれたるおさしづ解釈』（一九二七年、以下『おさしづ解釈』と略記）に依拠して、彼女の歩みを概観しておこう。

庄屋敷村の南東方向にある園原村で生まれた彼女は、一八七五、六（明治八、九）年ごろ、一三～一四歳のとき、「布留の岩神さんが来られた」といったり、極端な潔癖になったりしたため、「これは神経病にとりつかれたのであらう」と考えた家族によって、病気平癒の祈願や薬物治療を受けるもその効果がみられず、父の嘉治郎はすでに親神の信仰に入っていた隣家の人から勧められて、みきのもとへ参拝した。するとナライトの状態は改善され、以来一家で信仰に入ることになったという[112]。

『おさしづ解釈』が丹念に跡づけているように、彼女はみき、後には伊蔵によってとくに目をかけられていた。一五歳のときには「これ迄成長させて、惜いと思ふであらうが、神の思惑があるから奈良糸を神が貰ひ受けたい」[113]とのみきの願いを受けて、生涯「一人身暮し」をすることとなった。「最初、教祖御存命中には、奈良糸様は教祖の御膝元へ来て御奉公したり、又、自宅へと帰つたりして[114]」生活していたという。みきが亡くなり、伊蔵が「おさしづ」を語るようになると、早くから彼女が将来「さづけ」を渡すようになる人間であることが予告されていた。その一方では、つぎのような「おさしづ」も残されている。

上田奈良糸発狂の如くなりしに付願

（前略）一寸ではどういふ事やらう、みんな是迄の古い理ではおかしい事いひ、つきものであらうかといふたこと、なんぼあつたやしれん。たゞ〳〵やう〳〵のをさまりは一つの事情と云ふ、席とさだめた事情は心に写してある、（中略）たゞ一度のはなしにて事情すみやか、それさへかへりてきのまちがひでないほどに、（後略）

（明治二七年七月二八日）[115]

『おさしづ解釈』によると、このときナライトは酷暑の折に「蚊帳の中へ火鉢を持ち込み、火をかん〳〵とをこして」いた。付き添いの者から報告を受けた真之亮が「そんなことはおやめなさい」と咎めると、ナライトは「お前さんにそんな注意される訳はない」「お前さんも教祖の貰ひ子なら、私も教祖の貰ひ子や」と反発し、それが契機となって上の「おさしづ」が願われたのだという[116]。このとき、ナライトは周囲の人びとから「発狂の如」き状態とみなされたようである。一三〜一四歳のときに「布留の岩神さん」を幻視したように、彼女は超自然的な存在と直接交流するような心身感覚をしばしば抱いていたと思われ、みきや伊蔵もそうした資質に可能性を見いだしていたのだろう。だが、というよりそれゆえに、「普通人からは気違か、狐憑きとしか見えない行動が屡々あつた」[117]。これにたいし、伊蔵の「おさしづ」は、「つきものであらうか」とか、「きのまちがひ」とかいったような、信者たちの解釈に一定の理解を示しつつも、ナライトの状態は「つきもの」でも「きのまちがひ」でもないと、これを否定している。

ここでは、信者らによる民俗宗教的な解釈コードとしての「是迄の古い理」にたいして、「席とさだめた事情」、つまりナライトを後の本席とする神意が対置されている。川村邦光が指摘するように、人の心身状態や行動が日常的状態から逸脱しているとみなされたとき、それが神霊の憑依だと考えられるのか、狐憑き、気違い、あるいは精神病などとされるのかは、「この逸脱を名指しする者とされる者、あるいは逸脱と言い立てる者と逸脱を主張する者との位置関係において、逸脱やその要因の解釈が異な」るのであり、そこには「憑依をめぐる政治的な権力関係」がつねに作用するのだといえる。[118] ナライトの心身は、まさに異なった解釈間のせめぎ合いのなかに置かれていた。伊蔵が健在であるかぎりにおいて、「おさしづ」の場が生成させる宗教的権威のもとに、彼女はかろうじて「発狂」のレッテルから逃れることができたようにみえる。しかし、ナライトを「つきもの」「きのまちがひ」とする視線は、当時から伏在しつづけていたと考えられる。

伊蔵の死の前に集中的に語られた、「百日のおさしづ」と呼びならわされる一連の「おさしづ」でも、ナライトの後継本席としての立場は繰り返し確認され、彼の死後、ナライトは二代目の本席となった。『おさしづ解釈』によれば、「日夜の区別もなく、各地から日々地場に親里を慕ふて帰り来る幾千、幾万の信徒に尊い天よりの賜物たる満席の理『授訓』〔おさづけ〕をお渡しになつて」、「其の間約十年間に亘つて、何の故障もなかつた」。ところが、実家の上田家の戸主である甥の借財問題が心労になったためか、「多少精神に異状を来たしたのではないかと思はれる節々が見えてきた。それが家庭生活に於てのみならず、神聖なる授訓の場席に於て、無意味に高声で笑い出されるといふやうなこと」、また何日も「おさづけ」がなされないというようなことが起こってきたとされる。こうした状態をへて、一九一八（大正七）年には、天理教校別科の卒業生にたいする「おさづけ」が滞るにいたり、ナライトを本席から「隠退」させ、真之亮の妻であるたまへが代わって「おさづけ」を渡すこととなったのである。[119]

小栗純子は、ナライトが本席の座を追われることとなった過程を、「芹沢光治良氏の御教示」に基づいて、「中山家への権力の集中化」という観点から説明している。それによれば、みきの孫にして初代真柱・真之亮の妻、そして一九一四（大正三）年に真之亮が亡くなった後に真柱の座を継いだ中山正善の母であるたまへにとって、「天理教教団内の権力を中山家が独占するためには本席が邪魔でならなかった」ため、「ナライトはいつのまにか本部から狂人に仕立てられ」てしまったのである。[120] 小栗にこの話を語った作家・芹沢光治良は、求められて天理教の機関紙『天理時報』に中山みきの伝記『教祖様』を連載するなど、天理教やみきと浅からぬ関係をもっていたが、教団としての天理教にたいしては、心理的にかなり距離をとっていた。その主な理由のひとつとして、天理教を熱心に信仰していた父が全財産を教団に寄進した結果、不遇な生活を送ったという幼少期の体験があるといわれる。[121] 芹沢自身がナライトについての情報をどのように入手したのかはわからないが、その解釈には彼の教団体制への批判的態度が反映されているといえるかもしれない。しかし、芹沢－小栗説を証明するかのように、今日の天理教（学）では、「おさしづ」として認められるのは、みきと伊蔵によって語られたもののみであり、ナライトの語りは、そのなかに含められていない。[122]

したがって、こうした説明が、事態の一半をいいあてていることはたしかだろうが、中山家と本席との利害の対立として処理してしまうよりも、私はもう少し大きな文脈のなかで理解するほうが有益だと考える。第一に、ナライトの心身は、入信の当初から、平均的な心身状態からの逸脱としてまなざされていたのであり、「発狂」と「教祖の貰ひ子」という、アンビヴァレントな解釈のはざまで揺れつづけていた。伊蔵の死後、「おさしづ」という超越的権威による肯定的な意味づけが失われるとともに、「無意味に高声で笑い出されるといふやうなこと」を含めて、彼女の憑依の身体を注視し評価する幹部や信者の信仰を獲得することができず、彼女は自らの「おさしづ」による自己神化に失敗したのだといえる。

第二に、これがより重要な点だが、ナライトが二代目本席として「おさづけ」を渡した期間は、天理教が一派独立を果たし、戊申詔書や三教会同といった契機をへて、国家が求める国民教化運動の有力な担い手としてふるまい始める時期にあたる。また、彼女が本席の座を追われた直接の契機が、教校別科の卒業生にたいする「おさづけ」の停滞であったことに象徴されるように、組織化・制度化された天理教の布教師再生産システムに、本席の身体に依存したそれまでの「おさしづ」のスタイルが対応しきれなくなったのである。こうした意味で、独立教派としての天理教において、「おさしづ」の場が占める位置はなくなってしまったのであり、天理教運動、とりわけ本部の性質は大きな転機を迎えたとみることができる。ここにおいて本席‐真柱体制が終焉を迎え、中山みき―真之亮の血統を継ぐ真柱を頂点とした近代的教団体制が構築されていくのだ。

次章以降では、二〇世紀の天理教運動におけるいくつかの話題を取り上げ、中山みきや飯降伊蔵らによって形成された親神への信仰が、近代日本という文脈においてどのように組み替えられ、あるいは拡散して、新たな運動や文化を生み、新たな意味世界を構築していくことになるのかをたどってみることにしたい。

第2章　戦前における中山正善の活動
――宗教的世界の構築とその政治的位置について

はじめに――「革新」の問い

「革新」とは何か

本章から第4章にかけては、二〇世紀前半における天理教運動と近代天皇制国家、帝国主義および総力戦との関係について論じていく。最高指導者の思想と実践、本部周辺を中心とした教団体制、そして多数の信者たちの動向と、複数の角度から検討することで、新宗教の近代経験を立体的に浮かび上がらせてみたいと思う。まずは、当時の天理教を理解するうえで避けて通ることのできない「革新」ということばについて、簡単に検討しておこう。

日中戦争下の一九三八（昭和一三）年一二月二六日、天理教本部は文部省宗教局の指示を受けて管長諭達第八号を発布し、以後一連の教義、組織制度改革を断行する。教義・儀式や行事はかつて独立請願運動のなかで作成された「明治教典」と呼ばれる教典に依拠すること、創世神話にかかわる教話を禁止すること、原典である「おふでさき」「おさしづ」の使用禁止、「みかぐらうた」の一部削除といった措置がとられた。教会制度についても、五階級（大、中、小、分、支各教会および宣教所）制だった等級を大教会、分教会の二階級制に整理するなど、大規模な改革が行われたほか、一九四一（昭和一六）年には天理教教師会、天理教婦人会、天理教青年会といった外郭団体が解消され、天理教一宇会として統合された。具体的には次章で論じるが、多くの改革や運動が、戦争遂行へと収斂していくかたちで実践されていったのである。

論達第八号ではつぎのようにのべられている。

省るに本教の諸制度及び之が運営に就きては、今尚旧襲に泥み時代に適応せずして、反て教内人心を萎微沈滞せしむるものなしとせず。決然之に凱切なる革新を加え簡潔明朗を期せざるべからず。(1)

直接的にはこの論達の文言をとって、天理教の新体制は「革新」と呼ばれることとなった。もちろん、天理教の外まで視野を広げるなら、総力戦体制を推進した革新主義のなかに位置づけて理解すべき用語であるといえる。

天理教の「二重構造」論

この「革新」は、現在の天理教本部においてはどのようにとらえられているのだろうか。一九九五（平成七）年、戦後五〇年を記念して天理教表統領室特別委員会が編纂した、『世界たすけへ更なる歩みを』をみてみよう。

天理教と国家との関係をめぐっては、とくに現在的な視点から批判的な論考も提起されている。（中略）しかし、はたして、先人たちの信仰生活は（中略）単なる妥協と応法の道であったのだろうか。決してそうではない。(2)

〔「革新」を遂行した〕天理教の対応については消極的な応法の道である、として否定的な評価がなされることもある。しかし私たちは、消極のなかの積極ともいうべき態度をそこにみるのである。（中略）それはどんなに弾圧干渉を加えられても、それを柔軟に受けとめ、自らの主体性を維持しつつ、事にあたっていこうとする態度である。(3)

また、「国家が戦時体制にあるという尋常ならざる事態のなかで、天理教が関わってきたいろいろな表明や行動、いわば、教えを充分に展開でき得なかった事柄から目を逸らそうという意図を持つものではないし、またその問題を回避しようとするものではない」としながらも、「いろいろな制約のもとにおいても、教えのままに信仰生活を展開しようとする思いと、その努力を失うことがなかったことは明確にしておきたい」という。[4] まとめるなら、「消極のなかの積極」とは、「教えを充分に展開でき得なかった」状況において「弾圧干渉」を「柔軟に受けとめ」ながら、「教えのままに信仰生活を展開しようとする思いと、その努力」を維持しようとする態度、ということになるだろう。

つぎに、一九七七（昭和五二）年に行われた、幹部の座談会を引用してみよう。

上田嘉成「〔一九三七（昭和一二）年にすべての教会に「おふでさき」「おさしづ」を下付して〕ずっとそのまま順調にいけば、苦心もなかったと思うんですが、政府の弾圧があるんですなあ。」

喜多秀義「軍国調が強うなって、皇道政治が強化されていくんですなあ。」

板倉知広「いわゆる革新時代やなあ」

（中略）

喜多「そらねえ、〔中山正善は〕根本的なものを生かすために、少々のことはともかく、ならんと言えばハイと言うて通られた、そういうことがありあり窺えますねえ。教祖お姿おかくしの時〔一八八七（明治二〇）年〕のような彷彿としたものがあったんやないですかな。とにかく、その間じっと我慢してお通りになった御心中、えらいことやったと思うんですわ。[5]」

ここからまず読みとれるのは、「革新」時代が否定的にとらえられていることである。つぎに、原典に基づいた信仰生活を目指そうとする流れがそこで中断された、つまり「革新」時代とそれ以前の時代との間にはっきりとした断絶があるととらえられていることだ。そして、「革新」は「政府の弾圧」「皇道政治」による被害であり、真柱はじめ天理教指導層は「根本的なものを生かすために」「我慢」したのだと主張していることである。さきにあげた『世界たすけへ更なる歩みを』と幹部たちの座談会で主張されていることは、おおむね共通しており、これらが現在における天理教本部の公式的な見解と考えてよい。

少し考察してみよう。『世界たすけへ更なる歩みを』は、戦前、戦中期の教団が「妥協と応法の道」を歩んだという批判を意識し、それに反駁するという意図が顕著だが、唯一自己批判めいたものが垣間みられるのは、「教えを充分に展開でき得なかった事柄」についての箇所だろう。この「教え」とは、端的にいえば原典のことだろうが、原典に基づいた信仰生活を営むことができなかったことが、当時の問題として言及されている。これは、親神にたいする、信仰上の責任ということができる。また、「妥協と応法」といったことも、あくまで親神の教えを貫き通すことができたのか、できなかったのかという、天理教内だけに閉じられた問題になっている。天理教本部の方針、指示にしたがって信者たちが戦争遂行に関係し、その戦争によって多くの人びとに苦しみをもたらしたことにたいする認識、言及は一切みられない。そればかりか、幹部たちの座談会においては、原典にかかわる問題についてすら、すべての責任を政府からの外圧に帰しているのである。

信仰課題としての「革新」

これにたいして、二代真柱・中山正善の発言は、これらと少し異なっている。たとえば、一九四六（昭和二一）年、天理教婦人会における訓話において、「〔婦人会本来の目的に関して〕よく思案する暇もなく、多少の焦りを感じつゝあつた時、元を究める余裕がなかつた時にあらはれて来ましたのが、革新であつたと私は思ふのであります。これは他人がやつたのであつて我々に責任なしなどと等閑視すべきではありません。今にしてよく省みますれば、かくあるべき理は各人が作つて居たのでありまして、言ひ換へますと、不知不識形に流れて精神を忘れがちになつてゐた謬つた気持を取除くべき時を与へて頂いたのが革新であつたと悟るべきであります[6]」とのべている。また、「私は本教の所謂革新に対し、それをなさゞるを得なかつた己が不徳をお詫びし申訳けなく思ふ次第であります[7]」ともいっている。一九五九（昭和三四）年には、「今後に於てどうかと言うならば、現代に於けるような、我々に判断を許されておる実情にありますならば、我々としたならば戦争に対しては協力的でない、言い換えれば参加しないことが当然であります。（中略）むしろ我々の思想の伝道によって、戦争を止めようという気持に世界一列を早くたすけて頂きたいと念願するのである[8]」とのべた。他方、一九五四（昭和二九）年には、「過去」をめぐってつぎのように発言している。

過去を責めたくはないのです。過去を不足言い度くはないのであります。しかし乍ら、過去をさんげして、新たに進む道を共々に辿り度いのであります。[9]

これはどういうことなのか。「過去を責め」ずに「過去をさんげ」するとは、どのようなことなのか。さきのことばと重ねあわせて読むなら、「形に流れて精神を忘れがちになつてゐた謬つた気持」を反省的に捉え返す、というほどの意味なのかもしれない。「革新も亦親神様から頂いた一つの時代としてその意義が存してゐると思ふのであります[10]」というように、正善は政府にすべての責任を帰している幹部たちの座談会とは違い、信仰の問題として「革新」をとらえようとしていた。また、「革新」をなさざるをえなかった「己が不徳」を「申訳けなく思」っている。だが、その「不徳」は、原典に基づく信仰を貫き通すことができなかった「不徳」、親神や信者にたいするものであり、戦争遂行に協力したことについての「不徳」ではない。「戦争を止めよう」という発言も、「現代に於けるような、我々に判断を許されておる実情」という条件下に限定されたものであり、アジア・太平洋戦争期においては、戦争協力以外の選択肢がなかったことを強調している。正善もやはり、戦争遂行への協力という社会的な責任と向き合おうとはしていないのである。

断絶か連続か

また、「革新」とそれ以前との断絶、という見方にも検討の余地がある。たしかに、原典の使用禁止や削除といった事態は「革新」において出来したことであり、原典に立脚した信仰という観点からは、ここに大きな挫折を認めることができる。しかしながら、「革新」によってそれまでのすべての流れが中断させられたわけではない。「革新」の前から引き継いだものがあるだろう。それは、たとえば『世界たすけへ更なる歩みを』が主張する、「国家に表明した教義体系と教会内に流布していた教義体系の二重構造[11]」のなかで、「根本的なもの〔「教会内に流布していた教義体系」のことだろう〕を生かす」努力、「我慢」が続けられたということだろうか。そのような側面もあっただろう。だが、果たしてそのような「二重構造」が厳格に成立していたのだろうか。両者は相互に侵食しあっていて、容易に区別することができなくなっていたのではないだろうか、おそらく、「革新」よりもずっと以前から。「教会内に流布していた教義体系」なるものの内実を問うことが必要なのだ。そのためには、問題をいわゆる「革新」時代に限定することなく、その前後の時期との連続性において、天理教と国家および戦争との関係性を問わなければならない。

「革新」をめぐる言説は、「明治教典」に依拠した〝逸脱した姿の天理教〟を七年弱の期間に限定し、その原因を文部省からの指令という外的要因に求めることにより、被害者としての天理教像を確立するという政治性を濃厚にもっている。だが、「革新」はそれ以前からの体制をさらに徹底したものというべきであり、一時的な「我慢」といった類のものではない。また、政府の指令に主体的に、積極的に応えていった教団、信者たちの実践と向きあうことが必要だったのではないか。一九三七（昭和一二）年以前からの信仰的・体制的な連続性を意識しつつ、こうした問題について考えてみる必要がある。

ところで、天理教同様に民俗宗教的基盤から独自の宗教思想や実践を生み出し、やがて教派神道としての活動を進めていった金光教本部は、国策協力や戦争協力の責任にたいする態度の面では、天理教本部のそれとはかなり異なっている。教団としての戦前の活動を振りかえった『戦争と平和——戦後五〇年をむかえて』（一九九五年）において、金光教教監の津田貴雄は、「戦時中本教は、国家存亡の危機であるとして、戦争に協力しました。そのことが、アジアを中心とした他の国々、また、わが国の多くの人々の尊い生命を奪い、人権をおかし、生活の破壊につながったことを、まことに遺憾に思います」としたうえで、「過去の教団の戦争責任を追及するというよりも、むしろ、過去の教団の責任を、今われわれがいかに担うべきかという視点に立って、執筆しました」と、同書の執筆態度について語っている。[12] 金光教本部は、天理教本部が戦前の国家協力・戦争協力の問題を内向きの論理で叙述しようとしたのとは対照的に、対社会的な責任を強く意識した立場をとっているのである。

その一方で、「二重構造」の歴史認識を採用する点では天理教本部と同様である。「教団独立後の本教には、一方に国家目的にひたすら沿い、進んでそれを担おうとする教団像があり、他方にそこへ重きを置かず、むしろ個々の信仰のあり方に重きを置く信仰像が存在していた」というわけである。[13] それは「表面の濁った水」と「清らかな地下水」の対比として審美的に表象されてもいる。[14] もっともその「清らかな地下水」も、手放しで肯定されているわけではなく、「ある方向性をもって動く国家や社会の前では、非力な個々となって、これまた容易に、その組織に組み込まれてしまった」[15] として反省にさらされることになるのであり、その点に天理教本部とは異なる歴史への向き合い方をみてとることができるだろう。だが、序章でのべたように、「二重構造」論の表象には一定の妥当性が認められる一方で、そこには「公」＝国家神道と結びついた信仰は本来的なものではない、とする発想が根底にあり、歴史的世界における信仰・実践のダイナミックな再編成過程をとらえるには限界があると思われる。

だが、金光教史をめぐるこうした「二重構造」論は、金光教教学研究所を拠点とした教学研究において、しだいに乗り越えられつつある。中山正善を論じる本章と「革新」へといたる教団の歴史をたどる次章は、金光教学の成果に触発されながら、天理教史における「二重構造」論の問いなおしを試みるものである。

一　中山正善という課題

戦後天理教のシンボルとして

中山正善（一九〇五～一九六七年）といえば、かつては文化人の間でよく知られた存在であった（図2-1）。彼が天理教という大宗教教団の指導者であったから、というだけではない。古書の世界的コレクター、柔道やラグビーをはじめとしたスポーツ事業の振興者、学術団体のパトロンなど、多様な顔をもち、きわめて幅広い人脈を築きあげていたからである。他方、天理教の二代真柱（管長）としては、神のことばである原典（「おふでさき」「みかぐらうた」「おさしづ」）の研究と公刊、教典や教祖伝の編纂、海外伝道の推進、本部周辺の普請事業などを精力的に行い、天理教を現在の姿にするうえで、教義面・制度面ともにきわめて大きな役割を果たしたといえる。

この人物をめぐっては、さまざまな角度から問いを立てることが可能であり、また必要でもあるが、本章では戦前、それも出生から一九三八（昭和一三）年までの正善の思想と実践に焦点をあわせ、天理教による国家協力や戦争協力の問題とかかわらせながら論じてみたい。第3・4章で詳しく論じるように、戦前から戦中にかけて、教派神道の一派としての天理教は、本部を中心に国家主義的教義を説き、満洲や中国方面への帝国日本の〝進出〟を肯定するとともに、一九四〇年代には多数の信者を動員して「ひのきしん隊」を組織し、戦時増産体制を支えるなど、国家協力・戦争協力を活発に行っていた。むろんこの背景には、明治以来政府・警察の監視や干渉を受けつづけてきた教団側の切迫した危機意識が働いていることはいうまでもないが、他方で国家主義的・帝国主義的意識は、天理教者たち自身によってかなりの程度内面化されていたはずである。

幡鎌一弘は、戦前における天理教と国家の複雑な関係性について、「戦前の天理教のコスモロジーでは、普遍主義的な立場に立ちながら、日本という国家を内包し、そこから強烈な弾圧を受けつつも、ぢば〔天理教において、はじめて人間が生み出されたとされている場所。天理教本部の神殿の中央にあたる」を中心とした「根の国」の信憑構造を支えるものとして、国家（日本）が必要とされていたのではないか」[16]とのべているが、そうした入り組んだ構造に肉薄するうえでは、個々人の信仰形成や実践のあり方に寄り添った思想研究が必要になるだろう。ここでは、教団トップの正善を取り上げ、初期の原典研究、古書・民族資料の収集、伝道史研究の諸実践と彼の宗教観、国家観、海外伝道思想がどのように連関しながら存立していたのかを分析し、戦前における宗教者と国家、帝国主義との関係性の一端を明らかにしたいと思う。ただし、国家主義的・帝国主義的意識の内実や内面化のプロセスは個々人によって異なっていると考えるべきであり、安易に一般化することはできない。正善の思想や実践が、天理教内でひときわ重要性をもつものであることは確かだが、それが天理教本部、また信者たちの思考 - 行動様式とどのようにかかわるのかについては、べつの検討が必要である。こうした点については、次章以降で論じることになる。

図 2-1　中山正善

中山正善の問題系

それでは、天理教史における正善の重要性とは何か。ひとつはもちろん、一九二〇〜六〇年代にかけて、天理教本部の中枢でリーダーシップを発揮しつづけたことによるものだ。もうひとつは、彼自身が現在の天理教本部が語る〝正統的〟歴史を体現する人物であることによる。これには説明が必要だろう。前節でみたとおり、天理教本部は、戦前期の国家主義的な教義はあくまでも教団を護るための方便として用いられていたにすぎないとする理解を示している。そして、戦時期に正善が密かに温めつづけ、戦後になって実現した「復元」と呼ばれる教義や儀礼の再構築は、そうした「国家に表明した教義体系」とは無縁のものとされる。[17] すなわち、国家主義や戦争協力といった問題に関する天理教のイノセンスが、中山正善という指導者の思想のイノセンスと重ねあわせて語られる構造が成立しているのである。

しかし、これは妥当な見解なのか、詳しく検討してみる必要がある。戦後における正善の宗教思想そのものが、戦前日本のなかで、国家主義や帝国主義、さらには戦争といった要因と密接にかかわりながら準備されていったのではないだろうか。こうした、正善の宗教思想の歴史性への認識は、戦後の天理教教義そのものの歴史性を問うことにもなり、かつての天理教と国家や戦争との関係を、現在と未来の信仰にかかわる課題として位置づけることができると思われる。

さて、正善については、教内での絶大な影響力や交遊の幅広さに応じて、各界から数多くの回想文や追悼文が書かれており、人となりを伺わせるエピソードには事欠かない。それにたいして、彼の思想・実践についての学術的な研究となると、事情が異なってくる。天理教内では、上野利一郎編「二代真柱中山正善様著書目録（稿）」（一九六八―六九年）や上野利一郎編「二代真柱様訓話集総索引」（一九七二―七三年）、清水国雄編『二代真柱中山正善伝史料集成案』（一九八八年）など、業績整理のような基礎的作業は相当に蓄積されているものの、[18] それらを有効に活用して正善を正面から論じようとする評伝的研究は、いまだ本格的に着手されていない状況といってよいだろう。とはいえもちろん、教祖伝や戦後教義の形成をはじめ、天理教史のさまざまな局面において正善が果たした役割について言及した研究は少なくない。本章の作業もこれらの業績に多くを負っており、以下の行論の過程で適宜言及することにしたい。

新興教団の御曹司として

中山正善は一九〇五（明治三八）年四月二三日、天理教の教祖中山みきの孫で初代管長の中山真之亮（新治郎）、同じく孫のたまへ夫婦の長男として生まれた。当時、神道本局の傘下にあった天理教会は、みきの代わりに親神のことばを伝えた本席・飯降伊蔵と管長の真之亮を中心とした指導体制を築き[19]、急速に信者を増加させながら、一派独立の請願運動を展開していた。その後、一九〇七（明治四〇）年には伊蔵が死去し、翌年天理教は教派神道の一派として独立を果たす。正善三歳のときであり、彼は拡大を続ける新宗教教団の後継者として、英才教育を受けて育つことになる。

正善には父親の記憶はあまりない。一九一四（大正三）年の大晦日、正善が一〇歳のとき、真之亮は四九歳で亡くなっている。明けて一九一五（大正四）年一月には正善が管長職を引き継ぐが、幼年のため、正善の伯父にあたる山澤為造が管長職務執行者に就任し、教内の実務を取り仕切ることになった。正善が本格的に天理教の指導者として行動するようになるのは、大学卒業後の一九二九（昭和四）年のことである。このように幼くして死に別れた父については、膝の上に座って長い髭をこすったりしたような断片的な思い出しかなく、「教えの上のことなり、その他、家のことについても専ら母から衣鉢を受けたというか、薫陶を受けたという方が近い」という[20]。では、その母たまへの教育とはどのようなものであったか。読書については「小説を読んじゃいけないとか、あれを読んだらいけないという、いわゆるいけないという教育は余り受けなかったのです。むしろ、ほっとかれたようでありますね[21]」ということである。この放任主義的な教育について正善は、「もともと百姓あがりの連中でしたから、お家大事というような武士道的な物の考え方に対しては、反抗こそすれ、アピールしようとする気持など毛頭なかったのです。ですから、特殊な読書生活を強いられることはなく、何でも自由に読めた[22]」と語っている。

また、信仰の上では「母から、教祖様が参つて来た人々に誰彼の差別なく『おふでさき』を読めとおすゝめになつたといふ話を聞いた。また／『これさへ読んでおけば少しも学問はいらないのやで。』／と日々母におさとしになつたといふ話も耳にしてゐる[23]」と振りかえっている。後に詳しくのべるように、正善はみきのことばを伝えるテクストのなかでも、「おふでさき」をもっとも重視することになるが、その根底にはこの母の教えがあったのだといえる。

一九一三（大正二）年には三島尋常小学校に入学する。少年時代の正善は「やんちゃ者」で、野山を走り回って兵隊ゴッコをするのが好きだったという。[24] また、当時から野球チームに入ったり相撲をとったりするなど、体を使った運動を好んでいた。その一方では身体が弱く、小学校を欠席することも少なくなかったようである。[25] とはいえ中学時代には運動の効果もあってか、身体も丈夫になり、後年の精力的な活動を支えていくことになる。

一九一八（大正七）年に、天理教が運営する旧制天理中学校に入学した。中学校への進学にあたっては、幹部の間で協議が行われ、「品行方正学力優秀なる生徒二十人以内」を「学友と定」めたり、家庭教師を「常侍せしめ」たりすることなどを取り決めている。[26] 学校へ通うことはおろか、日常的に官憲による干渉を受け、満足に睡眠をとることすらままならなかった父・真之亮の青春時代と比べるなら、天理教という組織のありようが大きく変容していたことがよくわかる。

この中学入学前後から、正善は読書と呼べるような習慣を身につけていったようである。真之亮が正善に読ませるために大量に買い込んでいた書物のなかから、夏目漱石や森鷗外の全集を読み、他にもたまへにねだって買ってもらった立川文庫を読んでいた。とくに漱石の『吾輩は猫である』は好んで読んだようで、「猫」を「蚊」に置き換えて「蚊の鳴きこゑ」なる文章を書いたりしている。[27] 一九二三（大正一二）年には旧制大阪高等学校に入学し、天理を離れて天理教大阪教務支庁の敷地内に建てられた洋館（管長公勉強室）で暮らした。正善自身にとって、高校時代はあまり愉快なものではなかったらしく、「平凡で几帳面な、語学の予習に追われどおしの、真面目な学生の一人」であったという。[28]

この大阪高校時代に、正善は天理中学校時代の同窓会誌でエッセイの執筆を始めている。信仰や伝道といったテーマを扱ったものはないが、正善初期の思考を垣間みることができるので、一瞥してみよう。二〇歳を前にして素貧苦巣という筆名で書いた「矛盾子閑話」（一九二四年）という文章では、「昨日まで二十才といへば立派な男だと考へて居た、併し来て見れば左程でもなしだ一向に矛盾子の域から脱せない[29]」といいながら、近代科学の進展がもたらす「矛盾」について語っている。たとえば、「進化論」は人間が「アメーバの如き単細胞生物」から進化してきたと説いているが、それならば動物は人間の祖先というべき存在のはずである。日本の祖先崇拝の伝統からすれば、祖先たる動物を敬ってしかるべきなのに、それを酷使したり、食べたりしている。これは「矛盾」であるはずだが、それを意識せずに暮らしている人間社会はまことにうまくできているものだと、「矛盾の世」を揶揄しているようである[30]。また、前年に起こった関東大震災にも言及し、これによって旧時代の遺物は灰となり、心身ともに裸一貫になったととらえ、これから「現はるべき新時代は潑溂たる若者によつてのみ生み出さるべきものだ」と、楽観的な「新時代」への展望を披歴している。べつの文章では、物質文明の発展に伴う自由主義、個人主義の広がりと旧道徳の衰退を観察しているが、そうした状況にたいする彼自身の見解ははっきりと示されていない[31]。

天理教の機関誌『道乃友』では、関東大震災を国民の浮華、軽佻、傲慢といった風潮にたいする「神の立腹」ととらえて物質文明を批判する記事もみられるが[32]、正善のエッセイではそうした宗教的意味づけがなされるわけでもない。漱石を愛読し、近代文明にたいする漠然とした違和感と若者らしい楽観主義を抱いているところには、当時の旧制高校文化において主流であった、大正教養主義の影響が色濃く認められる[33]。高校時代までの正善をみるかぎり、宗教教団の若き指導者としての印象は稀薄である。大学に入る年まで「おふでさきというものの存在は知つておりながら、その内容については、非常に概括的にしか知らなかつた[34]」という後年の述懐も、誇張ではないのだろう。

教団の大発展

正善少年の成長と並行して、あるいはそれ以上の勢いで、教団としての天理教も成長を続けていた。独立達成後、信者数は都市部を中心に増加し、教会数も拡大している。とりわけ、教祖四十年祭を控えた一九二一（大正一〇）

年から一九二六（大正一五／昭和元）年にかけては、著しい増加を示した。一九二一年末には教師数二万一二九四人、教会数四一六四であった教勢が、一九二六年末には教師数四万六五七六人、教会数八一八九となり、倍加を達成したのである。[35]日本が新たに植民地化した台湾や朝鮮半島、また中国大陸や南北アメリカなど、海外へも積極的に布教師が旅立っていった。

また、布教師養成のために一九〇〇（明治三三）年に開校した天理教校は一九〇八（明治四一）年に別科を開設して本格的に機能し始め、一九一八（大正七）年には天理教の「羽翼」として天理教青年会が発足し、講演会活動を担うなど、外郭団体による組織的な活動も活発化している。独立請願運動において感化事業として計画され、「世ノ不幸ナル境遇ノ下ニ在ル少年少女ヲ救済」[36]することを目指した天理教養徳院（一九二五年に「天理養徳院」に改称）は、一九一〇（明治四三）年創立の天理教婦人会の主要事業として位置づけられた。このほか関連学校としては、天理外国語学校（一九二五（大正一四）年開校）、天理女子学院（一九二七（昭和二）年開校）などが次々に設立されていく。正善も、やがて自らが率いることになる教団が目覚ましい発展を遂げていく過程を肌で感じていたことだろう。

はじめての朝鮮・中国旅行

一九二六（大正一五）年、正善は二一歳で東京帝国大学に入学する。大学では、日本の宗教学の創始者といえる姉崎正治のもとで宗教学を専攻したが、このことについて、正善は「私は宗教の家に生まれて、その後を継ぐのだから当然宗教学をやるのが学問の道だと鵜呑みにそう信じておりました。／宗教学というものが自分の信仰生活と矛盾するのかしないのか、そういうような批判的な考えは持たずに、とも角、その時分文学的な意味もあって、姉崎先生の名前は我々の学生時分から相当喧伝されておりましたし、（中略）自らずるずるとそこへはいったような気はするんですが、まあはいってからよかったと思いましたがね[37]」と後に語っている。

この当時、東大宗教学科には、天理教をはじめとして新宗教関係者の入学が増加していた。かつて天理教を宗教病態の一種として否定的にみていた教授の姉崎は、明治末ごろからその社会的な影響力を高く評価するようになり、とりわけ正善の東大入学以後はかなり友好的な関係を築いていった。[38] たとえば一九二八(昭和三)年の正善の結婚に際しても祝辞を寄せ、「教祖は階級制度の崩壊に瀕した幕末に出で、明治新時代の始め、所謂有識階級が『人民』の信仰を無視してゐた時代に新福音を与へられた」とし、天理教の「平民的でありデモクラチック」な性格を称賛している。[39] 天理教など新宗教の側でも、幹部養成の目的があったとともに、学界との接点をもち、教団の社会的地位の向上をはかる意図もあっただろう。[40]

大学入学の年の八月から九月にかけて、正善は朝鮮半島および中国大陸へ、巡教視察旅行に出かけた。はじめての海外視察であり、この後彼は頻繁に朝鮮・中国・台湾などを訪れ、多くの旅行記を著している。最初の旅行記である『鮮満支素見』(一九二七年)から、大学入学当時のアジア観を探ってみよう。[41]

正善一行は下関から船で釜山に入り、京城、元山、平壌、奉天、撫順、長春、ハルピン、湯崗子、大連、旅順、天津、北京といった諸都市を訪れている。釜山上陸の印象を、正善はつぎのように記している。

上陸第一に感じたのは、少しく暢気過ぎるなと云ふ事と、内地人が意張り過ぎるなと云ふ事の二つ。汚い白衣に特有の香気を発散させ乍らゴロ〱と路傍に寝てゐる姿、裸足で平気な子供、互に背中をこすり合つて入浴に代へる女、さては又ハイカラなパラソル片手に我物顔なる内地の女、何れも意外の程度のものであり、何とも云へぬ感情がおこる。その上に、広い軍用道路をドライブする時、子供が投石するのに出会つたが、その様も只の茶目とは受け取れず、色々な事を比較して見ると、考へれば考へる程、融合の日は何時来るのかと心細くなる。[42]

ここで正善の視覚と嗅覚がとらえているのは〝不衛生〟な朝鮮人と、「ハイカラなパラソル」を手にしたわがもの顔の「内地人」の対照からなる植民地的光景である。彼自身、子どもの投石を受けて、「融合」とはほど遠い状況であることを実感する。

だが、正善は「何とも云へぬ感情」を抱きつつも、そこから植民地政策を批判するのではまったくない。すでに相当数の天理教信者がおり、朝鮮布教管理所、満洲布教管理所の設立をみていた朝鮮、満洲では多くの信者の出迎えを受け、現地警察署長や満鉄社員の案内で各地を見て回った後、「軍閥の支那」に入り、「音に聞く無秩序の国を眼のあたり見るに及んで」「昔には孔子も出てゐる。孟子も出た。而して我々もその思想によつて教育されて来たのだ。然るに今その本国を訪れて見れば、悲観に近い様な落胆を感ぜずには居られない[43]」という感慨を覚える。そして旅順で会見した児玉秀雄関東庁長官の「一度支那を見て再び此の地を見られたならば、(中略)日本の殖民政策は失敗して居らぬと感ずるであらう」ということばを受けて、「実に後日再び奉天を経て京城に出た時の驚きと喜びは例へ様もない。国家の恩を深く感ずると共に、意を強くした次第である[44]」とする。この旅は、中国の状況との対照を通じて、植民地事業の成功と正当性を確認するものといったほうがよいのである。とりわけ、〝内地〟‐朝鮮‐満洲‐〝支那〟の順に文明の度合が序列化されている点に留意しておきたい。

帰路に再度京城を訪れ、普通学校(〝内地〟の小学校に相当する)の見学をしている。釜山上陸時には子どもの投石に遭い、「融合」の困難を感じていた正善だが、ここでは七、八歳の子どもが「明瞭な、且つ完全な内地語」で話す様子を見、「此の分ならば同化の実も近き将来に実現され得ると思ふ位だ」と、同化主義者としての期待を表明するのである。普通学校の校長から、児童の「先生何時になれば朝鮮は独立するのですか」という質問に困らせられる、という話を聞いているが、正善は「一視同仁の先生達の苦労も、並大抵の事ではない」とコメントしているのみで、植民地支配の是非を問いなおす気配はない[45]。

本書の末尾では、「おふでさき」から唯一の引用がなされている。「支那をしていつまでも、不思議な国としておくのは、歴史的関係より見ても、地理的事情より云つても、日本人の名折ではあるまいか」とのべて、『せかいぢう、みな一れつにすみきりて、よふきづくめにくらす事なら』／おふでさき（七号）のお思召に答えるために、（中略）第一歩を先ず隣邦支那に伸ばすのが我々の取るべき急務であると、深く信ずるのである[46]」と、天理教による中国伝道の必要性を説くのである。

この『鮮満支素見』も含め、大学入学前後までの書きものには、天理教の教えに具体的に踏み込んだものはほとんどみられないが、一九二八（昭和三）年ごろから宗教論・天理教論に言及することも多くなってくる。「愛について」（一九二八年）は、その最初期のものといえる。ここで正善は「愛といふものは、春の園に睦れ合ふ若い男女の占有物ではなくて、出家沙門の宗教家にも色々な形で、強烈に現はれるものだと云ふことが云ひたいのです[47]」と前置きして、愛を性的愛、人間愛、宗教的愛の三つに大別し、とくに宗教的愛について重点的に論じる。宗教的愛も狭い範囲のもの（ギリシア神話、日本神話、ユダヤ教、トーテミズムといったものがあげられる）と、世界的宗教のものがあり、天理教も後者に分類されている。この世界的宗教の愛は、民族の境界を越えた志向性をもつため、強い宗教心が人間愛（家族愛、郷土愛、愛国心）などとの間に対立や抗争を生むこともあるとする。とりわけ「新伝道のおこる場合」は「世人が理解せない」ことによる「重大なる衝突苦悩」を生じやすい[48]。それをふまえて、「諸君も共々考へてゐたゞきたいと云ふ事」として、論文の最後に「現時における私達の問題」を提示している。「順調に進んだ時の態度」「岐路に立つた時の態度」というのはやや漠然としているが、「海外伝道についての態度」に関しては、「海外伝道に関して、家族親族の反対をうけたる時」「未開の地にて迫害をうけたる時」といった状況があげられている[49]。

愛の対立に関する思考を敷衍すれば、独善的な植民地主義と結びついた天理教の海外伝道への疑問も生じてよさそうなものである。だが、さきの旅行記でも確認したように、日本による朝鮮の統治、中国大陸への〝進出〟の正当性を信じて疑わない正善においては、あくまで伝道者としての自己が「迫害をうけ」るという一方向的な認識にとどまり、「迫害」する側の位置から自己を対象化しようとする発想はみられないのである。

二　原典

原典研究にいたるまで

「おふでさきの研究を始めたのは、大学を卒える年であつたから、昭和三年であつたと思う[50]」という述懐にあるとおり、正善はこの頃から教祖・中山みきの遺したテクスト（天理教では「原典」と呼ばれる）と本格的に向きあいはじめたようである。その一方では、天理教伝道者の経歴や入信動機、布教動機などについて大規模なアンケートを行った卒業論文「伝道ニツイテ」（一九二九年）の執筆を行うとともに、伝道の参考資料となるキリスト教伝道史関係書籍や東アジアを中心とした民族資料の収集を始めているように、原典の研究と（海外）伝道という課題に精力的に取り組む若き宗教指導者としての初期中山正善の姿が、この時期に明確に現れてくるのである。

本節および第三、四節では、初期の正善を特徴づける原典研究、古書・民族資料の収集、（海外）伝道論という三つの実践を検討し、正善において宗教家・天理教指導者としての自己理解と国家主義的・帝国主義的主体が連動しながら立ち上がっていく様相を記述してみたいと思う。

前節で確認したように、大学に入学するまでの正善は、少なくとも思想的側面に関していえば教養主義的文化に親しんだひとりの青年にすぎず、原典についてのまとまった考えが形成されていたと考えるのは難しいだろう。もっとも、一九二五（大正一四）年に原典の研究や公刊などを目的とした教義及史料集成部を自身の意思で設置していることからも、当時から原典に関心を寄せていたことはたしかだ。大学時代、正善がどのように原典に接近していったのか、史料からたどってみよう。

一九二七（昭和二）年の秋、正善は東京の大学で学ぶ天理教信者の子弟を集めて「三才読書会なるものをおこし、『みかぐら歌』を拝読して互に意見を交換した[51]」という。これは、大正期に増野鼓雪ら「二代目」の信仰者たちが起こした「原典掘り下げ運動」の流れをくむものといえるだろう。[52]その速記録が残されているが、東井三代次、橋本正治、板倉知広ら、一九三〇年代以降教内で活躍する知識人青年たちが参加している。読書会は「みかぐらうた」を読んだあと「おふでさき」を読み進めていくことになるが、正善がいつごろまで参加していたものか、はっきりとはわからない。とはいえ、正善初期の解釈のあり方を伺わせる貴重な史料ではある。

会は持ち回りで原典の各部分を講義し、討論を行う輪読形式であるが、記録をみるかぎりでは正善の講義担当はない。正善は主に原典の各所について参加者の解釈を問い（「匂ひがけとは皆如何様に解釈するか」「無理な願とは如何[53]」）、それぞれの意見を聞いたうえで自説をのべている。同世代の青年たちのなかで、積極的に議論をリードしている姿が浮かび上がるが、正善も他の参加者とともに天理教校などの講義録を参照しながら、手探りで解釈のあり方を模索しているようである。

このような解釈の前史がありながらも、「専ら〝おふでさき〟の書誌的研究から、漸次解釈に移つていつた[54]」と振りかえるように、正善はしばらく原典のまとまった解釈を公にすることはせず、代わりにその書誌学的・文献学的研究に沈潜していくことになる。

「おふでさき」へのこだわり

正善が「おふでさき」研究を始めたという一九二八（昭和三）年の四月には、教義及史料集成部によって、はじめて「おふでさき」の公刊が行われた。集成部の責任者であった松村吉太郎にしたがって、公刊にいたるまでの経緯を一瞥しておこう。一八九九（明治三二）年から開始された一派独立運動に際して、宗教学者の中西牛郎の協力のもとに第一回目の釈義を試みたのを皮切りに、松村は長く「おさしづ」の解釈と公刊を目指してきた。一九二五年には教義及史料集成部が設置され、松村を主任として教義の研究が進められていく。一九二八年の「おふでさき」公刊が、こうした作業の成果であることはいうまでもない。大正期以降、天理教青年会などを中心として、さきにふれた「原典掘り下げ」の機運も高まっていた。だが、このタイミングでの公刊には、同年四月に起こった天理研究会事件の影響があったようである。大西愛治郎を指導者とする天理研究会は、「おふでさき」や「おさしづ」などを独自に解釈して天皇批判の内容を含んだ思想運動を展開していたが、一九二八年四月、不敬罪として大西以下多くの関係者が検挙された。このとき天理教側は、一九二四（大正一三）年に追放した大西らが天理教とは無関係であるとする声明書を各方面に配布したという(55)。「おふでさき」について、松村は、天理研究会の「間違つた解釈が流布したならば、どれだけ本教を毒するか分らないから、本教としては一日も早く、正しい肯定〔公定か〕解釈を発表せなければ、更らに誤解を深からしむると云ふので、それからは各委員が熱心に、協議を進めて本年の八月に、全部脱稿して発表したのであります(56)」とのべている。

　このように、原典の公刊は正統的な解釈と抱き合わせで行われる必要があったのであり、当時の天理教本部が政府もしくは教外社会の「誤解」にたいしていかに強い危機意識を抱いていたのかを、あらためて確認しておこう。

　他方、正善は、こうした公刊の動きと並行するかたちで、書誌学的研究を開始したのである。具体的に、彼はどのような問題意識のもとで、何をしたのだろうか。

> おふでさきは全部で十七号ある。（中略）先ず疑ってかかったのは、これは本当にそうであるのかどうかということである。（中略）それには一つの問題として、先ず筆跡の上から、一体全体、筆跡が同じものであるかを密かに研究した。それには、おふでさきの写真版を作って、それを一字一字切り離してみる方法を採り、「あ」の字は「あ」の字と全部並べて、その上で、おふでさきに「あ」の字は幾つある、「い」の字はいくつあるというような表を作ってみた。／そんな事をやっている中に、驚いた事には、大体同じような姿が歴然と現われてきて、教祖のオートグラフ（autograph＝筆跡）というものがちゃんと解ってくる。余所さんから、これは教祖の筆になる物だとか言って持って来られた時に、これに引き合わすと、その真偽が一目で解るというよ

うな事にまで役立ってきた(57)。

現在公刊されつつある「おふでさき」は、「本当にそうであるのか」、正善によってその真正性を疑われているテクストでもある。正善においてその真正性は、テクストの〝作者〟によって判断されることになる。本当に教祖が書いたものなのか、それこそが重要なのだ。

一九三四（昭和九）年の論文「「神」「月日」及び「をや」について」を皮切りに、「「おふでさき」用字考」（一九三六年）、「外冊の研究（一）」（一九三七年）、「おうたの配置」（一九三八年）など、正善は続々と原典研究の成果を発表していくが(58)、ここでは「「おふでさき」用字考」を例にとってみよう。この作品は、「おふでさき」に用いられている文字を一字ずつ、何号何番の歌のどの部分に用いられているのかを延々とリストアップしたものである（図2-2）。「文字を切りはなして、一字々々手鑑を作り、これを比較する」ことによって、「教祖の直筆でありや否やの識別」を意図したものだという(59)。

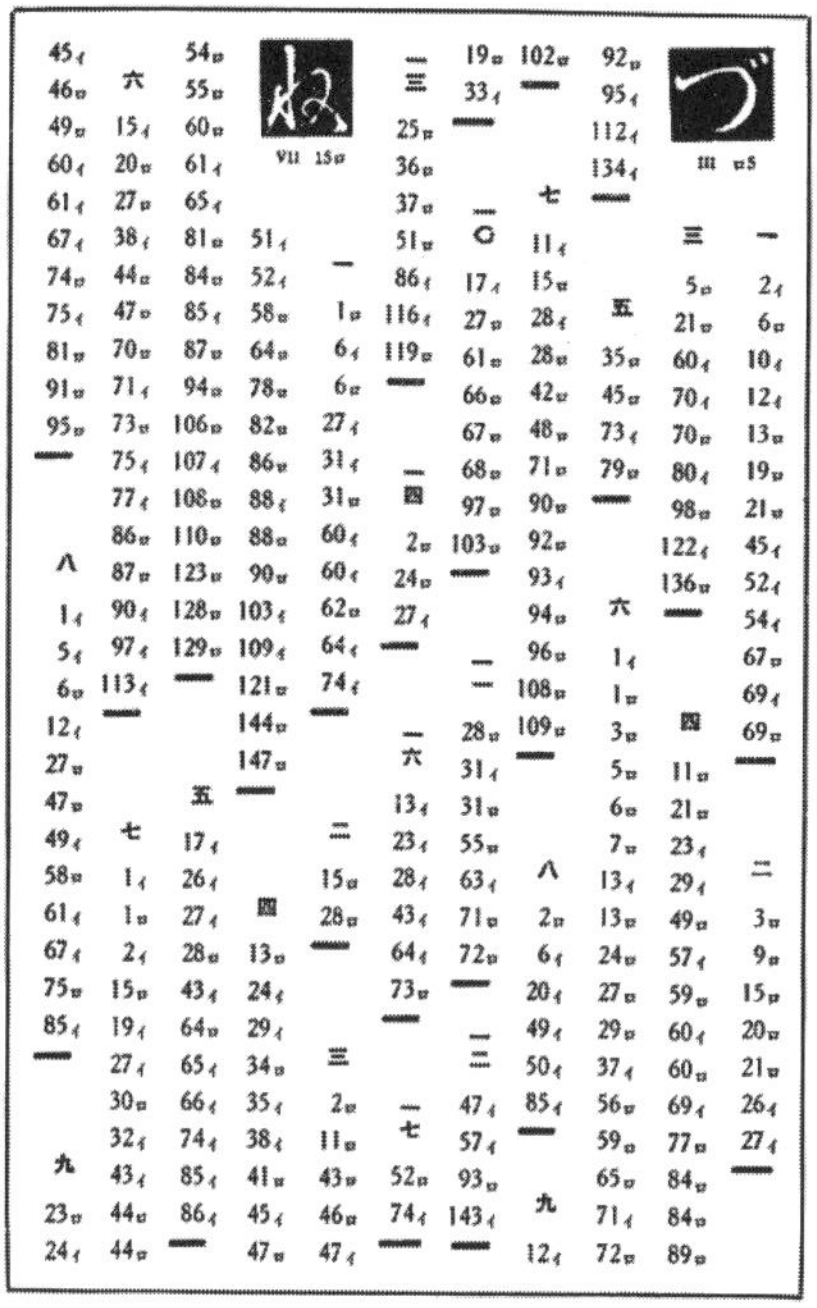

図2-2　「おふでさき」用字考（部分）

ここでは、一字ずつ完全に分解されることによって、「おふでさき」の意味内容はまったく無視されている。後年の意味解釈の前提となる作業であるといってしまえばそれまでなのだが、私はべつの角度から正善の書誌学的研究を検討することができると思っている。その点を明確化するために、一九二八年版「おふでさき」に付された正善の「まへがき」を参照しておきたい。公刊早々、正善は「おふでさき」の翻訳について言及する。

之を直ちに世界に宣布しようとするには翻訳の必要を感ずるのである。換言すると、私は単に日本文としての『おふでさき』の形を固守せず、自ら進んで之を方々の言葉に訳して、少しも神意に反するものではないと信ずるのである。（中略）徒らに文辞の末にのみ力を注いで、本来の精神を忘れるやうになると、それは単に文辞の遊戯であつて『かなの教』の意にそむくものである。[60]

正善の外国伝道にかける熱意をここにみてとることも重要だ。しかし私が注目したいのは、「おふでさき」研究において彼がみせる直筆へのあくなき執着とは対照的な（ようにみえる）、「文辞の末」への淡白な態度である。正善は、公刊「おふでさき」の真正性に疑問をもっていたはずだ。にもかかわらず、いわば確定していないテクストの公刊だけでなく、「日本文としての『おふでさき』の形を固守せず」翻訳の推進を提起する、というのは、どういうわけなのか。もちろん、正善にしても、書誌学的研究によってそれほど大きな内容面の変更が生じるとは考えていなかっただろう。したがって、「おふでさき」の「本来の精神」を理解するという観点からすれば、原典確定作業の完成を待たずに、公刊や翻訳を行うことにとくに問題はないとする判断があったのだと理解できる。

書誌学的研究の意味

そうであれば、問いは書誌学的研究の意味に返ってくる。すでに公刊されている原典の確定という作業に、教団のトップである正善が長くのめり込んでいったのは、なぜなのだろうか。この点については、正善の発言から直接的な答えを得るのは難しい。しかし、彼が採用した書誌学という方法を手がかりに推測することは可能だと思われる。

栗田元次によると、近代日本における書誌学が本格的な発展をみたのは大正期であり、写真印刷による複製や図録も刊行されるようになっていた。[61] してみれば、昭和のはじめに正善が書誌学に関心を向けたのも頷ける。従来書誌学は、書物やそこに書かれた文字などを物として記述・分析の対象とするのであり、その意味内容は書誌学者の関知するところではないとされ、そうした認識によって、書誌学的方法が科学的であるとする主張が支えられてきたのだという。近年の書誌学は、社会的なテクスト形成のプロセスを問う「テクストの社会学」へと変貌しつつあるといわれるが、[62] 正善が依拠したのは、いうまでもなく意味内容からの独立を前提とした古典的な書誌学イメージである。さきの引用で「書誌的研究から、漸次解釈に」と、書誌的研究と解釈を分離してのべていたことからもわかるように、正善による書誌学的作業の重要な特徴は、「おふでさき」の意味内容にたいする禁欲的態度にほかならないだろう。

それでは、こうした書誌学的方法の性質は、天理教指導者としての正善にとってどのような意味を有しているだろうか。このことを考えるうえで確認しておきたいのは、「おふでさき」の意味内容をめぐる解釈は、正善以前にも少なからぬ蓄積があり、正善以後にも次々と発表されていくものであるということだ。独立運動中に松村と中西が準備していたもののほか、戦後になって正善自身がまとめているものに限っても、「おふでさき」公刊以前に『教祖御予言』(著者不明、一九〇九年)、大平隆平『評注御筆先』(一九一六年)、天理教同志会編『御筆先分類研究(上/下)』(一九一八/一九二〇年)、広池長吉『御筆先分類註解』(一九二五年)、山本栄太郎『御筆先と其研究』(一九二六年)、増野道興(鼓雪)『筆先私想』(一九二七年)などが出版されている。[63] ここに天理研究会の『研究資料』を加えてもよい。公刊以後、さらに類書が増加していったことはいうまでもない。このような状況のなかでは、正善が〝正統的〟解釈を提示したとしても、それ自体が従来の解釈に依拠せざるをえない上に(大学時代の、参考書を片手にした原典読書会を想起したい)、他の解釈にたいする超越的な位置を確保することはできないだろう(もっとも、管長としての権威は作用する)。

しかし、テクストの意味内容にかかわらないとする書誌学的研究であれば、こうした解釈間の競合にまみれることもない。あらゆる解釈の基礎となる原典の確定という実践を通じて、正善は個々の解釈者にたいして超越的な語りの位置を獲得する。さきにみた「「おふでさき」用字考」の作業によって、正善は「おふでさき」の「真偽が一目で解る」[64]境地に達したという。彼はそれまで主題化されてこなかった「おふでさき」の「真偽」問題を〝創出〟し、自らその審定を行う権威として位置づけたのである。

ところで、天理教において、神のことばを記した原典と呼ばれるものは、「おふでさき」だけでなく、「みかぐらうた」や「おさしづ」があり、それらに準ずるものとして「こふき話」と通称されるテクスト類がある。正善がこれらのうち「おふでさき」を真っ先に研究対象としたのは、なぜなのか。

一九三六年の著作『ひとことはなし その二』のなかでは、「「おふでさき」を通じて「神のやしろ」としての教祖様「人間の親」としての教祖様、そして身を以て「ひながた」をお示し下されている教祖様を拝ませて頂く事が出来ますし、そのお口から直々お話を伺う事も出来ます」[65]といい、一九六五年の『おふでさき概説』でも、「私達の目に触れない、心にのみ問答の対象が可能である現在では、おふでさきを納得することによって、御存命の教祖を知る事が出来る」[66]といっている。あるいは、「教理の体系を思案する時には、先ずおふでさきを芯として物事の判断を進めてゆく。そしておさしづなり何なりの中からそれを補い、悟りの補助とする事が出来る」[67]ともいう。かつて飯降伊蔵がそうしていたように教祖殿へ足を運ぶのではなく（それを否定しているわけではないが）、「おふでさき」を読むことこそが、「教祖様を拝ませて頂く」ことだとする。「存命」の教祖は、「おふでさき」テクストのなかに現前しているのだと、正善はいう。また、教義の中心は「おふでさき」によるべきであるとされ、「おさしづ」などには補助的な役割が与えられている。

正善がこのように「おふでさき」を重視する理由は、つぎのことばに表れている。「おさしづは、あくまでも他の人間の筆録であり、それを編纂した関係上、万全を願いつつも、尚且万全を期し難い。言葉の先々に至っては、濁点の例を以てしても余り重きを置けないし、又長い言葉の一部分をとったものと思われる事もある」[68]「元来、その最大の問題は、教祖は〝こふき〟を作れとお命じになった。山澤氏が筆を執ってお目にかけたが、それでよい、とは御受納にはならなかった――と申し伝えられています。その点から考えますと、仮令、良助筆十四年本「のこふき話」が探ね得た最古の〝こふき〟話であったにしろ、それが〝こふき〟話の基準であり、本来の姿であるとは断じ得ないのであります」[69]。「おさしづ」は、みきや伊蔵が親神のことばとして語ったことばを信者たちが書きとったものである。「こふき話」は、みきが語った創世神話などを、信者たちが筆記したものだ。右の引用で正善が強調しているのは、教祖自身の手で紙に書きこまれた「おふでさき」と、信者が書きとった、つまり他者の手を介したテクストである「おさしづ」「こふき話」との差異であり、後者は原典としての「本来の姿」とは認められないのである。

原典を〝創出〟する

教義にかかわるテクストについて、やや煩雑な検討を行ったが、正善がみきの筆跡に執拗にこだわった理由も、これで理解することができるだろう。彼にとって、教祖のことばを記した原典は、けっして所与のものではない。現存するテクストを出発点としながらも、史料批判の作業によって、そこからみき以外の他者の痕跡を徹底して排除しようとするものであり、そうして正統的テクストを創出し、異端的なテクストを排除するのである。

さらに、「おふでさき」には「正冊」と「外冊」の区別がある、と正善はのべる。中山家に伝えられる「正冊」にたいし、「外冊」はみきが直接書いたという点では同じだが、みきの実家や側近であった者の家などに残されている「おふでさき」である。内容はほとんど同じであるというが、「何故に外冊と正冊との言葉を使うかと言うと、おふでさきの根本に疑義が生じた時に、一度屋敷の外におやりになったものと、屋敷のうちらのものとの拠りどころを明らかにする為である」[70]と正善は説明している。さきほどの事例とは違い、ここで問題となっているのは、みきが直接書いたものであるか否かではない。みき自身が書いたものの間にも、正善は階層を設けようとする。それは「正冊」＝「屋敷のうちら」＝中山家と「外冊」＝「屋敷の外」＝幹部信者の家の間の階層である。中山家の教義的正統性が、カノンとしての「おふでさき」テクストの確定とともに再確認されるのだ。

正善は一貫して、「おふでさき」から他者の痕跡を取りのぞこうとしていた。中山家に伝えられた、みきが直接に書いたテクストを頂点として、原典の間に教祖＝「おふでさき」からの距離に基づくヒエラルキーが打ち立てられた。正善はすべての宗教的権威を教祖という単一の源泉に収斂させようとしたばかりでなく、その権威を中山家もしくは自分自身へと接続しようとし、それを〝科学的〟な書誌学的研究というパフォーマンスによって遂行したのである。(71) その意味で、解釈を提示するよりもはるかに効果的に、彼は教義学における特権的な地位を確保することができたのだ。

三　収　集

海外へ向かって

つぎにみておきたいのは、正善の古書および民族学資料の収集実践である。今日、天理図書館のキリシタン関係文献をはじめとした貴重書のコレクションは世界的によく知られたものであるし、天理参考館に収められた民族学資料も、日本の人類学系博物館のなかでは有数のコレクションであるといってよいだろう。どちらのコレクションも、正善が深くかかわって蓄積されていったものである。ここでは、正善の宗教思想との関連から、というよりもその重要な一部をなすものとして古書・民族学資料収集実践を簡単に検討してみる。

まず、古書収集については、一九二六、二七（大正一五／昭和元、昭和二）年ごろ、大学在学中に日本橋丸善でカトリック伝道にかかわる書籍を購入したのが最初であるようだ。(72) 当時は木下杢太郎、永山時英、新村出らによるキリシタン研究や浜田耕作による大阪・高槻のキリシタン遺物に関する報告が出されるなど、キリシタンへの関心が高まっていた時期であり、何よりも正善の指導教授であった姉崎正治が『切支丹宗門の迫害と潜伏』（一九二五年）などいわゆる切支丹五部作を立て続けに発表していた。少し長いが、正善の回想を引用しておこう。

〔姉崎〕先生はキリシタンの研究に没頭しておられまして、カトリックの思想を異国人である日本へ伝えるときの、いろんなトラブル、あるいは苦心というのが主になっていましたから、そういうようなものが知らず識らずの内に私に影響があったろうと思います。／（中略）その時代にふさわしく、いわゆる海外へ向かって教えを弘めて行くのが我々若い者の一つの勤めだ、ということが若い者の合言葉になっておりまして、そんな関係で、その上からも先生のそういうような異民族布教、カトリックの異民族布教というものに関心を持ち、これは話が前後しますが、外国語学校を作るようになったときの動機もそうであれば、図書館にいろんなそういう種類の書物を集める動機になったのも、そういうところにあると、まあこう思っているのです。[73]

これは一九六五（昭和四〇）年の述懐だが、「いろんなトラブル、あるいは苦心」という表現は、第一節でみた「愛について」における課題が反復されている。正善のカトリック伝道関連文献収集は、天理教の海外伝道者が直面するだろうさまざまな問題を乗り越えていくための参考資料として集められたのである。国内での購入だけでなく、一九三〇（昭和五）年の中国巡教視察旅行でも、上海や北平（北京）で熱心に図書館や書店を回っているが、そうした図書館まわり、書店まわりは以後の旅行でも恒例の習慣となっていった。

さきの引用にある天理外国語学校は、海外伝道者の育成を主眼として一九二五（大正一四）年に創立されていた。それ以前の海外伝道の対象が、ほとんど移住した〝内地人〟にかぎられていたことの反省に立ち、中国人や朝鮮人に信仰を伝えることを目指したのである。後にもみるように、戦前の正善は自分でもカトリック伝道に関する論考を著しているが、そうした自分が活用する範囲をはるかに越えて、外国語学校生徒の参考用として、コレクションは質・量ともに充実していった。

民族学資料収集についても、正善の考え方を確認しておこう。天理参考館の歴史を振りかえる文章では必ず引かれるものだが、一九三〇年の中国旅行の際、随行した外国語学校の平岩房次郎に「〔天理外国語学校の〕教室で講義する場合、その土地その処の言葉は勿論、風俗、習慣又は日々の生活上使用するもの等についても説明するはずだ。その場合、口で如何に上手に説いても、又巧みに絵にかいても、所詮、実物を見せるに及ぶまい。これからの旅先きで実生活に則したもの、珍しいもの等、可能な限り多くの参考資料を買入れて持ちかえること」と話したという(74)。帰国後、収集した物品を「支那風俗展覧会」で展示している。それ以前の『鮮満支素見』の旅行においてすでに、楽浪郡発掘物などを収集し、外国語学校で展覧会を開催していた。正善自らは古書の場合ほど熱心に収集にあたったわけではないようだが、彼の意向を受けた〝外地〟の伝道庁による収集や、外国語学校生徒の海外旅行視察団などによって収集品は次第に増加した。

これらの収集品を展示した海外事情参考品室は、一九四二(昭和一七)年に設立された天理教亜細亜文化研究所(現在の天理大学おやさと研究所)の附属博物館として位置づけられることになる。幡鎌一弘は、亜細亜文化研究所を中心として、天理教の民族学的研究の体制と総力戦思想との関連を分析している。海外伝道の参考資料としての民族学資料収集が、民族学研究機関へと発展するうえでは、民族学界および政府や軍部との密接なつながりが認められるとしながら、「教団の目的である布教のための、まさに「参謀機関」として学知を集約し、合理的に布教推進を果たそうとしたその発想自体が、どこかで総力戦思想に通底していたのではないか(75)」と指摘する。亜細亜文化研究所に関しては、幡鎌の指摘するとおりだろう。では、研究所設立以前の、伝道史関係資料収集や民族学資料収集の実践には、国家主義や帝国主義とのかかわりはないのだろうか。この点については、幡鎌ははっきりと言及していないが、本章では正善の思考に即して考えてみることにしたい。そのためには、資料収集の実践と、その目的としての伝道に関する考えとを連関させて考える必要があるだろう。

四　伝道

カトリックに学ぶ

再三のべるように、正善は海外伝道にたいして非常に強い関心を抱いていた。卒業論文「伝道ニツイテ」を書いた後も、さかんに資料収集を行う一方で、キリスト教伝道史をテーマにした論文などをいくつか発表する。ここでは、そうした著作を利用して、彼の海外伝道にたいする思想とその政治性について考えてみたい。

まずみておきたいのは、カトリックの中国宮廷伝道をめぐって書かれたふたつの論考である。ともに、一九三〇（昭和五）年の中国旅行の記録を中心とした『上海から北平へ』（一九三四年）に収められたものである。本書自体、一九二七（昭和二）年の『鮮満支素見』とはかなり趣を異にし、カトリック、プロテスタント、イスラーム、道教寺院、紅卍字会などの宗教施設・福祉施設、図書館や博物館などを熱心に視察して印象を記している。

さて、「北堂と宮廷伝道」は、マテオ・リッチをはじめとしたカトリック伝道者による宮廷伝道についてのべながら、天理教による海外伝道の教訓を得ようとする文章だといえるだろう。正善の説明を用いれば、宮廷伝道とは「伝道者が学問を以て朝廷に仕へて、皇帝に親しみ、その愛顧に甘えて伝道布教せんとした方策を指す」[76]。一六〜一九世紀の宮廷伝道者の概略をのべた後で、学ぶべき点、敬すべき点、避けるべき点を列挙している。学ぶべき点は「苦難によく堪へたる点」「語学をきはめたる点」「該地の事情をよく研究し、消化に努めたる点」「該地の風習に入つて行つた点」「常に後継者をつくつて行つた点」であり、敬すべき点は「欧西文化、特に、天文暦法数学等を輸入したる点」「幾多の書籍・地図等をのこしたる点」「報告書を提出、支那の事情を欧西に伝へたる点」、避けるべき点は「宗派根性を出したる点」「手段としての仕事が本職となりたる点」「政治的権力との合力」となっている[77]。

学ぶべき点は、天理外国語学校や海外事情参考品室、天理図書館の伝道参考資料収集の実践と直結していることがわかる。学ぶべき点と敬すべき点の違いは明瞭ではないが、ここでは避けるべきところ、とくに最後の点に注目しておきたい。「政治的権力との合力」は、この文脈ではもちろん伝道者が皇帝権力を利用しようとしたことを指しているのだが、国家主義的な教義を前面に出して活動していた当時の天理教は、まさに「政治的権力との合力」をしてしまっていたのではないのだろうか。この問いを抱きながら、宮廷伝道にかかわるもうひとつの論考「儀礼宗論と宗派争ひ」をみてみよう。

この文章は、宮廷伝道の歴史における、いわゆる典礼問題に焦点をあわせたものである。典礼問題とは、マテオ・リッチが中国で伝道を行う際、中国人の宗教伝統との間にいくつかの妥協（神を中国語の「上帝」によって表すこと、中国人改宗者の祖先崇拝と孔子崇拝を認めること）をしたことに端を発し、その後その判断の是非をめぐってリッチの属したイエズス会と反イエズス会との間に百年にわたる宗派間対立が起こったものである。これには法王庁と中国皇帝の二大権力の思惑が絡んでいることも、正善にとって重要だった。

正善はこの「宗派争ひ」を「第三者の立場より見て感心出来ない事」とのべ、「かゝる信条上の対立は、相当伝道の成功した後に始まつてもよかつたのではなからうか。換言せば、彼等は此宗論をなすべき適当な時と考へてゐたとするならば、私は彼等がその当時の伝道実況を買ひかぶりすぎてゐるのではないかと思ふ」としている[78]。教義的正統性にこだわった結果伝道が不可能になってしまっては元も子もないというわけで、「信条上」の問題よりも伝道の進展を優先させる、きわめてプラグマティックな理解を示している。このあたりは、後述するように政府との間で交渉を重ねながら教団の維持・発展をはかっていた正善の立場がよく表れているだろう。しかしその一方で、「名義ばかりの信者が多くあつたならば如何になつたであらうか。私はその結果は実にみぢめな、歴史の語る以上の崩壊を来した事と思ふ[79]」とのべて、正統的なカトリックの教義を守り通そうとした法王庁の判断を評価してもいるのであって、たんに政治権力におもねって妥協を重ね、信者を増やすことをよしとしているわけでもない。この曖昧な記述には、権力への依存と自立の間で揺れる天理教指導者としての彼の苦悩が滲みでていると解釈するのも、あながち間違いではないだろう。

弾圧の予感

幡鎌一弘が指摘するように、当時正善は周囲に東大卒などのエリートを登用し、政府との交渉、教団内部の指導、計画の立案、教義編纂などを担当させる官僚制を形成していた。[80] 正善自身も、後に文部省宗教局長として「革新」の要求をつきつけることになる松尾長造ら政府関係者と昭和初期から親密な関係を築き、[81] 天理教にたいする監視・干渉のなかで教団を守りとおす努力をしていたと考えられる。

しかし、次章で論じるように、一九三〇年代には、天理教本部にとってより過酷な状況が現出していた。一九二〇年代には驚異的な増加を示した信者数が伸び悩み、また第二次大本事件や国体明徴運動の進行を受けて、特高の監視が強まり、右翼など民間レヴェルでの天理教排撃運動も活発化するにいたっていた。こうした天理教の苦境を象徴する事件として、一九三五（昭和一〇）年の脱税疑獄事件にふれておこう。一二月八日の第二次大本事件から間もなく、天理教に脱税の疑いがあるとして、庶務部副部長の堀越儀郎が召喚され取調べを受けたのにつづき、一二月一六日に本部および正善邸以下幹部宅に一斉に家宅捜索が入ったのである。[82] このとき、正善は猩紅熱で寝込んでいたとされる。捜査員が帰った後、「悪いものはないが、教祖様のお書き物だけは、触れられたくなかった」といったという。[83]

渡辺治によると、近代天皇制国家における宗教統制政策は、一九三五年の第二次大本事件以降、重要な「質的転換」を遂げた。すなわち、第一次大本事件（一九二一年）や天理研究会事件（一九二八年）など、それ以前の時期の宗教弾圧においては個々の宗教行為が取締りの対象とされていたのにたいして、第二次大本事件以後は治安維持法の適用により〝邪教〟とされる宗教団体そのものの存在を問題にし、その「殲滅」を目標とするにいたったというのである。そして、「殲滅政策」の標的は大本などの〝類似宗教〟にとどまらず、公認宗教であり、文部省の所管であるはずの天理教の統制にも内務省警保局が介入し、一九三八（昭和一三）年からの「革新」を導いていくことになる。[84] 一九三〇年代後半の天理教は、まさに「殲滅」の危機にさらされていたといえるだろう。当時の天理教本部の国家にたいする〝妥協〟や〝迎合〟を考えるときには、こうした状況を充分に理解する必要がある。

国家当局からの熾烈な監視・干渉を受けながらも、教団トップとしての正善は、政治権力との関係について、信者に向けてなんらかの決断を表明しなければならない。そのために正善がとった方策は、「政治的権力との合力」を宗教的実践と読み替えることであった。たとえば、一九三七（昭和一二）年の国民精神総動員運動への参加を呼びかける彼は、この運動の趣旨と、天理教が数年前から行っていた日本人更生運動の趣旨とが合致するものだとする論理を展開している。つぎのようである。

平素〔日本人更生〕活動に努力されてゐた皆様は既に数年前から此精神総動員の旨を体して活動して居たもので、むしろ今日に於ては皆様はこの国民精神総動員の土地所に於ける雛型となつてゐて下さる筈であると信ずるのであります。[85]

第4章で詳述するが、このような論理は、「革新」期における「ひのきしん隊」出動の際にも繰り返されることになる。こうした読み替えによって、正善は「政治的権力との合力」と信仰との衝突を、少なくとも表面上は回避していったのである。

海外伝道の暴力性

このように書くと、私が正善を国家と信仰の間で苦悩する宗教者として、いわば戦前日本における宗教統制の被害者として描こうとしているように思われるかもしれないが――たしかにそうした理解も一面では間違っていないのだが――彼自身の海外伝道思想に組みこまれた国家主義・帝国主義の問題は、べつに検討しなおさなければならない。

この点にかかわる正善の文章をみる前に、藤井健志の天理教の海外伝道にかかわる論考を参照しておきたい。藤井は、戦前の天理教の海外伝道を構成するふたつの側面として、世界全体の救済を目指す普遍主義と、実際上の布教を取り巻く諸条件に由来する特殊主義や国家主義とを取り出している。そして、一九一〇年代および一九三〇年代には特殊主義・国家主義の側面が強く現れたのにたいして、一九二〇年代には普遍主義的救済観が機関誌の記事などにはっきりと見いだされるとしている。藤井がその特徴としてあげているのは、〝内地人〟伝道に自閉するのではなく、中国人（藤井の論考は植民地期満洲での伝道を対象としている）を対象とした伝道が目指されていったこと、それを可能にする外国語学校などの組織面での整備、「国家」よりも「世界」のほうに高い価値を与える記事がみられることである。[86]

たしかに、機関誌『みちのとも』において、そのような要素は確認できる。だが、ここでいわれているような普遍主義そのものは、はたして国家主義と対立的にとらえることができるものだろうか。問われなければならないのは、対象が〝内地人〟なのか／中国人なのかということ以上に、世界全体の救済にいかなる姿勢で取り組んでいくのか、いわば普遍主義の〝質〟ではないのか。それを問うことなしに、普遍主義／特殊主義を分類することは、あまり生産的だとは思えない。本章では、現場の伝道者の姿勢に踏み込むことはせず、正善の海外伝道思想に限ってこの点について検討する。

正善は「外国伝道に於ける婦人の地位」（一九二八年）で、キリスト教のインド伝道史を概観しながら、伝道事業のなかで女性が果たすべき役割について論じている。男性と女性の関係について「人間に男女ありて互にその欠を補ひ合つて完全な生活がなし得られるものである」としたうえで、インド伝道では「男子の伝道者によつて得られた伝道地に女子の伝道者を加へてはじめてその伝道事業をして生命ある活々たるものとして伝道事業の成果を躍如たらしめた」と、男性＝伝道の主体／女性＝男性による伝道の補佐という性別役割分担が行われ、それが成功したとする。正善は「あらゆる文化における男女の地位はその天賦によつて明かである如く、勇敢なる男性と優和な女性とによつて完成されるもの」だとして、性別役割分担の根拠を「天賦」の差異に求める本質主義的理解を示している。[87] 大谷渡は、機関誌『道乃友』にみられる大正期天理教の女性論の特徴を、人格においての平等、性別役割、男女一体という教説を相互に結びつけたものとしているが、[88] 正善の女性論もそれを踏襲したものといえる。

さて、伝道における女性の役割は夫の伝道事業の補佐以外にも、慈善事業（孤児院や病院の運営など）や女子教育、婦人解放運動といったものがあるといい、女子教育によって「被伝道側の女子が従来の地位に満足せずして新機運に覚醒」することもあるとする。[89] さらに、インドの場合では、女性の「覚醒」はサティーや幼婚の廃止などのように、制度的な変革へとつながる場合もある。いま正善のインド史理解の妥当性については問わないことにして、伝道者による女子教育→女性の「覚醒」→陋習の〝改善〟という物語が構成されていることだけを確認しておこう。

正善はインド伝道の歴史について「従来の文化は既に頽廃の頂きに達し、新文化をおこさんとしてゐる萌芽される機運に到達してゐる事を示してゐるものであらう。新文化が旧文化の牙域を占領する事の可能なるを示してゐるものであらう[90]」として、「私は、日本、朝鮮に於ても略同様の事が云ひ得ると思ふ[91]」とものべている。キリスト教のインド伝道を天理教の朝鮮伝道と重ねあわせつつ、新文化による旧文化の駆逐を自明の理とする進歩史観を表明している。

つぎに、「満洲国」建国後の状況をふまえて書かれた「満洲伝道に就て」（一九三四年）をみておこう。媒体は日本宗教学会の学会誌『宗教研究』であり、「最近の宗教的気運を批判し或は指導しようとの意図」のもとに編まれた特集「日本的宗教の検討」に寄せられている。[92] 正善は、この年の夏に「満洲国」を訪れており、そこで「お目にかゝつた人々は日本人、満洲人の区別なく殆んど総ての人からは、日満両国の提携を完からしめんがためには、宗教信念による結合より大なるものはない。しかも今や建国当初なんだから、人心動揺してか、業も手につかず、茲に最も慰安をもとめるに足る宗教の必要なる事と、在来の満人間には整つた宗教々団なく、又今日の日満関係を全からしむる教化団体もないからとて、日本の宗教々団の満洲伝道を期待するの声をよく聞いたものである」と語る。この論文で語られる天理教の満洲伝道の意義は、「日満両国」の「宗教信念による結合」に求められるのであり、それは「為政者」の要請に応えるものでもある。[93]

正善がいう満洲伝道は、対象別に「日本人」、「満人」、「蒙古族」、「朝鮮同胞」への伝道に分かれる（「白系ロシヤ人」は「数其他の点から」論じられていない）。早くから進められてきた「日本人」を対象とした伝道を「第一要点」としながらも、「異民族伝道」もそれに劣らず重要なものとして語られている。

「満人」は「文化の程度が、在満日本人よりも低く、且、まとまつた宗教信念もない大衆であるから教育、医療、産業指導其他の方法によつて教化啓発して、おもむろに伝道する必要のある部分」だとする。「蒙古族」に関しては、自分が足を踏み入れたこともなく、また知識もないからとして発言を控えているが、「朝鮮同胞」については、「満洲伝道上、此朝鮮同胞を重要な対象とするを最も緊要なる事」と位置づけている。正善のみるところでは、彼らは「満人からも虐待されて実にみじめな状態に居り乍らも満洲開発の肉弾を半島より此広野に惜しまず放つて居る」。他方では「故地を離れた彼等の心情を利用して且、又保護うすき実情に潜入して、思想傾向の悪化〔共産主義化〕は想像以上」であるとする。[94] この「朝鮮同胞」にたいしては、伝道の重要な目的として〝思想善導〟が組みこまれていることがわかる。

「満人」にたいする教育、医療、産業指導などによる「教化啓発」も含め、満洲におけるこうした伝道のスタイルは、仏教教団などにもみられ、珍しいものではないが、[95] 正善あるいは天理教の伝道思想を構成する要素として確認しておきたい。

右のような「異民族伝道」を行うための方法として、正善があげるのは伝道者の養成である。天理外国語学校で「満洲人、朝鮮人に接し得る人材」を育てるとともに、京城の朝鮮教義講習所（一九一六年開設）などにおいて「朝鮮同胞の伝道者」を養成しており、さらに今後は満洲人、蒙古人の伝道者を養成する見込みだとする。「単に自ら彼等の言語、風俗を究めて進んで彼等にふれるばかりでなく、彼等をして日本語を学ばしめ、求めて我に近からしむる事も亦肝要である」からだ。[96] 正善が被伝道側の「言語」や「風俗」を学ぶ重要性を強調していたことは、これまで繰り返し確認してきたとおりであるが、ここではそれと対をなす伝道方法として、「異民族」を「我に近からしむる」ことが現れている。対をなすとはいっても、それが対等な立場での相互理解を意味しているかどうかは疑問である。「満人」は「文化の程度」が低く、「朝鮮同胞」は「思想傾向」が「悪化」しているのであれば、彼らは「日本人」にとって「教化啓蒙[97]」の対象にほかならず、あくまでその効果的な方法として言語・風俗の学習が位置づけられているにすぎないだろう。

〝交通〟はあったか

正善の海外伝道にかかわる考えについて、これまでにのべてきたいくつかの論点を思い起こしておこう。①正善は、外国語学校における語学習得の必要性をのべるとともに、伝道参考のためにカトリック伝道史に関する文献や、朝鮮半島・中国大陸などの民族学資料を積極的に収集していったが、それは伝道者が直面するだろう「いろんなトラブル、あるいは苦心」を乗り越えるためのものであった。②正善は日本による植民地統治、および満洲地域にたいする〝進出〟の正当性を承認し、積極的に支持していた。③正善は被伝道者側の文化が伝道者側の文化に取って代わられることを自明の理とする進歩史観を表明していた。すなわち、カトリックや天理教は、宗教伝道の担い手であると同時に、文明の伝達者でもある。

②や③の点をふまえると、①の収集実践の性格が浮かび上がってくるのではないだろうか。現地のことばを学び、伝道の歴史を学び、現地の習俗を学ぶことは、しかし正善においては、他者をよりうまくまなざすための技法、〝情報〟でしかなく、他者にまなざされる自己を対象化することにはけっしてつながっていかない。「迫害」を受けることはあるとしても、「他者との〝交通〟による相互の批判的な契機[98]」は、決定的に欠けているのである。藤井

のいう意味での「普遍主義」を志向していることはたしかなのだが、伝道者の宗教的正しさが揺らぐことはなく、一方向的な啓蒙の視線が貫かれている。そしてその視線は、文明＝〃内地〃と乱国＝〃支那〃を両極として、朝鮮や満洲をその間に配した序列化の視線と重なりあっているのだ[99]。

次章で論じるように、一九三〇年代の天理教メディアにおいては、「おふでさき」を「明瞭に大日本帝国の世界に於ける地位、立場並に使命について仰せられているもの[100]」と位置づけ、「根の国」としての日本が「枝先き」つまり他国を指導する神意を帯びているとする「日本主義」がしきりに強調されていた。親神の教えの浸透度をナショナルな区分と重ねあわせているところは、正善の思考と同型のものといえるだろう。

一九二〇年代半ばから三八年ごろまでの正善の書きものをみるかぎり、彼の海外伝道思想は国家主義・帝国主義と重なりあうかたちで形成されており、戦後の天理教本部が主張するような、「国家に表明した教義体系と教会内に流布していた教義体系の二重構造」が有効に機能していたとは考えられない。ここで検討したテクストにしても、とりわけ三〇年代のものは、政府当局の目を意識したものであることはたしかだろう。だが、戦前であれ、戦後であれ、いかなる政治的・社会的条件からも規制されない思想などありえないのだから、歴史的な状況のなかで、どのような思想が形成されていったのかを見すえる必要があるはずだ。

おわりに——宗教的世界の政治的位置

「教祖に帰れ」

だが、正善の伝道思想に帝国主義的な思考の型が抜きがたく浸みついていることを確認するだけでは充分ではない。私が問うてみたいのは、こうした思考が存立するための宗教的根拠は何か、という問題である。日本－天理教による外国にたいする一方向的な教導、という図式を正当化する機制を、同時代人に共有された帝国意識という問題のみに還元するのではなく、あくまで彼の宗教者もしくは教学者としての実践のなかから明らかにする必要がある。天理教の正統的な教えのなかで、現在も支配的な地位を占める正善の教学思想を問題化することによって、天理教における国家主義・帝国主義の問題が、戦前の一時期に限定されるものではなく、現在の信仰にも密接なかかわりがあるものであることを示すことができると思われるのだ。そこで、さきに検討した正善の原典研究へともう一度立ち戻りたいと思うのだが、その前に、彼の中学時代のひとつのエピソードにふれておきたい。

すでにふれたことだが、大正期は天理教の青年層によって「原典掘り下げ」による信仰革新運動が展開された時代であり、主唱者の増野鼓雪は「教祖に帰れ」と熱心に教内に呼びかけていた。私が紹介したいのは、この増野の呼びかけに応えた西鎮分教会のエピソードである。増野が大教会長を務めていた敷島部内の西鎮分教会は、増野が掲げた「教祖によって示された道を実現する」という目標に沿うべく、「今まで以上に「ぢば一条」に励むこととなり、その一端として真柱〔正善〕に献馬することに決めた」。一九二二(大正一一)年のことであるようだ。[101]

増野が目指した教祖回帰の理念が、正善に馬を献上することへと、見事にすり替えられてしまったのである。西鎮分教会の人びとは、べつに増野への当てつけを意図したわけではなく、おそらくは大真面目に教祖回帰と正善への忠誠とを混同していたのだ。これ自体は他愛のないエピソードであり、正善自身の思想にかかわるものでもないのだが、後の彼自身による原典研究の帰結を予告しているようで、興味深く思われる。

教祖にとっての原典へ

第二節で検討したように、正善の原典研究は、書誌学的手法によって真/偽、直筆/口述筆記などといった差異を〝発見〟しながら、「正冊おふでさき」に体現される教祖への権威の収斂と、それを受け継ぎ、「真偽」の判定を司る正善自身の世襲的・科学的権威化とを同時に作動させる実践としてあった。信仰上の規範である原典のなかに教祖にとっての〝他者性〟を見いだして外部もしくは下位に位置づけていくこの作業は、親神＝教祖を中心とした同心円型の階層秩序を生み出していく。そしてこうした階層化の担い手である正善自身は、神意の真正な理解者としての自己確信を深めていくのではないだろうか。

ところで、それ以前の天理教内では、原典のなかで「おふでさき」が特権的な地位を占めていたとは必ずしもいえない。たとえば正善自身、明治期は「すべてにわたつておさしづを根本としておつて、おふでさきの存在には、大して重点を置いていない時代」であったとのべているし、大正初期から『道乃友』に文を寄せ、正善とも親交のあった岩井尊人[102]は、一九一五（大正四）年に『天理教祖の哲学』を著し、一般信者が日常的に口ずさむ「みかぐらうた」を重視する一方で、当時未公刊であった「おふでさき」は「御かぐらうたに従たる地位にある[103]」としていた。

岩井が「みかぐらうた」を重くみているのは、それが「新来の求道者の先づ入るべく且つ終りまで伴はるべきもの[104]」だからである。つまり信仰者、あるいはこういってよければ人間の視点から、より身近にふれ、味わうことのできるテクストを重視したのだといえる。一九二八年版「おふでさき」の公刊に際して松村吉太郎が、「研究と云ふ上からは御神楽歌の思想をよくくみ取つて、それからおふでさきに移るのが順序だらうと思ひます[105]」といっているのも、岩井同様、人間の側から親神＝教祖の思想に歩みよっていくプロセスを念頭に置いているのだろう。

それにたいして、「正冊おふでさき」を「根本資料の中の根本資料[106]」とする正善は、あくまで親神＝教祖の意思をもっとも正確に伝えるものを追求するのであって、やや乱暴にいえば信仰者にとっての理解のしやすさなどは度外視しているのである。そこには、「求道者」にとっての原典から、親神＝教祖にとっての原典への志向性の転換があるといってよい。それは、増野らが提唱した「教祖に帰れ」というスローガンの、よりラディカルな実践であるともいえる。正善の原典研究とて「求道」の営みであることには違いはないだろうが、テクストに現れた親神＝教祖の意思をより直接的に把捉しようとする点で、際立ったものであることはたしかだ。

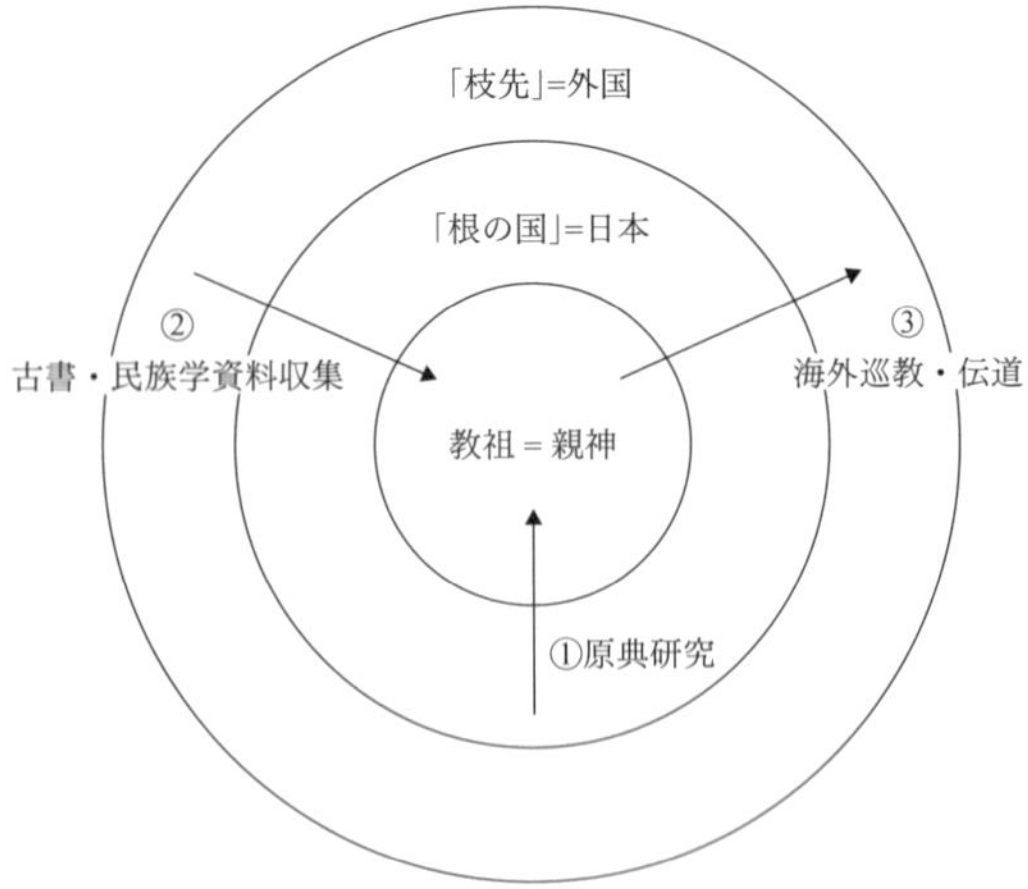

図 2-3　戦前期中山正善の原典・収集・伝道をめぐる思考

原典・収集・伝道

正善はけっして語らなかったし、自ら意識することもなかったかもしれないが、こうした作業を進めていくなかで、教祖＝親神の意思と正善自身との境界が、どこかで溶解する、とはいわないまでも、曖昧になっていく場面がなかっただろうか。少なくとも、海外伝道に際しての自己の絶対的正しさの認識を根底で支えているのは、自分が教祖＝親神の意思をもっとも深く直接的に理解しているという、過剰な自己確信であったといえるのではないだろうか。

図2-3は、本章で検討してきた、正善の思考の様式を図に整理したものである。教祖＝親神を中心とした同心円があり、三つの層が構成されている。もっとも外側の層は、「枝先」＝外国であり、真ん中の層は「根の国」＝日本（〝内地〟）である。また、前者には〝野蛮〟、後者には〝文明〟という評価が付随しているだろう。そしてもっとも内側の円は、親神＝教祖の意思であって、原典によって体現される。

矢印①は、原典研究の実践を表しており、より真正な親神＝教祖の意思へと接近しようとする、求心的な運動である。矢印②は、古書・民族学資料収集の実践を指示している。そこでは、より効果的な伝道もしくは教導の参考となる、〝情報〟の集積が行われる。矢印③は、海外巡教および伝道者に託された海外伝道の実践である。これらの運動は独立したものというよりも、連動して正善の宗教的世界を構成していると考えることができる。すなわち、正善は①の実践を通じて宗教的な正当（統）性と権威を獲得し、②「枝先」についての〝情報〟を集積したうえで、

③一方向的な伝道、教導が志向されていくのだと。単純な図式化との謗りは免れないだろうが、このようにとらえることによって、宗教者・中山正善における国家主義・帝国主義の問題を問う糸口を見いだすことができ、現在的な課題として設定しなおすことが可能になるのではないだろうか。

神と自己の隔たり

宗教の伝道において、自分が信じる教えを絶対的な真理として他者に提示することは、天理教であれ、カトリックであれ、何であれ、珍しいことではまったくない。そもそも信仰とはそういったものであるのかもしれないし、そのことの善し悪しを私は判断することができない。だが、そのことが被伝道側の人びととの「相互の批判的な契機」を排除し、多くの人びとに理不尽な苦しみを与える植民地支配や戦争への協力を帰結するのだとしたら、そこにいたる機制を明らかにし、批判のことばを紡ぎださなければならないだろう。

川村邦光は、戦前日本における宗教的テロリズムの歴史を概観しながら、宗教者がしばしば依拠する「絶対者・超越者の視点」についてつぎのようにいう。

一定の歴史的状況において、宗教が意義をもつとするなら、現世を超越し、絶対者・超越者の視点に依拠する思考こそ、批判の対象とすべきだと考えられる。(中略)そこでは、善や正義を問うことなく、絶対者の高処から語り、力あるいは暴力の行使も実践されることになり、誰の言葉も受けつけない頽廃が兆すことになる。どこに自らの位置を設定し、宗教や観念の絶対性と対峙するのかが問われるのである。[107]

ここで川村が問題にしているのは、宗教がもつ絶対者・超越者についての観念そのものではなく、信仰者(人間)がそうしたものにたいしてどのような関係を築くか、という点なのであり、絶対者・超越者の視点を我がものとしたとき、「誰の言葉も受けつけない頽廃が兆す」と指摘している。

正善の場合についていえば、自分が信仰する神や教祖、原典などといったものを絶対的正しさとして位置づけることに問題はないだろうが、それらと自己との距離、隔絶の意識を見失えば、川村のいう「頽廃」へと近接してしまう。絶対者・超越者との断絶の感覚があれば、被伝道側にたいする自己の優越は、たえず相対化され、自己の立ち位置を問いなおすことにもつながるだろう。しかし、書誌学的研究によって教祖と自己を同時に権威化し、伝道史料・民族学資料の収集によって伝道のための〝情報〟を集積し、海外伝道・巡教視察を通じて神意による啓蒙・教化を行うとする正善の宗教的世界のなかに、そうした契機が場所を占めることはなかったと考えざるをえないのである。

とはいえもちろん、私は原典の書誌学的研究が必然的に帝国主義や国家主義へと帰結するなどといいたいわけではない。こうした作業が戦後天理教の近代的な教義（それにたいする評価は括弧に入れるとして）の形成に果たした歴史的役割は、正当に評価されるべきだろう。私がいいたいのは、純粋に宗教的な（とされる）原典研究のような実践が、一定の歴史的な状況のなかで、国家主義的・帝国主義的な思考と密接な関係を築き、その基盤を提供することもあるのだということ、そしてそうした実践が現在の天理教教義のありようを基礎づけているということである。こうした点に関する反省的認識は、社会的存在としての宗教、またその教義や信仰実践の歴史的意義を再考するためのひとつの重要な契機となるのではないだろうか。

本章では扱うことができなかったが、一九三八（昭和一三）年暮れから始まる「革新」において、正善はそれ以前に増して、国家権力と信仰との間に深刻な葛藤を抱えていったことだろう。だがそこでも私たちが見すえるべきなのは、そうした葛藤と、正善自身の思考に絡みついた国家主義的・帝国主義的要素がどのように共存し、彼と天理教のありように働きかけていったのか、ということである。それは中山正善という人の戦争責任を追及するものではなく、ひとりの宗教指導者が近代日本を生きるということの歴史的な意味を問う営みとなるだろう。

第3章 「革新」の時代

はじめに

前章では、二代真柱の中山正善に焦点をあわせて、彼の宗教的世界の構築過程をたどり、それが帝国主義的な思考の型と結びついて作動するにいたったことを明らかにした。それをふまえつつ、本章では、正善の思想と実践の基盤を提供した教団の歩みを検証する。天理教がどのように国家権力との関係を結びなおし、集まった信者たちにたいして何を語ったのか、そしてそれがいかにして「革新」へと接続されていったのかを明らかにするのが、ここでの課題である。

具体的にいえば、一派独立から一九四五(昭和二〇)年までの天理教、とりわけアジア・太平洋戦争が戦われた一九三〇年代以降を中心的な対象時期とする。前章でふれたように、天理教におけるアジア・太平洋戦争は、一九三八(昭和一三)年末の「革新」開始を境として大きくふたつの時期にわかれると、さしあたりいうことができる。「革新」をめぐる言説によって、天理教本部ではアジア・太平洋戦争における被害者としての自己像を形成してきたといえるが、本章では、一九三〇年代前半、さらには一派独立の時期から連続的に天理教と国家や戦争との関係をみていくことにより、天理教本部の歴史観に疑問を呈することになる。

ここではとくに、教団の機関誌『みちのとも』などを通じて発信されたさまざまな語りに着目して議論を進めていきたい。飯降伊蔵が「おさしづ」を語っていた本席‐真柱体制期とは異なり、この時期以降、親神の教えは「おふでさき」「みかぐらうた」「おさしづ」といった、書かれたテクストのなかに示されているとされるようになった。神の真意はどのようなところにあるのか、またその教えを新たな時代、新たな状況のなかでどのように生かしていくべきなのか。そうした課題は、いまやテクストの解釈を通じて追求されるべきテーマとなる。教団指導層による解釈は、天理教校や教会などにおける教話というかたちで、また機関誌というメディアを通して、各地の信者に向けて発信されていったのである。

こうした語りにおいて、天理教の教えと近代天皇制国家や帝国主義との関係はどのように言語化されていたのだろうか。機関誌を読んだり、布教師の話に耳を傾ける熱心な信者にとっては、それらは自分自身の日常的な生と国家的な出来事とを結びつけて考えるうえでの重要な回路となったことだろう。

とはいえ、活字化された語りの影響力を過大評価することは慎まなければならない。カルチュラル・スタディーズの議論を参照するまでもなく、メディアを通じた語りは、語り手の〝意図〟を受け手に忠実に伝えるものとはかぎらないし、そもそも機関誌などほとんど読まない信者も多かったと考えられるから、『みちのとも』などで語られる教義が個別の信者たちの信仰のありようや政治意識などを決定づけたと安易に考えることはできないだろう。したがって、本書では文字として書き残された語りを分析しつつも、それと名もなき一般信者たちとの隔たりにも留意しながら議論を進めようとしている。

ただし、つぎの点にも注意が必要である。受け手（信者たち）が活字化された語りの意味を忠実に読みとらないということは、逆にいえば、活字として客観化された語りが、語り手の〝意図〟には還元できない社会性をもった存在になるということでもあるのだ。人間は、いつでも自分の考えるとおりのことを話したり、書いたりすることができるわけではない。立場や状況によって、自らの意に沿わない発言をすることもあるものだ。だが、たとえそれが自分の〝意図〟とは異なるものだったとしても、発せられたことばはいわば一人歩きして、社会のなかで新しい現実を切り開いていくものである。私は、天理教のさまざまなメディアのなかで語られたことばたちの、こうした社会的次元に照準を合わせている。

一　一派独立と国家主義への接近

「国民教化」への参画

議論の前提として、一派独立から一九二〇年代までの天理教の動きについて、おおまかにみておくことにしよう。前章でふれたように、この時期の天理教は、その歴史のなかでもっとも大きく教勢を拡大させ、近代的宗教としての組織も急速に整備されていった。この、独立から一九二〇年代にいたるまでの天理教の状況については、李元範や大谷渡による研究成果に学びながら検討していくことにしよう。

序章でふれたように、李元範は、独立後の天理教が国家の公認宗教としての社会的な責任を背負う能力のあることを明確に示し、天理教にたいする社会一般の信用を得るために、明治政府の推進する「国民教化」政策に積極的に参加していったとのべている。この時期、政府は地方改良運動や国民道徳の振興を推進するうえで、宗教の力を利用することを画策しており、一九一二年には内務次官・床次竹二郎（とこなみ）の提案に基づいて、三教会同が実施された。これは、内務大臣・原敬が仏教・キリスト教・教派神道の代表を集めて「精神界に健全なる発達を計り、社会状態の改善をなす」(1)ための協力を要請したものである。天理教からは、管長代理として松村吉太郎が出席し、政府の意を体した活動に取り組んでいく。

この「国民教化」への取り組みとして、それまで主流であった単独布教に加えて集団布教体制の導入がはかられ、工場などで通俗倫理を説き、他方で挙国運動としての天理教講演会を開いていったのであり、その過程で、信仰的権威と世俗的権威とが一体化し、教団における官僚主義的傾向が強まったと李はいう。こうした流れは、天理教の「世俗化」として把握されている。

その一方で、李はこうした傾向が「天理教信者たちの宗教的実践を教祖の思想から如何に逸脱させてしまったのかは改めていうまでもない」のであって、「既存の布教者たちからみれば天理教の堕落を意味するもの」となり、「ほんとうの教団の活性化」も生まれないと評したのだった[2]。彼の議論の問題性については序章で検討したとおりであるが、ここではもう少し具体的な事例に踏み込んでみてみよう。

一九一〇年代前半において、天理教内最高の知識人として活躍したのが、廣池千九郎である。神宮皇学館の教授であった廣池は、天理教布教師から病気治癒を受けたことをきっかけとして天理教に入信し、一九一三（大正二）年には天理中学校校長として本部に招聘される。この少し前から、彼は教外へ向けたパンフレット『三教会同と天理教』（一九一二年）や『道乃友』誌上などの場で、「おふでさき」や「みかぐらうた」に関する解釈を発表して教学の形成に貢献し、天理教の原典と「国民教化」＝「世俗化」路線を結びつけるという理論的課題を果たした。李によるなら、廣池の天理教論は、天理教と皇室とがその用いる手段を異にしながらも同一の目的を有するのだと主張するとともに、教理の特徴を日常的倫理思想として説明するなどといった特徴をもっていた。こうした考えは廣池自身がふれた「布教者たちの豊かな人間愛と他人への温かな思いやり」に裏打ちされたものであったが、結果として「日本の近代社会を限りなく美化」するという「歴史的なアイロニー[3]」を抱えこむことになったという。

李がいうように廣池の天理教論が多くの信者に受け入れられたとすれば、廣池や彼に影響を受けた人びとが『道乃友』などで生産した言説は、実践としての「国民教化」＝「世俗化」路線を基礎づけるものだったのであり、論理的にいえば両者の関係は連続的・親和的なものということになるだろう。

廣池は一九一五（大正四）年、管長・中山真之亮の告別式における弔辞のなかで、「御道は社会に調和するのが目的ではなくして、社会を指導するのが目的である。（中略）天啓の教理を狂げて俗世界に調和を求むるが如き宗教が何の役に立つか[4]」と語り、これに神経を尖らせた宗教行政当局の圧力を受けた天理教本部から、実質的に追放されることになる。李は、このとき、「本来なら、廣池のような教団本部の理論家たちとは無縁なはずの」、国家権力からの自立や「世俗化」された教団の変革への願望をもつ多くの「底辺信者[5]」が廣池の支持に回ったのだとする。

“力”への意識

李の語りを抽出してみるなら、つぎのようになるだろう。天理教信者たちに「集団的成功感[6]」をもたらした天理教講演会などの「国民教化」＝「世俗化」路線は、しかし「一部信者[7]」を除いては「ほんとう」の願望を満たすものではなく、多くの「底辺の信者」は国家権力や「世俗化」からの脱却を願っていた、というものだ。

だがここには、論理上の混乱があるのではないだろうか。たとえそれが（李の価値基準からみて）「アイロニー」であるにせよ、廣池の天理教論は「世俗化」を支える言説であったはずだ。その廣池を支持することが、どうして「世俗化」からの脱却への願望を意味することになるのか。引用した弔辞における廣池の批判は、何に向けられていたのだろうか。

廣池においては「みかぐらうた」や「おふでさき」の思想と「国民教化」は対立するものではなかった。彼が宗教の目的とする「社会を指導する」こととは、天理教信者が「国民教化」の主体になることである。彼の批判は「天啓の教理」すなわち原典の内容とかけ離れた「明治教典」およびそれに依拠した教説に向けられていたと考えるべきだろう。廣池追放に際して彼を支持した信者が、廣池の思想に共感したとするなら、それは原典の重視という点においてであって（繰り返すが、原典の重視は「国民教化」と矛盾しない）、「世俗化」の克服にたいしてではない[8]。

また、廣池追放事件にかぎってみれば、信者たちが反発したのは国家権力そのものではなく、国家権力による抑、圧的で直接的な介入である。この差異を無視してしまっては、権力の多様な形態は見失われてしまう。権力は抑圧するばかりではなく、人びとを教唆し、煽動するものでもあるのだ。その上、李の語りは恣意的な印象操作によって可能となっている。「世俗化」路線を支持するのが「一部信者」で、廣池を支持したのが「多くの信者」[9]だったという根拠はいったいどこにあるのだろうか。李が引用している史料からわかるのは、廣池を支持する信者が存在した、ということでしかなく、それが天理教信者のなかで多数派であったなどということではない。また、廣池とはまさに信仰的権威と世俗的権威の一体化を体現する人物であり、廣池追放にたいする反発は、「世俗化」のひとつの帰結としてとらえる見方もできないわけではないのだ。

私は廣池が教学形成において果たした役割を否定するつもりはなく、原典を「天啓」として位置づけたことをはじめ、彼はその後の教学に大きな影響を与えていると考える。廣池が原典から日常倫理思想を読み出し、「国民教化」の文脈のなかで価値づけていったという李の指摘は、重要なものとして受け取りたい。また、廣池の言説を魅力的に感じた信者もいただろう。しかし、そのことをもって「底辺信者」たちの多くが国家権力の影響を除去すべきだと考えていたとか、「世俗化」路線が「ほんとう」の信仰を生み出さなかったとかいったことにしてしまう戦略には警戒しなければならない[10]。

ここでは、社会的に〝淫祠邪教〟と貶められてきた新宗教としての天理教が、政府の要請に応えて国民を「教化」する使命を帯びているのだとする論理を、廣池が教義の問題として切り開いたという点を重視しておきたい。それは天理教の人びとにとって、国家的課題に貢献しうる自らの〝力〟を意識させる語りであり、後の国家総力戦という局面にもつながっていくものなのだ。

原典と〝教祖の教え〟

「おふでさき」や「みかぐらうた」を近代的に再解釈する試みは、廣池千九郎が最初だったわけではなく、二〇世紀初頭に『道乃友』で活躍した作家・宇田川文海などが先鞭をつけていた。[11] これ以降、本部周辺の天理教メディアは、これら原典の読みを中心に展開していくということができ、そのことを通して原典そのものの正統性も確立されることになる。天理教青年会の創立に貢献した増野道興（鼓雪）らの原典研究も、この流れのなかに位置づけることができるだろう。

一九一〇〜二〇年代の『道乃友』を読み込んだ大谷渡によると、この時期の『道乃友』の記事は第一次世界大戦や米騒動などといった社会状況の推移に対応しつつ、資本主義・物質文明の影響による個人主義・利己主義への批判と、それに対照させるかたちでの東洋的・日本的精神文明（そしてそれをもっともよく体現する天理教）の称揚が基調をなしているという。

とはいえ、『道乃友』が資本家階級にたいする批判記事を掲載することはあまりなく、逆に労働に宗教的な意味づけをすることによって、階級闘争を否認する論調が主流を占めた。資本主義の矛盾を解決するのは、労働者たちの「犠牲的精神」であるとされたのだ。[12] ここでも天理教の「国民教化」路線を確認することができる。注意しなければならないのは、そのいずれもが「おふでさき」「みかぐらうた」、あるいは「おさしづ」からの引用を軸にして論理を立てていることであり、それぞれが〝教祖の教え〟として説かれていることである。

一九一〇年代になると、高等教育を受けた幹部子弟も増加し始め、原典の近代的解釈による著作も出版されていく。前述した『三教会同と天理教』（一九一二年）をはじめとして、岩井尊人『天理教祖の哲学――「みかぐらうた」の新研究』（一九一五年）、増野道興『教の臺』（一九二一年）などが発表され、教内の知識人青年の間で原典への関心が高まっていたことを伺わせる。また、このころには原典に関する研究会や講演会も開催されている。

こうした傾向は「革新」が始まるまで継続し、一九二八（昭和三）年に「おふでさき」と「おさしづ」が公刊され、一九三七（昭和一二）年、立教百年祭の記念としてすべての教会に「おふでさき」と「おさしづ」が下付されるにいたって、ひとつのピークを迎えることになる。前章で論じた中山正善の原典研究が、こうした潮流のなかで生み出されたものであったことはいうまでもない。

明治期において、原典は秘匿されていたわけではなかったが、多くの布教師や信者たちにとって、書かれたテクストとして手元に置かれるものではなかったと思われる。みきの教えは、口頭で選択的・断片的に説かれるほかなく、必然的に統一性のない教理が流布していた。二〇世紀に入り、「おふでさき」「みかぐらうた」を原典として明確に位置づけ、『道乃友』等で体系的に解釈がなされるようになったということは、じつのところ新しい事態であった。そうであれば、このとき、「国民教化」路線が『道乃友』の言説を特徴づけていたことは重要である。つまり、体系的な天理教の教理は、「国民教化」の言説として誕生したということだ。こうした点については、次章で再度、具体的に確認することになるだろう。

二　教団の発展と帝国主義

組織制度の整備

『道乃友』などの場で展開された理論に基づいた実践が行われたのは、天理教校や天理教青年会においてであった。独立請願運動中の一九〇〇（明治三三）年に開校した天理教校は神道教師養成を目的とし、当初四年制で「語学がないだけで他は殆ど普通の中学校と変らな[13]」い学科内容であったが、あまり生徒は集まらなかった。一九〇八（明治四一）年に大幅な改組を行い、一年制の本科と半年制の別科とを置くことを定めたが、実際に発足したのは別科のみであった（本科が開設されたのは一九三八（昭和一三）年）。

この時期では、教科書として『実践倫理提要』、『宗教法令摘要』、『神代史要』、『天理教教典』（「明治教典」のこと）などが使用されたといい、原典を基にした教理は説かれなかったようである。その後、一九一九（大正九）年ごろから〈ひのきしん〉が正科に編入されるようになったほか、実践的な「おたすけ練習」、「お手振の手直し」、「社会事業」などの科目が加えられている。[14] 教校では廣池千九郎が称揚した〈ひのきしん〉が組織的に行われ、「お手振の手直し」にみられるように、布教師によってまちまちだった教理や儀礼の内容を統一することが目指されたといえる。

図 3-1　天理教校での授業風景（1932 年）

天理教青年会は、各地で設立されていた青年会を統合するかたちで、一九一八（大正七）年に設立された。増野道興（鼓雪）ら、知識人青年によって高められた原典研究の機運が結実したものともいわれ、青年会規程では当初の活動として会員による講演会や図書館の建設などを謳っている。その一方で「本会は国家社会に対しては本教の羽翼となり以て其の事業の達成に努力す[15]」としている点にも注意しなければならない。青年会顧問の松村吉太郎は、「会として／一、非国家主義の打破／一、殖民地布教の後援／一、徹底的なる信仰の教養[16]」を推進するよう訓示している。青年会は原典研究・普及の拠点であったとともに、国家主義・植民地布教の推進母体としても位置づけられていた。一九三〇年代に入ると、青年会は最大の事業として「満洲天理村」建設を敢行していくことになる。

布教現場の天理教

もっとも、ここまでみてきた言説や実践は、『道乃友』や、各地本部周辺において語られ、行われたものにすぎないから、各地に広がっていた多数の信者たちがどのような信仰生活を送っていたのかについては、別個に検討されなければならない。その一端を知るために、中山正善『天理教伝道者に関する調査』（一九二九年）を活用しよう。正善が東京帝大の卒業論文として「天理教伝道者の伝道を中心とした生活状態の一端を知らんがため、昭和三年九月に[17]」行ったアンケート調査を整理したものである。一ヶ月という短期間で行った調査だが、管長の卒業論文として多くの人員が動員され、きわめて高い回答率で、一万二四八〇人の伝道者（布教師）から回答を得ている。

まずは入信動機をみてみよう。正善は入信時期を整理して記述していないので、時代ごとの入信動機がどのように変遷しているかを知ることができないが、調査が行われた一九二八（昭和三）年以前に入信したことだけは確かである。もっとも多いのは「身上（病気、怪我など心身の不調）によるもの（死による因縁自覚を含む）」で六一・二六%、つぎに「親譲りの信仰」で二〇・一二%、三番目が「教理に感じて」で一一・九〇%である。以上の三つの動機が飛びぬけて多く、それ以外は三%以下である。[18]依然として病気治しをきっかけとした入信が圧倒的に多いことが示されているとともに、「家の宗旨[19]」として天理教信者となっている者が相当増えていることもわかる。

「教理に感じて」の項では、例としてふたりの回答が紹介されている。ひとりは「本教に対しては世評に従ひ淫祠邪教と誤信せり。（中略）教理を聴聞するに、度を重ぬる毎に其の真理に驚き、（中略）一変して本教の僕となり、一日も早く一人も多くに本教の真髄を知らしめ以て神様が一列救済を急き込み給へることを告げんと決心せり」と答えている。もうひとりは「自分の一家は諸神に対しては信仰の念篤く、常に世の思想を立替え、皇国のため尽さんものと心懸け居た」ところ、「本教の教義を聞き、中にも、心の改良によつて諸病を癒すると言ふ理に深く感銘し、今日まで自分は種々なる信仰をなせども、これに勝る確かな道はないことを確信し入信」したという。[20]前者は教理のどのあたりに感銘を受けたのかよくわからないが、後者は心直しによる病気治癒のなかに「確かな道」を見いだしている。

布教師の学歴としては、「高等小学校卒業程度以下の学校教育をうけたるもの」がもっとも多く六七・五〇%、

「正規の学校教育をうけぬもの」が二四・二三％、中等学校卒業程度以上の学校教育をうけたものは八・二九％である。[21] 入信前の職業では、農業が五一・二八％と半数を占め、商業、工業がそれぞれ一三・七八％、一二・三〇％となっており、無職も八・九一％と多いが、これには正善が指摘しているように、賃金労働をしていない女性や布教師の子弟などが相当に含まれているだろう。[22]

やはり大部分の布教師が小学校卒業程度以下の学歴で、病気治しを契機として入信している。一派独立以降、都市における工場布教などを積極的に行っていった結果として、商業や工業に従事する都市民が多く入信してきているが、それでも農業従事者が多いことに留意する必要がある。これらは布教師に関する情報であるが、いまみてきたような項目については、布教師以外の信者についても大きな差はないと推測できる。

つぎに、布教の動機についてもみてみよう。もっとも多いのは「贖罪」というもので三四・四五％、以下、本人や家族の身上、「感激」、「命令」、「教化を目的として」などと続く。[23]「贖罪」は具体的には病気や災害などによって自らの因縁を自覚し、その因縁を切るために布教に出ることを指すようであり、身上（または事情）のヴァリエーションと考えることができる。「教化を目的として」の例としては、「〔天理〕教校別科在学中教理の仕込を受け人を助ける聖業ほど痛快な面白い仕事はないと思つたので」という者や、「眼を救けて頂き深遠なる御教理を聴かして頂く度に人様にも早く此の神、此の信仰を知らしめて、共に倶に感謝の生活を送りたい」という者、「何か一つ国家の為に尽したいと思ひ軍隊に志願したが合格しなかつた。所が本教の教理に感じ此教を以て国家につくしたいと」単独布教に出た者が挙げられている。[24] 入信だけでなく、布教の動機としても、病気（治し）が関連していることがきわめて多いことをあらためて確認しておきたい。

このようにしてみると、『道乃友』などにみられる「国民教化」を力説した言説と、病気治しをきっかけに入信し、布教を始める信者との間にいささかの温度差を感じざるをえない。「皇国のため尽さん」とする希望や「国家の為に尽したい」という意志のなかに、「国民教化」路線の成果がみられるが、そのような信者も少なからずいた、という程度であったと思われる。それ以外の信者たちは「国民教化」もしくは「世俗化」に反発したというよりは、関心がなかったというほうが正確だろう。また、本部周辺に盛り上がっていた原典掘り下げの機運も、少なくとも一九二〇年代までは、一部の信者のなかでのみあてはまる状況だったのではないだろうか。

増殖する新宗教運動

一方、一九世紀末以降は、天理教の教線は朝鮮や中国などへも大きく拡大していった。朝鮮布教については李元範が詳しく論じているが[25]、ここでは概要のみ確認しておこう。天理教の朝鮮布教が本格的に始まったのは日露戦争前後である。当初は個人布教として開始されたが、韓国併合後の一九一一（明治四四）年には京城に朝鮮布教管理所を置き、組織的布教が企画された。また、満洲方面へも、日露戦争後に個人布教が始まり、一九一三（大正二）年に満洲布教管理所が設置されている。朝鮮、満洲ともに、個人布教が先行し、本部による管理体制が後を追うという展開をみせた。このほか、日清戦争後から布教が開始された台湾をはじめとし、中国、東南アジア、ブラジル、樺太、アメリカなどへも布教師が渡っている[26]。

天理教の信者数は、とりわけ一九二一（大正一〇）年から教祖四十年祭の行われた一九二六（大正一五／昭和元）年にかけての年祭活動期間において驚異的な伸びを示す。李元範はこの教勢拡大について、古い世代がもっていた導きの親子関係——天理教では、信仰に導いた者と導かれた者との絆を重視する——を基盤とする上下の論理と、青年会に集まった青年たちの、勉強会や講演会などを通じて教祖や原典に回帰しようとする「仲間関係の論理」とが矛盾と葛藤を抱えながらも相補って天理教運動が活性化したためであると説明している[27]。他方、大谷渡によればそれは資本主義の矛盾に直面した「民衆の救済要求にこたえうる[28]」大きな力を天理教がもちえたからだという。具体的には、『道乃友』において展開された、国家主義的なものから個人の人格の強調までを包摂した多様な言説のゆえに、天理教の発展がありえたのだとしている[29]。

李のいうように、世代間の相異なった論理が相補的に運動を活発化させた面はあるに違いない。だが、さきにみた布教師たちの入信や伝道の動機をみると、また教勢拡大を実際に推進したのがそうした布教師たちであったことを考えると、李や大谷があげる言説レヴェルの要因が、信者急増の理由を充分に説明できているのかについては疑問が残る。

ここで信者数増加の要因を特定することはできないが、この時期の年祭活動がどのようなものであったか、若干みておくことにしよう。一九二一年、五年後の一九二六年に教祖四十年祭を執行することが発表された。年祭の執行がこのように早い時期に発表されたのは、四十年祭がはじめてであった。翌一九二二（大正一一）年には、年祭準備のためにすべての教会長を対象にした講習会が本部で開かれている。講習会に全教会長が召集されたのも、はじめてのことだったとされる[30]。この講習会、さらに年祭活動を通じて強調されたスローガンは、「教勢倍加」であった。「現在の本教の勢力を倍加したいと望んでいるのであります。（中略）現在四百万ある信徒を倍数の八百万にし、二十万の教徒を四十万にし、二万の教師を四万にし、四千五百の教会を九千にするのであります[31]」と松村吉太郎はいう。松村が「たしかに四十年祭は、笛ふいておどつた[32]」と回想するように、本部の呼びかけに各教会の布教師が応えて活発な布教活動が行われた。内務省警保局の観察によれば、「其の整備せる教団組織と豊富なる資金とを利用して旺に文書宣伝を行ひ、又屢々演説会、講習会等を開催して教旨の宣布に努むるの外、常に教師教徒等を督励して所謂「匂掛け」運動に依る信者の獲得に狂奔せしめ[33]」るという状況が現出したのである。

警保局は天理教の組織形態についての指摘も行っている。「教師の階級は（中略）十四階となせるが、右階級は単なる地位、資格の表示に留まりて何等の給与を伴はず却つて其の高下に従ひて本部納付金の多寡を規定せる状況なり。従つて各教師の生活は悉く自己教会に所属する教信徒の醵金に俟つの外なく、然も其の収得中より叙上の納付金及屢々莫大なる臨時分担金を割当てらるゝが故に、上級教会教師は格別大多数の下級教師等の財政的窮乏は寔に悲惨なるものある模様なり[34]」という。この記述にしたがえば、下級教師などが経済的な基盤を得るためには「自己教会に所属する教信徒」を多く獲得しなければならない。これまで多くの論者が指摘してきたように、天理教の組織形態における最大の特徴は、「布教によって導いた人と導かれた人とのいわゆる導きの親子関係をいつまでも保持する」[35]ことであり、教会が「子」つまり信者を増やし、また部下教会をもつことが、経済基盤の安定につながる。布教師たちの活発な布教活動を動機づけたものとして、こうした経済的要因を無視してはならないだろう。

天理教が快調に信者数を増やしていった一方で、この時期には天理教から分派分立した教団も増加していた。弓山達也によると、天理教系教団の分派分立は、いくつかの時期に集中して起こったのだという。戦前についていうと、まず教祖と本席に連なる「天啓者」の出現が待望されていた一九一六（大正五）年前後、つぎに大西愛治郎の天理研究会が同様の教義内容をもつ教団群を輩出した大正末から昭和一〇年代前半であり、このときは終末の世に社会変革を担う天啓者の出現が期待されていたことが重要な要因となっていた。弓山は、「分派分立のメカニズム」として、天理教系の諸教団には、母教団の世襲化や組織運営のありように不満をもつものが多く、神のことばを直接取り次ぐ能力をもった「天啓者」や病気治しへの願望が分派分立を促したことなどを指摘している[36]。信者たちに直接語りかける「天啓者」に救済の根拠を見いだそうとした者たちは、神のことばを原典という文字のなかに閉じこめてしまった天理教を離れていったのである。

天理教の「日本主義」

一九三〇（昭和五）年、六年後の一九三六（昭和一一）年に教祖五十年祭を執行すること、また一九三七（昭和一二）年には立教百年祭を行うことが諭達された。したがって、アジア・太平洋戦争が開始されていった一九三〇年代前半は、まず五十年祭活動期間としてとらえる必要がある（図3-2）。

四十年祭の方式を踏襲し、本部は全教会長を召集した講習会を開催している。四十年祭は「教勢倍加」をスローガンに活動が進められたが、五十年祭においてはどうだったのか。松村吉太郎は、創世神話〈泥海古記〉に言及しながら、「最初人類創造の時先づ大和の国に生み下された人間は日本に止まり、その後他国に生み下された人間は食を求めて外国へ行つたのでありますから、日本の人間は兄であり姉であるから、他より先に生れ更るべき」だとし、「立教百年祭迄に日本人全部をお道に引き入れお授け人衆〔教徒〕とせねばならん責任があるのであります」と、「日本人更生」のスローガンをぶち上げた。(37) この「日本人更生」を成し遂げたなら、つぎには「人類更生」が控えているとされた。「東洋の盟主たる日本の更生は同時に東洋の更生であります。東洋の更生は世界更生の第一歩と云つても決して過言ではない(38)」のだ。

図 3-2 「天理教祖五十年祭の盛況」

〈泥海古記〉および「おふでさき」を下敷きにしたこうした言説は、天理教における「日本主義」として『みちのとも』のなかに多くみられるものである。たとえば諸井慶五郎は、中山みきは「当時に於ける日本の中心的思想などとは殆ど没交渉の中に育成せられたが、大神様の見定め給ひし所、この人の金口を通じてはからずも後年毅然たる日本精神の真骨頭が顕揚せられ」たと論じる(39)。それを具体的に示すものとして、「おふでさき」から「今迄は唐が日本をままにした／神の残念何としよやら」「この先きは日本が唐を儘にする／皆一列は承知してゐよ」といったものを取り上げ、「日本愛護の神意」と呼んでいる(40)。そして「同じ木の根と枝との事なれば／枝はおれ来る根は栄え出る」などの「おふでさき」を引用して、「華やかな枝先きの美色美香に日本人本来の魂までも滅殺して仕舞つた」日本の現状を批判する(41)。この「根」と「枝」のメタファーは他の論者にもかなり多くみられるものだ。岡島藤人は「数多き聖典の中に吾等の教祖親様が自らものせられたお筆先ほど、明瞭に大日本帝国の世界に於ける地位、立場並に使命について仰せられてゐるものは余りあるまい[42]」といい、「我大日本帝国が真に世界の根の国であり、この根の国である日本国民の真実なる目醒めこそ、世界平和の根底を為すものである」という[43]。「根の国」としての日本が「枝先き」つまり他国を指導する神意を帯びているというのが、天理教の「日本主義」であった。

この「日本主義」が、一九三〇年代の言論界を席巻した「ニッポン・イデオロギー[44]」の一部分をなすことはたしかだが、それが生み出された理由を当時の政治的・社会的状況のみに求めることはできない。他方、大宅壮一などがいったように、天理教は「日本の国土や民族そのものを宗教化した」「神道系の民族宗教」だから、「日本主義」を標榜するのは当然だ[45]、とする説明も正確ではない。本章での議論をふまえるなら、これは、天理教における体系的な原典の解釈が、二〇世紀に入って「国民教化」の文脈に沿って開始されたことの、必然的な帰結だというべきだろう。

五十年祭の活動として、青年会主催のものとしては天理教講演会、全国一斉ひのきしんデー、全国一斉路傍講演デーなどが行われ、一九三四（昭和九）年には「満洲天理村」への移民が始まる。各教会所属の布教師も本部の呼びかけにしたがい信者の獲得を目指し、一九三〇（昭和五）年末の時点で二〇万二一九〇人だった教徒は、一九三五（昭和一〇）年末には二八万一七〇〇人に増加した[46]。

立ち籠める暗雲

しかしながら、この年祭活動は、四十年祭のときのように順調に進行したわけではなかったのである。松村吉太郎が回想するところによれば、本部における講演会に集まった教会長の、「日本人更生」にたいする反応は冷ややかで、「無気力であつた[47]」という。それには「もう天理教の勢力は日本国内では飽和点にきている[48]」という認識もあったと思われる。松村は「実績の上りたる教会に対しては、その当該教会を抜擢して昇格せしむる」あるいは

「一ヶ年五十名以上の受訓者を作りたる教師に対して管長より褒状を下附する」といった「非常措置」をとり、布教師の奮起を促したが[49]、「五十年祭も百年祭も、笛ふけどついにおどらなかった[50]」というのが彼の実感だった。

外的な要因もある。内務省警保局は、一九三〇年代後半において天理教の教勢が滞った理由をつぎのように指摘している。

〔第二次〕大本事件以降引続く各種邪教の検挙若は国体明徴運動の徹底、支那事変の勃発等は、漸く世人の宗教運動に対する批判警戒を峻厳深刻ならしむるに至れる為、其の教説低俗にして動もすれば反国体的言説をすら散見する本教団は、一般に邪教視せられて殆ど論難排撃の標的となり、上来の教勢発展は俄かに停頓して逐次沈滞の傾向をすら示すに至れり[51]。

初めにあげられているのは第二次大本事件をはじめとする諸宗教の弾圧事件の影響である。出口王仁三郎が率いた大本（皇道大本）は、一九三五（昭和一〇）年一二月八日、京都府警による徹底的な弾圧を受けている。外郭団体の昭和神聖会を組織して、「皇道維新」「昭和維新」を掲げ、宗教運動にとどまらず政治運動にも積極的にかかわろうとしていたが、治安維持法違反および不敬罪として壊滅状態に追い込まれたのである[52]。一九三二（昭和七）年の血盟団事件および五・一五事件以来、国家主義運動が顕著な社会問題として浮上し[53]、大本ないし昭和神聖会の超国家主義的性格が弾圧の焦点になったといえる。また、一九三八（昭和一三）年から翌年にかけては、天理教系の分派教団である天理本道、天理神之口明場所、三理三腹元、天理三輪講といった教団も、治安維持法違反や不敬罪などで検挙されている[54]。このほかにもひとのみち教団、新興仏教青年同盟、創価教育学会、ホーリネス教会系、燈台社といった宗教団体・結社が次々と検挙・弾圧されていったのである。

天理教も無縁ではなかった。前章でのべたように、第二次大本事件と同じ一九三五年一二月、中山正善の脱税疑獄事件が起こっている。現場に立ち会った上田嘉成によると、捜査員は税務調査だけでなく、〈泥海古記〉や〈かんろだい〉についての質問を発し、「大本、ひとのみちの次は天理教をやれ、というものも多く、当局として放置できないのだ」などと話したという。[55]〈泥海古記〉は中山みきが信者たちに語り聞かせた創世神話で、信者によって筆記されたものが伝わっている。世界や人間が生まれる前の原初的な状態は「どろのうみばかり」[56]だったと説いていることから〈泥海古記〉と通称されていた（現在は正善の提起にしたがって〈元初まりの話〉と呼ばれている）[57]。みきはこの創世神話のなかで、「くにとこたちの命」や「いざなみの命」など記紀中の神名を用いながら、しかし記紀神話とはまったく異なるかたちで人間や世界の成り立ちを描いている。こうした性格が、天理教排撃運動家や政府を刺激していたのである。

一二月二七日の『大阪朝日新聞』朝刊は「暴かれた妖教大本と脱税疑獄／歳末の世相を歪めた二つの横顔」という大見出しで、大本事件と天理教などの脱税疑獄事件を振り返っている。記事の中心となっているのは大本だが、天理教については「狼狽の天理王国／教祖五十年祭を前に」の見出しで、「天理教事件は中山管長の所得査定減額運動にからむ醜行為の摘発であり、大本教の如く根本的動揺でない点に大きな相違がある、しかし（中略）対外的活動の中核が殆ど旋風に巻き込まれてしまつたのであるから信徒の多い所帯だけにそれだけ影響するところは大きく、殊に明春早々の教祖五十年大祭をひかへてこれが準備に大多忙を極めてゐる際とて関係者の狼狽もまた甚しい」としている。治安維持法違反や不敬罪の容疑をかけられた大本とは問題の性質が異なっていることがいわれているが、さきの捜査員の発言にもあるように、〈泥海古記〉や〈かんろだい〉が〝反国体的〟だとして監視の対象になっていることをあらためて印象づけたのである。

内務省警保局は監視対象としての天理教をかなり詳しく観察しているが、〈泥海古記〉にみられる「創世観は専ら教祖の創作に係り其の内容は我が国肇国の歴史と全く趣を異にし、教外識者より屢々「肇国の歴史を紛淆して国体の本義を紊り反国体的信念を誘醸するの所ある妖説なり」と極論して非難攻撃の標的となれる」[58]とのべ、複数の民間による天理教排撃運動について報告している。一九三七（昭和一二）年にある布教師が「近頃は匂ひ掛けがむつかしくなりましたよ。方面委員の手がよく行届いてゐて[59]」と話しているように、「旧中間層による民衆の支配・監視体制[60]」としての方面委員制度が強化されていくことも、天理教の布教を妨げる要因となったといえる。こうした排撃運動は帝国議会にも波及し、一九三八（昭和一三）年には衆議院国家総動員法委員会において〈泥海古記〉が問題にされている[61]。

このような状況のなかで、天理教は、天理教の教義と天皇もしくは皇祖神などといったものとはどのような関係にあるのかを明らかにする必要に迫られる。『みちのとも』に掲載された寺井一男「日本民族の使命」（一九三七年）は、そのような試みのひとつであるといえるだろう。これによると、「我が日本民族は、元九億余万年の昔、天の親神様が無い世界、無い人間を創造の最初に於て生みおろされたる民族であつて、続いて生みおろされたる世界人類に対し一日の長として兄たり姉たるべき魂の因縁を持つもの」であり、それは「天理教祖をとほして啓示せられたる天啓」においてのべられている。そして「日本建国の歴史も亦、美はしく厳粛に肇められて居」て、「天皇陛下を中心とする我が大和民族の理想国家は世界各国に対する美しき模範を垂るべきものである[62]」。

国体明徴運動のなかで〈泥海古記〉と記紀神話とをすりあわせようとしたものといえるが、「天の親神様」と「天皇陛下」や「天照大御神」とがどのような関係にあるのか、いまひとつよくわからない。この時期の天理教排撃運動において批判の的になった最大のものはこの〈泥海古記〉であり、とくに活発な排撃運動家であった、神道有志連合会主幹・瀬尾弾正の「告発状」には「天理教の不敬思想の極悪最大なるは記紀神典を冒瀆し畏くも十柱の神を強ひて引用し、（中略）国典を乱し国体に対する大不敬にして高氏の反逆及び天皇機関説以上の兇悪思想と謂ふ可し[63]」などとある。結局のところ、天理教の創世神話と記紀神話を接続しようとする試みは挫折し、「革新」にいたって〈泥海古記〉に関する教話は禁止されることになる。

天理研究会（一九三六年に天理本道と改称）などの分派分立にたいしては、こうした教団と天理教とが何の関係もないこと、大西愛治郎らが原典を勝手に曲解したのだということを内外に示さなければならなかった[64]。また、天理教は共産主義的であるとして批判を受けることもあったが、[65]『みちのとも』は左翼運動批判の論説を載せ、共産主義とは無関係であることを強調した。「地下に陰惨な歯を剝く左翼思想、テロリズムと姦通した膨湃たる右翼思想、更に此の二大思潮に挟まれて歪められた道義観念の弛緩[66]」、これらすべてと天理教本部は対決せねばならなかった。ここには、いつこれらと混同され、弾圧されるかわからないという切迫した危機意識が貼りついている。こうした思潮と間違われかねない原典の解釈は、異端として排除され、そして天理教の教義概念は国策に順応する主体へと水路づけられていく。

「愛国者」としての教祖、「ひながた」としての教祖

ところで、本部周辺で原典への関心が高まったこの時期は、教祖としての中山みきへの関心も高まっていた。しかし、その関心は、教祖時代におけるそれとは違ったものとなっていただろう。島薗進は、教祖の死後、唯一絶対の存在としての生神という観念が稀薄化して崇拝対象が親神へと重点を移していく一方で、教祖像は変容していくと論じている。つまり、学術研究やジャーナリズムの影響、また天皇制イデオロギーの浸透などによって、「教祖は、時に大日本帝国臣民の一人であったり、時に多くの教祖の中の一人であったりすることは免れな」くなるというのである。[67]島薗が指摘するこの「生神思想の稀薄化」という事態は、天理教の場合においてもあてはまる。『三教会同と天理教』において廣池千九郎が主張していたように、みきは「熱烈なる愛国者[68]」として位置づけられたのだ。

そしてとりわけ注目すべきなのは、中山みきの〝ひながた化〟とでも呼ぶべき事態である。これは、神がかり以降のみきの五〇年にわたる後半生を「ひながた」と呼び、天理教信者が行動の指針とすべき模範としてとらえるものだ。たとえば五十年祭、百年祭を控えての管長諭達第五号には、「惟フニ五十年テフ年限ハ実ニ教祖苦難ノ道程ヲ想起セシムルモノアリ　鴻恩ヲ教祖ニ享クル者焉ゾ此尊キ「ひながた」ノ道ヲ空シクスルヲ得ンヤ[69]」とあるが、

こうした〈ひながた〉をめぐる言説の特徴は、これを「苦難の道程」として把握することである。

みきの後半生は、たしかに貧窮や他宗教からの攻撃、明治政府による弾圧など、苦難に満ちたものであったといえる。戦後の民衆宗教史研究なら、こうしたみきの後半生を反権力の闘いとしてとらえるだろうが、当時の天理教本部では官憲との争いは強調されず、抽象的な「苦難」として取り扱われた。たとえば、つぎにのべる「満洲天理村」にかかわっては、「教祖御苦労の雛型を体して堅忍不抜の大精神を彼の土に移し植へ、満洲をして世界の楽土たらしむることは、独り天理教の信仰者のみに与へられた特権である[70]」といわれ、困難な状況や事業に宗教的な価値を付与する根拠とされたのである。

三 「満洲天理村」という実験

満洲に天理教の村を作る

一九三一(昭和六)年九月一八日の柳条湖における満鉄線爆破事件を契機に、関東軍によって満洲事変が引き起こされ、翌一九三二(昭和七)年三月一日には「満洲国」の建国が宣言された。この年から、拓務省が主導した武装移民が満洲へと渡り、一九三七(昭和一二)年以降は農業移民が大量に送りこまれていった[71]。このようななかで、天理教青年会は「満洲天理村」の建設を実行していくことになる。当初、青年会は一九三二年にハルピン近郊の阿什河左岸に村の建設を計画したが、関東軍の意向によりこの第一次計画は頓挫し、一九三四(昭和九)年にあらためてハルピン東北郊の吉林省阿城県に「満洲天理村」が建設されることになった。一一月四日に神戸港から出発した第一次移住者は、四三家族であった。その翌年には第二次移民団二〇家族が送出されている。

これら入植者の内訳は、北海道や東北各県を中心として、長野県、兵庫県の者が多かった[72]。「天理村建設計画概案」のなかでは、「移住者ハ一戸ニ付男ニ換算シテ二人以上ノ労働力ヲ有スルモノヲ採用ス」という条件があり、「移住者ハ所持資金ヲ有セサルモノトシテ立案セリ」「耕地ハ当初ノ一ヶ年間ハ満人ノ小作ニ附ス」などとされた。[73]また、移住者に対しては「神様ヲ奉祀スルモノハ必ズオトモスルコト」のほか、「拳銃、軍刀、日本刀等携帯許可証アルモノニ限リナルベク持参ノコト」などといった注意がなされ、宗教移民、農業移民であるとともに武装移民としての性格も濃厚であった。[74]関東軍からも小銃一五〇丁を借りていたという。[75]天理村が建設された場所は「元匪賊の巣窟地帯といはれた所」であったため、村の周囲に濠と土堤をめぐらし、堤の上の鉄条網には電流を通して「匪賊」の襲撃に備えていた。[76]

図 3-3　天理村開拓団

その後一九四二（昭和一七）年度から、満洲開拓第二期五ヵ年計画の開拓団が送出されることとなり、一九四三（昭和一八）年から終戦までの間に四〇二戸一五〇八人が天理村に移住していった（図3-3）。[77]農業を基盤とした村であり、一九三五（昭和一〇）年度から三年間は共同耕作を行い、四年目から個人耕作に切りかえた。入植者（「村方」と呼ばれた）は蔬菜作を中心的に行い、「満人」小作人には小麦や粟、高粱などの一般作を行わせた。農産物は主にハルピンに向けて出荷した。また、耕馬や豚、羊などの畜産にも力を入れ、高い評価を得たという。

「国策」と「神意」

先述したように、青年会の主要な活動は、発足当時の規程によれば講演会の開催や図書館の建設となっていたが、一九三二（昭和七）年に改訂された規程では、「時局又ハ天災地変等ニ際シ機宜ノ活動」「講演映画及パンフレット等ニ依リ本教ノ教義ヲ宣揚シ以テ社会教化ニ裨益ス」「海外布教及植民ニ力ヲ効シ併セテ本教世界的進出ノ促進を計ル[78]」となっている。発足当初の松村吉太郎の訓示にあった内容がさらに具体化されて、規程に明文化されたのである。天理教本部、また青年会の指導層において、海外布教や満洲への移民事業はどのように位置づけられていたのか、少しみてみよう。

海外布教師養成を目指した天理外国語学校は、青年会の事業として一九二五（大正一四）年に開校した。「設立趣意書」では、それまで朝鮮や満洲で行われた海外布教は「内地人に対する布教であって、異国の人々に対する布教は未だ確実な端緒さへ見出されてゐない[79]」という現状認識を示し、「異国の人々」を教化するために、外国語教育を行うとしている。学科としては「支那語部」（北京語、広東語）、「馬来語部」、「露語部」、「朝鮮語部」が設けられたが、「入学志願者心得」では備考としてそれぞれの学科を設けた意図が説明されている[80]。朝鮮語部については、「鮮人ノ教化ハ日本ニトリテハ最モ急務デアル」り、日本語を理解する者が増えてきたとはいえ、「至高微妙ナル教理ノ伝達ニハ当分ノ内、朝鮮語ヲ必要トスル」という。また、「馬来語部」については「馬来半島ハ本教ノ布教地トシテ将来最モ有望デアルト云フコトハ、各方面ノ識者ノ一致セル説デアリマス」とのべられ、「露語部」については「最近日露国交ガ回復シマシタカラ、シベリア土着露人ニ対スル布教」に必要であるほか、「欧州ヘノ教線拡張ハ必ズシベリヤ鉄道沿線ヨリ進ムベキデアリマス」と、ヨーロッパ布教を射程に入れた開設であることがわかる（「英語ヲ専修セント欲スル者ハ当分ノ内、馬来語ヲ指定スベシ」とされている）。このように、日本の帝国主義的〝進出〟に沿う形で外国語教育、また海外布教師の養成が計画された。

青年会の発足当初から海外布教の必要を力説していた松村吉太郎は、「満洲国」の建国を受けて、天理村計画に関して「満洲問題と青年会の使命に就て」という講演を行っている。松村によるなら、「満洲国」が列国の疑惑を招いているが、それは「神の意志を悟り得ない、埃にまみれた列国の人々からすれば、満洲国に対する我国の正しい立場を理解する事は出来ない」からである。[81]「満洲国に対する我国の正しき立場」は、「神の啓示」によって保証されている。松村は「日本主義」を基調としながら、「最近満洲問題が動機となつて、日本が東洋の盟主となり、東洋平和の為、東洋諸国の指導者たらんとする使命が、漸く明瞭になつて来た事実は、この神意の現はれとも見る事が出来る」という。日本が満洲へと〝進出〟しつつある現状は、「親神様の御理想が着々と現はれて参ります時」なのだ。[82]

この文脈のなかに天理村は位置づけられる。すなわち、「この国策に順応して満洲国の精神的文化開発を目標とし、同時に、親神様の思召の世界人類更生へ踏み出そうとするのが、抑々今回の天理村であります」。[83]一九三〇年代前半においてすでに、天理教本部では日本の帝国主義的侵略、アジア・太平洋戦争という「国策」に順応することが「神意」として肯定され、実践されていくことになる。

移民たちにとっての天理村

移民たち自身は、天理村の建設をどのようにとらえていたのだろうか。山根理一『旧満州天理村開拓民のあゆみ』は、天理村出身の山根が当時の史料を探索し、元村民らに聞き取りを行いながら天理村の姿を記録しようとした労作であるが、このなかから少し窺ってみよう。

後に天理村村長となる只野整介は、入植直前の一九三四（昭和九）年八月、建設中の天理村で調査を行っている。その日記では、只野が付近の小作人に向かって「私たちは天理村の神様の御教えに従って、皆様の幸福のために全力を捧げて行くものですから、決して不安に思ったり、恐れたりせぬよう」というと、「私たちは天理村のおかげで匪賊に襲われるようなことがなくなりました」と礼をいわれたという。只野は「親神様の御守護に御礼申し上げ、天理教青年会のこの事業が満人に対し大きい寄与をなすものである事を感じて嬉しく思った」と記している。[84]天理村指導層レヴェルでは、本部や青年会の論理が共有されていた。

第一次で入植した女性は「私、『移民って何をするの』と聞いたらね、父チャンは百姓するのやと言うてね、何も知らずについて来たのよ、一九才だもの[85]」と語っている。同じく第一次移民であった山根の父は、「教会を預かったが、倍加運動でこしらえた教会で、信徒はおらんし、生活が大変やし、子供が出来るし、仕事はないし、(中略)何か勇んで道一条に応える道、自身の力を充分にご用に尽くせる道をどうにかせないかんと思うている時やった[86]」と話した。「倍加運動」とは四十年祭活動のことだ。年祭活動で激増した教会の内実が垣間みえるが、教会および生活上の閉塞状況のなかで、彼らは満洲移民に応募している。もっとも多くの移住者を出した東北出身者は、「あの頃は喰うだけの心配で、次男、三男は畑はないし、飢饉だったもん。信仰は続けなければならないし[87]」と語ったという。やはり大方の移民にとって、最大の渡満動機は窮乏する生活状況を打開しようとするものであり、布教や「人類更生」は副次的なものであったというべきだろう[88]。

とはいえ、一九三六(昭和一一)年ごろから「満人」に向けた布教が行われはじめる。『みちのとも』に掲載された、新田石太郎の布教記録をみてみよう。新田はこの年、村長の橋本正治から「満人部落」への布教を指示された。当初は誰一人として相手にしてくれなかったが、ある部落で新田を相手にしてくれる病人に出会い、「初めてのおたすけ[89]」を行う。その後、病気治しを通じて次第に新田の周りに集まる人が増え、食料を与えてくれるようになった。四年ほどして信者たちが小さな布教所を作ってくれたという。新田は「国境を一つ越え、人種の違ふといふ満人たちを明け暮れお救けの友として暮してゐても人間の情には少しの違ひもありませんでした」と語っている[90]。これは成功事例といえるが、三棵屯に布教に出た坂本秋子は「一ヵ月ぐらい布教に出ていたんやけど家がなくてね、やっとご守護あったのが、兵隊さんのいた兵舎の跡でね。そこに行ったんやけど、奈良県の兵隊さんの部隊で匪賊討伐で殺しあった荒れた兵隊さんが出た後やったので、それは大変で、布教どころではなかったね[91]」と振り返る。山根によると、新田をはじめ一五人が布教を行い、そのうち六人が教会あるいは布教所を開設したという。

つぎに、村民たちの「満人」観を拾ってみよう。第一次移民として入植した上野とめは、はじめて家のなかに入

図 3-4　天理教生琉里教会

ったとき、「長い服を着た満人が、長い棒を持ってドンドン草を焚いている」のをみて「薄暗い土間でポンポン煙らせながら、中がよく見えないくらい煙らせて、じっと私たちを見るその目のなんと恐ろしいこと」と語っている。この「満人」は使用人だったのだろうが、その「目」に恐怖を感じている。一九四三（昭和一八）年に行われた座談会[92]では、入植者が「家は新しいものを建築せず、満人家屋に入ることになったため、意気込んでいた力のやり場に少々困りましたね」「満人の家に入った時、女子供はまごついたのですが、我々には将来が約束されているのです」などという。「満人の家」から追い出された「満人」、そして「満人」を追い出した関東軍や自分自身の位置に思いを致す気配はなかった。

　天理村の信仰の中心は生琉里（ふるさと）教会であった（図3-4）。「全村方の精神的統制の中枢であつて、寧ろ移民団最高の位置に位するもの[93]」とされている。「夕方になつて、ごはんを食べて神殿に参拝に行きました[94]」という子どもの作文にあるように、毎日の朝勤め、夕勤めに加えて入学式、卒業式、入営、除隊、結婚、旅行、就任、葬儀などの際には教会に集まって祈願がなされたほか、干天、豪雨、大量害虫発生などの際には、「満人」もまじえて真剣な祈りがなされたという[95]。ラジオや図書室を備えて集会所、娯楽施設としての性格ももっており、月一度は説教日も設けていた。

　なお、生琉里教会の建物は現在もこの地に残っている。私は二〇〇八年に天理村跡地を訪れたが、教会の屋根は赤、壁は黄色に塗り直されて「中華民族文化教育展館」になっており、内部では日帝の侵略の歴史を表す写真の展

図 3-5　中華民族文化教育展館

図 3-6　中華民族文化教育展館の内部

示が行われていた（図3-5、3-6）。

村における唯一の教育機関は天理村尋常高等小学校で、ここでは「移民団の子弟であるが為に特殊の科目を課する事をなさず、普通国民教育を専授する事に意を須い、特に天理教会に始業前の参拝と、放課後ひのきしんを課する等の宗教的陶冶を加味する事は宗教移民団の建前上実施して居」た。[96] この学校が主体となって一九三七年から翌年にかけて発行していた雑誌『生琉里』には、生徒たちの作文や詩が掲載されているが、高校一年生の作文のなかには、本部や青年会の意図をみごとに受けとめたものもある。

苦しい中で私は何時も自分達がどうして此処まで来たのかといふ事を考へてみました。天理教の信者も八百万人あると言ひます。その中から出て来た四十三家族の私達は皆の代りとなつて来たのです。どんな事があつても国の為、天理教の為だと思つてこらへて行かなくてはならないと思ひました。そして朝も晩も神殿に行つては一生懸命お祈りしました。（中略）私たちは神様が立派な天理村をこゝに作る様にと申されて此処まで来た事を忘れてはなりません。[97]

このように「私達の使命」を「自覚」した子どもは稀だが、天理村の子どもたちは、小学校と教会を日常生活の中心としていた。

大谷渡のように、「日本の中国侵略と不可分一体のかたちで満州移民を推進した天理教が、「満州三千万の民衆」の「霊的救済」「霊性教化」などといった独善的で侵略的な教義を掲げてこしらえあげたのが、同教の理想郷天理村「ふるさと」だった[98]」といってしまってもいいだろう。しかしもう少し移民たちの声に即してみてみるなら、本部の意図を内面化し、「満人」教化を実践した人は必ずしも多くなかったが、信者で構成された村における、教会を中心とした信仰生活は、移民たちが「国の為、天理教の為だと思ってこらえて行」く心性を少なからず培ったと考えられる。じつのところ、外部の観察者からすると、天理村住民の信仰心や「精神的な結合[99]」は驚くべきものだったようだ。たとえば一九三七（昭和一二）年夏に天理村を訪れた足立茂藤英（もとひで）は、「窮屈な悲壮な色」を感じさせる拓務省移民に比べ、「この村の人達は何れも屈たくのない、極めて楽天的な顔をしてゐ」て「気味悪い位に感ぜられた」と記し、「信仰心によつて安心立命を得てゐるせいかも知れぬ」とのべている[100]。また「余は直観した――是だ――と即ち農業移民としての方法は之が理想的のものであるやうに痛感した。（中略）天理村の移民団は宗教によつて統一せられ、而も信者同士の集合なるが故に信仰によつて結ばれてゐるので、平和に、円満に、一致団結して活動の出来る点他の移民団に勝れるところであると思ふ[101]」という哈爾濱第一小学校長・大林惠美四郎のことばも、たんなるリップ・サーヴィスといえるかもしれないが、ある程度は率直な印象でもあったのではないだろうか。

四　「革新」の断行

天理教の総力戦体制

ここまで、一九三〇年代に天理教本部や天理教青年会の周辺で生産された言説を、ナショナリズムや帝国主義とのかかわりを中心に検討し、天理教の海外〝進出〟の象徴的存在であった「満洲天理村」をめぐる言説と実践についても若干の考察を行った。天理教の公式的な語りのなかでは、「おふでさき」や「みかぐらうた」を中心とした原典が論説の根拠となり、そこから天理教の教義がいかに愛国的であるか、また「根の国」日本が「枝先き」である外国を指導すべき神意を帯びていることが繰り返し強調された。他方で、一九三〇年代には信者数が伸び悩み、また第二次大本事件や国体明徴運動の進行を受けて、特高の監視が強まり、右翼など民間レヴェルでの天理教排撃運動も活発化するにいたっていた。とりわけ、〈泥海古記〉のなかで語られる創世神話は、記紀神話を冒瀆するものと受けとられ、批判の焦点となっていたのである。また、「海外布教及植民」を主要な活動として位置づけた青年会は、「満洲国」に天理村を建設したが、それは「国策」と「神意」とが合致した「愉快極まりなき壮挙」[102]と位置づけられた。ただし、〝内地〟における生活の窮乏を打開しようと入植に参加した移民たちにとって、そうした言説は建前上のものでしかなかったともいえる。天理村では「満人」への布教も試みられたが、それは少数にとどまり、多くは農業移民に自足していた。とはいえ、生琉里教会での説教や朝夕の勤め、雨乞いなどを通して村民どうしの共同性が確認・強化され、「国策」移民集団としての心性が培われたこともたしかである。

本節では、一九三八（昭和一三）年末以降の「革新」の推移についてのべ、それを上記の流れとの連続性においてとらえることにしたい。

一九三八年一一月四日、中山正善は文部大臣官邸に召喚され、宗教局長・松尾長造から「協力して天理教の為に一部の大掃除をして、国家の為に大いに働いて貰い度い」といった要求を受け、「今般文部省宗教局御当局により小職に対し天理教々義その他に関する御注意有之候段難有拝承仕候、就ては御趣旨の趣悉く遵奉可仕近日具体案作成の上万事御指示相仰可申候」といった「御請書」を書いた[103]。一二月八日に具体案として「上申書」を荒木貞夫文部大臣に提出し、教内に向けては一二月二六日、管長諭達第八号を発している。

荒木文相に提出された「上申書」の内容をみてみよう。「具体案要綱」は五項目にわかれている。すなわち①教義儀式および行事を教典（「明治教典」）にしたがって行うこと、②〈泥海古記〉を含めた創世神話にかかわる教説を行わないこと、③信者の財物醵出や医療妨害などに関する従来の非難を一掃すること、④教師の信念・素質の向上を期して養成・再教育を行い、改革の趣旨の徹底を期すこと、⑤教会制度の改善をはかることの五点である。[104]

①と②は教義内容に関するものであり、「おふでさき」と「おさしづ」の回収を含んでいた。また、「屋敷のいんねん」「旬刻限」「魂のいんねん」「たいしや高山」「高山」「とふじん（唐人）」「から（唐）」といった用語を用いないとされた。「みかぐらうた」については、同日提出された「懇願書」において、〈泥海古記〉に関連させて講述せず、冒頭の八首および三下り目、五下り目の全歌首を削除することで「御認容被成下度奉願上候」としている。〈かんろだい〉についても、「泥海古記に関連せしめて教説する所ありたるの故を以て今之を撤去せんか、日夕礼拝して其心情に深く之を銘刻し居ることとて直ちに此事を以て信仰対象の消失したるが如き感を起すべきは想像するに難からず」として「現状の儘存置の儀御認容被成下度奉願上候」とある。[105]「みかぐらうた」と〈かんろだい〉は〈かぐらづとめ〉において枢要な位置を占めるものであり、信仰文化の中心として、これらふたつだけは守らなければならなかったのである。

③の財物醸出、医療妨害の問題は、明治期以来繰り返し官憲、ジャーナリズムなどから弾圧・批判の対象とされてきたものである。医療妨害について「由来医療を妨害又は排斥するが如き教義なきも、往々教師間にありて貸借物或は病の元は心から起る等の講説を強調して心の指導に重点を置き過ぎたるため医療を軽視するの結果に陥ったという。④教師の養成・再教育の方針としては、「国民的信念及公民常識の涵養」がいわれている。⑤教会制度改革では財政面での緊縮と合理化、経理の明朗化を期すとされた。

このように、教義・儀式面と組織・制度面のすべてにわたって、天理教がもつすべての資源を総力戦遂行へと動員するための改革が宣言されたのだ。

「革新」の推移

この方針に沿って、本部は翌二七日に「天理教革新委員会」を設置し、「革新」を推進していく。内務省警保局の観察によってこれをみると、まず教義・儀式・行事面では一九三九（昭和一四）年に「天理教教典改訂版」（「明治教典」の改訂版。「概ね字句の訂正、文字の配列若は振仮名の変更を為したる程度」）と「新修御神楽歌」（前述の箇所を削除したもの）を発行した。また、天理教校別科などにおける「おふでさき」「おさしづ」の教科目を廃止し、各教会の「おふでさき」「おさしづ」など「不穏教義書」を回収、処分する作業を開始している。翌年には「天理教教典衍義」が刊行された。

教師の再教育に関しては、一九三九年に第八回教義講習会を三次に分けて開催し、「諭達第八号の趣旨に就て」、「天理教典大義」、「東亜新秩序建設と本教の使命」、「銃後に於ける教家の責務」といったテーマについて講演が行われた。

このなかで、正善の従兄で「御分家様」と呼ばれて教内で重きをなしていた中山為信は、「何故今後泥海古記に拠らないか、動もすれば国民的信念を失ふからであります。（中略）教師たる者は其の全使命を国民精神作興に傾倒しなければならない。（中略）従来の教師の布教其の他の実践的経路を顧るとき、真の教理を説かずして不当醵金、医療妨害等数多あつたことは事実と確信致します。（中略）今回の本教改革は非常に難しく見えるのであります。併し御教祖様の一手一つの御精神を自覚するならば容易だと思ふのであります[106]」と話している。

また、松村吉太郎は講演で、「中には其の趣旨があまりに革新的、刷新的であつた為め、お道の将来はどうなるだらうかと心配して居られるお方もないことはなからうかと思ふのであります」としたうえで、「私は数年来、本教の状況を見て来ましたが、何んとなく一般に行き詰まりの感がありまして、茲に一転換がなければならないものあるを看取したのであります。本教も今日は二代三代の若い人達の時代となりまして、表面的には整頓されて立派になりつゝありますが、其の内容は貧弱で信仰的には低下をして行くように思はれるのであります。これでは不可ん。何んとか転換せねばならん。そうでなければ行き詰ると考へて、今日は遂に其の日が来たやうにも考へるのであります」という[107]。松村は「笛ふけどついにおどらなかつた」五十年祭の苦い記憶を刻みこんでおり、その状況を打開する「一転換」が「革新」なのだと発言している。このように教内の停滞状況を刷新するものとして「革新」をとらえようとする言説は『みちのとも』のなかにもみられる。[108]

高安大教会で行われた第二次講習会（高安部内の全教会長が対象）に参加した坂井明律は、「此の諭達（管長諭達第八号）を拝見して感じた事は、いよ〳〵お道も助け一条の本道に出た、面白いと直観した」[109]といい、森田真一は「非常に結構であつたの一語につきるのであります。（中略）お道が如何に厖大であるからとて、もとより国家と対立した存在ではなくその一翼に過ぎないのでありまして、この一事をさへ明確にしたならば、殊に現下の国情に処してお道即私共の進むべき路も自から明かであると思ふのであります」[110]といっている。敷島大教会の機関誌『敷島』では、「私は今回の革新こそ、実に「旧に帰れ」「教祖に帰れ」の叫びが茲に全く具体化したものと堅く信じさして頂くのであります。／旧へ帰ることと、革新といふ事は全く矛盾してゐるではないかと詰問されるかも知れませんが、決して何の矛盾も撞着もないのでありまして（中略）かうした復古思想が教内に漲つてゐたことは、とりもなほさず、本教に一大転換期の迫つて来てゐることを、神様が人間の口を通して御予告下されたものであると悟らせて頂くのであります」[111]とのべられている。以上にあげた、講習会や機関誌のなかのことばは、「革新」にたいして教内に戸惑いが生まれることを予測しながらも、それを肯定的にとらえるように呼びかけている、また肯定的にとらえることを宣言している。

くすぶる不満

これらのことばをどのように読むべきだろうか。これらは、前章で言及した「二重構造」のうちの、「国家に表明した教義体系」のほうだと考えればよいのだろうか。それとも、ある程度は「真意」を表明したものと考えてよいのだろうか。右の松村の発言は、戦後に著された彼の自伝のつぎのような記述と突き合わせて読むべきだろう。「しかし、個人松村吉太郎は、これを実行する気はなかつた。個人の神様のおつとめには、私は堂々と、〔「みかぐらうた」の」十二下りを勤めた。そのため、大教会長と論争をした。部内の教会長からも忠告を聞いた。（中略）たとえ、監獄にぶちこまれても、殺されても本望であった。命かけて守り抜いたもののために、命を捨てることは、敢て惜しくなかった」[112]。松村は公の場では「革新」の断行を説いたが、個人としては「革新」教義を無視するという戦略をとっていたのである。

とはいえ、機関誌や講習会の場では「革新」を肯定する発言がなされ、読者や受講者に投げかけられていたことも事実である。むろん、一九三七（昭和一二）年の日中戦争開始以降、格段に強化された言論統制の下で、「革新」に反対するような言説が公に発表されることはありえなかったといえる。だが、そのことが、当時の言説がすべて〝建前〟であることを証し立てるわけでもない。なお慎重な検討が必要である。

つぎに「革新」と真っ向から対立するような言説をあげてみよう。「革新」中も天理教幹部や信者たちの動向を注視していた内務省警保局の資料では、「要注意言動例」が報告されている。たとえば、「泥海古記を廃止する旨通知があつたが之を実行することは薬屋が薬の能書を換へたり、政党が看板を塗り換へる様に簡単に参らぬのであつて、本部が考へて居るやうにさう一朝一夕に行くものではない、現に（中略）古い信者では四十年近くも信仰を続けて身も心も天理大神（教祖様）に捧げて居る者がある位で之等の人に対して永年信じ切つて居たことを矯正さすことは容易な事ではない」（津分教会長・久保芳雄[113]）、あるいは「教義の改革などと云ふことは私達にとつて甚だ腑に落ちない事ばかりで、凡て教典に依て布教せよと云ふことは天理教を骨抜きにするものだ、従而私は教典如きものには一瞥も呉れた事はありません」（桑名分教会布教師・若松よう）、「泥海古記や御筆先の話も説かれないことになり凡べて新しい教典に依ることになつたが、教典は固苦しく判りにくい為先般の講習会にも二百人位受講者があつたが、誰も仲々六ツヶしくて判らなかつたと云つていた」（布教師・奥田鹿蔵）、「今度の講習で泥海古記、御筆先などを説いてはいけないと云はれたが、信者から問はれた場合は少し位言はせて貰ひ度い、私の教会の信者は無学者が多く上品な言葉では判らないので御助けに行つた場合などいんねんを説かぬと承知が行かない」（八幡市某教会担任教師）といった具合である。[114] これらは、講習会などを監視した特高の記録によるものだと考えられる。こうしたものは、「どんなに厳しい制約のなかでも、少しでも天理教の信仰を表明しようとした先人の努力」を主張しようとする『世界たすけへ更なる歩みを』にとっては格好の証拠となる。[115]

「要注意言動」は一様に「革新」にたいする不満を洩らしているわけだが、具体的にはどのようなところが気に入らないのか、確認しておこう。それは端的にいえば、原典に関する教説の禁止と「明治教典」への不満だ。原典は「深遠な理を含む[116]」ものであり、「天理教の根本を為すもの[117]」、「今まで真実であると信じてゐたもの[118]」であるのにたいし、教典は「甚だ難解[119]」で「普通の倫理、道徳を示したもので何の魅力も無く修身の教科書も同じ[120]」なのである。教典のみに拠るとなると信者への説明や布教が成り立たなくなるという危惧の声も多い。「要注意」言動のみを取り上げたこの記事を根拠に、天理教信者がみなこうした不満を抱いていたと結論することは不可能だが、「革新」教義を否定的にとらえる教師が少なくなかったことは確かである。

教会制度に関しては、①従来の五階級制を、大教会、分教会の二階級制に改めること、②信徒五〇〇〇戸（部下教会五〇箇所）以上を有する教会は本部直轄とすること、③それ以下の教会を大教会直轄とすることを定めた。これまで、天理教の各教会は導きの親子関係による系統別にかなりの独立性をもっていたが、この整理によって本部－大教会－分教会で構成されるシンプルな組織構造となり、中央集権化が進められた。組織の合理化は、総力戦体制の重要な課題である。[121] 会計制度では、教会教費や信徒教費を増額して本部財政の基礎を確立するとともに、不当醵金の防止をはかることとした。

部下教会からの教費によって経済基盤を確保していた教会は、この措置によって大きな打撃を受けることになる。岡島藤人「革新の意義に就いて」では、教会制度の「革新」が「直接間接に経済生活に及ぼす影響も亦大なるものがある事はこれ又明らかなる事実」なのであるが、「二代三代と変るうちに只教会の制度のみが残り何等理のつながりさへ感ぜざる」状況を指摘し、「教内全般に潑剌たる信心を失はしめぬ為にも、教会の制度を時代と共に刷新する事はまことに重要な事と云はねばなりません」と訴えている。[122] とはいえ「周章狼狽して自己教会の明日を嘆き、来る年を託つ人[123]」が少なくなかったのである。

みてきたように、「革新」における教義および教会制度改革については、不満を覚える者が少なくなかった。その理由のひとつが教会制度改革による経済的な逼迫にあることはいうまでもないが、一九〇〇年ごろから始まり、立教百年祭の「おふでさき」「おさしづ」全教会下付でひとつのピークを迎えた、原典に基づく信仰への志向性が挫折したことにたいする失望は大きかったと考えられる。宗教の教義に介入しようとするこの国家権力の暴力を銘記しておかなくてはならない。そして、この「革新」は天理教が受けてきた弾圧の歴史をあらためて想起させた。多菊一誠「教典の史的意義」は、「多数の人を集めて惑はす、とか、祈禱符呪をなして人を惑はすといふ理由のもとに、御教祖を始め、教弟方の収監が続いて、取締りは一層厳重の度を加へて行つた」ころのことに言及している。多菊は「民間信仰界へ下された弾圧は、当時の宗教政策からすれば当然の結果であり、（中略）当時の民間俗信仰的形式のもとにあつた本教が、此の弾圧を受けるのは怪しむに足りない」と、弾圧を肯定したうえで、「本教にとつては、此の弾圧が、民間信仰界を浄化して行くにつれて、本教の持つ、純宗教性を露呈せしめると云ふ結果をもたらした」といい、「弾圧、干渉を止揚」することによって教会のありようが改善されたのだとする。[124] 教祖・みきにたいする官憲の弾圧の記憶は、「革新」をもたらした国家権力への批判の根拠となりえたかもしれないのだが、逆に「革新」を正当化する歴史物語のなかに縫い込まれてしまったのである。

〈ひのきしん〉へ

しかし、前述の「革新」教義や教会制度改革を批判した信者たちは、アジア・太平洋戦争そのものをも批判したのだろうか。どうやらそうでもないようなのだ。特高が記録した「要注意言動」は、いずれも教義改革に関するものであり、戦争遂行そのものを疑問視した声はない。天理教信者たちにたいする内務省警保局のまなざしは、相反するふたつの方向性をもっている。すなわち、一方は「教団革新の方針に背戻するが如き言動に出づる等のもの尠からざる等、極めて注目すべき実情にあり」[125]というものであり、他方は「天理教本部の時局活動は従来より相当見るべきものありたる」[126]、「教師及信徒を鉱山、軍需工場其の他各種の勤労奉仕に動員し、或は各種基金の献納、遊休施設の軍部又は重要産業部門への提供等表面活発なる時局活動を展開し相当効果を収めつつある」[127]というものだ。彼らが天理教の「時局活動」にかなりの評価を与えている点に注意しなければならない。革新委員会設立のほか、一九四一（昭和一六）年には天理教教師会、天理教婦人会、天理教青年会の外郭三団体が解消、天理教一宇会に統合され、「時局活動」に対応する体制を整え、積極的な活動をしていたのである。[128]

私も警保局にならって、いわゆる「教団革新」と「時局活動」とを区分して考えたい。本章を通じてみてきたように、天理教本部周辺の人びとは、「革新」のはるか以前から、原典の解釈を通じて、「日本主義」を標榜し、「国策」に沿って日本の帝国主義的〝進出〟を肯定し、参加し、それを「愉快極まりなき壮挙」とまで呼んできたのである。「革新」への不満を「時局活動」への不満と同一視して、天理教信者たちを単純に被害者の位置に置くわけにはいかない。「明治教典」に不満があったとしても、それが天理教の戦争協力への不満につながるとはかぎらないのである。

天理教信者の「時局活動」を一言にして表現するなら、それは〈ひのきしん〉の運動であった。第4章では、本章が扱った時期の天理教の歴史を、〈ひのきしん〉に焦点化してもう一度たどりなおす。本章では本部周辺の言説を中心に取り扱ったが、〈ひのきしん〉の運動は、かなり多くの信者を巻き込むものとなっていたのであり、こうした人びとの宗教的心性を検討し、〈ひのきしん〉の実践のなかから、〈ひのきしん〉が国家や戦争とかかわりながら教義としての位置を確立していくプロセスを考察する。そして、このようなプロセスの検討が現在の天理教や信者においてもちうる批評的意義の可能性について考えることが、第4章の課題となる。

第4章　宗教経験としてのアジア・太平洋戦争
──〈ひのきしん〉の歴史

はじめに──〈ひのきしん〉とは何か

宗教的観念の歴史性

組織的な宗教の教義などといったものにたいしては、さまざまな読みかた、受け取りかたがあるだろう。それを〝絶対的な真理〟だと考える者もいれば、〝狂人の世迷言〟という者もおり、〝ぺてん師の大嘘〟だと思っている者もいる。私は〝世迷言〟説にも〝大嘘〟説にも与しないが、〝絶対的な真理〟説にもいささか懐疑的である。

教義を絶対的な真理として奉じている人にとって、そこに書かれたり演じられたりしていることは、超歴史的な価値をもつものであるかもしれない。歴史を振りかえれば、現在説かれている教義とはほど遠い所行が、宗教の名のもとに行われた例はいくらでもある。それを繰り返してはならない過去だと思い、心にとどめている人も少なくないと思われる。だが、その人たちにとってそれは真理からの一時的な〝逸脱〟であり、超歴史的な価値としての教義が歪められた結果ということになるだろう。現在自分たちが信じている教義を忠実に守ればあのような不幸な〝逸脱〟が起こることはない、と。

これは妥当な見解だろうか。現在の教義を守っていれば、現在の教義からの〝逸脱〟は起こらないだろうか。以下で私が考えたいのはこの点についてである。私の考えでは、宗教の教義、さらに宗教的真理といったものの意味は超歴史的なものなどではない。社会的・文化的コンテクストのなかで、絶えざる変容を続けているものである。そんなことは常識だ、いまさら力説するほどのことではない、といわれるかもしれない。だが、私の見聞きした数少ない事例においても、そのことが充分にふまえられているとは思えないのだ。

本章で私は、明確に歴史的な出自をもった教義が、その出自や変節を忘却してなかば超歴史的な宗教的真理へと昇華されていくプロセスを検討してみたい。ひとつの宗教伝統の教義にも、さまざまな歴史的背景をもった諸断面が共存しており、安易にそれらを混同して論じることはできない。ひとつひとつの断面の来歴をたずねていくと、そこにたんなる語義の変遷だけでなく、じつに多くの人びとの歴史が刻みこまれていることに気づく。そのなかには今日偉大な歴史と呼ばれているものもあれば、不幸な歴史と呼ばれているものもあり、どちらもそれぞれに現在の教義を形づくるのに大きな役割をはたしている。それらを検討していくなかで、さまざまな要因、とりわけ（ここでは）国家や戦争などがどのように宗教的な価値の形成にかかわっているのかを知ることができるだろう。重要なのは、現在説かれ、実践されつつある当の教義概念のなかに、さまざまな歴史的な経験が凝縮されていることであり、そうしたものとして教義概念を読むということだ。それは、たとえば宗教組織が主体的に戦争にかかわっていったという記憶を、たんなる過去の（おそらく繰り返すべきでない）一挿話に閉じこめてしまうことなく、現在の問題へと視野を開いていくことへとつながるのではないだろうか。

といってもそれは、そうした教義の諸断面が歴史的存在にすぎないということを暴露して、だから信ずるにたりない、あるいは罪深いものだと告発するためではない。最初にのべたように教義にはさまざまな読みかたがありうるのであり、そのうちのひとつとして、教義の歴史化という批評的作業がなされるべきだと考える。教義概念を説きながら、また実践しながら、そうした歴史的読解をひきうけるという信仰的態度が可能であるなら、狭義の戦争責任などとは違った過去の記憶との向きあいかたとなるのではないかと思うのである。

天理教の象徴、〈ひのきしん〉

本章で具体的に取り上げる事例は、天理教における〈ひのきしん〉の歴史である。はじめから厳格な定義を下すのは避けたいが、議論を進行するうえで最低限必要な説明を加えておけば、〈ひのきしん〉とは天理教信者の行う勤労奉仕である、といってよいだろう。天理教教典には、「日々常々、何事につけ、親神の恵を切に身に感じる時、感謝の喜びは、自からその態度や行為にあらわれる。これを、ひのきしんと教えられる」[1]とあり、天理教の理論家である諸井慶徳は「神恩報謝のためにする日手間の寄進、日々の身をもつての働きをさゝげることであらう」[2]などとのべている。現在天理市の本部神殿を訪れれば、神殿建物を雑巾で磨いている人びとを目にすることができる。こうした比較的個人的なものから、ひのきしんスクールや天理教系学校などで行われる組織的なものまで、さまざまな形態の〈ひのきしん〉が実践されている[3]。また、たびたび甲子園に出場している天理高校の校歌（天理教青年会歌）のなかで〈ひのきしん〉が歌われているのを聞いたことがある人もいるかもしれない。いまや、〈ひのきしん〉は天理教の活動のなかでももっともよく知られたもののひとつになっているのである。

だが、〈ひのきしん〉がこのように天理教のなかで重要な位置を占めるようになったのは、いつごろからなのだろうか。すでに一九四六（昭和二一）年に、「「ひのきしん」は余りにも有名な天理教用語である。「ひのきしん」と言へば「あゝあれか」と誰しも知つてゐるであらう[4]」といわれており、中山正善も「何日の間にか、ひのきしんは天理教運動の一表象となつてきた[5]」と書いている。戦後すぐには、〈ひのきしん〉は天理教のなかで確固たる地位を築いていたのである。ではさらに遡ると、どうだろうか。中山正善はさきに引いた文章のなかで、つぎのようにもいっている。

> ひのきしんの文字が、みかぐらうたの中にのみあると云ふ事を知つたのも、単に法被と云はれてゐたのを、ひのきしん服と呼ぶ制服の一つに規定した〔一九二七（昭和二）年〕のも、大正普請から十五、六年も経つてか

らであつた。／しかしその頃でさへ、尚土持ち等のひのきしんの事柄は、堂々たる事のように思はれてゐなかつたので、仮令法被姿にいそ〳〵とひのきしんを味わつた人々でさへも、手足を洗つて更に法被をぬがぬと、神様にお参りしたり、人前に出たりする事が申訳なく感じ、又肩身せまい思ひさへしてゐた。さればひのきしん服を制定し天理教と一様の染め抜きをした事に対して、必ずしも全教内の翻然たる同意が得られず、ひのきしん服の普及と着用徹底には、相当の年限と指導とが必要であつた様に記憶してゐる。[6]

正善のこのことばにしたがえば、〈ひのきしん〉は昭和初年ごろから終戦までの間に、急激にその地位を高めたことになる。「何日の間にか」と正善はいうが、この間に何があったかはあまりにも明白だろう。天理教の教義体系における〈ひのきしん〉の地位を明らかに変化させた最大の要因は、アジア・太平洋戦争にほかならない。この時期において、「公園の清掃にもひのきしん服があらはれた。水害の後片づけにも〝天理教〟の法被が働いた。或は増産の工場にも、人手不足の田畑にも、又地下重労働の炭鉱にも、隊をなしたひのきしん服の群が、朗らかにつとめるようになつた[7]」のである。本章では、この時期を中心とした〈ひのきしん〉をめぐる言説、全国の鉱山などで大規模な活動を展開した「ひのきしん隊」「いざ・ひのきしん隊」の実践、そして〈ひのきしん〉の歴史を語る研究者たちの言説を検討し、戦争と宗教的真理がいかなる関係にあるのかを考えたいと思う。

一　〈ひのきしん〉は変化したか

〈ひのきしん〉を振り返る

まずは〈ひのきしん〉を論じたいくつかの研究のなかで、歴史的な記述を行っているものについての整理をしておきたい。ここで取り上げるのは、諸井慶徳、金子圭助、ロバート・キサラのものである[8]。諸井と金子は天理教学の研究者であり、キサラは教外の宗教研究者であることをあらかじめ確認しておきたい。

まず、諸井の『ひのきしん叙説』から検討しよう。あらかじめのべておくが、〈ひのきしん〉の歴史のおおまかな流れについては、金子とキサラは先駆者である諸井の研究を踏襲している。異なっているのはどれだけ細かい事例にまで言及するかという点と、とくに戦時中に行われた「国家協力としてのひのきしん」にたいしてどのような評価を下すのか、という点だろう。

諸井は〈ひのきしん〉の歴史を語るに際し、「「ひのきしん」という言葉は何時頃迄遡る」のか、また「「ひのきしん」の最初のものは何時頃」だったのかということから始めている。最初の問いには「みかぐらうた」が執筆された一八六七（慶応三）年以前であろうと答え、後の問いには、「明かに「ひのきしん」といふ名前は冠せられなかつたにしても」、一八六四（元治元）年、飯降伊蔵が勤め場所の普請を行ったのを最初と考えることができるとのべている。諸井はこれを「「ひのきしん」の聖浄にして清純な軌範を示されたものと思はずにはゐられない」と評している[9]。これが、〈ひのきしん〉の〝起源〟だ。

つぎに諸井はみき存命時の中山家増築やお屋敷の掃除、農事手伝い、「女中がわりの仕事」などにも「必ずや心ある人々のひのきしんが行われたことであろう[10]」と推測している。このあと彼は、団体で行われた「ひのきしん工事」へと筆を進める。彼によると、そうした団体の〈ひのきしん〉は、一八八二（明治一五）年の〈かんろだい〉石造の際が嚆矢であり、その後も淀川堤工事、ウテント橋普請がみき存命時の〈ひのきしん〉として記されている。さらにみきの死後にも、諸井はさまざまな場所における〈ひのきしん〉活動を見いだし、〈ひのきしん〉の系譜を描いていく。とくにみきの豊田山墓地への改葬工事や本部神殿の建築を画期として力説している[11]。

より組織的に〈ひのきしん〉を推し進めたものとして、天理教校別科の活動があげられている。一九二〇（大正九）年、別科に〈ひのきしん〉が正科として編入された。これについては金子圭助が詳しく、午前は室内講義、午後は「ひのきしん服（当時ハッピ姿と呼んだ）に身を装い集団的に統制ある勤労作業に従事した」[12]という。

この別科生の活動を軸に、立教百年祭などの教団におけるイベントや関東大震災に代表される災害時の〈ひのきしん〉活動を諸井は記述している。そして「対外ひのきしん活動に一段の躍進をもたらしたのは、更に積極的な造営工事」、すなわち「国家的新建設工事へのひのきしんであつた」とする。そうした活動の嚆矢は、一九三八（昭和一三）年、橿原神宮の整備工事に「ひのきしん隊」が参加したことだとされている（第5章参照）。「この頃から団体的ひのきしん活動の主動力は徐々に移行を始めてゐた。これまでは教校別科に名実ともにこれが置かれたが、今やその地位は鬱然と全教内に盛上がる地方団体新組織にやがて取つて変られねばならなかつた」のである[13]。一九三九（昭和一四）年には宮城外苑において紀元二千六百年を記念する外苑整備にも参加し、それは一九四三（昭和一八）年にいたるまで継続されている。

一九四一（昭和一六）年ごろからは鉱山、工場、運輸、農山村などにおいて各地方の団体的〈ひのきしん〉が展開されていき、後にはそれが本部主導の統一体制に置かれ、年間百万人以上を動員した「ひのきしん隊」が全国に溢れかえっていった。一九四四（昭和一九）年には政府の要請を受けて炭坑労働を実践していく「いざ・ひのきしん隊」が組織され、国家奉仕としての〈ひのきしん〉は最高潮を迎えた。戦後の単行本化に際して、諸井は「我々はたゞ今日、この間のひのきしん強行進に対して限りなき感慨をもつてふりかへるばかりである」[14]と記して〈ひのきしん〉の歴史を締めくくっている。

つぎに、金子圭助の「ひのきしん史概要」をみてみよう。さきにのべたように、内容としては諸井と重なる部分が多いが、金子は〈ひのきしん〉を「本教内部的活動」（「年祭ごとに活発に行われてきたおやさとふしんに於ける活動、別科生の活動など」）と「外へ向かっての活動」（「道路開鑿工事や災害復旧活動、ひのきしんデーに於ける全教挙げてのひのきしん、更に政府関係方面の要請によって出動した農事手伝・工場奉仕・炭坑奉仕など」）とに分類していることを確認しておこう。こうした分類にしたがえば、内と外での活動は〈ひのきしん〉が本質的にもつ性質の二側面として理解されることになるだろう。

金子の議論について注意しておきたいのは、「国家の要請によるひのきしん隊の出動」をどのように評価しているか、という点である。彼はこうのべる。「戦時中の農事手伝、工場奉仕などのごとく当時の国家的要請によって出動せざるを得なかったものもあった。これを恰かも国家権力に迎合したかの如く見るのは、当時の社会情勢を知らず、またその衝に当たり、且つ辛酸を嘗め、実際に参加した人々の真情を知らぬものであると言えよう」。国家からの強圧的な要請と、逼迫する経済のためにやむをえず「ひのきしん隊」は出動し、活動したとする考え方だといえる。

ロバート・キサラは天理教と立正佼成会を中心に、新宗教の救済活動や福祉活動に「普遍的愛他主義」の主張がみられるとして、「愛他主義」の立場から新宗教を分析しようとした。〈ひのきしん〉はそうした愛他主義的活動の好例ということになる。諸井や金子に依拠して、キサラも〈ひのきしん〉の歴史を書いていく。国家にたいしての〈ひのきしん〉については、たとえば政府の要請に応じて「ひのきしん隊」の派遣を決めたとき、中山正善が当局の指示してきた「勤労報国隊」の名を拒否し「いざ・ひのきしん隊」という名称をつけたというエピソード[15]に注目し、「おそらくここに単なる国家奉仕ではなく、宗教者としてこの奉仕のもっと深い目的を主張する意図がみられるであろう[16]」とのべている。また、一九四二（昭和一七）年に制定された「ひ、の、き、し、ん、隊憲法と隊員心得[17]」には「天理教の宗教的なひのきしん精神が強調されており、そこに当局の要請に対するアンビバレントな感情が窺える」としている。とはいえキサラは国家奉仕としての〈ひのきしん〉に「当時の社会構造への批判的な視点が欠如」していたこと、「社会倫理という立場から、この不幸な歴史を常に反省する必要があること」を指摘するのを忘れてはいない[18]。

〈ひのきしんの歴史〉

以上三人による〈ひのきしん〉の歴史を簡単にみてきたが、諸井の著作が後の研究を大きく規定していることがわかる。〈ひのきしん〉はいつ始まったのか、どのような活動を〈ひのきしん〉と呼ぶのか、といった点において共通しているのである。〈ひのきしん〉の歴史に書かれたそれぞれの活動のなかには、当事者たちが〈ひのきしん〉を行っているという意識をもっていた場合もあれば、〈ひのきしん〉とは認識せず行っていた場合もあると思われるが、それらは一律に〈ひのきしん〉と名づけられ、〈ひのきしん〉の歴史のなかに位置づけられることになる。

つぎに彼らの研究に共通するふたつの問題点を指摘しておきたい。ひとつは、国家協力としての〈ひのきしん〉に関する記述において、当事者たる「ひのきしん隊」「いざ・ひのきしん隊」隊員たちの姿が、それぞれの主張のなかに消し去られている点である。「いざ・ひのきしん隊」にたいする態度を曖昧にしている諸井はいうまでもなく、この動きを国家権力への迎合と呼んで非難するのは「実際に参加した人々の真情を知らぬものであると言えよう」という金子の見解にも、問題があるのではないだろうか。金子は自分（また、その他の幹部）の「真情」だけでなく、「ひのきしん隊」に「実際に参加した人々の真情」まで語っている。おそらく、自らが抱えていた戦争協力への複雑な感情を、そのまま隊員たちに投影させたものでしかないだろう。ここには、教団指導層の一角を占める金子自身の「真情」によって、信者全体の「真情」を代表することができるとするエリート主義、代理＝表象の暴力が作動しているのではないだろうか。同様のことは、一九七七（昭和五二）年に行われた座談会における中山慶一（よしかず）の発言についてもいうことができる。慶一は、「この頃〔「革新」期〕の二代真柱様の御心中が分からへんもんやから、ひのきしん隊出したん、あれ、迎合してるとか何とか、あほなこと言うのがおったなあ」[19]と振り返っている。

私は「革新」を行い、「ひのきしん隊」を出動させざるをえなかった正善の苦悩を否定するつもりなどまったくない。私がこうした主張を受け入れることができないのは、それが「ひのきしん隊」にかかわるさまざまな問題を、教団の最高指導者である正善の「御心中」という一点に回収し、あたかもそれだけで天理教の政治的無垢性を証明できるかのように語るからなのである。また、キサラは「いざ・ひのきしん隊」という名称や「ひのきしん隊憲法と隊員心得」などの宗教的意義に着目しているが、これはせいぜい指導層の意識を推測したものにすぎず、そうした名称や心得が隊員とどのようなかかわりをもっていたのか、という疑問に答えるものではない。

もうひとつは、〈ひのきしん〉が歴史的変容を経て現在にいたっているということが認識されていない点である。たしかに彼らの記述を読んでも、〈ひのきしん〉がさまざまな形態をとって現象してきたことはわかる。たとえば諸井は、〈ひのきしん〉が「個々人の自発的つとめ」であったものから「団体的な営みに移つて来た」と、その変化について語っている。しかしつづけてこう書く。「ひのきしんの本質は決して変化したのではない」、そうした現象的な変化のなかにも「不変の核心が確乎として貫かれてゐる」[20]。金子は、〈ひのきしん〉の歴史を、時系列ではなくその形態によっていくつかの節にわけて叙述している。つまり、〈ひのきしん〉の歴史的変容が、現象面での多様性へと置き換えられているのである。

彼らの記述が不変の本質を有する〈ひのきしん〉を前提しているのは、教内の研究者だからなのだろうか。ところが、キサラにしても、「教会内向きのひのきしん」、「教会外向きのひのきしん」、「国家に対してのひのきしん」などと分類してその歴史的な現象をのべながらも、〈ひのきしん〉の本質が歴史的な変容を蒙っているというふうにはみない。「いざ・ひのきしん隊」などは「愛他主義」という理念を含んだ〈ひのきしん〉という伝統のなかの、「不幸な歴史」ということになる。飯降伊蔵以来連綿と続いてきた〈ひのきしん〉は本当はけっこうなものだが、場合によってはこうした「不幸な歴史」を導く危険性もあるから注意しなければならない、と、こうした教訓をキサラの文章から読みとるべきなのか。

このように、〈ひのきしん〉が超歴史的な「不変の核心」をもつ宗教伝統だとする言説を、〈ひのきしんの歴史〉と呼ぶことにしよう。しかし私が問いたいのは、歴史的にさまざまな現象をとりつつも確乎として貫かれる〈ひのきしん〉の「不変の核心」というものは、本当にあるのだろうか、ということであり、飯降伊蔵以来の天理教の偉大な伝統とされている〈ひのきしんの歴史〉とはいったい何なのか、それがはたす政治的機能はどのようなものであるのか、ということである。

それを調べるために、まず戦前・戦中における〈ひのきしん〉について、それを取り巻く言説を中心に考察し、そのあと再び戦後における歴史叙述の問題に戻ってくることにしよう。

二 国家・戦争・〈ひのきしん〉

ここでは、〈ひのきしん〉なるものがいつから、どのように語りはじめられるようになったのか、そしてその表象はどのように変化していったのか、そうした表象と実践とはいかなる関係性をもっていたのかといった点について検討してみたい。こうした観点からすれば、(1)一派独立以前、(2)一派独立〜一九二〇年代、(3)一九三〇年代〜敗戦、(4)敗戦直後、という時期区分を設けて議論していくのが有効だと考える。ごく単純化していうなら、(1)の時期では〈ひのきしん〉はそれほど積極的に語られていなかったが、(2)の時期に〈ひのきしん〉がはじめて価値あるものとして発見され、(3)の時期において〈ひのきしん〉をめぐる表象と実践とが渾然一体となり、〈ひのきしん〉が天理教における確固たる地位を築きあげたと考えられるのだ。そして最後に敗戦直後に〈ひのきしん〉がいかに語られたのかを簡単にみておくことにしよう。

（1）一派独立以前

現在天理教では、「おふでさき」「みかぐらうた」「おさしづ」の三つが原典とされている。「ひのきしん」という語は中山みきが書いた「おふでさき」には一度も登場しないが、同じくみきの手になる「みかぐらうた」に五回出てくる。たとえば、「二ッ　ふうふそろうてひのきしん／これがだいいちものだねや」「三ッ　みれバせかいがだんだんと／もつこになうてひのきしん／これがだいいちこえとなる」（十一下り目）といった箇所である。後の〈ひのきしん〉をめぐる言説は、この「みかぐらうた」のなかの「ひのきしん」に関する解釈という形をとって現れることになる。本章では、みき（もしくは親神）自身にとって「ひのきしん」がどの程度の重要性をもち、どのような意味内容を含むものであったかは問題とせず、あくまでも後の教団や信者たちによってどのように読み込まれ、展開していったのかに焦点をあわせることにする。

みきの死後に本席・飯降伊蔵が語った「おさしづ」[21]のなかには、索引によれば一度だけ登場している。[22]逆にいえば、膨大な「おさしづ」テクストのなかでたった一度（明治二三年六月一五日午後八時三〇分）しか現れないのである。また、機関誌『道乃友』において〈ひのきしん〉をテーマとした記事はひとつもない。

例外といえるのが、一九〇三（明治三六）年に定められた、「天理教教典」である。この教典は、独立運動中に制定され、国家神道的粉飾を施されたものとして知られている。しかし、それでは「三条の教則」や「教育勅語」のような、国家神道の正統的な〝教典〟を引き延ばしただけのものであるかといえば、必ずしもそういうわけではない。たとえば当時から天理教の中心的教理として知られ、布教現場でもさかんに説かれていたと思われる「八埃」（八つのほこり）の教理が詳しく記述され（「第六　祓除章」）、「神楽勤」の重要性が説かれるなど（「第九　神楽章」）、信仰現場の論理に通じる教理もある程度組みこまれているのだ。この経典の「神楽章」において、「道」のため、「国」のために至誠を表すものとして「日の寄捐（きしん）」が言及されている。いずれ〈ひのきしん〉は天理教における国策協力・戦争協力を象徴する概念として展開していくことになるのだが、この教典の記述はその先駆けといえるだろう。

これらのことからすると——教典での言及はあるものの——一派独立以前の時期において「ひのきしん」ということばは必ずしも重視されていなかった、少なくとも語るに値するものとは考えられていなかったのだろう（ここで私は、この時期において〈ひのきしん〉を語る言説が本格的に展開されるにいたっていなかった、といっているにすぎない。前節でものべたように、独立以前の時期にも、あるいはみきが健在であったときから、後に「ひのきしん」と呼ばれ、解釈されることになるさまざまな実践が存在したことを否定しているのではまったくない。このようなことは、本章の議論を多少とも丁寧に読めば理解されることであるから、これ以上の贅言を費やす必要はないだろう）。

（2）一派独立〜一九二〇年代

〈ひのきしん〉の〝発見〟

宮地正人によれば、日露戦後の日本では「国家財政の強化・国富の増強・国家の国民掌握に対する強い要求[23]」といった諸課題が国家官僚の主要な関心事となった一方で、戦時・戦後の増税政策によって「町村財政および町村社会はまさに破綻の色を呈し[24]」ていた。こうした課題と現実とのギャップを埋めるために国家官僚が打ち出したのが地方改良運動であった。「国民掌握」への要求は諸宗教を巻き込んだ「国民教化」運動の強化につながっていくのであり、天理教の機関誌『道乃友』で「ひのきしん」をタイトルに掲げた記事がはじめて登場するのは、こうした状況下の一九〇九（明治四二）年のことである。その前年には、当時の政府の立場を表明した戊申詔書が渙発されている。その一節を掲げてみよう。

宜ク上下心ヲ一ニシ、忠実業ニ服シ勤倹産ヲ治メ、惟レ信惟レ義醇厚俗ヲ成シ華ヲ去リ実ニ就キ荒怠相誡メ自彊息マサルヘシ[25]。

宮地がまとめているように、詔書は「国家のとる政策に全国民が共同一致の体制をもって協力し」、「勤労すること により国富増強を図ること」を求めたのである[26]。中山真之亮はこれを受けて「戊申詔書ノ御趣意ヲ敷衍講説シ一般信徒ニ普及セシムベキ旨豫テ諭達致置候所自今一層奮励シテ聖意ノ貫徹ニ努メ実効ヲ収メシメンコトヲ期スベシ」とする諭達第一号を発し[27]、さらに教庁および本部職員、各教会長がつぎのような決議を行っている。

一、信徒ヲシテ早起ノ習慣ヲ作ラシメ毎日就業時間外三十分乃至一時間『ひのきしん』トシテ各自ノ職業ヲ勤メシムル事

（中略）

十、道路橋梁等ノ破損アルトキハ信徒ヲシテ『ひのきしん』トシテ時間ノ節約ニヨリテ得タル余暇ヲ以テ之ガ修繕ニ従事スルヤウ心得シムル事[28]

ここでは時間外の無償労働や道路橋梁等の修理工事が「ひのきしん」と名づけられ、勧められている。戊申詔書に教団運営者たちが対応しようとしたとき、はじめて〈ひのきしん〉が価値あるものとして発見され、語るべきテーマとして浮上してきたのだ。

前章でみたとおり、この明治末とは、天理教本部の体制そのものが大きな転換を遂げつつあった時期であり、〈ひのきしん〉がクローズアップされて語られるようになったという事態も、それとのかかわりでとらえなければならない。それまで〝淫祠邪教〟として監視・弾圧してきた天理教に、内務省が「国民教化」への貢献を期待するにいたったのには、明治三〇年代に登場してきた宗教学的言説が背景にあり、とくに姉崎正治の影響が大きかった

といわれている。[29] 姉崎の宗教学は個人的な信仰の領域にまで国家が介入することには反対したが、個人的欲求やその衝突を調停しうる存在として国家にかなり楽観的な信頼をおき、諸宗派が独立を保ったうえで「国民教化」にあたるべきだと考えるものであった。[30] こうした考えかたが政府内にも広がり、行きづまりをみせていた国民道徳論にかわって国民統合を推し進めるものとして、天理教を含めた諸宗派が見いだされ、自らそうした役割を課していくことになったのである。

この時期に『道乃友』に掲載された〈ひのきしん〉関連記事をみてみよう。一九〇九年以降の記事が、「華ヲ去リ実ニ就」くことを国民に要請する戊申詔書を意識したものであることは明らかである。この時期の〈ひのきしん〉関連記事がどのような言説によって織りなされているのか、少し探ってみよう。

『道乃友』におけるはじめての〈ひのきしん〉記事は、「ひのきしんの顕現」という題である。だが、いきなり「ウィクトリア女皇」が登場するこの記事は、今日の〈ひのきしん〉を知る者にとってはいささか奇妙な内容なのだ。女王が南アフリカから帰還した負傷兵を見舞ったときの話であり、女王がその兵士に「何か望むところはないか」と尋ねると、兵士は何も望みはないが、自分を看病してくれている婦人に感謝していただきたい、と答えた。そこで、女王は兵のいうとおりその婦人に感謝のことばをのべたという。

筆者によると、兵士の無欲な精神や看護婦の献身、女王の優しさが「ひのきしんの顕現」なのである。同じ記事にはそのほか難破船を救ったニューヨークの船員や汽車に轢かれそうになった子どもを救った女性などの例があげられ、やはり「ひのきしんの顕現」として称賛されている。いずれも、天理教信者ではない人たちだが、「未だ本教を信ぜずと雖も之を信ずる者といふ」のである。[31] また、翠浪「乃木大将とひのきしん」[32] という記事では、乃木大将の軍功、そして殉死が〈ひのきしん〉と位置づけられている。

これらの記事では〈ひのきしん〉とは「私を去り欲を離れ」た行為、また「犠牲的精神」と同義であり、天理教の信者であるか否かということは問題とされていないことを確認しておこう。ここにも、諸宗教ごとの枠組みを絶対視せず、宗教を人間に本質的にそなわるものと考える宗教学的言説の影響をみてとることができるかもしれない。

資本主義と〈ひのきしん〉

柳泉「ひのきしん教育の必要」では、日露戦争後「人情は日に軽薄に陥り、惰気国内に満ち、識者の顰蹙する所となる」と国民の意識が弛緩していることを嘆き、「今の教育法の根本誤謬は労働の神聖なるを解せざるにある、日の寄進〔ひのきしん〕の精神を知らざるにある」ので、日本の教育法は「日の寄進の精神を鼓舞する事が第一の要義」だと論じている。さらに「朝鮮などは労働嫌いの人民なる事は隠れもない事実である、今後朝鮮教育の第一義は此日の寄進の精神を体せしむるにあるは識者の一致する所で有らう」と、人種主義を剝きだしにして朝鮮教育にも口を出している[33]。ここでは〈ひのきしん〉ははっきりと「労働」にかかわる概念として登場していることがわかる。

『三教会同と天理教』（一九一二年）において、廣池千九郎は「日の寄進と云ふ事は教祖が殊に深く教へられた信仰の生命であります[34]」といっている。具体例としては、信者が人の荷物を代わりに持ったこと、災害における救助活動、日清戦争などの際の献金といったものがあげられている。この〈ひのきしん〉は、国家社会、ひいては「人類一般の幸福をも増進せしめる性質を有して居る教義であります[35]」とされる。事例については前節で検討した諸井慶徳や金子圭助などと重なるところもあるが、それとはべつに献金が〈ひのきしん〉のなかに含められているのが特徴である。前章でみたように、廣池は天理教の「国民教化」運動への参加を理論的に基礎づけた人物であり、彼の〈ひのきしん〉論は、そのなかのきわめて重要な部分をなしていた。

ところで、一派独立後の天理教を特徴づけるのは、「国民教化」運動ばかりではない。このころから天理教伝道者たちは工場での布教を広く展開していくのである。李元範によれば、この工場布教は教勢拡張の手段としてかなり有効に機能した。李はその理由のひとつとして、企業主たちが「組合運動を抑える手段として、通俗倫理を標榜する宗教家の工場内の布教活動を積極的に奨励した」[36]ことをあげている。こうした通俗倫理は経済的な搾取構造を見えにくくし、搾取の現実を個人の道徳的問題にすりかえてしまう役割をはたすわけだが、この時期の〈ひのきしん〉をめぐる言説も、その重要な一翼をになうべく意図されたものとして理解しなくてはならない。芦田義宣「労働とひのきしん」は、その典型的なものであろう。芦田はまず労働というものが苦痛をともなうものであると認め、それは賃金を目的としたものだからだという。それにたいして登山、競争、舞踏、遊戯などと〈ひのきしん〉とは、活動そのものに目的があるため、激しい活動にもかかわらず「快感と満足」を感じることができるとする。産業革命以降、労働はますます苦痛になってきたといい、「労働問題は経済問題と益々密接なる関係に進んで行くのである」と論をすすめる。しかし、「労働苦痛の救済は物質的、経済的によりて真に行ひ得」るものではないとし、「神に対する報恩感謝として営む労働」、つまり〈ひのきしん〉として労働を行わなければならないとかなり強引に結論づけられている。[37]

こうした言説は、地方改良運動において国家官僚から注目された、報徳主義的イデオロギーと近似する部分もあるが、報徳主義のように営利性を重視するのではなく、「物質的、経済的」な救済を否定するところが決定的に異なっている。安丸良夫によるなら、二宮尊徳の思想が受け継がれて広汎に実践されたのは、それが苛酷な収奪を覆い隠して「民衆」に厳しい労働や倹約を強制した「まったくの虚偽意識（支配のためのイデオロギー的装置）」にとどまらず、「生活習慣を変革してあらたな禁欲的な生活規律を樹立」することで、「現在の貧困から逃れる」ことができるという能動性をもち、[38]それが「広汎な人々の自己形成・自己鍛錬の努力を内面的に方向づけ」[39]たからである。これにたいし、「経済問題と益々密接なる関係に進んで」きた労働問題に直面した労働者たちにとって、いきなり「神に対する報恩感謝として営む労働」といわれても、ほとんど説得力をもたない議論ではないだろうか。このような論理が工場での布教者によって語られたとしても、安丸がいったような「自己形成・自己鍛錬」へと労働者を導くことができたかどうかは疑問である。工場布教の成功は、信者たちに寄宿舎が提供されたことや礼拝時間の有給休職などの「優遇措置」などにかかっていた部分が大きいのだろう。[40]とはいえ、実効はあまりなかったとしても、〈ひのきしん〉が日露戦争後の労働問題にかかわる通俗道徳の一変種として表されてきた事実は重視しておきたい。

モデルと語りの空隙

ところで、明治末年から大正時代にかけての『道乃友』で〈ひのきしん〉が少なからず注目を集めることになったのには、戊申詔書とはべつの、もうひとつの要因がある。それは本部において大規模に行われた教団建物の普請（大正普請と呼ばれる）である（図4-1）。これは一九一一（明治四四）年から一九一四（大正三）年にかけて実施されたが、その前年に地方からも集まった信者たちによって「つちもちひのきしん」が行われて、『道乃友』でもその様子が伝えられている。[41]独立が実現した高揚のなかでこの普請は進められ、参加した信者たちに少なからぬ充実感を与えたと推測できる。

図 4-1　「本部敷地つちもち紀念図」

戊申詔書の趣旨に沿って、〈ひのきしん〉が労働一般を宗教的に価値づける教義となるためには、その概念の抽象化が必要だったのであり、『道乃友』の論者たちは、こうした教団内での普請にみられる〈ひのきしん〉を労働現場にはたらく人たちの模範として位置づけようとしたのだが、普請でのいきいきとした作業の実況と、さきにあげたような労働賛美の言説との乖離は大きく、この時期の〈ひのきしん〉は統一的な像を結ぶことができないでいるように思われる。

ただ、私がここで主張したいのは、この乖離は、もともと（そして本来的に）存在していた、不変の本質をもつ〈ひのきしん〉に、労働賛美の教説がむりやりこじつけられた結果だと考えるべきではないということだ。そうではなくて、戊申詔書と国民教化の文脈において「みかぐらうた」から〈ひのきしん〉が見いだされ、その模範として教団建物の普請が新たに価値づけられたのだと考えるべきだろう。もちろん諸井慶徳らが紹介しているような勤労奉仕の事例は戊申詔書以前から存在していたし、それになんらかの宗教的意識が介在していて、しかも「ひのきしん」と呼ばれていたことを否定するつもりはないが、そのことと、言説空間のなかで工場労働と〈ひのきしん〉が結びつけられ、さらに日本の教育の目標となり、そのような価値を体現するものとして天理教の普請が発見されるという事態とは、まるでべつのことである。その意味で、〈ひのきしん〉は戊申詔書の登場とともに根本的に変質していったと考えてよい。

とはいえこの段階では、それは『道乃友』の言説空間内にとどまっている。みてきたように〈ひのきしん〉の記事は教内の信仰の問題としてよりも、労働苦痛の軽減とか日本や朝鮮の教育などといったことに強調点をおいているわけだが、その論理は労働者や教育者の心をとらえられるようなものではなく、また信者たちが考える〈ひのきしん〉とはかなりの乖離があったためにあまり効果はなかったようだ。大正普請に地方から集まった信者たちというのも、おそらく教会長レヴェルやかなり経済的余裕のある者、およびまさに「犠牲的精神」をもった熱心な信者であり、ほとんどの信者はより個人的な救済こそが重要な問題で、〈ひのきしん〉など眼中にはなかったと思われる。観念的な〈ひのきしん〉論が生産されていく一方で、実際に〈ひのきしん〉が行われたことを報告する記事がほとんど見られないのは、そのためだろう（『道乃友』の読者投稿では、あいかわらずいかに神の力で病から救われたか、といった内容がほとんどである）。

だから、明治末から大正期にかけての〈ひのきしん〉にかかわる言説から看取し留意しておきたいのは、教団の指導層の「国民教化」に向けた強力な方向づけであると同時に、そうした言説のすき間から逆説的にもわずかにその存在を示している、指導層の意向にしたがわない大多数の信者たちの気配なのである。彼らにとって、〈ひのきしん〉とはせいぜい「教会の普請の土持をするとか、庭園掃除をするとか、金銭を教会へ寄附する位に、頗る単純な形の上の事実」[42]にすぎなかったのだ。

空隙を埋める

とはいえ、その後も天理教指導層は〈ひのきしん〉を天理教のなかで重要な地位を占めるものとする努力を続けていき、そのような方針に応える信者たちの動向も少しずつみられるようになっていく。近代社会において「宗教」概念が確立されていくなかで、それまでプラクティス（行）的に行われてきた行為も、ビリーフ（信）的な教義のなかに囲いこまれることになる。[43]

諸井の〈ひのきしんの歴史〉において最初の〈ひのきしん〉と位置づけられた飯降伊蔵の勤め場所普請などは、近世的な「信心」などといったことばで表されるような、「とりたてて言葉で説明することのない生活世界に埋め込まれた慣習的行為」[44]として行われただろうが、〈ひのきしん〉の教義のもとでは信仰の体系として、異なった価値を与えられることになった。だがそのようなことが一朝一夕に実現するわけではない。信者たちがそれを受け入れるための状況なり動機づけなりが出そろわないかぎり、新たな教義が支配的な地位を占めるにはいたらないだろう。それは、昭和のはじめまではかなりゆっくりとした歩みであったようだ。指導層の施策を若干みておこう。一九一五（大正九）年に天理教校別科の教育カリキュラムのなかに〈ひのきしん〉が正科として組みこまれ、以降はこの別科生たちが〈ひのきしん〉を牽引していく。[45]また一九二七（昭和二）年には、〈ひのきしん〉で使用されていた法被に「天理教」という文字を染め抜き、「ひのきしん服」と名づけて制服に定めることとした。その一方で、関東大震災をはじめとした災害時に天理教徒が救済活動に従事し、現地の人びとから少なからず評価や感謝を受けたということもたびたび見られる。[46]

こうした断続的な活動がありながらも、天理教校別科をのぞいて持続的に〈ひのきしん〉活動が盛り上がっていくという展開にはなかなかいたらなかったようだ。また、実際に〈ひのきしん〉を行っても、「ひのきしんはお救けではない、我々の職域はお救けだと云つて、お救けとひのきしんを二つに分けて考え」る者がいるなど[47]、〈ひのきしん〉が「堂々たる事のように思はれてゐなかつた」時代なのである。

(3) 一九三〇年代～敗戦

全教的運動としての〈ひのきしん〉へ

天理教の〈ひのきしん〉に、質・量ともに変化の兆しが現れるのは、おそらく一九三二(昭和七)年にはじめて実施された全国ひのきしんデーである。「満洲国」が建国され、「満洲天理村」建設の第一次計画が持ち上がったこの年、天理教青年会および婦人会が「日本人更正を目標として」全国の信者たちが一斉に〈ひのきしん〉を行うというイヴェントを開催した[48]。このイヴェント開催にあたっては、各地の教務支庁に宛てて「指示事項」が通達されている[49]。これには、「今回ノ「ひのきしん」ハ勿論社会奉仕トハ云へ「社会公共ノタメニ仕テヤッテイル」ト云フガ如キ精神デ実行スルノデナク、人ノ喜ンデ下サルコトヲサセテ貰フ、コレガ我々ノ勤メデアルト云フ信念ノ下ニ実行セラレタシ」と実施上の心構えが指示され、「社会ニ対シテ本教ヲ宣伝セントスル精神ハ勿論、斯ノ如キ行動ハ慎シマレタシ」とされる一方で、「疲労ガ加ハルニツレ、自ラ心ニ隙ヲ生ジ、俗歌俗謡ナド唱フコト往々ニシテアリ勝チノ事ナレド斯ノ如キ行為ハ絶対ニ慎シマレ度ク、若シ唱フナラバ「みかぐらうた」ヲ奉誦セラレタシ」と、「社会」の視線にたいして細かく気を配っていた。この注意事項から、逆に当時の〈ひのきしん〉が「俗歌俗謡ナド」を歌いながらなされていたものであったと推測することができるだろう。

「行動ノ開始ト終了トニ際シテハ必ズ「おぢば」ニ向ツテ遥拝セラレタシ」という項目もあるが、宮城や伊勢神宮の遥拝は要求されていない。道路の修築清掃をはじめ、公園や神社境内の清掃、除草、小学校や校庭の掃除、修理などが行われ、参加人員の総数は一一万五二八九人に上ったという。このひのきしんデーはその後毎年開催されるようになり、そのつど機関紙『天理時報』で大きく取り扱われた。あとでのべるように、ひのきしんデーにおける人びとの活動様式、またその報道様式は、〈ひのきしん〉をめぐる表象と実践のありようを大きく転換させる契機となったと思われる。

さらに一九三七（昭和一二）年の年頭には「いざひのきしん・明るい日本」という標語が制定され[50]（図4-2）、中山正善による小冊子『いざひのきしん明るい日本』が刊行されている。これがのちの「いざ・ひのきしん隊」の名称に使用された。この年には日中戦争が開始され、婦人会は傷病兵の看護や炊事、洗濯などを行う「婦人ひのきしん団」を華北方面に派遣し、『大阪朝日新聞』でも好意的に紹介された[51]。一九三八（昭和一三）年には、『みちのとも』と『天理時報』を全国一万二千余の全教会に交付するという措置がとられている[52]。全国の教会に本部の方針を徹底させるためであり、少し前から目立って多くなっていた〈ひのきしん〉記事がかなりの信者の目にふれるようになっただろう。そして米英との開戦も間近な一九四一（昭和一六）年、本部では時局対処指導部が設置され、その指示によって、大阪教区で「いかなる事態に遭遇するも道の者として遺憾のない組織ある活動を展開するため」「天理教ひのきしん隊」を結成することを決定、他の教区においても次々と「ひのきしん隊」の結成が急がれていった。一九四三（昭和一八）年からは、「ひのきしん百万動員」が提唱され、一年につき延べ一〇〇万人以上の人が「ひのきしん隊」活動に参加した。その活動としては、肇国奉公隊、皇大神宮神域拡張奉仕、鉱山、

図 4-2　「いざひのきしん明るい日本　おぢば案内図絵」

重要工場、運輸関係、農産関係というものであった[53]。

さらに一九四四（昭和一九）年、政府は天理教にたいして鉱山への「勤労報国隊」出動を要請した。中山正善らは名称を「いざ・ひのきしん隊」として要請に応じ、敗戦まで大規模な人員の動員を行っていった。このように、天理教にとってのアジア・太平洋戦争は、全教的な〈ひのきしん〉の異常な盛り上がりという経験でもあったのである。

以下では、この時期の『みちのとも』および『天理時報』などにおける〈ひのきしん〉をめぐる言説を検討しながら、天理教信者にとっての戦争とは何だったのかということについて考えることにする。

(3)―1　表象される〈ひのきしん〉

全国一斉ひのきしんデー

一九三二（昭和七）年から毎年行われるようになった全国一斉ひのきしんデーは、それまでの『道乃友』などにおける言説とは少なからず異なった仕方で報道されている。五月一八日の当日には『天理時報』の号外が発行され、全国の信者に参加が呼びかけられている。二六日付の紙面はひのきしんデーの特集である。この二六日付の『天理時報』から、〈ひのきしん〉報道を拾ってみよう。

大見出しは「壮挙の幕を切り落す／帝都街頭の驚異的偉観／靖国神社々頭を圧して湧き起る」であり、靖国神社での清掃作業をはじめとして全国各地での〈ひのきしん〉が伝えられている。目立った活動をした一部にかぎられているだろうが、分教会レヴェルの作業まで伝えられ、各地で撮影された〈ひのきしん〉の写真が多く掲載された。それぞれの場所で、天理教徒たちが同じ日に〈ひのきしん〉に従事したことを実感させる紙面であるといえるだろう。

また、教外者によるひのきしんデーの感想も掲載されている。「『天理教に恥ぢよ!!』と叫びたい」とのべた甲府市保健課長や熱田神宮宮司、横浜市助役といった人びとの声が載せられており、いうまでもなく好意的な感想である。作業の内容が記されているだけで、参加者たちのことばが書かれているわけではないが、会ったことも聞いたこともない信者の間で、〈ひのきしん〉を通じた想像上の一体感を喚起するよう意図された表象であり、それは毎年繰り返されることで次第に功を奏していったと思われる。

〈ひのきしん〉の〝大衆化〟

一九三七（昭和一二）年に行われた『みちのとも』誌上の座談会では、松井忠義の「この八ヶ年間〔教祖五十年祭、立教百年祭に先立つ年祭活動期間〕に教理の変化といふものはなかつたでせうか」という問いかけにたいし、上田理太郎が「〝ひのきしん〟といふ言葉が、広く大きくなつて、多分に社会性を帯びてきやしませんか」と応じ、松井も「〝ひのきしん〟を通じて、天理教は社会的に大きく進出しましたね。社会もひのきしんを通して、天理教を非常に大きいものと考へてゐる」といっている。また、岡本久長は「学校の先生が生徒に、天理教の信者のやうな気持でやれと、言ふてゐるのを見ても、ひのきしんの社会的進出は素晴らしいものだと思ふ」という感想をのべている[54]。一九三〇年代において、〈ひのきしん〉は飛躍的に〝大衆化〟し、教外の人の注目をも少なからず集め、好意的に受けとめられていったのである。

一九三七年に「いざひのきしん・明るい日本」という標語が制定されてから、国家への奉仕としての〈ひのきしん〉がさらに強力に推進されていく。同年、中山正善が『いざひのきしん明るい日本』を刊行しているのをはじめ、『みちのとも』、『天理時報』では〈ひのきしん〉に関する記事が量産されている。また、標語映画『いざひのきしん・明るい日本』が京阪神で公開されたという[55]。正善の『いざひのきしん明るい日本』は、「日本主義」を前面に押し出した小冊子で、「月日」が最初に昇る国としての日本を称揚しているのだが、このような内容のものでもいたかを伺い知ることができる。

「ひのきしん」という語へと収斂していくというところに、当時の本部周辺でいかに〈ひのきしん〉が重視されて

しかし、この『いざひのきしん明るい日本』は、「在阪国粋大衆党」の元総務・畠山義雄によって出版法違反で告訴されていた。[56]ただし、告発理由は同書に引用されている「ほふやとてたれがするとはおもうなよ、このよ初めた神のなすこと」という「おふでさき」が天皇大権を侵犯するというもので、同書の文脈とはあまりかかわりがない。この畠山のほか、第3章でもふれた瀬尾弾正も、〈泥海古記〉や〈かんろだい〉とともに〈ひのきしん〉を不敬行為として告発している。瀬尾によるなら、「甘露台とは生殖器の表象にして之に奉仕する生活を「日の寄進」と称する」のであり、〝淫祠邪教〟のイメージを強調しながら、「「ひのきしん」の強制者不敬行為の権化者として天理教管長以下其配下たる幹部を始め各教会長を不敬罪を以て」告発に及んだのである。[57]畠山も瀬尾も、〈ひのきしん〉の内実を正確にとらえていない、というよりは故意に曲解しているということができるが、〈ひのきしん〉運動がこれら排撃運動家の注目を集めるほど活発なものとなっていたことを示してもいるだろう。

一九三七(昭和一二)年以降の『みちのとも』の〈ひのきしん〉関連記事を、タイトルのみ一部あげてみよう。松井忠義「新日本の新道徳ひのきしん」(一九三七年五月号)、岩井孝一郎「女中とひのきしん」(一九三七年五月号)、岸蓉子「ひのきしん結婚」(一九三八年四月号)、津田実「ひのきしん讃」(一九三八年五月号)、岡島藤人・安岡正篤「天理教の生命はひのきしんにあり」(一九四〇年三月号)、荒井洋三「慾とひのきしん」(一九四〇年一二月号)、「ひのきしん総進軍」(一九四一年一二月号)、竜造寺八郎「よくをわすれてひのきしん」、渡辺彌「ひのきしんと実践」(一九四二年二月号)、岡本鼓南「戦うひのきしん・建設」(一九四二年一一月号)、松井忠義「百万ひのきしん」(一九四三年二月号)、中山為信「決戦国力とひのきしん」(一九四三年三月号)、中山正善「いざひのきしん隊再出動」(一九四五年四月号)、中山正善「いざひのきしん隊必勝の決意」(一九四五年七月号)など。『みちのとも』ばかりでなく、『天理時報』の紙面も〈ひのきしん〉に関する記事であふれかえり、戦時中の天理教メディアは〈ひのきしん〉

プロパガンダの洪水となっていたといってよい。

このころ『みちのとも』誌上でさかんに宣伝された〈ひのきしん〉は、どのような意味内容をもっていたのだろうか。（2）の時期のような、よき国民として「犠牲的精神」を発揮し、無欲で労働に励むべしといった説教型の記事もみられないわけではないが、それよりも多くみられるのは、すでに〈ひのきしん〉を体現した天理教信者たちの実録的なものである。

一例をあげよう。岡本鼓南「戦うひのきしん・建設」は、一九三八（昭和一三）年山東省において宣撫工作に従事した岡本という信者の体験記となっている。この岡本は、工作にあたり、「単独布教時代修練のひのきしんの精神を発揮してブツ突かるまでだ」と意気込んでいる。彼は出征する前は九州で布教に奔走していたというが、この布教時代が「ひのきしんの精神」によって代表されている。単独布教は多くが病気治しをきっかけとするものだったと考えられるが、こうした布教活動を〈ひのきしん〉と呼ぶなど明治期はもちろん大正期においても考えられなかったのではないだろうか。それまで〈おたすけ〉と呼ばれていた行為までが、〈ひのきしん〉によって侵食されているのだ。岡本は「支那を毒し、世界混乱の元凶たるユダヤ人、その亜流を酌む共産党と戦ふためには、ひのきしんの発露より他はない」とものべている[58]。共産党と戦う原動力が〈ひのきしん〉なのである。岡本は共産軍の宣撫に成功するが、彼によれば敵兵の信頼を得ることができたのはひとえに〈ひのきしん〉精神のおかげだ。岡本のいう〈ひのきしん〉の意味内容はわかるようでよくわからない。かなり抽象化され、広い意味を担わされているといえるだろう。

「童話」も載っている。少年少女団の「護国神社ひのきしん」に出かけた子どもたちの話である。妹に「兄ちゃん、ひのきしんつて一たい何ちうこと」と尋ねられた兄は「そりやあ、ひのきしんは……ひのきしんやないか」と苦しい応答をするが、妹の「兄ちゃん、それやつたらわかれへんやないの」という厳しい指摘を受け、「ひのきしんとはね、土持ちすることやで、それお母さんがいつもはつぴをきて、橿原神宮の土持ちに行かれるやろ」と答えなおす。ところが母親から、「いえ〳〵一夫ちゃん、土持ちだけがひのきしんやないの、私たち人間はみんな神様や、お天子さまやお国のご恩を頂いてくらしてゐるのですよ、ですからこのご恩がえしの心持で、どんなことでもさせて頂くのがひのきしんですよ」と諭され、「それぢや、僕たちが日曜日毎に氏神様のおさうぢにゆくのも、やつぱりひのきしんでせう」「そうですよ……日本のつよいのも、みんながお国へつくすまごゝろを、どこの国の人よりもたくさんもつてゐるからですよ、明日はおまへたちもしつかりひのきしんをして、お国へつくさせて頂きませうね」といった会話を交わしている。[59] ここでは母親のことばが〝正解〟である。要は、「神様や、お天子さまやお国」のためにすることはすべて〈ひのきしん〉だということだ。いまや、天理教の信者の行為すべてに〈ひのきしん〉は宿るのである。

一九四三（昭和一八）年に行われた、第一一回教義講習会での中山為信による講演記録「決戦国力とひのきしん」[60]もみてみよう。この講演は「ひのきしんの真価を国力の増強の上に発揮」し、「奉公の至誠をいたすこと」についてのものであった。為信は物量で上回る米英軍に勝つためには優秀な人的資源が必要となるとのべ、優秀さの根本となるのは精神であり、信仰であるという。だからこそ現在国民の勤労観の革新がやかましくいわれるのであり、そうした要求にこたえられるのが〈ひのきしん〉である、ということになる。「今日まで往々、ひのきしんはお救けではない、我々の職域はお救けだと云つて、お救けとひのきしんを二つに分けて考へてをられた向もありましたが、（中略）ひのきしんの真意を考へたならば、ひのきしん即お救けであるということがわかる」とのべ、これまで天理教布教者が「我々の職域」と考えてきた〈おたすけ〉と〈ひのきしん〉が一体であることを強調している。だから〈ひのきしん〉はたんに労働力を提供するだけでなく、宗教的な精神運動でなければならないと、〈ひのきしん〉の宗教性が前面に押し出されるのである。一九四三年の段階においてさえ、〈ひのきしん〉に高い価値を置いていなかった信者が少なくなかったことが知れるが、全体的にみれば一〇年ほど前から天理教メディアで賑々しく宣伝された結果、〈ひのきしん〉の地位はかなり上昇していたと推測できる。

さきにあげた『みちのとも』の記事だけでなく、『天理時報』でも山本正義「いざひのきしん明るい日本」（一九四二年五月三一日）や山田正治「苦楽とひのきしん」（一九四二年六月一四日）など、多くの記事が載せられ、大鳥政治郎『ひのきしん一路』（天理時報社、一九四三年）、三枝栄家『百万人ひのきしん』（天理時報社、一九四四年）などといった書籍も刊行されて〈ひのきしん〉は教理的にも強化されていった。

そうしたもののなかでおそらくもっとも高い達成を示したのが、諸井慶徳「ひのきしん叙説」だろう。第一節で検討した著作である。じつはこの作品は、一九四五（昭和二〇）年の四月八日から一二月二三日まで、終戦をはさんで『天理時報』に連載されていた。つまり、「ひのきしん叙説」ないし〈ひのきしんの歴史〉は、戦時中における〈ひのきしん〉プロパガンダの洪水のなかに位置づけなおして検討する必要があるのだ。

〈ひのきしん〉の立場、歴史、理念、実相、道統、体証、倫理について書かれているこの著作は、理論面からいっても他の〈ひのきしん〉論の追随を許さないものであるが、なかでもやはり〈ひのきしんの歴史〉は重要だろう。さきに全国一斉ひのきしんデーの報道に、一人ひとりの信者が天理教徒としての自覚をかきたてる機能があったのではないかということをのべたが、〈ひのきしんの歴史〉にもそうした意味があったのではないかと考えられる。つまり、〈ひのきしんの歴史〉とは、はじめての天理教徒の歴史ではなかったか[61]。これまでも、中山みきの伝記は多く語られていたし、幹部たちの伝記も存在していた。だが、それらは多くの信者にとってはただ一方的に語られ、仰ぎみる模範でしかない。第一節でみたとおり、〈ひのきしんの歴史〉は飯降伊蔵の勤め場所というなかば伝説的な起源と、一般の名もない信者たちの行為とをひとつの系譜に結びつけるものであり、しかも天理教徒なら誰でも〈ひのきしん〉という行為によってその偉大な歴史に連なることができるのだ。こうした論理が信者たちを「いざ・ひのきしん隊」へと動員する重要な原動力となったのではないだろうか。もちろん、この「ひのきしん叙説」ひとつがそれほど大きな影響を及ぼしたと考えるのは無理があるだろう。だが、全国一斉ひのきしんデーが始まって以来、一般信者レヴェルでももはや呪術的病気治しを求めてばかりはいられない。帝国日本の臣民として、また

〈ひのきしん〉精神の担い手として、一般信者たちはもはや救済を求めるのではなく、主体的に天皇、国家もしくは親神のために〈ひのきしん〉することを求められる。その一方で、大正期、また昭和初期にも根強く残っていた〝呪術臭さ〟は急速に抜けてしまっていったのではないか。そうした信仰的性質の変容を表象するのが、この〈ひのきしんの歴史〉である、といえるのではないだろうか。

(3)―2　一九三〇年代の天理教メディアと信仰生活

言論統制下の史料を読むこと

第一節で私は、「ひのきしん隊」「いざ・ひのきしん隊」(以下、とくに必要である場合を除き、「ひのきしん隊」で統一)に参加した信者たちの「真情」に関する金子圭助の主張を批判した。ここで、私自身の「真情」をめぐる考えを明らかにすべきだろう。まずは、隊員たちの「真情」を形成した基盤として、一九三〇年代の『みちのとも』に代表される天理教メディアで語られた言説と、そこからみえてくるかぎりでの信者たちの思考と実践のありようを検討する。

アジア・太平洋戦争期、とりわけ日中戦争開始以降に発表された言説は、厳しい言論統制のもとで翼賛的なものとせざるをえなかった、だから信用に値する史料ではない、とする立場は根強くある。そしてそれは一面においてそのとおりである。だが、天理教の信仰者であり、歴史研究者でもある幡鎌一弘は、「〔天理教の〕戦争協力に見える文章はその通りに受け止められない、とこれらの史料を用いた論考を批判する向きがあることも承知している。しかし、史料が事実を示さないという批判は、直ちに返す刀となり、現在の判断から肯定的に受け止められる記述もまた事実でないかもしれない、との反論にさらされることになる」[62]とのべる。まったく同感である。

第3章で検討したように、一九三〇年代の機関誌などにおける天理教の公式的な語りのなかでは、「おふでさき」

や「みかぐらうた」を中心とした原典が論説の根拠となり、そこから教祖・中山みきや天理教の教義がいかに愛国的であるか、また「根の国」としての日本が「枝先き」である外国を指導すべき神意を帯びていることが繰り返し強調された。こうした考えは、天理教の「日本主義」とも呼ばれていた。しかしこれは、それ以前の教説とはまったく異質な思想が入りこんできたわけではなく、二〇世紀初頭から本格的にはじまった体系的な原典の解釈が、「国民教化」の文脈において展開してきたことの、必然的な帰結だったのである。

その一方で、幡鎌が指摘するように、一九三八（昭和一三）年に「革新」が断行される前の時期には、戦後の原典に立脚した教義の再構築（「復元」）の先駆けというべき動きがあった。一九二八（昭和三）年に「おふでさき」を公刊したほか、一八九六年の内務省訓令による弾圧で変更させられたつとめを、「明治教典」で制定された神名を、本部の出版物においても棚上げしたように、戦後の「復元」に準じた営みが行われていた[63]のである。それは、一九一〇年代半ばから、増野鼓雪を中心とした青年らによって担われた「原典掘り下げ」の運動の成果でもあった[64]。

布教師の体験談

それでは、のちに「ひのきしん隊」の隊員として活動していくことになる、一般の布教師や信者たちの意識はどのようなものだったのだろうか。一九三〇年代の『みちのとも』には、布教師による日々の活動報告という体裁をとった記事が多く掲載されている。一九二〇年代あたりまでは、神のはたらきによる救けの経験を語った「神祐録」をべつにして、教団指導者や知識人の語る〝上からの〟教説が紙面のほとんどを占めていたが、しだいに布教の〝現場〟から同じ布教師に、また信者たちに向けて語られることばが増えていったのである。ここから、布教師が自分の経験のなかから何を重要なものとして取り上げ、どのように語ったのかを知ることができる。

一例として、一九三二年八月二〇日号の碇つな子「情と理の板挟みを突破して」をみてみよう。碇（内容から長崎の人と思われる）はもともと「天理教とは聞くだに嫌な感じがして、如何なる人様のお勧めにも耳を傾け」ようとしなかったが、のちに〝導きの親〟となる布教師の熱烈な布教ぶりに感動し、「御教理に同化」した。とくに「因縁の自覚、因縁の納消と云ふ事が心の奥底に深く刻みこまれた」という。

家族は彼女の信仰に強く反対したが、六歳の娘の病気をきっかけとして、教校別科への入学を決めている。別科生活中に娘の危篤を知らされるが、「帰つた心で神様にしつかりお願ひ致し、日之寄進さして頂いたら御守護も早いだらうと血涙を呑んで帰らぬ決心」をした。しかし、翌朝には娘の死を知らせる電報が届く。

碇は悲しみのなか、学校での講義も耳に入らず、とぼとぼとたんぼ道を歩きながら、教祖・みきのことを考えた。監獄に拘留されていた間に五女・こかんが亡くなったときの「御教祖の心中を深く思ひ浮べ」、「私の様な運命に出会した人様を導いて行かねばならない私でありながら、何と私は意気地なしであらう」と思いいたり、猛然と布教生活にのめりこんでいくことになる。[65] 手記は最後に、碇が便所を借りた家で、子どもとその祖母の病を「夢のやうな御守護」によって救ったエピソードを紹介し、「只今は国に帰つて助け一條に出さして頂いてゐます」と締めくくられている。[66]

やや紹介が長くなったが、ここでは、入信の経緯、家族の反対、別科生活中の不幸な出来事、それを契機としたみきの「御苦労」の想起、布教への専心、奇跡的な救けといった要素がドラマティックに組みこまれている。信仰心が試されるような逆境を乗り越えて、教祖の歩んだ苦難の道のり（「ひながた」）を踏んではじめて、奇跡的な救けを得ることができる、という物語を読みとることができる。他の手記をみると、布教にいった先で門前払いをくらったり、病気治しに失敗したりするものもあるが、[67] 多くの場合、最終的には病人を治すことによって〝神様の御守護〟を確認している。

こうした布教活動報告の記述から、さきにふれた国家主義的・帝国主義的教説の影響を見いだすことはあまりできない。また他方で、「原典掘り下げ」の成果としての突っこんだ「おふでさき」解釈が現れるわけでもない。布教師たちにとって重要な意味をもつのは、「因縁の自覚、因縁の納消」や「神様のお慈悲、貸物借物の理、八つの埃、因縁の理、報恩の道[68]」のような、〈おたすけ〉にかかわる実践的な教理であった。一九三〇年代半ばまでは、国家主義的・帝国主義的な教説は、多くの布教師たちの日常生活・布教生活に直接浸透していたとはいえないようである。

ただし、その一方で、日常生活や布教においてぶつかるさまざまな種類の苦難をみきの「御苦労」と重ねあわせ、信仰上の実践課題として肯定的にとらえる思考様式・行動様式がこれらの手記にはみられ、後の「ひのきしん隊」の活動ともつながるものとして重視しておきたい。加えて、本章の関心において指摘しておきたいのは、〈ひのきしん〉が教校別科との関連で言及されることである。別科では、一九二〇年に〈ひのきしん〉が正科として取り入れられ、日常的な教育活動の重要な部分を占めていた[69]。たとえば碇は「学校の日之寄進」について記しており、北京からはじめて教校にやってきた瀧久馬は、「若い娘さん方が装ふりも構はずひのきしんに従事して居られる姿は寧ろ神々しいと思ひました[70]」という印象をのべている。教校における〈ひのきしん〉の活発な実践が伝わるが、布教師たちの布教行為もしくは〈おたすけ〉とは別個のものとして扱われていることに注意しておくべきだろう。

日中戦争と銃後活動

一九三七(昭和一二)年に日中の全面戦争が開始されると、天理教では銃後活動を活発に行っていく。一九三八年六月号の『みちのとも』に掲載された「銃後活動報告書　関東→東海道の巻」から東京府の場合をみてみると、軍用機献納資金・皇軍慰問資金の募集や国民精神総動員講演映画会開催、軍病院への慰問と〈ひのきしん〉、武運長久祈願を中心に、出征家族の慰問と慰安会、廃物更正運動と銅銭運動、出征兵士の慰問、国民精神作興運動、兵士の送迎といった活動を行ったといい、それぞれの内容を報告している。講演映画会は、朝日新聞の従軍記者や内閣情報部の講演とともに、朝日ニュース映画を上映したという。朝日新聞社や情報部と連携しながら、「一般市民に時局の認識を徹底せしめたのである」[71]。軍病院においては、便所掃除、洗濯、縫物、溝掘りなどの〈ひのきしん〉を実践し、慰問では傷病兵からおおいに感謝されたことが記されている。また、東京府では明治神宮、靖国神社、多摩御陵、宮城などで男子は教服や羽織袴、女子は紋服姿で参拝し、国威宣揚、武運長久の祈願をしている。とりわけ一九三八（昭和一三）年の建国祭では約二〇〇〇名が靖国神社に参拝したあと、宮城に向けてブラスバンドを先頭にして行進し、市民の注目をひいたという。出征家族の慰問として、教会に家族を招待して舞踏や漫才などを披露するとともに、それぞれの家庭に出向いて家事の手伝いなどを行っている。新聞社と連絡をとって出征兵士の写真を焼増し、家族に贈るといったこともしていた。出征兵士の見送りや出迎え、遺骨の出迎えなどに参加するとともに、戦死者の合同葬に参列して玉串、花輪の捧呈も行った。天理教の信者たちは、「聖戦」の宗教儀礼から兵士とその家族の生活の細部にいたるまで、じつにきめ細かい銃後活動を行っていたのである。

山口県の軍病院で活動する勤労奉仕団は、「天理教の名を出さず、唯勤労奉仕団とのみ染め抜いた襷掛けでの働き」であった。これについて「下関分教会長袋谷さん」は、「天理教としてハツキリ区別した仕事にのみ力を注ぐのも結構な事ですが、地方各種団体、例えば国防婦人会とか愛国婦人会とかさういふ団体にも教内人がどん〳〵中心に成り、その方の働きを天理教精神でしつかり援助する事も有意義な事ではないかと思ひます」と話している。また、兵士から「兵隊のをばさん、国防のをばさん」と慕われたという、奈良の箸尾支教会長の妻・植村サカノは、大日本国防婦人会奈良本部副部長としての肩書きをもち、まさに「地方各種団体」の「中心」から活発な銃後活動を行っていたのである。[72]

「日本主義」的教義の浸透

この時期では、布教師の手記にも変化がみられる。一九三七（昭和一二）年の『みちのとも』には「布教日誌」という、日付入りの日記の体裁をとった文章がいくつか掲載されている。〝ですます調〟のものが含まれているほか、全体としてまとまりすぎていて、布教師の日記そのままが書かれているとは思えないが、日記体の文章は「出来事の同時性と実録性を強調する工夫」である。[73] 一九三七年一〇月号には「担任者或ひは布教師の方々の日々の御苦労をそのまゝ描き出した布教日誌をひろく募ります。／それはおみちのお互ひにとつて何よりも優る良書となりませう[74]」という呼びかけが載せられている。「おみちのお互ひ」に向けられた文章なのだ。

田口元造の「布教日誌」(一九三七年一〇月号)では、〈おたすけ〉を中心とした日々のなかで、八月一日には「待ち兼ねた天理時報の第一面に時局に処する管長様の御諭達が発表せられてゐる。／朝起き出でゝ一度朝勤め後に一度、繰り返して拝読させて頂いてゐる中に全身の血潮が躍動して来る。その八月一日の『天理時報』には、七月二六日に発せられた管長諭達第七号が掲載され、「今や帝国の直面せる世局は、正に全国民の総意による忠誠に俟つ所絶大なるものあり。あいづたてあひの節は、本教刻下の急迫せる時局に於て、全教徒の協力に待つものあるの事実と、正に其の理を同じふすと謂ふべきなり[76]」と呼びかけられていた。また、笠井鳴峰「友は戦地へ」(一九三七年一二月号)という布教日誌の「午後二時の集合で、同じこの社前で後二人の人の出征報告祈願式が行はれる。布教師の自分も、この所布教はそつちのけで、輝かしくも更生せる人の歓送に忙殺の態である[77]」という記述や、中野薫「限りない収穫」(一九三七年一二月号)の「午前五時起床、附近の家の見送りをする。拾五銭也の小旗と軍歌百枚也を贈つた。自分ながら如何にも布教師らしいと思つた[78]」という記述のように、出征兵士の見送りに参加する布教師の姿が現れてくる。笠井は出征の様子をみて、「凱歌果して幾人還るかを思へば、この一瞬こそは実に全く自我を滅却して唯萬歳々々と止めどもなき涙と共に絶叫するのみである[79]」と記す。中野が「自分ながら如何にも布教師らしいと思つた」というのは、出征の見送りこそ、布教師の重要な役割であるということだろうか。

「革新」が進行していた一九四〇年一月号の、筑紫貳郎「布教日記」では、それ以前と同様の布教生活が描かれながら、時局にかかわる記述も増えている。少し長いがひいてみよう。

夜はT村でみかぐらの練習をさして頂く。（中略）四五回練習さしてもらつてから、番茶をすすりながら見物の衆も加へて座談会になつてしまつた。／私はみちのとも附録を基礎にして、色々時局のお話しをさしてもらつたら、みんな感心して聞いて下さつた。（中略）色々の地方的な講演会等も結構ではあるが、膝を交へての談合の方がより効果的であり、時局柄お上の宗団に期待されるところのものも決して少くないと思ふ。（中略）吾々は英霊の心をむだにしては相済まぬ。（中略）吾々の年来培はれて来た信仰は一人吾々のためのみではない。今日の日にこそ日頃の信仰を生かさして頂かなくてはすまぬ。（中略）上御一人の御役に立たして頂くための信仰にして、はじめて吾々の信仰は生きて来る。（中略）かくしてはじめて英霊に答へ奉ることが出来得やう。[80]

「革新」において、「みかぐらうた」は冒頭の「よろづよ八首」など一部が削除されていたが、信仰生活の重要な要素として実践されていた。この「みかぐらうた」の練習と不可分に結びついたかたちで、時局にかかわる座談会が行われる様子が描かれている。「みちのとも附録」は、この時期にさかんに発信されていた、「革新」ないし時局にかかわる教話・教論を指しているだろうか。

後半の英霊についてのくだりは、模範的な靖国信仰を表しているようであるが、そこで生かされる「吾々の信仰」とは天理教信仰のことなのだ。ある教会の子どもの作文には、「僕の家では家中揃ふて毎朝　宮城遙拝をします。いつも御飯の時には兵隊さん有難うを唱へます。夜は神様に一日の御礼を言つて寝ます[81]」と記され、一日のサイクルのなかに「宮城遙拝」と「神様」への御礼が組みこまれている。異質であるようにも思えるふたつの信仰の、奇妙な結びつきがここにはある。

たとえば、天理教の死生観と靖国信仰におけるそれとは、いかなる関係にあるのだろうか。日露戦争で夫を亡くした紺谷ぬいの「英霊の守りに抱かれて」（一九三九年七月号）は、この問題についてのひとつの理解を示していて興味深い。夫が亡くなってから三〇年あまりの経験をふまえて、紺谷は、「夫を国に捧げて未亡人となられた方へ、よくお話をするのですが、とに角躰が見えなくなつたと云つて主人は死んでしまつたと思ふのはまちがひである、たましひといふものは未来永劫生き通しのものである、ましてやお国のために光栄ある犠牲となつた聖い魂はたとへ身は返してしまつてもいつ〳〵までも生き通して一切を守つてゐて下さるのでございます」[82]と語っている。〝身を返す〟といった表現は、天理教の〈かしもの・かりもの〉の理に基づいたものと思われるが、国のために犠牲となった魂がいつまでも一切を守っている、という部分には靖国神社の思想が強く反映されているのではないだろうか。逆に、新しい身体を得てこの世に帰ってくるという出直しの発想は後退しているようだ。ただし、こうした教義上の整合性を問うことにはあまり意味がないかもしれない。川村邦光は、浄土真宗の門徒である〝九段の母〟たちの座談会を分析して、「息子の霊は、おそらくこの世では地上の靖国神社にいるのだろうが、あの世では浄土にいる」という、天皇信仰と浄土信仰の同居を指摘している。[83] 紺谷のなかにも、生活の局面によって揺れうごく異質な信仰の同居があったというべきではないだろうか。

紺谷がいつごろからこのような死生観をもつようになったのか、また、紺谷のような理解が、天理教信者のなかでどの程度一般的なものだったのかはわからない。だが、布教師たちの多くは、〈おたすけ〉に奔走する一方で、あるいは〈おたすけ〉の現場でも、さまざまな銃後活動を主体的に行い、天皇信仰、靖国信仰を内面化していっただろう。そして天理教本部からさかんに発信される「日本主義」的な教義は、そのような信仰のありようを妨げるものではなかったどころか、それを積極的に推し進めるものだったのである。こうした信仰のありようと、立ちはだかる苦難を教祖の〈ひながた〉を踏むための実践課題ととらえる思考様式とが結実するのが、「ひのきしん隊」の活動である。

(3)―3 「いざ・ひのきしん隊」の活動

「ひのきしん隊」の誕生

「革新」が進展するなか、一九四一(昭和一六)年四月に天理教青年会、婦人会、教師会が統合して天理教一宇会が発足していたが、その年九月に一宇会大阪泉州支部では鉱山勤労報国隊を結成し、三池炭鉱へ石炭増産のための出動を行った。そして一〇月には、時局対処に関するすべての事項を企画し、指導統制する時局対処指導部が発足している。時局対処指導部は、全国教区の信者に呼びかけて「ひのきしん隊」を結成することを決定する。生産部面に出動して長期間にわたる活動を行うもので、非常時には臨戦対処、救急、炊き出し、非常連絡などを行うとされた。また、隊員の訓練として、毎月三日以上、信念練成、集団訓練、救急法などを行い、各自三日間連続奉仕か一〇日間連続奉仕のどちらかを選ぶこととなっていた。加えて、有事に際して災害防止や民心安定につとめるとされた、特務挺身隊も設けられることが決められたのである。

大阪教区の「ひのきしん隊」を先頭に、全国で「ひのきしん隊」が結成され、肇国奉公隊、皇大神宮神域拡張奉仕、鉱山、重要工場、運輸関係、農産関係などの各方面へと出動していった。一九四三年度に入ると、「ひのきしん隊」の動員をさらに強化して「ひのきしん百万動員」の目標が掲げられる。この目標を発表した第一一回教義講習会で、総務長・中山為信は、「教会長はもとより、教会の教師、信徒の先々に至りますまで一年に六十日は是非々々勤めて貰ひたい[84]」と、厳しいノルマを提示している。そしてこの計画は、一九四三、四四年度とつづけて達成されていくのである[85]。

「いざ・ひのきしん隊」の出動

一九四四年六月、政府は為信らを呼び出し、石炭増産のため毎日一万人、六ヶ月出動の実行を要請した。青年・

壮年男子の多くが出征していたほか、継続中の「ひのきしん百万動員」計画で多くの信者が出動しているときであったが、本部は「いざ・ひのきしん隊」の出動を決定する。出動を指示した諭達第十四号には、「教祖烈々の遺縦を履みて伝統のひのきしんに挺身し、陽気能く万難を克服して此の大任を果し、以て大東亜戦争の完遂に不滅の理を伏せ込むべし[86]」とある。

「いざ・ひのきしん隊」の「編成動員要綱」では、三〇〜五〇人程度を以て組織することとされ、隊員名簿を地方長官に、出動届を天理教庁に提出して指定された炭坑へ出動することになっていた。出動後の注意として、作業の開始前と終了後には、国民儀礼と「お勤め」を行うこと、全員の休日を利用して月次祭を執行すること、本部の月次祭の日には遙拝することといった、宗教儀礼を重視する規定もある。

形式的には自由参加であり、半年を一期として二期間、毎日一万人を超える「いざ・ひのきしん隊」隊員たちが炭坑に入っていった。「要綱」では北海道、常磐地方、九州、山口県、樺太が活動地域となっているが、満洲教区でもこの活動に呼応した動きがあったようである。第一次の「いざ・ひのきしん隊」の出動人員は、一日平均一万一七六〇人（男子八八四八人、女子二九一二人）で、最高年齢は八二歳、最少年齢は一六歳、平均年齢は四五歳であったという。また、教職別にみると、教会長が四一％を占め、布教所長八％、教師二三％、信者二六％、その他二％となっている[87]。

炭坑での儀礼

教会本部では、「いざ・ひのきしん隊」の本部隊を編成し、中山正善が本部長（おやかた）として陣頭指揮をとった（図4-3）。三池炭鉱の勝立坑に入り、正善は炭鉱節を替歌して「いざ・ひのきしん隊本部隊の歌」も作っていた[88]。この三池炭鉱での活動は、「黒金剛誉出征紀略（くろだいやほまれのかどでものがたりあらあら）[89]」と題した『天理時報』の連載において、正善名義で報告されている。ここから隊員たちの生活を少しみてみよう。出発の状況は、見送り人には「父あり母あり家内あり兄弟姉妹あ

図 4-3　いざ・ひのきしん隊本部隊

り、また折よく日曜のこと、子供達の見送り一入賑か。無心のうちに送るヨイコドモを見る時、征でたつ父ちゃん達の心、情緒の最高といふべし。／萬才！／萬才！／に送るもの。／元気で行って来ます／留守をよろしく／といでたつ者。／流石の本隊の勇者達も京都を発車するまでは汗と門出の気疲れと而してあとにのこした人々の思ひとで、時来るも夕餉をとるもの少し[90]」と描写されており、女子隊員も少なくなかったが、軍隊への出征のように、男性性を強調した表象であるといえる。

「いざ・ひのきしん隊」は、毎日の勤めのほか、毎月月次祭を行うことが定められていたが、「炭鉱々々により、種々事情もあるから、「月次祭日である」二十六日を公休日にして下さいとは、求めるべくして得るところでないから、一歩譲ってその近い日に、各坑の隊でつとめるよう」にしていた。「地下に坑外に、ひのきしんに奔命してゐると、休養の寮生活のみにては心の修養は充分とはいかない」ので、月次祭では「日々の作業を忘れ、本来の生活に反省するおつとめ日であり、身も心も伸々と／「我等は天理教徒なり」／のよろこびと誇を満喫する日なのである」という。本部隊は近くの九筑分教会で祭を行い、「式後おつとめは黒紋付、但し鳴物は全部ひのきしん服」といった服装で〈かぐらづとめ〉をしたという[91]。

当初は「地下の重働に対する緊張と、鉄兜を背負ひ遠く九州に西下する隊行動を思ひ合す時に、たしかに米英征伐の行動であり、石炭の征伐に向ふが如き思ひ上りを、筆者のみならず、隊員一同の脳裏に潜んでゐたことは否めない」が、炭坑に到着して経験を深めるなかで、「米英撃滅の自信をつゝましやかに示してゐる」「石炭は米英撃滅の貴重資料」なのであり、「いざ・ひのきしん隊の本領」は「石炭に天賦の御用を果して頂くお手伝ひだと悟る所に、ますくいざ・ひのきしん隊の陽気性と歓喜性とを高潮し得るものである」という思いにいたったと筆者は語っている。[92]

国家の役に立つ信仰

こうした活動を実際に担った隊員たちは、自らの活動をどのように語っていたのか。『天理時報』や『みちのとも』では、「いざ・ひのきしん隊」に参加した隊員たちによる座談会の模様を多く掲載している。戦時下の天理教機関紙／誌というメディアの特性にはむろん注意しなければならないが、これらを手がかりに、隊員たちの「真情」に多少なりとも近づくことができるのではないかと思う。

まず、教外からのまなざしを確認してみると、『特高月報』の報告に「教師及信徒を鉱山、軍需工場其の他各種の勤労奉仕に動員し、或は各種基金の献納、遊休施設の軍部又は重要産業部門への提供等表面活発なる時局活動を展開し相当効果を収めつつある」[93]とあるように、天理教の時局活動にたいする政府の評価は高い。一九四三（昭和一八）年一二月には、「優良勤労報国隊」として東京ひのきしん隊が厚生大臣の表彰を受けている。それを伝える『朝日新聞』の記事では、「「不惜身命」の固い宗教的信念にもとづく不撓不屈の精神をもつて」「黙々と至誠一貫して作業にぶつかる態度は一般従業員に深い感銘を与へ作業能率を著しく向上させたといふ」と賞賛された。[94]受け入れ側の炭鉱の現場でも、三池鉱業所の鎌倉俤次が「天理教の方々で結成された報国隊とおきゝし、また五十九歳のお年寄の方まで加わつてをられることには感激しましたが、果して鉱山の労働に耐へられるだらうかと心配してゐましたが、矢張り信仰の力というものでせうね。実は、貴方達がお見えになつてから、宮浦坑の採炭が日に〇〇頓（ママ）の増産になつて、私どもとしましても非常に喜んでをる次第でございます」[95]と語っているとおり、「ひのきしん隊」のはたらきぶりを高く評価していた。

隊員たち本人は、『みちのとも』や『天理時報』に掲載された座談会において、少なからず語っている。検閲を考慮にいれても、隊員たちの「真情」を探るうえできわめて重要な史料であることは疑いない。さきに検討した、一九三〇年代から四〇年代前半の布教師たちの語りとかかわらせながら、座談会を読んでみることにしよう。

「ひのきしん隊」結成に先駆けて出動していた、一宇会大阪泉州支部の「鉱山勤労報国隊」の座談会（「鉱山勤労奉仕座談会」）では、冒頭に司会の記者が、「今までの本教の集団的なひのきしんは多分に精神的な、比較的消極的なものではなかつたかと思はれます。道路清掃とか土運びひのきしんの中に『私』を捨てゝ、無念無想の中から有を生ぜしむるといつた、いわば合掌の気持ちであつたやうです。それが、今事変を契機としまして、直接国家のお役に立つ奉仕となり、またこの非常時局に際して有効曾つ適切な奉仕を求むる心が昇揚して、今回の皆様の鉱山報国隊結成となり、生産拡充の真只中へ突進されたものと思ひます[96]」と、従来の〈ひのきしん〉からの変化を見いだしている。具体的な成果を求めない「無念無想」の〈ひのきしん〉から、「直接国家のお役に立つ」ことを重視するものへの変化である。従来の〈ひのきしん〉に「消極的」という形容詞をつけているように、この変化を肯定的に語っている。

泉州支部参事で、この報国隊を主導した渡辺彌は、「多年、教祖様の愛国心に鍛へられた〔一宇会の〕全会員の報国の至誠を国家目的に向って捧げ切る大きなはけ口を与へて、非常時国家に思ひ切つた御奉公を遂行せねばならぬと思ふのであります。（中略）国民皆労の叫ばれる今日、ひのきしんの精神を増産へ捧げて、国家に奉仕申上げるのが一番適切だと思つたのであります[97]」と、報国隊の主旨を語っている。また、布教師の平川幸造は、「この度の報国隊は心身の練成に重点をおき、その上、微力を生産拡充に捧げ、いさゝか国民皆労の雛型を率先垂範してゆくことを念願してゐたのでございますから、少しでも私達の力がお国の役に立つたと聞きますと嬉しくなります[98]」といい、同じく布教師の長谷川理太郎も、「この一秒この一分がそのまゝ国家の御役に立つのかと思ふと、病人さんのお救けへと廻る感激とまた別な感激が湧いたことでした[99]」と感想をのべている。「心身の練成」という信仰上の目的を一方に置きながら、自分たちの〈ひのきしん〉活動が具体的に「国家のお役に立つ」ことに価値を見いだしていたのである。幡鎌一弘は、「ひのきしん隊」に向けられた中山正善の訓話を分析して、この時期の正善は、国家と自分とを二元的にとらえるのではなく、身も心も捧げきって国策に沿った奉仕をするのが〈ひのきしん〉の態度だとしながらも、他方で当の国家については、人間の支配圏の外にあって自由にならないものととらえていたと指摘する。そしてつぎのようにいう。

> ここに至り、国家への奉仕と信仰心との関係は、相互補完的とはいいがたいところまで来てしまっているように思われる。一人ひとりの信仰者は、国家・社会との関係性よりも、誤解をおそれずにいえば、心の内面さえ問えばよいのである。[100]

つまりここで「国家・社会との関係性」は、結果的に〈ひのきしん〉にとっては副次的なものでしかなくなってしまったのだというのである。正善の思想分析としては重要な指摘だが、現場に立ったこれらの隊員たちに、正善の考えは共有されていなかったのだ。

「ひのきしん隊」では工場や農村などでの活動も多かったが、もっともその特徴を表しているのは、やはり「いざ・ひのきしん隊」に象徴される炭鉱での活動だろう。ほかならぬ炭鉱という場所での労働は、隊員たちにとってどのような意味をもっていたのだろうか。さきの「鉱山勤労報国隊」座談会では、信者の釜野清吉が「国家の最も要求する重要な勤労に、しかも最も希望者の少いといはれる地下の労働に、大神様におもたれして働けるといふのは勿体ない位です」[101]といっている。戦争遂行に不可欠であると同時に、その重労働や危険性から忌避されたのが、炭鉱労働だったのだ。

〈ひのきしん〉と炭鉱労働との関係を考えるうえで、本書の冒頭でも引用した、「いざ・ひのきしん隊」の大馬枝隊員のことばは興味深い。「今まで炭坑に働くといへば先づ人間並に思はれなかつたでせう。それがどうです。日本の決戦増産の土台になつてゐます。お道もかつては人並のやうに思はれなかつた時代もありましたが、それがこの決戦の土台の炭坑に働かして頂く日が来た」[102]とのべる彼は、〈ひのきしん〉の実践を通じて、総力戦における炭坑労働と天理教の価値転換を自らの身体で演じていたといえるかもしれない。

そして「いざ・ひのきしん隊」枝隊長の多菊正賢が「大抵の勤報隊〔勤労報国隊〕は炭坑側でもいつてゐるが楽なところだとか辛い場所だとかやかましくいふが、天理教だけはどんな職場もよろこんでやつてくれる、流石に違ふと激賞してゐます」[103]と、「炭坑側」の評価をひきあいに出しながら語るように、他の勤労報国隊よりも「ひのきしん隊」の勤労態度がすぐれていることを強調することばはかなり多い。ここでは、天理教徒の〈ひのきしん〉が他の国民の勤労奉仕をリードしているのだ、とする自負が強く表れている。「辛い仕事だけにこの増炭への挺身に本当の生甲斐を感じ何ともいへぬ感激がわいて来ます。心の底から『日本人だ』といふ気持が起つて来ます。前線で　天皇陛下万歳を叫んで散る勇士の気持と全く一つだと思ひます」[104]と石岡枝隊長がいうように、「ひのきしん隊」は臣民的主体を形成するものでもあったが、それと同時に隊員たちが天理教徒としてのアイデンティティを形成する強力な契機となっていたことにも注目する必要があるだろう。

修養の場としての炭坑

この炭鉱は、隊員たちにとって、自分たちの信仰を見つめなおし、鍛えなおす〝道場〟ともなる。宗教経験としての「ひのきしん隊」がどのようなものとして語られているのか、少しみてみよう。

普段お道の人がいつも命がけと口ぐせに叫んでゐましたが、私は坑内に入つて本当の命がけで働いてゐる隊員をみまして、これこそ本当の神様の有難い試練であり、これでこそ命がけで人を救けさせて頂く信念が出来ると思ひました。今までの信仰を見直すにまたとない機会です。(「いざ・ひのきしん隊」守屋枝隊長[105])

こゝへ来て今までの我々お道の信仰が眠つてゐたことを知りました。この真剣な命がけの気持を、六ヶ月間の奉仕だけでなく、更にお救けの上に、日々のつとめの上に続けて生かせたなら素晴らしい力になります。教祖様の雛型をはじめて踏ましていたゞくやうな気さへします。(「いざ・ひのきしん隊」川保枝隊長)[106]

「ひのきしん隊」での活動を日常的な信仰生活との対比においてとらえ、前者の経験によって後者のなかに眠っていた「真剣な命がけの気持」を呼びさますことができる、としている。両者は対比されながらも、おそらく質的な断絶があるわけではなく、連続線上にあるものなのだろう。さきにみたように、布教師たちが〈おたすけ〉の活動のなかで内面化していった思考様式は、さまざまな逆境にぶつかりながら、教祖の〈ひながた〉を想起しつつ乗り越えることで、神の守護を得ることができるとする論理であった。「ひのきしん隊」でも物語の構造は共通しているのである。もっとも、「ひのきしん隊」では神の守護が「国家のお役に立つ」という目的へと振り向けられもするのだが、そこには帝国日本の歩みとともに形成されてきた「ひのきしん」概念と〈おたすけ〉との接続があるだろう。

「ひのきしん隊」と女性

「いざ・ひのきしん隊」第一期は男女比が八対二であったのにたいし、第二期の第一期間終了時点では三対七に逆転していた。[107]正確な数はわからないが、「いざ・ひのきしん隊」は老人や女性がかなり多かったことが特徴であるといえる。

「地底征く赤き心」と題された女性隊員たちの座談会をみてみよう。[108]青木オカメ隊員(掘進担当)は、「私の年でも参加出来るかどうか心配してゐましたが参加出来るといふことを聞きうれしゆございました。このいざ・ひのきしん隊の奉仕こそ私たちの奉公すべき最も意義あるものだと思ひましたので母(七九)に相談致しましたところ(中略)簡単に許してくれました」と、参加の経緯を語っている。青木は出動時、五四歳だった。[109]白須政子隊員

(仕繰り担当)も、「今回のいざ・ひのきしん隊の話を聞きました時身内から何かもり上る感激をおぼえ、思はず兄とともに参加致しました」という。伊藤千鶴栄隊員(採炭担当)は「入信以来一年で至つて信仰の浅いものですが修養科〔天理教校別科は、一九四一年から三ヶ月制の修養科に改組された〕で今後は何をなすにもひのきしんであると教へて頂いたことが強く頭に残つて、どうでもこの機会に出さして頂きたいと思ひ、生死は神様におまかせして初めから坑内作業を希望しました」と語っている。入信動機は不明だが、入信してすぐに「ひのきしん」の実践を要求されていることがわかる。

彼女たちにかぎらず、「いざ・ひのきしん隊」が「私たちの奉公すべき最も意義あるもの」だとする意識は強かった。白須は「こんな仕事のやり甲斐のあるところは外にありません。銃後の第一線だと思ひます」と語り、他の女性には感じられない銃後の「やり甲斐」を感じられるとして、誇りを感じているといえるだろう。天理教メディアで語っているという状況をふまえても、〝赤誠〟をもって炭坑へ出動していく意義を、自ら内面化していた女性隊員は多かったのではないだろうか。

「犠牲的精神」の担い手

彼ら/彼女ら隊員たちには、〝犠牲的精神〟の発揮が求められる。一九四五(昭和二〇)年四月二一日、第一期「いざ・ひのきしん隊」のなかから一七名の隊員が表彰を受けているが、「八十歳の高齢をも顧ず欣然出動し常に誠心其の勤めに精勤し全山の至宝なりと敬慕せられ且つ老齢克く皆勤して他を感奮教化せる所大なるものあり」、「終始欣然採炭に従事し克く其の勤めに精勤せり偶々家郷に在る唯一の愛児の急病を報じ来るも帰郷せず次いで出直しの報に接するも任務の重大なるを思いて職場を離れず遂に六ヶ月間皆勤し他に及ぼせる教化顕著なるものあり」というように、多くは「高齢」や「愛児の急病」「出直し」など、〝プライヴェート〟な困難を抱えながら、「任務」を優先した点を評価されている。[110] 座談会でも、「もう既に決死の覚悟で来たんです。隊員も皆同じであると思ふ。

私の隊にも相当体が弱いのに炭坑を死場所として決死の覚悟で来た隊員がゐます。会社〔に〕は帰してほしいといはれたが、本人がその覚悟なら隊長として帰すに忍びない」（白木原枝隊長[111]）と「決死の覚悟」が強調されている。

とはいえ、すべての隊員が〝犠牲的精神〟を完全に内面化していたわけではない。第一期「いざ・ひのきしん隊」が出動しておよそ三ヶ月目の時点で、「確かに始めのうちは今までに経験したことのない激しい仕事のため、また坑内で非常に神経を使ふためくたくに疲労してしまつて、これではいけないと思ひながらも現実の感情にのみ支配されて、信仰的な積極性に欠けた点もあつたやうです」と田中国太郎枝隊長は報告し、「全体的に見てこれは慣れるに従つて解消されつゝあるやうに思ひますが…」とフォローしている[112]。また、第一期の終了後には、「大阪隊は最初の三ヶ月は失敗であつた。どうも駄目だつたやうに思ふ。信仰の真価を発揮出来たものといはれなかつた。これは連絡の足りなかつたのと、炭坑のひのきしん隊に対する認識が全くなかつたのと、それから体力の不足であつたと思ふ。ところがあとの半分でこれをすつかり覆へしてしまつた。（中略）あとの三ヶ月こそ隊員の成果をあげ真面目を発揮したときだつた。これで大阪隊は大きな信仰の理を残したと思ふのです」（田中善右衛門枝隊長[113]）、「最初は誰も皆国家総力戦に参加するといふ気持で起ち上り、信仰的な気構へをもつてゐた。ところが一ヶ月位たつと仕事は相当苦しい、あと五ヶ月といふ永い先を考へ寮の不自由な生活を考へると、すつかり今までの信仰をなくしてしまつたといふか生地が出たといふか環境に打ちまかされてしまつて、それは実に信仰者として恥かしいほどの惨憺たる心になつた。ところがさういふ苦しみを味はつて三ヶ月位過ぎると段々本来の信仰が湧き出て来る。結局元の信仰の姿に立返つて来て、一段と信仰が磨かれて来たのです」（関粂治[114]）といったことが語られている。「信仰の真価」を発揮できなかった前半三ヶ月から、「本来の信仰」が湧き出てきた後半への変化を語っている点で共通している。時期、局面によって、隊員たちの姿勢・態度は異なっていた。

田中や関がいうように後半に「信仰の真価」を発揮した隊員もいただろうが、最後まで「環境に打ちまかされて」いた隊員もいたことだろう。北海道教区「ひのきしん隊」の報告では、前年に妻を亡くした柳本春男隊員について記されている。「今回の出動に当り老婆に子供を託してひのきしん隊の一員として出ては来たが、いつも家のことが気に懸るらしく、どこか勇めないところが有るのは、母の無い子を思ふ父の心情としては無理からぬことである」[115]。座談会では「家族や家を抛つて来たこと」が称揚される一方で（守屋枝隊長[116]）、家に残してきた家族を思って作業に集中することができない隊員も少なからずいたに違いない。

隊員の「真情」とは

「ひのきしん隊」隊員の座談会から読みとれるかぎりで、彼ら／彼女らの信仰や心情を探ろうとしてきたが、座談会に登場するのは、枝隊長級が大部分を占めており、無役の隊員の声はそれほど多くない。また、これらの場で語られていることは、『みちのとも』『天理時報』の編集方針、もしくは本部の求める「ひのきしん隊」像に合致するものにほぼ限られているといえるかもしれない。それでも、彼ら／彼女らがそれぞれの心情に基づいて発言していたこともたしかだと思われる。あるいは、残してきた家族を気にかけながらも、自らの行為になんとか宗教的意義を見いだそうとするなかで、語り出されたことばだということもできるだろう。家族との離別や危険な肉体労働という、困難な状況に向きあうことで生み出される宗教思想――外在的・事後的な観点からすれば歪んだものにみえるとしても――もありうるのだ。そもそも隊員の「真情」一般という実体などありえないのだから、「ひのきしん隊」の実践を理解するためには、〝語られない感情〟に気を配りつつ、個々の語りに真摯に向きあっていくことが必要なのではないだろうか。少なくとも、中山正善ら幹部たちの苦悩を単純に投影させて理解することができるとは思えないのである。

これらの座談会における語りにおいては、天理教信仰と国家奉仕や天皇崇拝とが矛盾したものととらえられてはいない。むしろ両者が支えあいながら強化されていると考えるのがよさそうである。また、隊員たちは日本人としてのアイデンティティを強くもっているのと同程度に、天理教徒として自らを強く意識している。前章で確認したように、機関誌などを通じて天理教の「日本主義」がさかんに宣伝され、良き臣民であることと良き天理教徒であることとは矛盾なく一致するものとされていた。天理教徒の〈ひのきしん〉が他の国民の勤労奉仕をリードし、それが国家の勝利につながるという論理が形成されている。それは、(2)の時期における言説にもみられた論理だが、戦時期のものは実践者としての隊員によって語られているという点で重要な意味をもつだろう。戦前において、信者たちがこれほど天理教徒としての自覚を強くもったことがあっただろうか。

もうひとつ指摘しておきたいのは、〈ひのきしん〉の意味内容の拡大もしくは肥大化である。戦時中に「ひのきしん」ということばによっておびただしい量の言説が生産されるなかで、〈ひのきしん〉は次々と新しい意味を獲得していき、最終的には〈ひのきしん〉＝天理教の精神という図式が成立していた。大正期にはまだ「頗る単純な形の上の事実」としか認識されていなかった〈ひのきしん〉が、いまやそれだけで天理教の精神を代表するまでになったのである。このことはたんなることばの問題ではなく、病気治しを中心とし、個人的救済を主眼とした宗教と目されてきた天理教が、社会＝国家への奉仕を通じた修養を重視する宗教へと変容していったことを示していると思われる。そしてその変容は、末端の信者たちを動員した広範な実践によって可能となったのだ。

(4) 敗戦直後

いざ・ひのきしんの体制

一九四五(昭和二〇)年八月一五日の時点でも、「いざ・ひのきしん隊」は石炭増産に励んでいた。敗戦の報が伝わり、各地の炭鉱から順次下山が始まって、一〇月二五日に本部で「いざ・ひのきしん隊」解隊式が行われた。そこで中山正善はつぎのように訓話した。

今この隊員諸君の中にも、苦しかりし坑内作業の中にも言ひ知れぬ心の喜びを克ち得て、それを思ひ出深く思ひ返してゐる人もあると思ひます。（中略）／共々に力を協せてつとめ切らして頂いた生活の喜びを、今後しつかり自分の徳として培つて頂き、いざ・ひのきしん隊としての一つの記録と共に、隊員としての各自の過去の思ひ出や経験を、今後の生活、教会生活、信仰生活、否、新日本建設の一員としての生活に、立派に活用して頂きたいのであります。（中略）／今次のいざ・ひのきしん隊は本日を以て其の名前に於て解消はしますが、いざ・ひのきしんの体制は決して終つたものではなく、又今後の信仰生活に於て再びその姿を現はし、新日本建設の上に有意義な御用を勤めさして頂かなければならぬ事が幾多あると信ずるのであります。[117]

正善は「いざ・ひのきしん隊」での「思ひ出や経験」を否定したり忘れ去るのではなく、今後の生活に活用することを求めている。さらに、「いざ・ひのきしんの体制」は終わったのではなく、「今後の信仰生活に於て再びその姿を現は」すことが必要であるともいう。中山為信も、「本教が総力の下、炭鉱ひのきしんに挺身して参りました事も、ただ単に生産部面への御奉公だけに終始したのではないのであつて、そのつとめを通じて身を陣頭におく教化に真の目的を有してゐたのでありますが、今後もなほかくの如く自ら身を挺しての救け一條に一層全力を払ひ、以て難局に処する教化としての負託に応へなければならんと考へます[118]」という談話を発表している。

「ひのきしん隊」の記憶に向き合う

敗戦後、異常なまでに盛り上がっていた戦中の〈ひのきしん〉運動は、どのように収拾がはかられたのか、『みちのとも』と『天理時報』から探ってみよう。『天理時報』（九月一六日付）には、「ひのきしんの新生面」と題された記事が載っている。ここで、戦時中の〈ひのきしん〉運動はどのように振り返られているのか。まず、「お道の大きな伝統として育つて来た我々の『ひのきしん』は支那事変、紀元二千六百年記念諸事業、大東亜戦争を経て一宗教団体の運動としては相当力強い運動となり、いざ・ひのきしん隊において頂点に達した観があつた。内に信仰的信念を燃やし同信相結束して発揮したこの汗の勤労態度は（中略）我が国民勤労に残した足跡は実に大いなるものがあると確信する」と〈ひのきしん〉運動の信仰における意義を評価している。

そのうえで、つぎのようにのべられている。「いざ・ひのきしん隊の活動や最近の傾向においては或る程度に形式化し慣習化して、本来のひのきしんの姿は「或る一部分の人々」の中に見出される状態にあつたことを我々は率直に反省しなければならない」。最初のことばとやや矛盾しているようにも読めるが、近年の〈ひのきしん〉運動の形式化を指摘し、信者たちに反省を促している。そして、「今後来るべき苦難の皇国新生活動には一日一刻も早く、しかも地に足をつけた国民生活の教化活動として生かしてゆきもつて「ひのきしん」の新生面を拓いてゆきたいものである」とされている。この記事では、戦時中の〈ひのきしん〉運動についてやや自己批判をしているが、その反省点は戦争に加担したということではなく、行為の形式化や慣習化に求められたということを確認しておきたい。〈ひのきしん〉の宗教性・精神性をとりもどして「国民生活の教化活動」へと復帰することが目指されているのである。

片山笻志（たけし）の「ひのきしん随想」は、「ひのきしんは大東亜戦争を頂点として統制整備化され、お道の信仰の真価を発揮したことはたしかであつた。国民の勤労といふ上について、その発揮した熾烈な奉仕精神といひ、統制といひ、働く態度といひ、他に及ぼした影響といひ、成績といひ、非常なるものであつたと思ふ」とする一方で、「果して教祖様からお教へいたゞいた純真な信仰の熱情に燃え立つて、報恩感謝の喜悦に溢れて日々の一挙手一投足これみなひのきしんであつたかどうか。ひのきしん即ちお道の精神であるはずの私たちのひのきしんが果して日々の生活全部に現はしてゐたかどうか」と問いかけ、「神様に対しても何かしら恥しい、申訳ない思ひだけである」という。[119] 一見、前節でみた「ひのきしん隊」隊員の座談会と真っ向から対立するようにも読めるこうした批評は、何を意味しているのだろうか。

たとえば、座談会で語られたことばはすべて偽りであり、実際には「ひのきしん隊」は国家の要請でやむをえず出動し、「純真な信仰の熱情」のかけらもないものだった、という読みかたもありうるだろう。この場合、金子圭助の「真情」論に近接したものになる。あるいは、座談会に出席した隊員には「純真な信仰の熱情」があったが、それ以外の大部分の隊員は形式化・慣習化した「ひのきしん」に終始していた、という読みかたもできるかもしれない。結論からいえば、片山らの意図がどこにあったかはわからない。だが、片山のエッセイをよく読むと、右の解釈はどちらもあてはまらない、もう少し複雑な問題が存しているように思われる。

片山は「ひのきしん隊」には「信心の歓喜、報恩の喜び」に欠けるところがあったといいながらも、同時にそこに現れた信仰の昂ぶりも認めている。おそらく、片山は座談会に現れていたような、「熾烈な奉仕精神」の中身にこそ問題があった、とみている。「統制整備」された〈ひのきしん〉には、「真なるひのきしん」のなかにあるべき「自己の成人、自己の信心の完成」がみられなかったと、信仰の質の面での問題が指摘されているのだ。ここには、前節でふれた正善の訓話における国家・社会との関係よりも心の内面を重視すべきだとする考えかたに通じるものがあり、幡鎌が指摘するように、後の「天理教教典」へとつながっていくものだろう。

ただし、さきほどの「ひのきしんの新生面」や片山の文脈で重要なことは、それらが「ひのきしん隊」の信仰のありように向き合ったうえで、それを慎重に否定しながら語られていることである。敗戦直後の論説には、「ひのきしん隊」の隊員たちの経験を無視するのではなく、それをひとつの宗教経験として認めたうえで、そこから信仰上の問題を問いなおそうとする姿勢があったのだ。

しかし、戦後の「ひのきしん」にかかわる教義形成においては、「ひのきしん隊」において現れた信仰のありようは、正面から論じる必要のないものとして忘れ去られていくことになる。一九七三年に行われた、「戦争の反省」というテーマの座談会に出席した片山は、国家の強圧的な要請にさらされながら、信仰を守ろうとした正善の「なけなしの抵抗」を語るのみで、もはや隊員たちの実践や信仰について語ることはないのである。[120] だが、宗教集団としての天理教が、アジア・太平洋戦争について「反省」をするなら、どのような教義や指示を信者たちにたいして提示し、それがどのような効果を生み出してしまったのか、どのような信仰がそこで培われていったのか、という問題にも向きあっていくべきなのではないだろうか。

おわりに――宗教経験としての総力戦

宗教的観念の形成と政治的なもの

明治末から敗戦までの〈ひのきしん〉をめぐる言説を見てきたが、〈ひのきしん〉という教義および実践の形成・展開が国家や戦争と密接なかかわりをもってきたことは明らかだろう。少なくとも、〈ひのきしん〉をめぐる言説が、国家や社会という文脈の外部で語られたことはなかったといってよい。成功しているかどうかはともかく、私はここまでの記述のなかで、宗教と国家との狭義の政治的癒着ではなく（むろんそれも含まれるが）、宗教的な意味や価値の形成過程を示したつもりである。つまり私が考えたいのは、「宗教団体が戦争に協力していった」とか「純粋であるはずの信仰心が国家に利用された」とかいうことではなく、宗教のもっと核心的な部分の形成に国家や戦争が深くかかわっているということだ。

本章の冒頭で私は、現在の教義を守っていれば、現在の教義からの〝逸脱〟は起こらないだろうか、という問いを立てた。また、第一節の最後では〈ひのきしん〉の「不変の核心」は存在するのか、そして〈ひのきしんの歴史〉とは何か、その政治的機能はどのようなものか、という疑問についてものべた。ここで第二節での考察をふまえ、これらの問題についてあらためて考えてみたい。

まず、前節での議論をふまえるなら、〈ひのきしん〉の「不変の核心」を前提として語ることは、この教語がたどってきた歴史的経験を理解するうえでは大きな問題を含むものだといわざるをえない。むろん、事後的な観点から、史料に残された事例のなかになんらかの「不変の核心」を見いだそうとすることは可能である。だが、ある歴史的状況のなかで〈ひのきしん〉が言説化・教義化され、教義化されたものが実践され、さらに実践が教義へと影響を与えなおしていく過程で、〈ひのきしん〉と呼ばれるものが、いわば不可逆的な変容を蒙ってきているのではないだろうか。

そうであるなら、「不変の核心」を前提とした〈ひのきしんの歴史〉というものは何なのか。さきにのべたとおり、その代表的な作品である諸井の「ひのきしん叙説」は「いざ・ひのきしん隊」の活動へと信者たちを駆り立てるプロパガンダの一環として『天理時報』に連載されたものであり、それ自体が総力戦という文脈のなかで産み出されたものと考えるべきだろう。そしてつづく金子やキサラの書く〈ひのきしんの歴史〉も、国家にたいする〈ひのきしん〉への評価を異にするとはいえ、〈ひのきしん〉を「起源」から現在まで書きつらねていく基本姿勢を継承している。

おそらくもっとも大きな問題はこの点にある。飯降伊蔵の勤め場所普請と、戦時中そして現在の〈ひのきしん〉とは大きな質的差異があってしかも戦争こそが〈ひのきしん〉概念・実践の形成に最大の〝貢献〟をはたしたにもかかわらず、そのことを忘却ないしは隠蔽し、一貫した「不変の核心」があるかのごとく語ることは、たんにそれが信仰当事者の立場なのだといって済ませてしまうことのできない、政治的な意味あいを帯びてくる。ここには、戦後の〈ひのきしん〉概念や〈ひのきしんの歴史〉のいわば産婆役をはたした国策協力や戦争、そして「ひのきしん隊」の活動が、敗戦とともに一時的な〝逸脱〟、「不幸な歴史」の位置へと切り縮められてしまうという逆説がある。したがって、たとえ「ひのきしん隊」を批判的に反省することがあっても、〈ひのきしん〉の「本質」そのものは無傷のまま問われることはないだろう。現代の天理教徒たちが〈ひのきしん〉活動を積み重ねていくにつれ、戦時中の〈ひのきしん〉はますますリアリティを失いながら遠い過去の一ページとして忘れ去られていくことにもなるだろう。〈ひのきしん〉の「本質」と切り離して戦時中の〈ひのきしん〉を振り返るうえで、〈ひのきしんの歴史〉とはまことに便利な装置ではないか。このように考えると、ロバート・キサラの「国家に対するひのきしん」へ向けられた良心的な批判も、〈ひのきしんの歴史〉を所与として受け入れているという点において不充分なものとならざるをえない。

〈ひのきしん〉なるものの「本質」自体が絶えざる変容を蒙っているのだということを、あらためて浮き彫りにしておく必要があると考えるのは、このためである。〈ひのきしん〉の歴史において、国家や戦争にかかわる〈ひのきしん〉は、けっして「本来」の〈ひのきしん〉からの〝逸脱〟などではないのだ。

私は、現在天理教において〈ひのきしん〉を実践しようとする信者にこそ、ここでのべてきたような〈ひのきしん〉の歴史的な読みが必要だと考えている。テッサ・モーリス－スズキがいうように、「今生きているわたしたちをすっぽり包んでいるこの構造、制度、概念の網は、過去における想像力、勇気、寛容、貪欲、残虐行為によってかたちづくられた、歴史の産物である。（中略）そうした侵略行為をひきおこしたという意味ではわたしたちに責任はないかもしれないが、そのおかげで今のわたしたちがこうしてあるという意味では〝連累〟している[121]」。宗教の教義も例外ではない。〈ひのきしん〉という概念のなかには、国家と戦争にまつわる歴史の痕跡が刻みこまれていて、その痕跡との対話は、過去の経験を葬り去ってしまわないで現在の信者たちに結びつける方途となるだろう。諸井慶徳は「我々は「ひのきしん」しつゝ「ひのきしん」を理解しなければならない[122]」といったが、それは戦争の記憶と向き合うことでもあるはずなのである。

第5章　宗教のなかの「聖戦」／「聖戦」のなかの宗教

――〈ひのきしん〉の思想

はじめに――「聖戦」とは何か

アジア・太平洋戦争の宗教的性格

アジア・太平洋戦争が、当時「聖戦」という宗教的な用語によって語られていたことはよく知られているが、今日ではそれは空虚なスローガンにすぎなかったとされ、リアリティをもって受けとめられることはあまりないのが実情だろう。こうした現状をふまえて、川村邦光はつぎのようにのべる。

アジア・太平洋戦争は、まさしく〝聖戦〟という言葉をもって語られ戦い続けられた。いわば聖なる戦争、宗教戦争だったのである。このことはアジア・太平洋戦争を考えるうえで大いに留意しておくに値する、と私は思っている。日本帝国の臣民は、国内、また朝鮮や台湾の植民地も含めた海外にあって、それぞれの領域で、皇軍兵士としてだけでなく、年齢や職業、ジェンダーに応じて、使命として〝職域奉公〟に専念し、天皇の命による聖戦を率先して担ったのである。(1)

あの戦争が、実際には帝国主義的な侵略戦争でしかなかったのだという〝客観的〟な認識は、いうまでもなく決定的に重要だが、かといってそうした〝正しい知識〟で裁断するだけでは、「聖戦」を戦った人びとの思考や実践を理解することはできないだろう。川村が論じるように、この戦争の間、「政府・軍や新聞社、出版社、映画会社による戦争プロパガンダのための映像や写真、絵画、記念碑が街路や公園、学校、工場、軍隊に、さらには家庭にもあふれ返った」[2]のであり、程度の差はあれ、この国の人びとの思考や実践を規定していったと考えられる。視覚的メディアだけでなく、さまざまな活字メディアもきわめて大きな役割を果たしたことはいうまでもないだろう。聖戦を彩るこうした表象を、たんなる非現実的なプロパガンダとして葬り去るのではなく、いわば正面から分析することは、アジア・太平洋戦争という巨大な歴史的事象の意味を探るうえで、きわめて重要な課題となるはずである。

そうした観点から、ここでは前章で検討した〈ひのきしん〉をめぐる語りを、政府や軍などによって語られた「聖戦」の教義と呼べそうなものとの関係において検討する。ここまで論じてきたように、アジア・太平洋戦争期の天理教において、〈ひのきしん〉は戦争協力を信仰の文脈から理解可能なものとする機能を担わされていた。だが、〈ひのきしん〉をめぐる言説は、天理教における戦争という問題にかかわるだけでなく、帝国日本の「聖戦」そのものを支えた文化的もしくは宗教的機制の一端を明らかにするための重要な手がかりを与えてくれるのではないだろうか。あの戦争は、前線だけでなく、銃後における生産と消費、日常生活のあらゆる局面を動員しようとした、文字通りの総力戦だったのであり、「聖戦」を彩るさまざまな表象は、「日常生活の聖戦化」[3]を演出しようとしていた。その意味で、国家のために尽くすあらゆる実践を包摂する総力戦期の〈ひのきしん〉概念は、こうした「聖戦」の教義と共鳴しあうものであったといえるかもしれない。それらの語りを比較しつつ分析することで、宗教運動における戦争という問題と、総力戦そのものの宗教性という問題との間の、合わせ鏡のような関係性を照射するのが、この章の課題である。

一　日常の戦争

一九四〇（昭和一五）年は、神武天皇が大和・橿原の地で即位してから二六〇〇年目にあたる節目の年とされていた。政府では一九三五（昭和一〇）年から内閣に紀元二千六百年祝典準備委員会を設置し、一九三七（昭和一二）年には近衛文麿を会長とする紀元二千六百年奉祝会を立ち上げて、一大国家イベントを企画している[4]。幻に終わった万国博覧会や国史館建設などのほか、「最モ緊要[5]」なものとして、「橿原神宮境域竝〔神武天皇陵とされる〕畝傍山東北陵参道ノ拡張整備」が実施された。「官幣大社ノ橿原神宮ハ神武天皇ガ御即位ノ大典ヲ挙ゲサセラレマシタ場所[6]」とされることから、紀元二千六百年を祝うにふさわしい事業として、拡張整備が選ばれたのである。

こうして、橿原神宮や神武天皇陵参道の拡張整備が国家的事業として行われたのだが、一九三八（昭和一三）年から翌年にかけて行われた工事には、奈良県や大阪朝日新聞が主導して組織された「建国奉仕隊」の人びとが多く携わることになった[7]。この事業のなかで、橿原神宮外苑に大規模な運動公園も建設され、「橿原道場」と称されたが、大阪朝日新聞社は、この建設事業についてつぎのようにのべている。

> 光輝ある紀元二千六百年を迎へるに当り、あたかも帝国の一大躍進期にのぞむ興亜聖戦下に在つて最も意義深き記念事業として、この「橿原道場」は三島奈良県知事を会長とする奈良県奉祝会によつてその建設が企図せられ、肇国精神発揚の大国民運動を提唱した大阪朝日新聞社これに協賛し、加ふるに各方面特志家の熱烈なる支持と協力によつてこゝに栄光かゞやく誕生の日を迎へるに至つた（後略）[8]

この「建国奉仕隊」には、〝内地〟をはじめ、植民地や占領地などから延べ約一二一万人が参加したとされている。このうち、約一一万人が天理教からの参加であり、彼ら／彼女たちは、ひのきしん服に身を包んで勤労奉仕に従事した（図5-1）。鈴木良がいうように、天理教がこの建国奉仕隊に積極的に参加した背景には、当時の天理教にたいする政府当局の厳しい監視のなかで、国策協力の態度を強く打ち出さざるをえなかったという事情がある[9]。

そのことをふまえたうえで、本章で考えたいのは、建国奉仕隊において語られた「聖戦」の教義と同時代の〈ひのきしん〉に関する語りとの間には、たんなる不本意な国策協力として片づけることのできない思想的類似性が存在したのではないか、という点である。後で詳しくみるように、この建国奉仕隊は宗教色の濃厚な言説によって彩られていた。上の引用にも「聖戦」の語がみえるが、川村によると、このことばはマスメディアなどにおいて「日中戦争開始の一九三七年（昭和十二年）から盛んに用いられるようになり、四〇年にピークに達し、四二年以降から次第に減少し、四四、五年になるといちだんと減っていく」という。川村はこの変化が「聖戦の大義という理念の信憑性」の高まりや低下に対応すると指摘しているが[10]、建国奉仕隊が結成された時期はまさに国体ディスクールによって構成された「聖戦」をめぐる語りが花盛りといった状況だったのだ。

図5-1　建国奉仕隊と天理教

橿原神宮境域等整備事業は、前線の戦闘でもなければ、戦争遂行に直結する増産活動でもないといえるかもしれない。だが、先述したように「日常生活の聖戦化」を目指した総力戦体制において、こうした勤労奉仕は、「聖戦」の教義を国民に浸透させる重要な〝布教〟の場となったということもでき、「聖なる戦争」としてのアジア・太平洋戦争を考えるための重要な手がかりを提供してくれるだろう。

古川隆久は、この事業を推進した奈良県と大阪朝日新聞社の「本音」は経済発展や販売部数拡大を狙ったものであり、勤労奉仕を通じた「国民統合」は「タテマエ」にすぎなかったとしている。[11] それは一面では的確な指摘だろうが、そこで動員された宗教的表象が、総力戦遂行へ向けた国民の合意と自己献身を調達していった側面も軽視できないのではないだろうか。須崎槇一は、宮崎県祖国振興隊をはじめ、日中戦争開始後に国民精神総動員運動の一環として全国的な広がりをみせた勤労奉仕について、それが戦時下の労力不足への対処をひとつの目的としていたとしながらも、そればかりでなく、「民衆、とくに青年・学生・婦人に対する思想動員を狙う面をもっていた」と指摘している。ただし、須崎は祖国振興隊における「東方遥拝」や隊長への服従、作業中の無言といった側面を取り上げて、そこに「軍隊的規律」を見いだすが、宗教的な側面についてはふれていない。[12] しかし、建国奉仕隊の場合、次節でみるように、「和気藹々」とした作業が推奨されるなど、宮崎の事例とは少なからぬ相違がみられ、またより宗教的表象を前面に押し出したものであった。おそらく当時の勤労奉仕が軍隊的であったのか／宗教的であったのか、と問うよりも、それらの側面が不可分に結びついたかたちで国民をとらえていったところにこそ、アジア・太平洋戦争の重要な特質をみるほうが有益だろう。

そこで、第二節ではこの境域等整備事業の記録をまとめた藤田宗光『橿原神宮と建国奉仕隊』（一九四〇年）を中心として、建国奉仕隊に付与された宗教的意味づけを分析する。つぎに第三節では、アジア・太平洋戦争末期に著された諸井慶徳「ひのきしん叙説」における〈ひのきしん〉論を検討し、両者の思想を比較するなかから、〈ひのきしん〉と勤労報国の関係を探ってみたい。

二 「聖戦」の教義

日中戦争と紀元二千六百年

建国奉仕隊をめぐる考察に入る前に、政府が提示した紀元二千六百年祝典の思想を簡単におさえておこう。祝典の公式記録である『紀元二千六百年祝典記録』の「紀元二千六百年奉祝ノ意義」（以下、「奉祝ノ意義」と略記する）は、この事業の目的をつぎのようにのべる。

其ノ庶幾スルトコロハ聖壽ノ萬歳ヲ壽ギ奉ルニ在リト雖モ、仔細ニ其ノ精神ヲ推究スレバ、先ヅ肇国ノ淵源ニ遡リ、創業ノ丕績ヲ懐ヒ、萬世一系ノ皇統ヲ博ヘ給ヘル列聖ノ懿徳ヲ偲ビ、国体ノ精華炳然タル国史ノ成迹ヲ繹ネ、而シテ今上陛下ノ隆治ヲ仰イデ皇恩ノ万一ニ奉対センコトフ期スルト共ニ、現前ノ重大世局ニ処シ、当ニ歴史ヲ劃スベキ新時代ヘノ壮ナル首途ヲ祝福セントスルヲ以テ其ノ要旨ト為スベシ。(13)

神武天皇による国家創業、そして歴代天皇によって受け継がれてきた「国体ノ精華炳然タル国史」を想起し、現天皇の「皇恩」に報じる決意を新たにすることが目指されているだろう。さらに、「現前ノ重大世局」に処して、「歴史ヲ劃スベキ新時代ヘノ壮ナル首途ヲ祝福」するのが、この奉祝事業の目的である。「重大世局」とはもちろん、祝典の準備期間中に開始された「支那事変」を指している。「東亜永遠ノ安定ヲ確保スベキ新秩序ノ建設」というこの戦争の「真義」は、「此ノ奉祝ノ本義トスルトコロト其ノ符節ヲ合シ、両者時ヲ同ジウシテ行ハレタルノ関係ニ於テ、共ニ其ノ意義ヲ一層鮮明ナラシメ」たのだという。(14) 紀元二千六百年奉祝会設立以降、戦争が拡大し、国民精神総動員が叫ばれるにいたり、祝典と「支那事変」とは不可分のものとされていったのである。

両者の関係について、もう少し詳しくみてみよう。「奉祝ノ意義」では、「二千六百年ノ往古ニ於ケル神武天皇創業ノ丕績ニ髣髴タル今上陛下ノ大業」[15]とのべられているように、「支那事変」は「神武天皇創業ノ丕績」を「髣髴」させる「大業」と位置づけられていた。また、紀元二千六百年奉祝会編『肇国の御精神』（一九四二年）に収録された、広島文理科大学教授・清原貞雄の「神武天皇の御大業と今日の聖戦」は、昭和の戦争を、神武天皇の東征を受け継ぐものとする。清原によると、「今吾々が従事しつゝある偉業、我が大和民族が全亜細亜民族の指導者、盟主として立ち狂瀾を既倒に翻して、列強の魔手から、之を救ふ所の興亜の聖業は、遠く二千六百年の昔神武天皇の高く掲げ給うた御理想を、神の導きに依つて今将に成し遂げんとする事業」なのであり、「吾人は吾々の祖先に依つて続けられた継走の最後の棒を受け取つて最後のゴールに入らんとして居るのである[16]」。清原の語りにおいては、神武天皇以来の二六〇〇年にわたる「大和民族」の営みが、「今日の聖戦」へと結実する「継走」として意味づけられ、「八紘一宇」の実現という「最後のゴール」が間近に迫っているとする、終末論的ともいうべき歴史観が形成されている。こうして、日中戦争は、紀元二千六百年奉祝事業と出会うことにより、「聖戦」にふさわしい宗教的裏づけを獲得したのである。

こうした語りは、宗教的な世界観のなかで「聖戦」の正当性を主張するものだったが、おそらくそれだけでは、〝総力戦の思想〟としては不充分だろう。国民生活のすべてを戦争遂行へと振り向けるためには、一人ひとりが具体的にどのような態度をとり、何をなすべきなのか、「聖戦」の実践論にあたる教義が語られる必要があるはずだ。そのような実践論は、つぎに検討する建国奉仕隊の思想のなかに見いだすことができる。

建国奉仕隊と古代神話

ここで検討する『橿原神宮と建国奉仕隊』は、境域整備に際して土木工事事務所長を務めた内務省土木技師の藤田宗光が「此の聖なる事業に関与し得る光栄に感激し、菲才をも顧みず橿原神宮及び橿原道場の威容を偲び、且建国奉仕隊の盛況と精神的効果とを詳さに知悉するを以て、之を永久に記念すべく[17]」刊行した書物である。境域整備事業の趣旨や作業過程などについて詳しく記録されているとともに、大阪朝日新聞社による「建国奉仕隊指導要項」や、森清人・鵜野久吾「皇道に則した勤労奉仕精神」も載せられており、建国奉仕隊をめぐる宗教的な意味づけを考えるうえでは、重要な資料として位置づけることができる。

まず、三島誠也奈良県知事の挨拶によって、建国奉仕隊の主旨とされるものをみてみよう。三島は、橿原神宮の祭神である神武天皇の「皇居御造営」という神話的な起源と、現代における建国奉仕隊の活動を重ねあわせて語る。

〔神武天皇に従った「素朴な我等の祖先」は〕歓び勇んで至純な心で木を伐り土を運んで皇居御造営に貴い汗を流して奉仕したのでありますが、二千五百九十八年を経て今日我等は同じ橿原の地で、同じ純な心で同じ宮居の拡張整備の事業に清らかな汗の奉仕をしようとしてゐるのであります。／我等が建国奉仕隊結成の大眼目とする所も亦神武創業の聖地を踏み祖先と同じ姿となり切つて奉仕をしつゝ其の役々の中に此の大道に徹せんとするものであります（後略）[18]

図 5-2　建国奉仕隊旗

万世一系の神聖なる天皇、そして「祖先」と「我等」が、いわば遥かな時空を超えて親しく結びつけられる。また、建国奉仕隊では「旭日に八咫烏の羽搏く奉仕隊旗」を制定していた（図5-2）。「勿論八咫烏は、神武天皇御東征の砌御道筋を御先導申し上げたといふ古事にちなんだものですが、この神話の八咫烏こそ、日本人が遠き父祖から受け継いだ真実に対する勇気と献身の情熱を表はし、又その心の本質からして日本的行ひは常に善良さに輝いてゐるといふことを示して」いるという[19]。まさに川村が指摘するように、「日本帝国の戦争空間は〝古代神話〟のメタファーのなかで、あるいは〝古代神話〟を現実として、叙事詩的に構築されていた[20]」のである。

肉体労働の聖化

そして、この〝古代神話〟と密接に結びつけられた建国奉仕隊では、鍬をふるい、畚を担いで汗をかく肉体労働が、特権的に価値づけられることになる。本書において藤田はまず、「徳川時代に於て士農工商の区別ある如く筋肉労働者は社会の下層部が携り幾分軽侮され下位に置く傾向があり、それが明治から昭和にかけても其の関係が著しく支配階級と労働階級の対立化するに至つた、之が嵩じて都会と農村とが分離し知識階級、労働者、農民の対立するが如き社会問題となつた」とのべ、近世以来「筋肉労働者」が軽んじられてきたこと、さらに資本主義が展開するにつれ、都会／農村、支配階級／労働者階級の間の分離や対立が深刻化してきたことを指摘する。

そうであれば、この「社会問題」をどのように解決すべきなのかが問われることになるが、藤田が提示する処方箋は、「都会と農村との親睦知識階級と筋肉労働者及び農業労働者の円満的接触」である。具体的にいえば、「階級意識を清算し労働神聖を認識せしむることであり、筋肉労働の真髄を体得し労働奉仕による筋肉労働を尊敬するやう教育して認識を高むべきであり、凡ゆる階級を網羅し生涯に一度は筋肉労働に従事せしめ其の尊さを体得さす」ことが必要なのであり、それは建国奉仕隊において実現されるはずだ。資本家と労働者とを対立させている資本主義体制そのものは問われることなく、むしろ「階級意識を清算」することが推奨され、「凡ゆる階級」に「筋肉労働」を体験させて、それへの「尊敬」の念を起こさせることで「社会問題」の解決がはかられるのだ。

では、「筋肉労働」のどこに、「凡ゆる階級」の「尊敬」を集めうる要素があるのだろうか。藤田によれば、現在世界は「持たざる国と、持てる国との絶間なる争闘（ママ）」といった状況にあるが、「最後の勝利は人口、資源、武器の充実にもあれど一致協同せる国民の精神と旺盛なる体力と云はねばならぬ」のであり、「全国民が筋肉労働者と同じく困苦欠乏に耐へ得ると共に大衆を嚮導すべき崇高な精神を以てせば世界各国に伍し優越なる地位を確保し得る」。すなわち、「聖戦」たる日中戦争の勝利という目的のもと、勝敗の鍵となる「精神」と「体力」を培うことのできる「筋肉労働」が称揚され、それへの「尊敬」のなかに「階級意識」を解消させていくことが目指されるわけである。[21]「尊敬」したからといって階級間の対立が解決されるはずはないが、ここではもう少し「聖戦」の教義が語るところに耳を傾けてみよう。

あらゆる労働は「聖戦」である

『橿原神宮と建国奉仕隊』に収録された、国体思想家の森清人と産業報国を掲げる日本産業協働団の鵜野久吾による「皇道に則した勤労奉仕精神」では、建国奉仕隊における、報酬を伴わない労働の意義を説いている。「日本人にとり仕事は、その生活の方便でもなく、いはんや金もうけの手段でもなく、実に生活の目的そのものでありま す。従つて、働くといふことそれ自体が、すでに人生の価値であり、人生の歓喜であり、人生の幸福なのです」[22]として、生活や金もうけの「手段」としての労働を否定し、労働は生活の「目的」そのものであり、それ自体として価値や歓喜や幸福をもたらすものだとのべる。そして、建国奉仕隊においては「一切の不平も不満もありません。ささげて求めないところに、不平も不満も起りやうはないからです」と、代価を求めない労働、「さゝげて求めざるまつろひの生活」の美しさを称えている。「まつろひ」は「至誠奉献」を表す古語だが、森と鵜野は『万葉集』から大伴家持の歌「うつそみの八十伴の緒は／大君にまつろふもの」を引きながら、「日本は神ながらなるまつろひの国なのです」と語りかける。[23]無償の労働は、古代から引き継がれた日本人の伝統として美的に表象されるのだ。

森と鵜野はさらに、建国奉仕隊の「神前労働」がもつ神聖性に説き及ぶ。

この神前労働は、私たちに、日本人のはたらくことは天皇への仕へ事(即ち仕事)であり、従つてその仕事(仕へ事)に用ひらるゝ器物は、神聖なるものとでもいふべきものであるといふ観念を、はつきりと教へてくれました。／橿原神宮の神前において、建国奉仕隊の隊長が、おごそかに拝受した「神鍬」は、それを示すものに外なりません。同じやうに、作業場付近で全隊員に貸与された作業用具も亦すべて神の御心の託されたも

のでありまして、畚は神畚、棒は神棒、鍬は神鍬なのです。(24)

奉仕隊の隊長は、橿原神宮の宮司や権宮司から「神鍬」を授与された(図5-3)。それだけでなく「神の御心の託されたもの」である「神畚」、「神棒」、「神鍬」を介して、神聖不可侵の天皇への「仕へ事」に携わる全隊員を神聖化する。宮司から直接に〝聖別〟された隊長の「神鍬」だけでなく、すべての用具を神聖なものとして位置づけた点はとくに重要だろう。そこからさらに、つぎのような論理が導き出されるからだ。

図5-3　神鍬の授与

この神前労働における器具だけが、神授の神具なのではなくて、われ〳〵の日常生活に用ひる器物は、すべて見えざる菊花御紋章の鏤刻されてある尊い神具なのです。何となれば、日本人にとりその仕事は、貴賤貧富の別なく、すべて　天皇陛下に対する仕へ事(即ち仕事)であり、従つてその仕事に使用する神具は、もつとも神聖なるものであるからです。(中略)商人も農民も、沖で魚をとる人も、工場ではたらく人も、坑内で作業してゐる人も、みなその分に応じてそれ〳〵間接に聖戦に参加してゐるのであり、その持場々々において、皇運を扶翼しまつつてゐるのであります。(25)

建国奉仕隊そのものは局地的・一時的なものでしかないが、それが天皇にたいする「仕へ事」であるかぎりにおいて、日常生活におけるあらゆる労働が「聖戦」の遂行に資するものとして神聖性を付与されることになる。そうした全国民の労働の神聖化が、菊の紋章の付いた鏡と同一視された「神鍬」の授与に凝縮して表象されているといえるだろう。

内向きの共同体

ところで、建国奉仕隊において、実際の作業はどのように行われるべきなのだろうか。前節でもふれたように、宮崎県の祖国振興隊のような集団的勤労奉仕においては、「作業ノ開始ニ当リテハ東方遥拝、宣誓（祖国振興隊信条朗読）等ノコトヲ行フ」「作業の開始、休憩、終止等ハ凡テ隊長ノ指揮ニ従ヒ作業中ハ絶対無言トス[26]」などとして、厳しい規律化が意図されていた。建国奉仕隊においても、「建国奉仕隊指揮十則」に「隊員をして終始規律統制あり且つ敏活なる団体行動をなさしむべし[27]」といった注意があり、軍隊的な規律が課されていたことはたしかである。だがその一方で、藤田が「男女混合して働くことが、全体的に和気藹々として能率があがる[28]」という印象を記しているように、「和気藹々」とした作業風景があり、森らがいうような、労働の「歓喜」の側面を重視していたともいえる。実際、この奉仕作業においては、互いに「しいたしみ」を抱くことが求められていた。

事を正義と邪悪に分ち、正義の道を踏み行ふことは確かに人間の強く生きる道でありますがしいたしみに生きることは更に人間を強く且つ美しくします。しいたしみは真心と真心がしみ合ひ触れ合う状態で、心の霊性がそこに生き、初めて「神人一如」の境地が顕現するのです[29]。

集団の厳たる規律のうちに、しいたしみが血潮となつて通ひ、協同の精神が養はれる。上に立つものはいつくしみ、下にあるものは、湧き出づるなつかしみを抱く[30]。

「しいたしみ」は、人間どうしにのみ適用されるものではない。「国民の凡てが、橿原神宮の神霊に生きるならば、神と人、人と人との大調和を得て、日本は真に挙国一本に団結し、以て国本を固くすることが出来る[31]」とし、神＝皇孫＝現天皇のもとで〝平等〟かつ無償の労働に身を捧げるという共同性において、すべての国民が「神霊」に満たされることによって「挙国一本」が実現すると説かれている。このような「したしみ」の教理は、「朕は汝等を股肱と頼み、汝等は朕を頭首と仰ぎてぞ、其親は特に深かるべき[32]」という「軍人勅諭」のことばを下敷きにしたものだろうか。

『橿原神宮と建国奉仕隊』は、日中戦争下に書かれ、随所に「聖戦」の語をちりばめて、まぎれもなく総力戦の思想を表現したテクストである。だが注意すべきなのは、中国あるいは欧米にたいする敵愾心を煽りたてるような表現はみられないということだ。その代わりに、現代と古代神話の世界とを接続させ、さらに天皇と国民、神と人との間に「したしみ」を生み出し、「神霊」に満たされた共同体を想像しようとする。「日常生活の聖戦化」を目指すうえで、敵／味方を厳しく峻別した教義を説くことは、とりあえず必要ない。非戦闘員としての国民は、凄惨な戦場のイメージに向き合うことなく、「その持場々々において、皇運を扶翼しまつ」るだけで、とりあえずは充分なのだ。その意味で、「聖戦」が単純な善悪二元論や、剝きだしの帝国主義的論理によってのみ構築されていたと考えるのは、事態の半面をしかみていないことになるだろう。銃後における生産活動の神聖化は、天皇－皇室を中心とした内向きの共同体のイメージによってなされていたのである。

三　〈ひのきしん〉の思想

諸井慶徳と「ひのきしん叙説」

諸井慶徳の「ひのきしん叙説」（一九四五年）は、前章でのべたように、アジア・太平洋戦争末期の一九四五年四月八日から、敗戦を挟んで一二月二三日まで、天理教の機関紙『天理時報』で連載された。著者の諸井は、一九一五（大正四）年、教祖時代からの信仰の家に生まれた。教団の中核を担うべき人材として、東京帝国大学文学部宗教学科、さらに大学院に進み、一九四二（昭和一七）年には天理教山名大教会長に就任している。戦後は天理大学教授として、天理教学の確立に力を注ぐとともに、イスラーム神秘主義の研究に大きな足跡を残した人物である。一九六一（昭和三六）年に四六歳の若さで亡くなったが、天理教が生んだ最大の知識人のひとりとして、教内外で高く評価されている。[33] 諸井は一九四四（昭和一九）年に応召して約五ヶ月間兵役に就いたあと、「ひのきしん叙説」の連載を開始した。戦時期に書かれた作品だが、再版を重ね、今もなお〈ひのきしん〉論の古典として読み継がれている。こうした点で、現代における〈ひのきしん〉の教義に刻みこまれた戦争の痕跡を解読するに適したテクストであるといえるだろう。

とくに、諸井のこの作品は、総力戦期の天理教メディアに現れた露骨ともいえる国家迎合路線とはある程度の距離を保って書かれている。実際、そうでなければ、戦後における巨大な社会変化を超えて受け入れられることはなかったと思われる。「ひのきしん叙説」のこのような性格は、天理教の〈ひのきしん〉と「聖戦」の関係を思考するうえで妨げになるどころか、より深い反省的思考を促すものであると考える。「二重構造」論によって構成された戦後天理教本部の歴史認識では、戦前における権力への「迎合・奉仕」を説いた語りは、教内で守りぬかれた本来的な信仰とは異質のものであるとされ、後者の政治的無垢性が主張されている。この構図において、（若干の修正を施されつつ）時代的制約を超えて読み継がれるべきテクストとされてきた「ひのきしん叙説」を読みなおし、そのなかの「聖戦」の痕跡をたどることによって、戦後天理教本部が奉じる教義理解の政治的無垢性を問いなおすことができるのではないだろうか。

「働き」としての〈ひのきしん〉

前章では、『ひのきしん叙説』のなかで語られた〈ひのきしんの歴史〉に着目したが、ここでは〈ひのきしん〉

をめぐる理論的考察に焦点をあわせてみよう。諸井は、「「ひのきしん」といふ言葉は近頃無暗にもてはやされて来たやうである」と、戦時下における〈ひのきしん〉運動の盛り上がりを確認したうえで、「しからばこの「ひのきしん」の本質は如何なるものであらうか。この問題になると一応了解のついてゐた筈の我々も矢張り或る種の困惑を禁じ得ない」とし、〈ひのきしん〉の「本質」を明らかにすることを課題として掲げる。諸井によれば〈ひのきしん〉を「勤労奉仕の本教的代名詞」と単純に言い換えることはできず、〈ひのきしん〉には他の勤労奉仕には還元できない固有の「本質」があるのだ[34]。

諸井はまず「「働き」の様態を取らない「ひのきしん」はあり得ない[35]」として、「働き」としての〈ひのきしん〉の重要性を説くが、その際さきの『橿原神宮と建国奉仕隊』同様、社会一般における「労働」の概念を批判的に検討し、〈ひのきしん〉における「働き」の独自性を導出しようとする。それによると、「人間の働きは「労働」なる概念のもとに包括せられて以来、不当にも或る種の蔑視をもつて遇されねばならなかつた[36]」。それはギリシア、インド、中国の古代文明以来の「蔑視」だが、とりわけ産業革命以降、「労働者はその知性も感情も殺することによつて機械の付属物の如くなつたのみでなく、一切の「働き」もまた追利主義の中に付随する行動以外のものでなくなつた。かうして労働は益々低次な物質主義に堕して行つたのである[37]」という。それでは、このように労働が「蔑視」され、「苦しいこと、辛いこと、骨の折れることの謂[38]」とされてきたのはなぜなのか。諸井によれば、「ある力行がそのこと自らの為に営まれずして、他に存する目的を達する手段として、営まれるといふことが働きに伴ふ苦痛を生ずるのである。そのこと自らのためにするのでなく、一家の生計を立てる為にこれを為し、賃金を貰ひたひためにするといふことが苦痛を招くのである[39]」。その点では、ナチスドイツのKDF（歓喜力行団）は、「歓びを通して力行する」ことを本領とし、「西欧的労働観念に宿命的に付着してゐる「苦しい」の観念を排除してその力行を明朗化せんとした一つの有力な試みとして刮目すべきもの」ではあるのだが、ことさらに durch Freude としての Kraft を強調しなければならなかったことは、逆に「独逸の「アルバイト」の弱み」を示しているものだという[40]。

こうして西欧近代的な労働概念を批判したうえで、諸井が対置するのが、中山みきによって説かれた「働き」としての〈ひのきしん〉である。そこでは、「働き」は賃金を得るための「手段」であるというよりは、「人間の必然として働かずにはおられぬ」という「本性」の現れだとされる。[41] そして「食はんがためのみ働くのではない。人が働くといふことは人が人に対し、環境に対し、社会に対して自らを生かし表現することである」[42]。だから、「ひのきしんとは何よりも俗世的功利の目的を超出せんとする行為である。それは結果の如何を予定しない」[43] のだ。目的－手段という経済的原理を越え、働くことそのものに価値があり、しかもその「働き」は「人間の本性」だとされるわけである。

そして、〈ひのきしん〉の「働き」は、人間界だけで完結するものではない。「ひのきしんは神に対する自己献上である。神の世界への躍入である。そこには自他の対立はない。あるのは奕々たる全一的包括者の立場のみである。ひのきしんの喜びはこゝに生まれ出る」と諸井はいう。[44]〈ひのきしん〉において「全一的包括者」たる神に自己を「献上」するとき、奉仕する自己と奉仕を受ける他者という現世的な対立は融解する。したがって、「働くことによつてのみ人々は相睦び相和して行くことが出来る。働くことを通して社会生活の中になごやかなつながりが出来て行く」[45] ということになる。建国奉仕隊における「しいたいしみ」の教理と同じように、働く者の間に生じる和やかな共同性が重要なものとして語られるのである。

日常のなかの〈ひのきしん〉

諸井は〈ひのきしん〉の日常性を重視してもいる。〈ひのきしん〉を漢字で表記すれば「日の寄進」となり、「日々に神に帰依し常々に神の御心に添はんとするつとめでなければならない」という。こうした〈ひのきしん〉の特性は、神社仏閣の建立に際して費用や物品を奉納するような「在来の寄進」が「特別な事ある際の奉納」であり「一時的のもの」であるのと対照させながら導きだされている。[46] こうした日常性の強調もまた、あらゆる労働を神聖化し、職域奉公を称揚した森と鵜野の語りと共通するものであるといえる。

ところで、諸井は〈ひのきしん〉が天理教に独自のものであるということを強く主張する一方、それが日本の伝統的信仰もしくは心性に連なるものだともいっている。その際に鍵となるのは、「まつり」の概念である。諸井は、「我が国においては古来神に対する人々の態度は「まつり」」であり、「まつる」こととは「仕える」こと、身を捧げることだとする。つまり「日本人は献身的行為の民」なのであって、「現実的行為に則して信仰の道を発展せしめて来たのが我国の姿」なのだという。同時に、この「現実的行為」に結びついた信仰の実践として、「行」の伝統がある。水垢離、山中抖擻、断食などといった日本の行は、「たゝ肉体を具へたる一個の生きる人間が自分の全身全霊を挙げて神に帰依する表現としての行であつた。こゝに我国における特異なる行の立場がある」。そして「ひのきしんとても異つた意味において真剣な行であることには違ひない。／それは日常俗間の生活において利を見て動き易い欲の心を抑へ、高ぶらんとする我の心を捨てゝ、欲を忘れ己を低めて、しやにむに神の懐に踊り込まんとする敢然たる自己錬行である」として、行の伝統のなかに、〈ひのきしん〉の実践を位置づけるのである。(47)

また、身体的レヴェルの行為を重視する点ばかりでなく、「鎮守の神々を中心として全村全家が共々に睦び合ふ「まつり」」と、「人々が相共に心をこめてつとめ励んだひのきしん」との間には、「日本の心性として深い同一底流が通じ合つてゐる」というように、共同性のイメージにおいても、日本の伝統的心性と〈ひのきしん〉とのつながりが見いだされている。(48)

「卑賤の仕事」と〈ひのきしん〉

身体の「働き」を重視する諸井〈ひのきしん〉論の立場から容易に推測できることだが、彼は〈ひのきしん〉の理念における肉体労働の重要性をはっきりと認識していた。〈ひのきしん〉の教義の典拠である「みかぐらうた」が「みれバせかいがだんだんと　もつこになうてひのきしん」（十一下り目）と歌っているように、〈ひのきしん〉

は――前章で検討したように、かなり抽象化されて「犠牲的精神」といった意味で語られることもあるが――土木工事に代表される身体を使った奉仕行為としてイメージされることが多かった。諸井も「みかぐらうた」をふまえて「世界の人がひのきしんしてくる姿、それは畚擔なふといふ形態を通して具現化して来ければならない」、「ひのきしんと土持とは密接不離の関係を持つてゐる」とのべている。[49]

この「畚擔なふといふ形態」には、具体的にどのような意味があるのだろうか。諸井によれば、それは「身をもつてする働き」で「誰でも容易に出来る仕事」なのだが、「しかしそれだけ低い働きである。汗と土にまみれ、なりふり構はずにつとめなければ出来ない仕事である。今さらこの身がそんなことをしなくてもといふ気があれば出来得ない。こゝにあつては身を高める自愛の心はさらりと捨て去られねばならない」。それが「卑賤の仕事」とみなされてきたからこそ、階級、ジェンダー、年齢の差異を越えて実践することができ、そうすることで「自愛の心」を捨て去ることができるということだろう。そしてこうした作業は、「如何なる工事にとつても欠くべからざる基礎工程でなければならない」、そうした仕事である。[50] 諸井において、〈ひのきしん〉はこうした肉体労働にかぎらず、「神の御前に参ぜんとする念慮をもつて帰依の心情を燃やしつつ行ずる働き」が広く〈ひのきしん〉と呼ばれるべきなのであるが、それが凝縮して現れるのが、この「畚擔なふといふ形態」なのである。[51]

前章で論じた「ひのきしん隊」隊員たちの語りを想起すれば、諸井の〈ひのきしん〉論が、当時けっして孤立した理解ではなかったことがわかるはずだ。「ひのきしん隊」隊員たちと諸井はともに、肉体労働が社会的に貶められてきた歴史をふまえながら、〈ひのきしん〉という概念を媒介とすることで、それを「欠くべからざる基礎工程」として新たに価値づけなおしていったのである。そしてその価値転換は、石炭増産が叫ばれる総力戦という状況においてこそ実感できたことだったともいえるだろう。

おわりに――「聖戦」と〈ひのきしん〉

差別化の試みと挫折

ここまで建国奉仕隊をめぐる宗教的表象と、諸井慶徳による〈ひのきしん〉論を検討してきたが、両者の間にいくつかの共通点があることは明らかだろう。まず、労働を賃金獲得のための「手段」として理解する経済的原理を否定し、労働そのものに価値を認め、労働のなかに「歓喜」を見いだそうとする立場である。つぎに、労働一般のなかでも「幾分軽侮され下位に置」かれてきた肉体労働に特権的な意義を付与し、価値秩序を転倒させることを通じて、あらゆる労働の神聖性を説く点でも共通する。さらに、どちらも集団で肉体労働を行うなかで和やかな共同性が生まれるとし、その源流として古代神話や伝統的信仰・心性といった〝民族的伝統〟に遡ろうとするのである。

しかし、諸井は〈ひのきしん〉を他の勤労奉仕から差別化しようとしていた。

> 特に近来は我国における勤労奉仕が即ちひのきしんに外ならぬかの如く思はれてきた。かくてひのきしんは正しい評価へと齎らされるかの如き観があつた。（中略）これら奉仕の観念は、ひのきしんに就て一応の理解を助けるであらう。しかし全面的にこれを把握せしめるものではない。（中略）ひのきしんは行為の動力であり典拠である。勤労奉仕は行為の結果であり帰結である。ひのきしんは聖なる信仰の流露である。それは奉仕のみを目的とし奉仕をせんとする立場ではない。自ら奉仕になる立場である。奉仕の立場は自己を他者の為に使役せしめんとするものである。自己は他者の為に献ぜられる。それは美しい所行である。しかし「他者のために」をひたすら念慮とするところには、自他の対立は依然として峻別せられねばならない。それは自我の否定

に似て自我の強力なる潜在化を来すのである。これに反してひのきしんは神の御旨に踊り込む信仰の行為的自己表現である。そこにあつては神の世界の一あるのみである。(52)

やや難解だが、一般的な勤労奉仕においては、他者のために奉仕しようとする自己が強く意識されるため、自我が「潜在化」するかたちで残ってしまうのにたいして、〈ひのきしん〉では、神という絶対的な第三項と関係することによって自／他の二項対立が止揚され、人びとが「神の世界」に包括されることが可能になる、ということだろう。この場合、諸井のいう勤労奉仕における「他者」を国家だと理解するなら、直接的に近代天皇制国家を奉仕の対象とする勤労奉仕とは異なり、〈ひのきしん〉は国家への奉仕と等号で結ばれることはない。いわば見かけ上奉仕の対象となっている近代天皇制国家をも包含する、超越者としての神がそこにはイメージされていることになり、諸井は「聖戦」の教義には回収されない天理教信仰独自の領域を確保しようとするのである。

しかし、諸井の周到な議論にもかかわらず、〈ひのきしん〉と「聖戦」との間には、やはり深いつながりを認めなければならないのではないだろうか。まず、〈ひのきしん〉においては神との関係が重要であるといい、「働き」そのものが目的であり、「働き」において自己と他者の対立が融解するというとき、「働き」の政治的・社会的位置やその帰結は二次的なものとなる。そして、〈ひのきしん〉の源流が日本の〝民族的伝統〟に求められているように、諸井の〈ひのきしん〉論は少なからずナショナルな枠組みに規定されており、総力戦期のように国家的勤労奉仕が求められるような局面では、容易に戦争協力の実践を肯定することになる。天理教の管長であった中山正善は、建国奉仕隊への天理教の参加について、つぎのようにのべていた。

来々年、昭和一五年二月十一日の紀元節を期して、建国大和の地において紀元二千六百年祭を盛大に挙行せられることになつて居りますがそれに就きまして奈良県奉祝会では建国精神涵養のため神域の拡張に全国青少年を参加せしめ建国奉仕隊を組織しこの事業翼賛することになりました建国の地大和に在住するわれ〱としても、この挙に参加することは、一はもつて二千六百年記念事業を翼賛するとともに又、一には教祖様の御精神を活かす尊い働きであらうと思ひます、この意味において、県主催のこの建国奉仕隊に対して、われ〳〵は敢然参加する事になつたのでありますから、親神様の思召を全国に輝かすと同時にこの精神を活かして国家に奉仕する覚悟を以つて今日の結成式に臨み、なほ今後この事業の完成まで、誠心誠意努力せられんことを望む次第であります。[53]

正善のこの訓話では、紀元二千六百年の「記念事業を翼賛する」ことと「教祖様の御精神を活かす」こととが、なんの矛盾もなく一致させられているのである。また、一九四一（昭和一六）年に炭鉱奉仕を行った天理教信者が「国民皆労の叫ばれる今日、ひのきしんの精神を増産へ捧げて、国家に奉仕申上げるのが一番適切だと思つたのであります」[54]と語っていたように、実際に〈ひのきしん〉が実践される現場では、勤労奉仕と〈ひのきしん〉の差異は無化されてしまうことにもなったのだ。もちろん、諸井はこうした状況を憂慮して上の論理を構築していったのだともいえるが、彼の理論そのものが、「働き」の「手段」性の否定に意を用いる一方で、「働き」の内実を政治的な文脈のなかで思考するものではなかったという点で、「聖戦」を支える宗教的言説のひとつへと転化する可能性を孕んでいたのである。

加えて、諸井の想定している勤労奉仕の概念は、第二節で検討した建国奉仕隊をめぐる言説をふまえるなら、かなり不充分なものといわなければならない。さきに確認したとおり、建国奉仕隊では、神武天皇による橿原宮の造営という神話的起源を想起させつつ、国民が「神霊」に満たされながら、現人神としての天皇や皇室に奉仕する営みを神聖化していった。そこでは神と人、人と人とが「したしみ」のなかで和合する共同性が称揚された。諸井の〈ひのきしん〉論ほど緻密に構築された神学とはいえないが、少なくとも地上の自己／他者関係にとどまらず、神――それは皇祖神でもあり、地上の天皇でもあるだろう――との関係を視野に入れた宗教的言説だったのである。

宗教戦争のなかの諸宗教

本章では、建国奉仕隊における「聖戦」の教義と、諸井慶徳による戦時期の代表的な〈ひのきしん〉論とを分析して、両者の相似性について考えようとしてきたのだが、しかしこれらの言説が少なからず似ているということに、いったいどのような意味があるのだろうか。たとえばそれは、一方が他方に影響を与えたとか、モデルを提供したとかいったような関係を表しているのだろうか。そうした関係性は、たしかに確認できる。一九四四（昭和一九）年の「いざ・ひのきしん隊」の出動の際には、「天理教徒の自発的な出動」を契機に、厚生省が新たな勤労動員の構想を研究していることが伝えられている。その構想では、「あくまで国民の報国の至誠による自発的な出動たらしめる」「同志的な精神結合であること」といった点が強調されており、「ひのきしん隊」が国家的な勤労動員のモデルケースとみなされていたのである。(55)

だが、両者の直接的な影響関係を強調しすぎると、見逃されてしまうものがあるのではないだろうか。勤労奉仕一般と〈ひのきしん〉を区別しようとしていたのは諸井だけではなく、「「「いざひのきしん隊」の上か下かに、「勤労報国」という言葉を冠せよ」ということを、時の軍需省、厚生省から強圧的に言い渡されたけど、前真柱様〔中山正善〕は「ひのきしんの上に何をもって勤労報国などという言葉を入れるのか、絶対に入れちゃいかん」と言われてました(56)」と語られるように、〈ひのきしん〉を天理教信者の「アイデンティティー(57)」として確保しようとする意識は教内でかなり共有されていた。このように正善が「ひのきしんの内的本義」を守り抜こうとしたことが、「厳しい時代情勢の中にあってかろうじて可能な抵抗」であったとする見方もある。(58)

しかしこのようなエピソードはむしろ、天理教側が「ひのきしんの内的本義」にこだわり続けながら、それが戦争協力の実践へと見事に接続されてしまったことを示しているのではないだろうか。つまり、建国奉仕隊を事例として検討した「聖戦」の教義は、信仰の中核的な実践としての〈ひのきしん〉を内面化しつつあった一九三〇年代の天理教信者にとって、〈ひのきしん〉の教義と多くの点で響きあうものだったのであり、彼らは前者を後者の論理に手繰りよせることを通じて、総力戦の遂行を主体的に担っていったのだといえるだろう。また、「聖戦」の教義が〈ひのきしん〉のような宗教思想・信仰と親縁性を有し、それへの読み替えを通じて実践されたことは、アジア・太平洋戦争の宗教戦争としての性格をあらためて見直し、その宗教性の受け皿となった宗教教団や社会集団の思想・実践との比較を行うとともに、それらとの接触の様相を分析していく必要性を示しているのではないだろうか。[59]

第6章 「復元」の時代

一 敗戦と天理教

天理教の八・一五

一九四五（昭和二〇）年八月一五日、当時天理教名古屋教務支庁長であった中山慶一（よしかず）は、「無性におぢばへ帰りとうて、矢も盾もたまらず電車に乗」って奈良へ帰り、天理駅で〝玉音放送〟について聞かされたという。「それがあんまり突然だったので、足の関節がガクガクとなった。とにかくかんろだいに参拝して、大分長い間頭を下げて拝んでるねんけれども、何を拝んでんねやらどない言うて拝んでえのやら訳が分からんしとにかく二代真柱様にお目にかかろうと」、中山正善の邸宅を訪ねている。このとき、正善は「お前もう名古屋へ行かんでもええから、ここにおれ、（中略）これから復元教典の編纂にかかる、お前にも手伝わしたるから待機せい」と慶一に命じた。「内容は何も分からへんかったけれども、お蔭で虚脱状態から救われた。これはええことさしてもらえるんやなあと思うと共に、ここまで思うておられたのかと思いましたな」と、慶一は振りかえっている(1)。

八月一五日をめぐるひとつの語りだ。この日は敗戦の日であるとともに、「復元」の起点としてもとらえられている。慶一は、玉音放送を人づてに聞き、「かんろだい」を拝み、「虚脱状態」に陥っていたところを、真柱・正善の口から「復元教典」について聞かされ、救われた、という。天理教の終戦／敗戦をめぐる正統的な語りとして、これほどふさわしいものはないかもしれない[2]。

ここで正善が作成を宣言した「復元教典」、つまり現行の「天理教教典」は、一九四九（昭和二四）年に完成して正式に裁定されることになるが、本章では一九四五年から教典裁定までの時期を対象として、天理教の戦後がどのように始められていったのかを検討する。

「復元」とは

これまでに検討してきた「革新」の時代を経て、天理教は「復元」の時代に入ったとされている。まずこのことばがどのような含意をもっているのか、正善自身の文章によってみてみよう。

すべてが元に復る旬が来ました。／新日本、新発足、新建設、新人等と、あらゆる面に新の字が時代の寵児然と巾を利かす様になりましたが、その新は必ずしも木に竹を継いだ様に現れるものとは思はれません。必ず生れ出る旬があり、生れるに至る努力があつて始めて現れるものであります。根のない新生命は決して出現せないのであります。／革新の数年を経て、戦争の終結と共に復元の時代となりました。（中略）／蓋し復元とは復旧とは決して同じ事を意味せないのであります。以前の姿に復し、又懐旧の情に遊ぶのは決して復元ではありません。あくまでも、元を極め、根源をたづねる所に復元の意義があり復元の活力があると信ずるのであります[3]。

一九四六（昭和二一）年の文章である。「復元」は文字通り「元に復る」ことであるが、「以前の姿に復し、又懐旧の情に遊ぶのは決して復元ではありません」と正善は釘を刺す。そうではなく、「復元」とは「元を極め、根源をたづねる」ことだ。正善は「元」ということばに、「月日にわにんけんはじめかけたのわ／よふきゆさんがみたいゆへから」（「おふでさき」一四号、二五）と歌われた、理想世界としての〈陽気遊山〉のイメージを託したものと思われる。ともあれ、「復元の時代」は「革新の数年」と対照され、「戦争の終結」によって可能になったものとされている。戦争が終結することで何が変わったのだろうか。さしあたり、政治体制の転換にともなう環境の変化と、教団自体の組織制度面、教義・儀礼面の変革をおさえておく必要がある。

「ポツダム宣言」や「米国の降伏後当初の対日政策」の趣旨に則って推進された、ＧＨＱ（連合国軍最高司令官総司令部）の宗教政策においては、「信教の自由」が基本理念として掲げられて、宗教団体法が廃止されるとともに宗教法人令が公布されるなど、諸改革が実施された[4]。すなわち、「国家が神社に与えていた特別な地位を解除し（神道指令）、天皇の「人間宣言」が行われ、宗教集団には自由な活動のための法的地位（宗教法人）が与えられた[5]」のである。

玉音放送以降、天理教本部がとった措置をみておこう[6]。八月一五日付で、天皇が自ら終戦を決断したとする「聖断」をふまえて、諭達第十五号を出している。これには「諸子宜しく思を茲に致し、互ひ助け合ひの真情を尽して一手一つの団結を堅め、神明負荷の任務を自覚して救け一条の実を挙げ、以て大いに国威を恢弘して神恩皇沢に応へよ[7]」とある。八月二六日には布教対策と戦災を受けた教会施設などの復興を目的とした、復興部の設立を決定した。一〇月二九日からは第一二回教義講習会が開催され、「新日本建設と教家の態度」「みかぐら歌に就いて」「戦後の本教復興問題に就いて」「道義の振作とひながたの道」「平和と立教の本義」「革新の経過と今後の動向」といった題で講義がなされた。ここでは十二下りの復活した「みかぐらうた」による手踊りの講習も行われている。ただし、教会組織の「革新」（五階級に細分化されていた教会を二階級制に整理）は戦後でも採用されている。諸国民社会において、総力戦が組織の合理化もしくは「現代化」をもたらしたとする山之内靖らの指摘は、天理教の場合にもあてはまるものといえるだろう[8]。

翌一九四六（昭和二一）年の一月二六日には教祖六十年祭が執行され、「革新」において一宇会として統合されていた婦人会と青年会が四月にそれぞれ「復元」された。五月一八日には、全国一斉ひのきしん日が戦後はじめて行われている。また、朝鮮や中国、台湾、「満洲国」などにいた信者たちも徐々に引揚げており、この年一〇月には天理村から四〇〇人あまりが引揚げてきた。復興部では天理村からの引揚げに備えて万全の態勢をとり、引揚げ後の入植地も用意していた。

このように、戦後における天理教では、復興部を中心として戦争による物質的損害の復興にあたるとともに、「革新」において解消されていた婦人会、青年会や一部が削除されていた「みかぐらうた」を復活させるなど、組織面、教義面での「復元」路線を次々と打ち出していったのである。日本宗教連盟、文部省内宗教研究会、時事通信社が共同執筆した『宗教便覧』(一九四八年)では、敗戦後の天理教の動向について、つぎのように記されている。

天理教は戦時中「お筆先」等で当局の忌諱にふれていたが、現在は教義も哲学的に確立しようと努力し、同教独特の信仰による縦の線の組織と安全な財政機構は他教団にもみられぬ堅実さを示し金光教とともに斯界の雄と目されている。(9)

天理教本部の敗戦認識

本部周辺の人びとは敗戦をどのように受けとめていたのか、まず第一二回教義講習会における講師の講義をみてみよう。中山正善は開講訓話を行い、「七年に亙る間、私の不徳の結果、十分なお勤めをさせて頂くことも得ず、(中略)洵に慙愧に耐えず心苦しく思つてゐた次第であります」(10)と、「革新」時代に「みかぐらうた」の一部を削除したことは自分の「不徳」によるものであったとのべた。また、敗戦については、「私達は裏切られた気持になりました。(中略)かかる疑問と落胆といふものが恐らく教祖御昇天の頃の信者の中にもあつたと思ひます」と、敗戦後の状況と教祖が死んだときの状況とを重ねあわせ、そこには「深い神様の思召があるものと信ずるのであります。それをどうである、かうであると理智的に思案するよりも、この現れてきた理を思ひまして私達の未熟を省み神様の思召を深く悟らして頂く方に進むのが我々の執るべき態度であると思ひます」としている。[11] 敗戦の原因を「理智的に思案」するのではなく、「神様の思召」として受けとめるべきだというのだが、これでは戦争そのものや天理教信者の戦争協力にかかわる社会的な責任を「理智的に思案」する道をも閉ざしてしまうのではないだろうか。

中山為信は「革新の経過と今後の動向」と題して、「革新」の推移を「みかぐらうた」一部削除の問題を中心に報告し、「この革新にとつた態度は、私自身評価すべき立場にもをらず、また資格もありませんから、後世史家の批評に俟つことに致します」と話した。[12] 正善や為信のことばをみると明らかなように、天理教本部にある人びとにおいて、「革新」とは（政府当局に要求された結果としての）教義や教会制度の改革なのであって、〈ひのきしん〉運動を中心とした時局活動のことではない。原典の削除や回収を実施した「革新」は戦後において、表立って否定的に語られることになったが、第4章でみたように、正善にとっても為信にとっても、「いざ・ひのきしん隊」の活動は重要な経験でありつづけ、戦後にいたってもその経験は信仰生活に生かすべきだと考えられていた。

つぎに、戦後における『天理時報』や『みちのとも』の論調をみてみよう。『天理時報』（一九四五年一〇月七日付）の「誠に徹した実践を／深省と心定めに真勇振へ」という見出しの記事では、戦争と宗教の関係についてふれられている。

思へば祖国日本が世界の狂乱怒濤に投じてより宗教界には教家挺身の旗旆が幾度びとなく翻り、（中略）数百万信徒は、陽気なる世界の開現を希み給ふ深遠大慈なる神の御意志に沿ふべくひたすらなる捨身行を念願したのであつたが、遂にその実はあがらず、かくもはかなき日本の悲運の現実を見るに至つたのである。（中略）神の思召給ふところに非ざる国の方途を匡す宗教なく、為政者をしてその非を悟らしめる宗教家も出なかつた。（中略）かへりみれば慙愧の念絶ゆるところを知らぬ。[13]

戦争を「神の思召給うところに非ざる国の方途」ととらえている。反戦の声を上げなかった宗教界のありようを批判的にとらえているともいえるが、問題が宗教界全体に拡大されることで、天理教自体の責任のほうは曖昧なものとなっている。とはいえ、この記事はいささかでも戦争の是非について言及した貴重なものであった。

一方、『みちのとも』誌上でもっとも目立つのは、敗戦後の状況を教祖の〈ひながた〉に重ねあわせようとするものである。第3章でみたように、〈ひながた〉とは中山みきが「月日のやしろ」に定まってから亡くなるまでの苦難の道程のことをいい、戦前から困難な状況に宗教的意味を付与することばとして用いられてきた。白鳥鍖一は「満洲を失ひ朝鮮を離し台湾、樺太を返すこととなるならば、実に明治以前の一小島国となつて、形は小さくなり物資源は細くなり、その中に八千万の人間が生きやうとするのであるから、簡単に考へても苦しい」日本は「細道」に入っているのだとのべ、それをみきが辿った苦難の「細道」に重ねあわせ、「今は、この雛型をまともに通る日が来てゐます」という[14]。

座談会「教祖様雛型と日本再建の道」では、〈ひながた〉の純粋性が話題になっている。「教祖様の雛型といっても、皆が皆その通りに踏ませて頂くのは容易ぢやないと思ひますが、雛型のうちのどうした部分が現在の日本再建途上により必要でせうか」という記者の問いにたいし、桝井孝四郎は「教祖様の雛型といへば結局、まことしんじつが根底になつてゐる。（中略）例へば今度の　御聖断によつて世の中が収つた。承詔必謹といふ一念から収つた。教祖様の雛型をじつと見凝めてゐる者は、こんな時心から承詔必謹の気持に鎮まることが出来る。だから、雛型のどれが一番現在に必要かといふことはいへなくて、その時、その所に応じて雛型がすべて生きてくる」といい、中山慶一は「どんなことも喜んで通れる心への飛躍ですね。これが肝腎なのではないかと思ふ」という。第4章でみた「いざ・ひのきしん隊」のなかにも、炭鉱での重労働において教祖の雛型を踏ませていただくことができる、と話していた者があったが、敗戦後の状況もまた、戦時中の「ひのきしん隊」と同様の論理で語られたのである。実際、慶一はさきのことばに続けて、「いざ・ひのきしん隊」でのエピソードを紹介するのだ。入山して間もなく大怪我を負う者や死者が出て、慶一を含めた隊員たちは動揺したが、一晩たって「隊員の顔をじつと見ると、皆どんなことがあつても留まるといふ悲壮な決意を顔に現わしてゐる。（中略）一つの節から皆の心が勇んだ。（中略）今度はどんなことが起つても心からお礼申し上げますと心に誓つた」のである。[15]慶一にとって、それは「どんなことも喜んで通れる心」にほかならなかった。戦争そのものの是非や、自分たちの戦争協力そのものの意味に関する問い返しはみられないが、〈ひながた〉を踏む心持ちで苦難の道を歩むという認識は、戦時中から連続的に持ちこまれていた。第4章で引いた中山正善のことばが予言したとおり、「いざ・ひのきしんの体制」は戦後にもその姿を現したのである。

二 「天理教教典」の成立

正統的解釈への欲望

この節では、一九四九（昭和二四）年一〇月二六日に裁定された「天理教教典」の成立とその内容を、歴史的に検討する。この教典作成にあたっては、中山正善が強力なリーダーシップを発揮している。天理教において「教典」の名をもつものは、独立請願運動の過程で作成されたいわゆる「明治教典」と、戦後の「復元教典」のふたつしかないが、そのうち「明治教典」は昭和初期までは信者にあまり浸透せず、「革新」においてその使用徹底が推進されたが、そのときにも難解な内容に不満をもつ布教師が少なくなかった。第3章で紹介した布教師たちの「要注意言動」のなかに共通していたのは、「みかぐらうた」や「おふでさき」といった原典と「明治教典」とはかけ離れた内容をもっているという意識であり、だからこそ政府も「明治教典」の使用徹底と原典の削除、回収を求めたのである。これにたいし、正善が「復元教典」で目指したのは原典に基づく教典だった。少なくとも本部周辺においては、「革新」が始まるまで原典への関心が高まっていたのであり、「復元教典」の成立は戦前からの連続的なプロセス――「革新」において一頓挫をみたとはいえ――としてとらえることができる。

第2章で論じたように、管長・中山正善は、昭和初期から本格的に「おふでさき」など原典の書誌学的研究を開始し、依拠すべき正統的なテクストの確定を行うとともに、教祖・中山みきからの距離に基づいて、原典の間の階層的秩序を形成していった。そうすることで彼は新たな教義学の創始者となり、自ら作り上げた原典の権威を身に帯びるのである。とはいえ、戦前においては原典の解釈の規範となる教典がなかったため、ある程度は解釈の自由度は高かったといえるが、原典の〝正統的〟かつ体系的な解釈としての「復元教典」裁定は、教義学形成の新たな段階となるのである。

さきに言及した第一二回教義講習会において、中山為信は「今後自由におふでさき、おさしづを元通り使ってよいかといへば、従来でもいゝ加減なさとりを発表されたために、迷惑をしたことが多いので、この問題は史料集成部へ御一任願ひたいと存じます。(中略)教義の確立には客観性が必要であります。都合のよいところを取つて、教祖様の説とするのは邪説であります。めいくの心によつて、さとりの違ふのは当然でありますが、これを誤りないやうにして行くには客観的の研究が必要なのであります[16]」と話していた。一九四八(昭和二三)年一月号の『みちのとも』に掲載された幹部たちの座談会では、大須賀貞夫が「昭和十三年以来文部省を中心としまして、司法省および内務省の官僚によつて、天理教ほど圧迫された宗教はないと思います。そういう力に抗し得ずして今日までゆがめられて来たのであるから、この機会をそれをもはつきりと清算するんだということが含まれていることをはつきりして置く必要がありますね」という話をすると、久保芳雄は「おふでさき、おさしづ、みかぐらうたに客観性を持たせることです。おふでさき、おさしづ等のバイブル的な普遍性あるものを本部の権威者当りによつてどうしてもこの際作つて頂きたい」と語っている[17]。「革新」の経験をふまえ、教えが歪められるのを避けるために原典の「客観性」が必要だという。

為信のいう「いい加減なさとり」とは、おそらく「革新」のことというよりも、信者たちによる「邪説」を念頭においているだろう。そうした「邪説」を突きつめたものとして、大西愛治郎のような、分派分立の活動が含まれているのだろう。実際、山澤為次は「原典の言葉を曲解して天理研究会や本みちなどが出てくる」と、分派分立への警戒感を表し、「原典に親しんでいない人」が「たまくけん強附会の解釈をするものもある」ことも問題視していた。[18] いずれにせよ、教義を曲解から守り、「教祖様の教へられたもの」[19]に関する統一的な理解を得るために、「本部の権威者」による「客観的の研究」が必要とされたのである。それは「いわゆる本流（オーソドックス）な伝承的な解釈」（深谷忠政）[20]、新しい教典にほかならない。

新しい教えとの出会い

新しい教典を作ることは、古い教典、すなわち「明治教典」を否定することでもあるだろう。正善や幹部たちは、「明治教典」をどのようにとらえ、新教典の意義をどのように打ち出していったのだろうか。正善にいわせれば、「以前の教典は、その当時の事情によつて応法のすじを通つたと思うのでありますが、今回の教典は、（中略）信仰のありさま、我々の心のよろこびを、そのまま順序を立てて綴らせて頂いたと云う点に於て、以前のものと異なつておると思うのであります」ということだ。とはいえ「勿論、以前の教典に於きましても、我々の信仰とはなれたことを書かれてあるものとは思わない」が、「動もすると、我々の信仰生活と教典との間に間隙をみせるような嫌いが、なきにしもあらずであつたと思う」という見解を示している。

これにたいして「この度の教典は、（中略）おふでさきなり、おさしづなりを原典といたしまして、その中にお教え頂いておるところの、親神様の思召を順序を立てて編纂させて頂いた」のである。[21] 山澤為次は「明治教典」が「教理に反するというようなことはない」が、「第一章、敬神の章の神様に関することが、教祖が「おふでさき」で言うておられることと大分違う」うえ、儒教的・神道的な思想の色合いが濃く「神秘的なものは、全然ぬかされておりますね」と話し、諸井慶徳は「新しい教典稿案はむしろ、最も本来のものを、いかに本来の味わい方に出すか、という点ですね」という。[22] 一九〇三年の裁定以来、四〇年以上にわたり公式教典として掲げてきた経緯に配慮したものか、「明治教典」を正面から否定することを避けながら、教祖の教えを直接的に反映させたものとしての新教典の意義が強調されている。

「復元教典」作成は、どのように行われたのだろうか。作成に携わった幹部たちによる座談会があり、そのプロセスを若干ながら窺うことができる。[23] 正善には「ほめてもらわへん、おこられてばっかり」(中山慶一)であった教典編纂委員たちは、当初正善のいう「復元」の意味を理解することができなかったという。喜多秀義は「皆とまどったんやないですか。復元とは戦前に復すると、そういう考え方で受け止めた人多かったですわな」といい、板倉知広も「復元といえば復興やと思うている人も多かった」と話す。「復元」が「おふでさき」に基づく理想世界の追求であることを理解するまでには、正善から何度も話を聞かなければならなかった。

それればかりでなく、〈つとめ〉や〈いんねん〉、〈陽気ぐらし〉などといった「教理のきわどい解釈は皆教えてもろうた」(慶一)のである。たとえば、「特に第一章は大切なとこです。教祖が月日のや、し、ろ、におわしますというこの点が、天理教の全教義の立脚点です。ここがむつかしかった」(上田嘉成)「ところが我々にはあんじょうわからへん」(慶一)「先生〔慶一〕がそんなことといわはったらどんならんがな」(喜多)「いや、あれやってる間に、仕込んでもろてようやく分かったんやがな」(慶一)といった具合であり、「章の名前、骨組みは皆二代真柱様がしたはるわけで、それで、ここはこういう意味でこういう思いやということを仰有って、それに合わせて、言うてみたら我々は万年筆や」と慶一は振り返る。そうした正善のスタンスは、「全ておふでさきが根本や」(喜多)というものであった。

原典研究の開花

「おふでさき」の重視は、さきにのべた原典の確定と一体のものであった。教典の裁定に先立つ一九四九（昭和二四）年六月に、正善は、教区長総会において、原典についてかなり長い訓話を行っている。第2章で論じた彼の原典研究の成果が全面的に展開され、原典とそうでないものとの差異に内包される教学的意味について語られるのである。

正善は原典を「教義書」と呼び、みきが直接筆をとって書いた「おふでさき」と、みきや伊蔵などのことばを筆記した「おさしづ」に大別し、「みかぐらうた」は広義では「おふでさき」に含まれるという。「おさしづ」に関する注意が興味深い。「おさしづ」の定義として、「教祖様は勿論、或いは本席又はこかん様、その他お許を頂いた一二の人の口を通して表われた神意である」とする。そして、「この口調をまねてあたかも自分も神格であると言う様な錯覚のもとに、本席の口を通じて話された形体によつて、たとえば「さあ〳〵」と言う様な口調によって、一二思い上つた事をなした教会長もあるにはあつたが、これは錯覚を起してやつたもので、教祖様のお許しを得てやつたものでないから、これらはおさしづではない。吾々は、これらについては教義の根幹とはしていない。取りちがえの無い様にしてもらいたい」とのべている。[24] 正善にとって、原典はけっして自明なものではなく、実証研究によって「真偽」の区別を導入してはじめて立ち現れてくるものであった。こうして、原典の定義、範囲が打ち立てられていき、正統と承認されたテクストから教典は作成されたのである。

かつて、「おふでさき」や「おさしづ」はあらゆる読みのために開かれていた。そこから「いい加減なさとり」や「けん強附会の解釈」、「天理研究会や本みちなど」が生まれていった。戦前において帝国主義を肯定・賛美した言説もそうしたものに含まれる。「復元教典」とてそれがテクストであるかぎり、多様な解釈の余地が残されているはずではある。しかし、「革新」における原典削除・回収の経験、また天理研究会（天理本道）などの分派分立活動やその弾圧を経て、原典の「理解のすじみち[25]」として、〝正統的〟な解釈として「復元教典」の制度化が求められたのであり、それは真柱率いる本部の権威とともに、原典の読みを確実に規制していくことが目指されたのである。

新しい教典における〝正統的〟な解釈とはどのようなものだろう。さきにひいた座談会にあったように、教典編纂委員たちは自分たちの考えていた原典の解釈と、正善のいうそれとが少なからず異なっていることに戸惑いを覚えていた。本部の編纂委員においてすらそのような状態であり、それ以外の信者と正善の思想との相違はより大きなものだったろう。

正善がもっとも重視した概念のひとつは、〈陽気ぐらし〉の実現である。教典の最終章は「陽気ぐらし」であり、「親神は、陽気ぐらしを見て、共に楽しみたいとの思わくから、人間を創められた。されば、その思召を実現するのが、人生の意義であり、人類究極の目的である[26]」とされている。この正善の〈陽気ぐらし〉論をもう少し詳しくみてみよう。

> 親神様の声が、何が故に地上の人々に伝わるに至つたのであるか。それは陽気ぐらしをさせたい、苦しんでおる人々をたすけて、人間をおつくり頂いた思召通りの陽気なくらしをさせたい、という上から、親神様の声が我々の耳に教祖様のお口を通して伝わつてきたのであります。／（中略）その陽気ぐらしへのたすけの道、その方法として何をお教えになつたか、それはかんろだいづとめであり、又一面おさづけなのであります[27]。

究極の目的としての〈陽気ぐらし〉、それを実現する「方法」として〈かんろだいづとめ〉があり、〈おさづけ〉がある。他方、喜多によれば、教祖五十年祭（一九三六年）のころまで教校別科で教えられていたのは、「いんねんの納消ちゅうんか、そうしたことのため泣き泣きでもおたすけに立っていくんや、それが世界たすけにつながっていくんやという展開」であった。「陽気ぐらしということをポンと出されたでしょう。（中略）喜んで果たす、つまり陽気ぐらしが大目標なんやということをはっきり仰有った」（喜多）が、「わしらは泣いて果たすというような時代の教育を受けてるから、そう言われても分かりにくかった」（慶一）のである。

この〈陽気ぐらし〉は「今〔一九七七（昭和五二）年〕の人やったら当たり前のこと」（喜多）になっているのだが[28]、戦前においてはそれほど自明なものではなかった。『みちのとも』で強調されたのは「自己犠牲」としての〈ひのきしん〉や「日本主義」であったし、布教の現場で話されていたのは（病気に関する説明原理としての）「かりもの、かしものの理と、十柱の神様、八つのほこり、どろうみこうきというようなもの[29]」が中心だったといわれる。これにたいし、「たすけ一条の喜びというか、ただ単に手放しで喜ぶのやなしに、たすけることに歯をくいしばっていんねん納消することやなしに、それが喜びなんだという展開をされたんですな」（喜多）「それが分かるまで、ちょっと暇かかったな」（慶一）「泣いて果たすかとか犠牲とかちゅうのは、大きらいやったな」（板倉）「考え方を根本的に変えはった、これは素晴らしいことやと思いますな」（喜多[30]）というように、「犠牲」的宗教としての天理教から「たすけ一条の喜び」へという、戦前において支配的だった解釈からの転換として受けとめられていったことがわかる。

中島秀夫や幡鎌一弘は、親神の教えの「元を極め、根源をたづねる」こととしての「復元」は、戦前から少しずつ、継続的に進められたものであるとして、戦前・戦後の連続性を重視している[31]。たしかに、原典に基づいて親神もしくは教祖の教えに回帰しようとする志向性は戦前から脈々と継承されているのだが、それらを「復元」の名のもとに一括して語ることは、その間に生起した変容をみえにくくしてしまう恐れがある。上に紹介した教典編纂委員の「復元」への戸惑いは、そうした語りの枠組みでは理解できないのであり、敗戦後に提唱された正善の「復元」については、ひとつの思想的断絶を含むものとしてとらえることも重要なのではないだろうか。

〈ひのきしん〉という経糸

「革新」期に入信した信者の場合、戦後の「復元」体制への転換にたいする戸惑いはとくに深刻だったようである。『天理時報』の「読者相談欄」（一九四七年二月一七日付）では、そうした悩みが率直に語られている。相談者である「悩む布教師」は、天理教校別科を「革新」が進行する一九四〇（昭和一五）年に卒業した。「当時の教校は教義の革新といふ旋風のため従来の教義は影をひそめ教典〔明治教典〕一本槍で教へられました。複雑な事情のため入信した私は天理教の教義といへば教典だと思ひ込み、おふでさき、おさしづなどの話が教会の先輩たちの間に話されてゐても他人事のやうに思つて」いたという。戦後の「復元」で原典が再び説かれることとなったが、「既に入信して以来六年余になる私には一朝一夕に自己の信念を切り換へることも難しいやうに思」われ、「今迄の自分の信仰の拠りどころを一時に見失つた感じで布教師としての資格さへもないのではないか」という苦悩を語っている。これにたいし、解答者の岡島藤人は、「今からでも決しておそくはない、大いに勉強もし努力もして下さい。教典によつて培はれて来た信仰の人ならば更に復元による教義を勉強すれば、一層教祖様の深い思惑や徹底した信心が伺はれて、心中自から有難さと陽気が込み上つて来るに相違ありません」と励ましている。[32]

教典といへ共全然教祖様の御教へや信心と相容れないものではなく只常識的な文章に書換へられたのと、一部当時の政府の要請を容れて書かれたといふにすぎないのですからそんなに木に餅がなつたやうに戸迷いされることもない筈と思ひます。それに本教は最初から実践の宗教として一貫して来てゐるので、根底的なひのきしんやたんのう[33]の生活には少しもかわりはない筈であります。／やゝもすると宗教の教義は単なる概念的な知識として、研究の為の研究としてもてあそばれる傾向が多いのですが本教に限っては教義は常に生活に即してゐるので生活を離れた教義も信仰もないのでその点少しも矛盾する事はないと思ふのです。[34]

ここで興味深いのは、「革新」による断絶を超え、戦前と戦後をつなぐものとして、〈ひのきしん〉があげられていることである。明治教典から原典への転換という、「概念」上の断絶は繕いようがないが、「実践」としての〈ひのきしん〉が継続的に行われているという事実によって、天理教信仰のアイデンティティが確認されたのだ。この相談者は「革新」以前の、原典に基づいた教えを知らなかったのだから、さきの教典編纂委員と同日に論じられないのはむろんのことだ。しかし、第3章などで論じたように、原典をもとにして教えが語られるからといって、それが国家主義や帝国主義から自由であるなどと考えるのは明らかな誤りであり、「革新」とそれ以前の時期との連続性／断絶、「革新」開始以前と「復元」路線との断絶／連続性によって、戦後天理教の教義や信仰は複雑に構成されていたのである。

三　「おふでさき註釈」のテクストとコンテクスト

教典は一九四八（昭和二三）年一一月号の『みちのとも』に「稿案」として発表されたあと、翌年一〇月二六日をもって裁定されたが、『みちのとも』では一九四六（昭和二一）年九月号から一九四七（昭和二二）年五月号にかけて、原典に関するもうひとつの重要な解釈が発表されていた。「おふでさき註釈」（以下「註釈」と略記）がそれである。上田嘉成名義で、一七号の「おふでさき」にあるほとんどの歌についての解釈を施したものだ。「はしがき」には「教義復元の一部門として、おふでさき釈義に対する熱望に答へ、一日も早く解釈の普及徹底する様、集成部のお許しを得て註釈を編述し、今月からみちのとも誌上に連載さして頂きます」[35]とある。教典は原典の要約版としての性格から、すべての文言について註釈を加えることはないが、この「註釈」は「おふでさき」の一言一句についての公式見解が示されているといえる。当然そのなかには、かつて日本の帝国主義や侵略戦争を正当化した、〈にほん〉と〈から〉に関する歌も含まれる。この「註釈」において、天理教本部は原典のなかに埋め込まれた戦争の痕跡と向き合わざるをえなくなったといえるだろう。ここでは、この「註釈」について、とくに戦前（「革新」が断行される前）において『みちのとも』等でさかんに引用された「おふでさき」を中心に検討してみよう。

一九三〇年代の『みちのとも』においてもっとも多く引用されたのは、〈にほん〉と〈から〉をめぐる「おふでさき」である。「註釈」の筆者である上田嘉成は、一九三六（昭和一一）年に「教祖様の日本観」という文章を載せている。当時上田は「おふでさき」における「日本精神の教義構成」を、「日本神道の伝統」「外来宗教の排撃」「日本人心の指導」「海外雄飛の予言」「世界助けの親心」の五点にまとめることができるとしていたが[36]、たとえば「このさきハからとにほんをすみやかに／だんだんハけるもよふばかりを」（四号、三三）の意味は、「吾人は外来の思想信仰を斥けて、日本固有の道徳宗教に復帰せねばならぬ。この事が完全に行はれたならば、神は平時に於て国内人心の一致団結を守り給ふのみならず、一朝有事、必勝の守護を垂れ給ふであらう[37]」というものであるという。また「このさきハにほんがからをままにする／みな一れつハしよちしていよ」（三号、八七）については、「読んで字の如く」だが、「東亜の先覚者としての日本、世界平和の擁護者としての日本、世界文化の指導者としての日本文化の将来に於ける発展を予言されたものである」とのべている[38]。一見してわかるのは、「おふでさき」のなかの〈にほん〉を、文字通り大日本帝国と解して議論を進めていることである。〈から〉については、「外来宗教」、「外来思想」、「外夷」といった意味にとられている[39]。たしかに、〈にほん〉と〈から〉をそうした意味に解するなら、これらの「おふでさき」はきわめて排外主義的で「日本主義」的なものだといえる。

一方、「註釈」は〈にほん〉と〈から〉について長い註をつけている。

にほんとは創造期に親神様が此の世人間をお創めになつたぢばの在る所、従つて此度先づ此の教をお説き下さるところ、世界救けの親里の在るところを言ひ、／からとは創造期に人間が渡つて行つたところ、従つて此度此の次に教の普及さるべきところを言ふ。（中略）にほんとからに関する一れんのお歌は「おふでさき」御執筆当時、科学技術を輸入するに急なあまり、文明の物質面にのみ眩惑されて、文明本来の生命である人類愛共存共栄の精神を理解しようともせず、ひたすら物質主義、利己主義の人間思案に流れて居た当時の人々に厳しく御警告になつて早く親神様の神意を悟り救け一條の精神に醒めよと御激励になつたお歌である。即ち親神様のお目からごらんになると世界一列の人間は皆可愛いゝ子供であつて、親神様の真意を知るも知らぬも先に教を受ける者も次に教を受ける者もその間に何の分け隔てもなく、究極に於て一列人間を皆同様に救けたいと言ふのが親心であるから親神様は一列の心が澄切つて一列兄弟の真実に醒め、互い立て合ひ救け合ひの心を定めて朗らかに和やかに陽気暮しをする日を一日も早くとお急き込み下されて居るのである。(40)

物質主義や利己主義にたいする批判は戦前から引き継がれたものだが、(41)決定的に異なるのは〈にほん〉と〈から〉が抽象化されている点である。両者の差異は「日本」と「外夷」といったように地理的に説明されるのではなく、「先ず」と「この次」、すなわち時間的な差異として読み替えられる。地理的もしくはナショナルな特殊性を捨て、普遍的な救済の教義の創造を目指したのだ。そしてさきにあげた四号、三三の歌は「今後は親神の教を知ると知らぬの順序を分けて、次第に一列の人心を澄ます段取をする(42)」となり、三号、八七の歌は「今後は親神の真意を説き聴かせて、今迄親神の教へを知らなかつた所へも、自由自在に救けい、一條の親心を行亙らせるやうにするから、皆の者は之を予め心得て居る様にせよ(43)」と解釈された。

一九三六年時点の解釈とはまったく異なっていることが、たやすくみてとれるだろう。だが幡鎌一弘は、ここにみられる変化は、敗戦による大日本帝国の解体という要因に還元することはできないと主張する。彼は、一九三九(昭和一四)年に上田が『みちのとも』に発表した「銃後に与ふるの書」という文章に着目し、これが「戦前と戦後とをつなぐ重要な一文(44)」であるとする。この文章を書いたとき、上田は応召して中国戦線に従軍していた。彼は、大陸での経験をふまえてつぎのように語っている。

私はこの大陸へ参りまして、一寸も異国に居る様に思ひません。それは我軍の行く所、常に日の丸が翻つて居るからです。それで日の丸の翻る所は、皆日本だと思つて居るからで御座いませう。(中略)神様のお言葉を拝読さして頂くと、神意に適つたもの、訳の分つたものと言ふ意味と、日本とを同義語に、又、訳の分らぬ者と言ふ意味と、他国を同義語にお用ひになつて居る様に思はれます。／してみれば、皇化の遍き所、即ち日の丸の翻へる所は皆日本であり、神意の行き亙る所であらねばなりませぬ。[45]

幡鎌によれば、この文章からは、「自らの進む道に日章旗が立っていく、すなわち「から」が「にほん」になっていく戦争体験」を通して、彼が「信仰者として教えの道を切り開いたところが「にほん」である」という理解に達したことが読みとれるという。つまり、戦後の「おふでさき注釈」につながる「から」「にほん」の解釈は、すでに日中戦争期において現れていたのであり、一九四六年版の釈義では、「戦争体験や国家観が脱落し、抽象的な理解のみが提示された」というのである。[46]

天理教の世界観や伝道思想の形成過程を考えるうえで、非常に重要な指摘である。ただし、逆にいえばこのことは、上田および彼の「おふでさき註釈」による普遍主義的教義理解が、軍事的・帝国主義的論理と親和的であることを示している。第2章で中山正善の伝道思想について論じたように、普遍主義的な伝道の論理は、自らの絶対的正しさへの確信と結びつくことで、一方向的な教導の論理へと容易に転化する危険性を孕んでいる。むろん、一九三六年時点の偏狭な国家主義的解釈にも問題があるのだが、普遍主義を単純に称揚することはできず、「教えの道を切り開」く際に他者とどのような関係を構築するかということこそが問われるのだといえるだろう。

戦前と戦後の解釈を並べてみるとき、今日の私たちからすれば、「東亜の先覚者」云々というようなものは、曲解も甚だしいといえるかもしれない。しかし、他面では、上田がいったように「読んで字の如く」でもあるのではないだろうか。一方、新しい「註釈」の解釈は、正善がいうように「信教自由の立場から押進め、あらゆる制圧から脱却し、率直に教祖様の御言葉をつづらして頂こうとした」[47]ものといってよいのだろうか。だがこれもまた、数ある解釈のひとつでしかないのであり、歴史的形成物として現れてこざるをえない。正統／異端を決定するのはいつも歴史的な状況であり、政治的な諸力なのである。

ＧＨＱの宗教政策はたしかに「信教の自由」を掲げていたが、島薗進が指摘するように、「占領期に宗教統制や政治による宗教の方向づけが行われなかったかというとそうではない[48]」。ＧＨＱの政策に反対することや、日本をアジア人の指導者であると僭称したり、諸外国との自由な交流に反対したり、諸外国との自由な文化および学術の交流に反対したり、軍国主義や軍人的精神を存続することが禁止され、「『危険な宗教教団』への隠微な統制は形を変えて存続していた[49]」のである。「信教の自由」は実質的にはＧＨＱの占領政策を阻害しないかぎりにおいてのみ保証され、その規制下において「教祖様の教えられたものの中に本質的に民主主義というような精神が含まれて[50]」いるといったことが語られ、「おふでさき」の新しい解釈は生み出されていった。また、「原典の言葉を曲解」して戦前に弾圧を受けた天理研究会などの異端解釈も、ネガとして新しい解釈に影響を与えたといえる。

むろん、占領期の宗教統制を「革新」時代のそれと同日に論じることはできないし、正善の戦前から継続する原典の研究・理解や幡鎌のいう上田の戦争体験などが「おふでさき」解釈を大筋で形成していったことはたしかだと思われるが、そうした内発的な要因だけではなく、「信教の自由」という名のもとでの「民主主義」の宣伝と「軍国主義」の抑圧からなる宗教政策が、天理教の戦後教義を形成する力として、なにほどか働いていたことには留意しておいてよいだろう。ただし、いうまでもなくそれは、戦後教義を政治的条件によって規制されたものとして否定的にとらえるためではない。たとえそれが宗教的なものであっても、人間が作り出すものである以上、政治的な力と無関係には存立しえないことを認識して、その政治的な力を批判的に問い返し、自分の信仰の根拠がどこにあるのかをあらためて見直すことにつながると思うからである。

四　アプレ・ゲールと天理教

周縁から照らし返される「宗教」

教義面や組織制度面で着々と「復元」が進められていくなか、信者たちはどのような戦後を迎えていたのだろうか。序章でもふれたが、金光教学者の渡辺順一は、太平洋戦争期を挟んで金光教の信者数が激減していることに言及し、生活上のさまざまな苦難を抱えて救済を求める多くの人びとを、教団が戦時態勢を強めることで切り捨ててしまったことこそが、教団の「責罪性」として重く受けとめられなければならない問題であると論じている。[51]

この渡辺の議論は、たんなる戦争責任論として読むよりも、新宗教運動史の領域をめぐる問題提起として読んだほうがよいだろう。教団を対象とした新宗教研究は、一定程度当該宗教の教義や実践を習得した固定的な信者を中心として論じる傾向が強い。一方、現世利益的で一時的な救済を求め、短期間で離脱してしまうような信者層については、そもそもその実態が摑みにくいという技術的な問題もあり、（教勢の拡大／縮小を示す量的指標という以外の面で）ほとんど主題化されることがなかったといえる。

しかし、金光教や天理教の教祖たちが作り出した共同体は「もともと制度化され得ないような性質のもの」であり、「それは一定の信者集団の「閉じた」社会関係（コミュニティ）ではなく、すべての人間に無限大に開かれ、そして運動自体の中でその表出と消滅、接続と切断がくり返されていく、神と人間が交じりあう一つの「状況」（コミュニケーション）だったのではないか」と考える渡辺においては、[52]教団の正統的な教義や実践を習得しているか否か、持続的な信仰実績があるか否か、といったこととはかかわりなく、救済を求める人びとにどのようにかかわっていくことができるのか、ということこそが民衆宗教の課題として見いだされる。だからこそ、戦時態勢のなかで教団を離れていった人びとも、そこで金光教の歴史から切り離されてしまうのではなく、金光教の救済宗教としてのありようを照らし返す存在として、あらためて立ち現れるのだ。本節では、渡辺の議論を上のように理解したうえで、天理教の信者およびその周辺の状況から、戦後天理教運動の動向を探っていきたい。

戦時期には、天理教においても、金光教と同様の事態が起こっていた。一九四三（昭和一八）年の『天理教統計年鑑』によると、[53]天理教において、一九三七（昭和一二）年度から一九四一（昭和一六）年度までは、「教徒数」は三〇万人前後で推移しているのにたいし、一九四二（昭和一七）年度に一六万二二五二人へと、半数近くに激減している（「教徒」は、「信心堅固ニシテ、三ヶ月ノ課程ヲ有スル天理教校修養科其ノ他所定ノ教学課程ヲ修メ九回ノ別席ヲ運ビ管長カラ授訓ヲ受ケタ者デ、教師ノ職務ヲ補助スルモノ」とされている）。[54]つぎに、「信徒数」でみると、一九三九（昭和一四）年には四一三万七〇九〇人であったものが、[55]一九四七（昭和二二）年二月末日時点の統計で一二四万二〇七一人にまで落ち込んでいる。[56]戦時中、天理教の信者たちが「ひのきしん隊」の実践へと動員されていった一方では、多くの人びとが天理教を離れていくことになったのである。そうした人びとが天理教を去った理由は一様ではなく、特定することはできないが、当時の天理教は、信者たちに一般の人びと以上に国家に献身する〈ひのきしん〉する）ことを求めたのであり、貧・病・争からの解放のような救済を第一に求める人にとって、魅力を見いだせるものではなくなっていったことは想像に難くない。第4章で論じたように、総力戦を経験するなかで、天理教の教義や信仰のあり方そのものが再編されていったのだが、それは現世利益的な信仰を重視する人びとを振り落としていくことでもあったといえる。

敗戦を迎えて、一九四六年度の「教徒数」は約一三万八五八二人で、さらに減少している。[57]「復元」天理教を担ったのは、戦時期および敗戦後の窮乏状態や「精神的な崩壊感」[58]を耐えて残った、いわば「信心堅固」な者たちだった。彼らは戦後の状況において、どのような活動を行っていったのか。

若者たちと社会

一九四六（昭和二一）年、青年会の「復元」に際しては、「天理教青年会復元趣意書」が配布された。そこでは青年たちにたいし、「若人よ蹶起せよ。奮起し以て、農村布教工場布教を敢行し社会一般の無気力と精神的貧困とを打開し、講演会に映写会に文書伝道に精神的物質的の威力を兼ねて社会のドン底を救済し、病者を救恤し、不良を感化し戦災遺家族を救護し慰問し、以て殉国の英霊を慰め、遺児孤児の養育に、教祖ひながたの万分の一を履み行ふ事は、正に教祖の御弟子たるの実をあぐる所以にして、又宗教本来の面目を発揚する所以なりと信ず[59]」と呼びかけられている。新会則では活動内容として、「信仰の練り合い」「ひのきしん」「年少者の信仰指導」「講演会」「その他」が明記された[60]。一九三二（昭和七）年の規程であげられていた海外布教や植民事業は削除され、講演会は引きつづき残された。また、社会教化や災害救助といった活動方針も踏襲されているといえるだろう。戦時期の活動をへて〈ひのきしん〉が活動内容として明記されたのは必然的なことであった。一九四九（昭和二四）年に定められた婦人会の「会則」でも、講演会があげられていないほかは、活動内容は青年会と同様のものとなった。天理教本部や青年会、婦人会は「いざ・ひのきしんの体制」をもって、「前進する主体として国民社会の発展に貢献[61]」することを公式的な立場として打ち出したのである。

だが、こうした意欲的な宣言が、充分に実行されたとは必ずしもいえない。再発会時の活動方針では、「時旬の上から、事業を行うことなく、おさしづにもとづいて青年の心の改めあい、練り合いを進めるという本来の姿に復元することを基本線[62]」としている。「復元趣意書」に記されているような、講演会や地域での〈ひのきしん〉、戦死者遺家族にたいする労力奉仕などといった活動は行っていたようだが[63]、青年層のなかには「心の改めあい、練り合い」を中心としたあり方に物足りなさを覚える者もいた。

たとえば一九四六年四月号の『みちのとも』に掲載された「青年は何を考へてゐるか」と題する座談会のなかで、出席者の藤原岩夫は「青年は魅力あるもの、理想に対しては一切を犠牲にして行く強さと熱を持つてゐます。しかるに本教に現在理想がないため、信念づけることが出来ず、ぢつとしてゐるのです」と語っている。片山竿志も、「本部は何故大号令をかけないのでせうか。ひのきしん隊の組織された時にはあれで大きな一つの号令でありました。今後は世界救けの旬だと云ふなら、先づ用木〔布教伝道のための人材〕を作れと云ふことでもよいから、何か具体的な号令を打出す必要があると思ひます」と、「ひのきしん隊」の活動様式をモデルとして、「具体的な号令」を発しない本部への苛立ちを口にする。[64] 第4章でのべたように、片山は敗戦後、「ひのきしん隊」の信仰の中身に問題があったのではないかと論じていたが、そこでの経験を無意味なものとして単純に斥けたわけではなかった。藤原や片山は本部の強力な指導による活動の方向づけを期待していたのであり、彼らが思い描く運動のあり方は、「革新」時代の体制と連続したものだったといえる。[65]

この年の『みちのとも』は、「現在の教団で教内青年を如何にするかと云ふことが最も重大な問題であり、それが将来の一ポイントであることを思つた時、私達は青年のために多くの道を開かずにはいられな」いという編集部の認識から、上の座談会を含め、積極的に青年層の意見を紹介しようとしていた。[66] そのなかで、もっとも辛辣に教団の現状を批判したのは、平野敏之「現代青年の要求」だろう。平野は、現代の天理教が「清新溌剌たる信念と活動を忘れ」ていると指摘し、「現在の行詰りは、外部的要因によるものでなく、寧ろ内部的要因によるものである」とする。

彼が「行詰り」の要因としてあげているのは、ひとつには導きの親子関係による系統組織の弊害である。この組織形態のために、「教会が、本部や上級〔教会〕のための教会、或は教会のための教会となつて民衆のための教会たる使命を喪失してしまつた」という。彼にとって系統組織は「資本主義的独占と封建的身分関係」であり、上級教会の支配から末端教会は解放されなければならない。もうひとつは、教会長ら布教担当者が「単なる教義宣布や研究の消極的独善観念」に自足し、「郷土の政治問題、社会問題、文化問題」に関心を向けていないことにあるとされている。

そして平野は「社会的・経済的環境に応じて、宗教的真実と感激を、社会的現実に処して、科学的に、合理的に、実証的に組織活動を展開し済世利民の社会的実践力を持つのでなければならぬ」と主張し、その担い手として「末端教会の若き青年」こそがふさわしいという。だが、実際には「多くの青年は、その創造性と熱情とを失つてゐる」。それは「先輩や父兄によつて教へられた教義の中毒患者」になっているからでもあるが、「勇敢に革新を唱へるものがあれば、それは道の異端者であり、反逆者であると寄つてたかつて叩きつぶし、教内にあきたらずして教外に走れば、それは道の敗残者であり、堕落者であると嘲笑白眼視する」という教内の状況があり、「かくて多くの教内青年が、天理教を離れた[67]」。

平野のいう「現在の行詰り」は、おそらく敗戦後の状況というよりは、戦前、一九三〇年代ごろから継続する問題としていわれているのだろう。実際、教団組織の硬直化を批判し、「信仰上の平等主義」や「組織運営の民主化」を目指す主張は、大正期からみられるものであり[68]、それ自体に目新しさはない。だが、大正期の「原典掘り下げ運動」とは異なり、原典への回帰よりも、「科学的精神の伸長と、純正な批判精神[69]」を重んじ、政治的・社会的・文化的諸問題へのかかわりを求めようとしているところには、「迫り来るインフレと食糧難に左右され□教の精神を忘却された本教の老衰化に行く事も出来ず棄てる事も出来ず遣瀬ない[70]」といった当時の状況のなかで、天理教者としていかにあるべきかを模索する青年の姿を読みとることができる。

片山は本部の「大号令」を求め、平野は「権限の大巾地方移譲[71]」を主張するというように、実現方法の面では両者の考えに隔たりがあるが、彼らは藤原のいう「理想」を概ね共有していたといえるのではないだろうか。少なくとも「復元教典」裁定以前の時期には、社会の諸問題に働きかけようとする「理想」への欲求が、一部青年層などにおいて保持されており、べつの戦後体制への展望が存在したのだといえる。

幡鎌は、戦後の天理教青年会が「社会との関係を模索し煩悶した」道程を、会の機関誌『あらきとうりよう』の分析を通じて跡づけている。青年会本部では一九四八（昭和二三）年に布教意欲の高揚、文教体制の拡充、社会事業の地方普及という三大方針を掲げ、その後の一〇年間で一〇〇以上の社会事業施設が立ち上げられた。再発会当初から社会問題への取り組みを志していた青年会としても、機関誌上で貧困問題や差別問題、原水爆問題などといったテーマをめぐる記事を積極的に掲載していったのである。

もっとも、そうした青年層の批判意識が具体的な変革プランとなり、大きな運動の流れを作るにはいたらなかった。それはどうしてなのか。幡鎌は、戦後の教義形成のなかにその原因を探ろうとする。彼は「復元」教義の柱となる「おふでさき註釈」と『稿本天理教教祖伝』(一九五六年)の成立過程を詳しく検証し、「教祖の言葉を純粋に理解し、信仰信念の涵養(心の成人)に振り向けていく〔「復元」教義の〕方向性が、歴史や社会との関係性を排除しながら生み出されてきたものだったこと」[72]を指摘する。たとえば『稿本』についてみてみると、編纂初期段階の草稿では、中山みきの生涯を政治史や宗教史のなかに位置づけようとする志向性がみられるが、しだいに「「正確な史料」に示されていることであっても、教義論として符合しなければ、それを採用しない」[73]という立場へと編纂方針が転換していき、最終的には「政治・社会構造などとの関係は全く述べられず、事実の提示に終始する」[74]書物として完成したのである。幡鎌によるなら、政治的・社会的な文脈から教義を切り離そうとする「復元」教義の性格が、青年たちの姿勢にも反映され、彼らは「社会を学ぶことはあっても、社会の諸問題の解決は、『復元教典』通り、一人一人の信仰心の問題にゆだねられていくことになった」[75]のだ。

『天理教青年会史 第四巻』は、当時本部の周辺や地方で設立された青年組織のなかに「系統を超えての同志会的統合をする者、超教派的活動をなす者、本教の批判をなす者等もあった」ことを認めながらも、「これら関係した多くの人々は、最後には自己の掘り下げを進め、個人布教の実践の道へ没入して行った」としている。[76]たしかに、そのように布教に邁進していった人びともいただろうが、平野がのべていたように、天理教を離れていった人びとも多かったと推測される。彼らはいったい、どこへ向かったのだろう。いまのところ、私はそれを知るための材料をもちあわせていないが、おそらく完全に宗教教団とのかかわりを断ってしまった者もいれば、べつの宗教のなかに、自分の進むべき道を見いだそうとする者もいたのではないだろうか。

新宗教ブームと天理教の変質

よく知られているように、敗戦後の日本では数多くの「新興宗教」が発生した。一九四九（昭和二四）年の時点で、「戦前四十三派にすぎなかつた宗教団体は現在三百四十余、戦後進出のものだけで約三百というにぎわいで、なお続々と誕生しつゝあるという、戦後宗教の布教所、教会は全国で三万ヶ所、信徒総数は一千二百万を越えている」[77]という大勢力であった。敗戦後、宗教団体法に代わって宗教法としての機能を果たした宗教法人令（一九四五年一二月二八日公布、即日施行。一九五一年にはこれに代わって宗教法人法が制定される）では、宗教法人設立が登記のあといくつかの要件を満たして所轄庁に届ければよいという準則主義に変更された。この法令によって、戦前から非合法に活動していたものが敗戦後合法化されて表に現れたり、脱税・節税目的で宗教法人格を取得する「便乗教団」など、さまざまな「新興宗教」があふれかえったのである。[78]

一九三〇年代から「新興宗教」批判の論客として活躍していた大宅壮一は、戦後の新宗教ブームについても、「学校教育だけを受けて、この方面の予備知識のないものが、何かの機会で偶然これにぶつかると、なんでもないことが〝奇跡〟に見え、それを行なう人間が〝神さま〟に見えてくるのだ。いわば近代教育の盲点、人間の知性の死角を利用したもっとも巧妙なる搾取の形式である」[79]と辛辣に批判していた。他方、鶴見俊輔は、「新興宗教」に入信する人びとの心理を「今ある種類の浅いコミュニケーション形式ではなく、もつと深いコミュニケーションに対する要求」として分析したうえで、「新興宗教や民間療法以外に、そういうコミュニケーションの道が開かれれば、事情は違つて来ます」とする。鶴見は新宗教ブームの背景にある「日常のコミュニケイションの問題」を提起するのだが[80]、それでも「新興宗教や民間療法以外」の「道」のほうが望ましいことは、彼にとって自明のことであるようだ。

さきに引いた『宗教便覧』は、一九四六年八月と一九四七年八月に時事通信社が行った世論調査の結果をもとにして、日本人の宗教にたいする認識の変化を分析している。それによると、「あなたは宗教を信じる気になれますか」という質問への回答は、一九四六年の調査では「信じる」が五六・四%、「信じない」が四三・六%だったのにたいし、一九四七年になると「信じる」が七一・二%、「信じない」が二八・八%となっている。「終戦後の混乱にあつて、国民は自己の本心をも見失つて信仰にたいしても関心が稀薄にならざるをえなかつたが、終戦という衝撃的な打撃より覚醒するとともに、社会不安に伴う精神的苦難は深刻化せざるをえなかつた。終戦第二年目において宗教を信じるものが圧倒的に増加してきたことは、この間の消息と宗教界が政教分離、信教自由の線に沿つて分派還元、別派独立の脱皮作用をようやく平静にとり戻してきたことを示すもの」だというのが、『宗教便覧』の見立てである。(81)

敗戦直後を除けば、人びとは宗教にたいする関心を失ったわけではけっしてなかった。むしろコミュニケーションというかたちであれ、病気治しというかたちであれ、「社会不安に伴う精神的苦難」からの救済の欲求は強く表出され、それが敗戦後の新宗教ブームを可能にさせたのだといえる。その一方で敗戦後数年の間、天理教が布教の成果をあげることができなかったのは、本部における新しい教義の確立も、青年層のなかにみられた「科学的精神」や「批判精神」も、戦後の困難な生活に向き合わざるをえない人びとの欲求に応えるものではなかったからではないだろうか。教団の中核的な担い手としての「教師数」は戦中・戦後を通してそれほど減少しなかったし、「教徒数」にしても、一九五三(昭和二八)年には三二万二七六人と一九三〇年代と同程度にまで回復したが、末端の「信徒数」は、総力戦期に激減したあと、目立った増加をみせるにはいたらなかったのだ。そしてその背景には、とりわけ一九三〇年代から教内で浸透していった、信仰形態の〈ひのきしん〉化あるいは修養主義化という大きな変化のなかで、呪術的救済の作法が後退していくプロセスがあったといえるだろう。

信者数のような量的指標によって、宗教運動の意義を単純に評価できないことはいうまでもない。戦時期の天理教や金光教における信者数減少についても、見方によっては、「信心堅固」で、正統的な教義や信仰に習熟した者を主体とした組織へと洗練されていく過程だと理解することもおそらくは可能である。だがそのことは同時に、修養主義的・「自己犠牲」的信仰から呪術的・現世利益的信仰まで、雑多な信仰形態をとりこみつつ展開し、増殖する宗教運動としての性格を喪失していくことでもあったという点は注意されてよく、新宗教にとって救済とは何であるのか、という重要な問いがそこには現れているように思われる。

終章　動員への経路

あの人は、なんでもご自身で出来るかのやうに、ひとから見られたくてたまらないのだ。ばかな話だ。世の中はそんなものぢや無いんだ。この世に暮して行くからには、どうしても誰かに、ぺこぺこ頭を下げなければいけないのだし、さうして歩一歩、苦労して人を抑へてゆくより他に仕様がないのだ。あの人に一体、何が出来ませう。なんにも出来やしないのです。私から見れば青二才だ。私がもし居らなかつたらあの人は、もう、とうの昔、あの無能でとんまの弟子たちと、どこかの野原でのたれ死してゐたに違ひない。

――太宰治「駆込み訴へ」[1]

(1) このユダの世界で

吉本隆明の評論「マチウ書試論」に大きな影響を与えたことでも知られる太宰治の短編小説「駆込み訴へ」(一九四〇年)は、福音書でイエス・キリストを裏切るイスカリオテのユダを語り手とし、イエスの美しさに愛と憎しみを募らせる彼の錯綜した感情が、余すところなく吐露されている。この作品に現れるユダは、イエス教団の経営に心を砕く現実主義者だが、「子供のやうに欲がな」い「精神家」としてのイエスと、「天国だなんて馬鹿げたことを夢中で信じて熱狂」しているペテロら他の弟子たちは、彼の仕事に感謝するどころか、いつも「意地悪くしむける」だけなのだ。[2] イエスの美しさは、「商人のユダ」[3]の手腕に支えられることでのみ存立しているのだが、それは同時に「商人のユダ」の世界を軽蔑することによって立ち現れる美しさでもある。この解消不能なアポリアに、ユダは苦悩し、饒舌な語りは自己矛盾へと追い詰められていく。

この作品で太宰＝ユダが提起しているテーマは、歴史上に現れた多くの新宗教――このことばをそれぞれの時代において新しく生まれてきた宗教運動を指すものと考えるなら、仏教やキリスト教もかつては新宗教だった――に共通するものだろう。教祖の存在を重要視する宗教集団において、教祖は崇拝の対象、あるいは救いの道を求めつづけた模範的信仰者として語られる。[4] いずれの場合にも、教祖と教団や信者たちとの間には、埋めようのない隔たりの感覚が生じることになる。隔たりの感覚があるからこそ、教祖という存在の求心力が発生するのであり、信者たちはさらなる信仰実践へと水路づけられるのだろう。目先の問題にとらわれ、種々の欲望に足元を掬われながら生きる信者たちからすれば、そうした日常の些事を超越した、というよりそのように語られる教祖は、はるか遠くに仰ぎみる高峰として屹立している。

だがユダはいう、「この世に暮して行くからには、どうしても誰かに、ぺこぺこ頭を下げなければいけないのだし、さうして歩一歩、苦労して人を抑へてゆくより他に仕様がないのだ」と。信者たちや教団は、ユダの世界に足場をもって生きている。いや、太宰＝ユダが語るところでは、イエスその人にしてからが、ユダの世界に支えられることでしか存立しえないのである。偉い人に褒められれば悪い気はしないし、なるべくなら痛い目をみたくはない。人はそうした陳腐な欲望から、身を引き剝がすことなどできるのだろうか。おそらくほとんどの人間にとってそれは不可能なことであり、大衆的な宗教運動は、その平凡な人びとが集うことでこそ駆動するのである。

本書では、このユダの世界に視点をおいて、天理教の近代経験をとらえようとしてきた。「教祖の教え」を受け継ごうとする人びとの思想や実践が支配体制に取り込まれ、ときに植民地主義や戦争協力といった暴力を内包することもある。そうした歴史的過程は、この宗教集団を形成した人びとの弱さ、凡庸さを示すもののようにみえるかもしれない。だが太宰＝ユダが教えるのは、それが私たちの弱さであり、凡庸さでもあるということではないだろうか。冨山一郎にならっていうなら、「総ての人は臆病者なのだ」[5]。

そうであれば、歴史を書く者にとって重要なのは、勇気ある者と臆病者とを選り分けて称揚／非難することでもなければ、臆病者の存在を隠蔽することでもない。歴史を書く者も、書かれる者も、ひとしく臆病者であること、つまり人間であることを承認したうえで、その臆病さを抱えた者たちが、信仰の光に照らされながら「この世に暮して行く」ことの意味に向き合うことなのである。そのことを確認したうえで、終章では、ここまで論じてきたことを簡単にまとめなおし、近代日本と新宗教との交錯が何を生み出したのかをあらためて考えてみたい。

(2) 読みの運動へのまなざし

序章において私は、新宗教運動の歴史を、読みの運動という視点からとらえることを提案した。特定の人物や時期（典型的には、教祖や教祖が活動していた時期）にその宗教運動の本質が存在すると考えるのではなく、その宗教集団に集まった人びとが、先行する信仰者が残した信仰遺産（経典・教義・儀礼・教祖伝・聖地・教団組織など）を継承し、読み替えていく営みのなかに、その都度の独異な思想があり、形態があり、歴史的意義があると理解するのである[6]。

個々の信仰者たちは、信仰遺産をどのように〝読む〟のだろうか。テクスト解釈の可能性は無限に開かれているとはいえ、まったく恣意的に読まれるというわけではない。日常的な信仰実践を通じて、彼らは信仰遺産を読むことの目的・関心・信念などを共有する共同体へと参入していく。文学研究者のスタンレイ・フィッシュがいう「解釈共同体」である[7]。この共同体は、さしあたり教団組織という大きな単位を指すと考えることもできるが、個別の教会や家族といったより小さな単位でもありうる。教団という大きな共同体と、より小さなそれとが重なりあいつつ、ずれを孕んで存立していると考えるのが妥当だろう。個々の信仰者は、これらの「解釈共同体」のなかで、信仰遺産の解釈の幅を一定程度規制されているのだ。

だが、信仰者集団によって構成される「解釈共同体」は、外部社会から切り離されて存在しているのではない。彼らは国家や資本制、地域社会などに取り囲まれ、直接的・間接的な働きかけを互いに行っていると同時に、そうした社会的仕組みを形成している価値観や秩序意識は、程度の差はあれ、彼ら一人ひとりのなかにも浸みとおっているのである。

このように、「解釈共同体」内部でのずれや、外在的な社会的仕組みとのかかわりを通じて、宗教遺産の読みは不断に組み替えられ、信仰のありようや意味世界にも変容が生じる。そこに、読みの運動のダイナミズムがあるのだといえる。

そうした観点からすれば、教祖の時代に形づくられた思想や実践は、信仰者の読みの行為を動機づける重要な光源であり、参照点であることはたしかだとしても、彼らの読みを決定づける唯一の要因にはなりえないし、それを評価する絶対的な基準でもないはずである。したがって、たとえば信仰者集団の近代化・合理化が進むことによって、教祖時代の思想・実践からの逸脱や後退が生じたとか、逆に末端の布教現場では教祖の信仰が受け継がれてきたとかいったような、従来なされてきた新宗教史の語りは、個々の信仰者による読みの可能性を大幅に切り縮めるものだといわざるをえない。先行する読みの伝統に規定されながらも、自分自身が生きている状況のなかで、新たな読みの作法を生み出していく人びとの創造性こそが重要なのであり、新しい読みの産出を可能にする仕組みとしての新宗教の歴史性がとらえられなければならないのである。

(3) 神語りの近代

天理教や金光教といった近代日本の新宗教の発生、そして発展には、神がかりや病気治しといった奇跡的な出来事を欠くことができない。教祖たちは神のことばを聴き、もしくは自ら語り、病気を治すことでカリスマを示し、人びとをひきつけた。教祖たちのカリスマは、部分的にであれ、信者たちにも分有され、各地に奇跡譚が広まっていく。こうした出来事を通じて得ることのできる、神と人とのつながりの実感、それが新宗教運動の興隆をもたらした要因のひとつであった。

だが他方で、近代社会の内部での継続的な活動を志向するかぎり、新宗教運動は近代日本的宗教組織として自己形成していくことを運命づけられていた。つまり、彼らは開国以降の欧米諸国とのかかわりのなかで形成された「宗教」概念を受容しつつ、近代日本の国家的課題——国体の形成・維持、文明開化、富国強兵、大東亜共栄圏構想といった——を下支えしうる教義体系・組織制度を構築することを余儀なくされていったのであり、さもなければ苛酷な弾圧を被ることになったのである。もちろん、長い伝統をもつ仏教諸宗派なども、こうした編成替えを経験していったことには変わりがない。しかし、その編成替えが、右にのべたような神がかりや呪術的な病気治しの実践と同時に進行したところに、新宗教の近代経験の独自性がある。

まったく対照的にみえるふたつの流れが新宗教運動のなかを通っていたのだとすれば、そこに集った人びとは、それらの間の関係をどのように経験したのだろうか。中山みきに焦点をあわせるなら、神のことばを語り、病気治しなどの霊験を示した彼女は、世俗権力におもねることを拒絶して生を全うした。そこにおいて、ふたつの流れは厳しく対立していて、交わる点を見いだすことはできない。しかし、飯降伊蔵や中山真之亮たちは、彼らが生きる状況のなかで、みきの切り開いた思想と実践を読み替えていく。第1章で論じたように、伊蔵の憑依の身体を中心とした「おさしづ」の場は、中山みきの周囲に形成された親神共同体を正統的に継承するものとして営まれ、信者たちの信仰を再生産する重要な役割を果たしていた。それは、みきが書き遺したものや語り遺したこと、ひいては彼女の生涯全体の意味を、神と伊蔵、そして居合わせる信者たちが共同で読みなおす場であったということもできるだろう。

重要なのは、この教祖の記憶をめぐる読みなおしの場そのものが、一派独立運動における天理教会と政府との交渉の渦中に巻きこまれていったことである。救済の形態、さらには神名の変更をも含めた政府の干渉にたいして、たのだ。

「おさしづ」の語りはその不当性を表明していた。伊蔵＝親神は政府や国会といった権力者による支配を否定し、神による統治の理念を語っていたのであり、「おふでさき」に盛りこまれたみき＝親神の立場をあらためて確認したのだ。

しかし、さまざまな事情を抱えた信者たちと向き合いつづける伊蔵＝親神は、彼らの信仰共同体が近代社会を生き延びていくことの困難さに直面するなかで、読みの運動の新たな局面を切り開いていくことになる。真之亮や松村吉太郎ら、独立運動を推進する者たちは、古参の信者からの反発を買いつつも、政府の承認を受けることに親神共同体の未来を賭けようとしていた。そして伊蔵＝親神は、信者たちとの対話の過程で、みきの教えと真之亮らの欲望を接合する道を模索していく。「おさしづ」の解答はこのようなものだった。政府の要求する神の教えの改変は間違っているのだが、親神共同体がそれに応じることは必ずしも間違っているわけではない。なぜならそれは真実を一時的に伏せることにすぎないのであり、いずれまた正しい教えを表に出すときがやってくるからである。

ここにおいて、親神共同体の思想世界にどのような変化が生じたのだろうか。「これから八月日〔親神を指す〕かハりてま丶にする」（六号、七三）と歌う「おふでさき」では、今・ここにおける神の統治の開始が宣言されていたのだが、「おさしづ」では神による支配のときは先延ばしされている。確立していく国家権力と、その内部に活路を見いだそうとする信者たちの欲望への応答を試みる過程で、伊蔵＝親神は、神が統治する理想世界の今・ここ性を手放していったのである。すなわち、近代日本の宗教構造に巻きこまれることによって、親神共同体の内部に終末待望型の信仰が形成されていったのだ。(8)

信者たちが神と出会い、信仰を再生産していく「おさしづ」の時空間において、国家権力への妥協が追認されることにより、彼らは苦汁を嘗めながら「応法」の道としてそれを受け入れていくことになる。しかし、こうした親神による妥協の事例が重なるにつれて、「応法」としての妥協はそこにあった緊張関係を喪失し、国策協力と神意との距離は縮小していくことにもなったと思われるのである。

こうしてみると、人間に憑依した神との対話という非合理的な形態をとる信仰の場が、近代日本的宗教組織へと新宗教運動を変態させるうえで、逆説的に重要な役割を果たしたことがわかる。だが、伊蔵の後を受けた上田ナライトの失脚が象徴的に示すように、近代日本型宗教組織への転換を遂げた大正期の天理教では、神がかりという要素は無用のものとされていった。教団のありようを新たに形成しなおし、状況に対応していくうえで、「おさしづ」のテクストを含めた書かれた教えをどのように読みなおすのかが、枢要な課題となっていくのである。

(4) 帝国日本の新宗教

伊蔵が死に、天理教が教派神道の一派として独立する一九〇〇年代後半、天理教と国家との関係は新たな段階を迎えた。この時期に並行的に進行したのは、一方では政府が諸宗教の布教力を国民統合に利用しようとするなか、独立教派となった天理教が国家にとって有用な宗教として積極的にふるまおうとする事態であり、他方では「おさしづ」というかたちでの直接的・同時的な神意の発現が失われ、テクストとして残されたかぎられた量の原典を解釈することによって、教団の運営方針や信仰のありようを決定していかざるをえなくなったことである。このふたつの契機が結びつくことによって、天理教における原典の体系的な解釈が国家主義的な枠組みのなかで開始され、そのことが戦前期における同教の歩みを決定的に規定しつづけることになった。

このあたりの事情については、ウォルター・J・オングによる「声の文化」と「文字の文化」をめぐる議論を参照すると、理解しやすいかもしれない。

口頭で発せられることばは、書かれたことばと違って、たんなることばだけからなるコンテクストのなかにはけっして存在しない。話されることばはつねに、全体的な〔人間の〕生存状況のある様相なのであり、そうであるがゆえに、つねに身体をもまきこむのである。(9)

「おさしづ」は、克明に書きとられて吟味されていたことはたしかだが[10]、まさに伊蔵の「身体をもまきこ」んで発せられたことばだったのであり、信者たちは彼の語る意味内容だけでなく、声色や病いなどを注意深く読みとることで自らの信仰を組み立てていったと考えられる。これにたいして、書かれたテクストは、より遠くの、そしてより多くの信者たちに読まれることができるし、語り手の身体から独立することによって、解釈のありようにも新たな可能性が立ち現れてくるだろう。オングがいうように、文字が書かれ、さらには印刷されて多くの人びとの読みにさらされるようになると、「正確さと分析的な厳密さを求める感覚[11]」が生じる。それは、書き手／読み手の双方、つまり「文字の文化」を生きる者たちに共有される感覚である。そして彼らが正確に、分析的に書き、読もうとする過程では、同様に文字として書かれたさまざまなテクストを参照することが可能になる。天皇の神聖さを語ることばや国体の重要性をいうことば、あるいは帝国主義の夢を描くことばなど、信仰共同体の外部で展開するさまざまなことばが、「おふでさき」や「おさしづ」といったテクストの解釈に影響を与えていくことになるのである。

他宗教に眼を転じると、明治二〇年代ごろから雑誌を拠点として新しい仏教運動が展開されていったことが知られており[12]、一九〇〇年代以降に機関誌『道乃友』などの出版メディアを積極的に活用していった天理教も、遅ればせながらその流れに棹さしていったということもできる。とはいえ、近世以前から経典をめぐる膨大な読みの伝統を蓄積してきた仏教と、二〇世紀初頭にいたって書かれたテクストとはじめて向き合うことになった天理教とを同一視することはできないだろう。『反省雑誌』や『新仏教』などの雑誌を活用した「新しい仏教」の運動の場合、こうしたニューメディアは、各宗門で受け継がれてきた経典解釈の伝統を相対化し、新たな読みの作法をもたらす変革的な力として機能したといえるが、天理教では、二〇世紀に入って教義が近代的なものに変革されたというよりも、文書による教義の形成という営みそのものが、近代のなかで開始されたというほうが正確である。

したがって、非国家主義的な既存の教義から国家主義的な新しい教義への移行という図式では、この時期の天理教の変化はとらえられない。そこで生じた変化はそういうものではなく、口伝えでの教えのやりとりや、多様な身ぶりをともなう具体的な信仰実践の世界が、教義の形成というかたちで抽象化され、語りなおされるという経験だったのであり、信者たちが覚えた戸惑いや反発も、その点にこそあった。こうした変化を先取りした一派独立運動を推進する過程で、布教師養成学校として天理教校の設立を進めた際に「少数の理解者を除いては、ほとんどこれを、外道のように思つていた[13]」というのも、当時の信者たちが、学校に象徴される近代的教育システムと親神共同体の信仰との異質性を強く感じとっていたことを示している。

逆に、新たに構築された教義が国家主義的性格を濃厚に帯びていたという点に抵抗を覚える者は少なかったと考えられる。たとえば後に独立運動の中心を担うことになる松村吉太郎が、一八八九（明治二二）年にしたためた「誓文」には、このような一条があった。

一、今後は、神一條の道に心を寄せ、決して神の御咄を疑ふ事なく、神の道を貫徹するには刑場に就くも変ずる事なく、世界の道は王法の為めに治め、心は神一條の精神を以て貫徹する事[14]。

ここで松村は「神の道」と「世界の道」という、ふたつの道を両立させることを誓っている。「刑場に就く」ことになっても貫徹するとして、「神の道」の重要性がより強調されていることはたしかなのだが、「王法の為めに治め」る「世界の道」が否定されているわけではまったくないのである。歴史学者の安丸良夫は、天理教や金光教など、彼が民衆宗教と呼ぶものの教えや信者の願望は「国民国家の要請とは別次元」だったとしながらも、「家を単位とした幸福や繁栄という民衆の願望を編成していくことで形づくられていく近代国民国家に対して、こちら側〔民衆宗教〕からもその規範や願望の普遍化された意味づけ・位置づけを求めて、国家の要請に連動していくことになりやすい」と指摘している[15]。とくに、松村のように政府の要請を受けとめつつ教団の近代化を推進する立場の人間は、「みずからの正統性の根拠を天皇や国家の権威に結びつけ[16]」る傾向が強かったのだろう。安丸が論じるように、明治一〇年代以降の日本では、多くの人びとが――程度の差はあっても――「文明化を目指す国民国家に参画するという理念」[17]に同意していったのであり、親神共同体の人びとも例外ではなかったのだ。

前述したように伊蔵＝親神が世俗権力による支配を否定する発言を行っていたことからするなら、「王法」を屈託なく受け入れる信者たちの態度は一見奇妙なものにも思えるのだが、「年明けたら御陰や、国会々々やと言うて、いろ〳〵の説いろ〳〵の話」（明治二三年六月二五日（陰暦五月九日）午前九時）という「おさしづ」などをみると、信者たちは間近に迫った国会開設を「御陰」として、楽観的な希望をこめてあれこれ語りあっていたらしいことがうかがえる。この信者たちの日常的意識のなかでは、政府であれ、国会であれ、彼らの「家を単位とした幸福や繁栄」を保障するものと考えられるかぎりで、世俗権力の存在は親神を中心とした信仰生活と矛盾するものではなかったのである。

こうした信者たちの認識を背景として、近代ナショナリズムと結びついた教義が形成されていったのだが、教勢がさらに拡大した一九二〇年代以降、植民地である台湾や朝鮮、さらに中国大陸などへ向けた海外伝道が組織的に遂行されるにいたって、中山正善の思想にみられるように、戦前期の天理教の教義には帝国主義的・植民地主義的な要素が分かちがたく結びついていく。その背景に、新宗教にたいする政府や一般社会の根強い〝淫祠邪教〟観があり、彼らが弾圧や誹謗を避けるために、国策への順応を強調せざるをえない事情を抱えていたことはたしかである。だが、天理教の教義形成の起点にはナショナルな語りとの接合があり、それが信者たちの信仰をなにほどか方向づける役割を果たしたのだとすれば、私たちは新宗教の近代経験と国家主義や帝国主義、植民地主義との複雑な絡み合いを、さらに立ち入って理解する必要がある。

（5）読みの運動の多層性

一九〇〇年代末ごろを境として、「おさしづ」の場を中心とした「声の文化」としての親神共同体から、書かれたテクストによる教義形成が行われる「文字の文化」としての天理教へと、信仰共同体のありようが変容していったことについてのべた。だが、そうした書き方は、新宗教運動という複雑な読みの運動の上っ面を撫でるだけのものなのかもしれない。教義が作り上げられていくことと、それが個別的な信仰現場においてどのように機能したのか、もしくはしなかったのか、ということとはやはりべつの問題として立てなければならないからだ。

当時すでに、〝内地〟をはじめとして、台湾や朝鮮、中国大陸など、さまざまな地域で急速に天理教の信者は広まっていた。農村でも都市部でも活発に布教が行われ、とりわけ農民や下層労働者など、日本資本主義の形成過程で貧困の度を深めていった層の人びとが、救済を求めて集まっていたのである。布教師たちは、こうした信者たちにたいして、〝導きの親〟から受けた教えや、天理教校での授業や機関誌などで説かれている教義を自分なりに噛みくだいて話して聞かせたことだろう。しかし重要なのは、個別的な布教の現場では、こうした教えないし教義が、そこにある具体的な問題をコンテクストとして語られていたということだ。つまり、信者やその家族などが抱えているこの病気、この事情を理解し、解決するためにこそ、天理教の教えや教義は求められ、与えられる。さらに、ことばとしての教義は独立して機能するのではなく、病気治しの諸儀礼などと組み合わせられることで、全体として〈おたすけ〉の場を構成していたのである。(18)

中山みきや飯降伊蔵の身体から解放され、教義として体系化された教えは、こうして再び、苦悩を抱えた人と人との対面状況に差し戻される。彼らが差し迫った問題に直面しているかぎり、教義体系のなかでも重点的に語られるテーマと、そうでないテーマとにわかれていくことは必然だった。〈かしもの・かりもの〉や〈八つのほこり〉、〈いんねん〉といった、問題の原因やその解決に直接かかわる教えについては繰り返し説かれたが、逆に国家主義的・帝国主義的な要素は、端的にいって彼らの焦眉の問題からはかけ離れており、優先的な話題として選ばれることはなかったと考えられる。必ずしも天理教などの新宗教にかぎられたことではないが、書かれた教義と信仰実践との間にこうした空隙が生じ、多層的な読みの可能性が確保されるところに、宗教運動のとらえ難さがある。とはいえ、そのような空隙こそが運動の活力を生んでいるのだということもできるだろう。

（6）動員へ

しかし、繰り返すが、そうした末端の信者たちも国家主義や帝国主義などと天理教の信仰を結びつけて考えることにさしあたり関心が薄かったというだけで、そのような教義のありように反感を抱いていたというわけではない。社会状況や、信仰実践を方向づける仕掛けしだいで、彼らが国家主義や帝国主義の熱心な担い手となったり、さらには戦時体制を自発的に支える主体として立ち上がったりする可能性は潜在していたのである。

〈ひのきしん〉の教義と実践がたどった歴史的変化は、そのことをはっきりと認識させてくれる。一派独立後の天理教において、このことばは、個人や家（族）単位の幸福や繁栄を志向する日常的信仰のありようと、国家や社会への貢献という近代日本的宗教組織の課題とをつなぐ鍵語として、中山みきの「みかぐらうた」から新たに読み出されることになる。

教義化された〈ひのきしん〉は、私欲を離れた「犠牲的精神」をもって生産活動にあたり、資本制社会や近代国家を支えることを人びとに要請するもので、病気の治癒などを目がけた現世利益的信仰実践とは異なる方向づけが与えられていた。もちろん、それらは矛盾した関係にあるわけではなく、神の恵みを受けることと、その恵みにたいする感謝を表す行為との往還を通じて、調和に満ちた生活が可能になるのだというように理解するなら、病気治しの諸実践と〈ひのきしん〉とはひとつらなりの世界を構成していると考えることができる。しかし、その神への感謝が資本の論理や国家への忠誠へと振り向けられるところに、二〇世紀前半の日本で形成された〈ひのきしん〉の教義の歴史的特殊性がある。(19)

日常的信仰と国家・社会への奉仕の接続は、それほど滑らかに進められたわけではなかった。機関誌などで〈ひのきしん〉の重要性が強調され、本部周辺における実践が積み重ねられる一方で、多くの信者たちの関心は、国家や社会といった抽象的な制度にではなく、目の前にあるこの病気、この事情に向けられていた。天理教の教勢が爆発的に伸びていた一九二〇年代まで、書かれた教義としての〈ひのきしん〉と、信者たちの信仰実践の間には豊かな空隙が残されていたのである。

こうした状況に変化が訪れ、一般の信者たちが国家・社会にたいする「犠牲的精神」を捧げることになったのは、一九三〇年代のアジア・太平洋戦争期である。この時期、〈ひのきしん〉ということばの含意はさらに肥大化し、国家・社会のためになされるすべての営みを指すようになると同時に、それ自体が天理教の精神と等置されるまでになっていく。そうした教義的変容は、多くの信者たちの実践に裏付けられることによってこそ可能になったのだが、その過程で重要な役割をはたしたのが、戦争協力という経験にほかならない。

(7) 読みの運動と総力戦

だが、〝天理教の戦争協力〟を一息に語ることはできない。この巨大な宗教運動のなかには、複数の読みの系譜が並行し、交錯しているのであり、私たちもそれらの関係性を丁寧に読み解いていく必要がある。さしあたり問題になるのは、一九一〇年代から継続的に進められていた「原典掘り下げ」運動、そしてその成果としての原典公刊へといたる流れと、帝国日本の版図とともに拡大する海外伝道の思想と実践が、総力戦体制への動員を目論む政府の意向と出会うことで、どのように変化し、あるいは変化しなかったのかという点、そして総力戦体制での〈ひのきしん〉運動への参入という経験が、それまで身の回りの救いへと向けられていた一般信者たちの日常的な信仰のありようや自己理解にどのような変容をもたらしたのかという点である。

まず前者について検討しよう。中山正善が行ったように、原典を確定し、それを本部の権威のもとに公刊することは、天理教の近代的な「宗教」としての自己意識を高めることになっただろう。キリスト教の聖書や仏教の経典群のように、自前の聖典をもち、独自の世界観を備えた「宗教」として、天理教はイメージされることになったはずである。だが、すべての人民の「強制的均質化」によって総力戦体制への移行を進めようとする国家にとって[20]、こうした世界観の構築は「均質化」の妨げになるものと映ったのであり、当局の意向を受けた「革新」での原典の回収措置や大幅な削除などにつながっていく。このことは、指導層の脳裏に深く刻まれる弾圧の記憶となり、戦後の「二重構造」論的な歴史認識の基盤のひとつを提供したものと考えられる。その一方で——さきほど強調したとおり——二〇世紀前半に形成された天理教の教義体系や海外伝道のシステムは、そもそも帝国主義戦争の歯止めになるような性格のものではなかった。戦時期天理教の中核的概念となった〈ひのきしん〉に関しても、平時における国家・社会への奉仕を信者に要請する語りから、非常時の総力戦体制への動員を宗教的に意味づけることばへと重点を移動させることは容易だったのである。したがって、天理教の教団および指導層にとっての総力戦体験は、教義的・心理的な強い被害の感覚とともに、一派独立以降に積み重ねてきた教義体系や海外伝道思想の徹底化として、ある高揚感をともなって受けとめられたといえるだろう。

後者の点についてはどうだろうか。さきに指摘した、書かれた教義と日常的信仰実践との空隙は、一般信者たちが国家主義的な信念との完全な同一化をはたしていなかったことを示しているが、その一方で、彼らが日常生活あるいは布教の現場で直面する苦難を、教祖が経験した苦難と重ねあわせ、信仰上の試練として受容するという心性を育んでいたことは重要である。総力戦期に〈ひのきしん〉運動への動員が行われるようになると、「聖戦」下の苦難を耐えぬき、〈ひのきしん〉に身を捧げることを自発的に受け入れるうえで、こうした心性が重要な機能を果たすことになったのだ。

その意味では、総力戦体制を支える〈ひのきしん〉運動への信者たちの動員を可能にした条件は、一面では一九二〇年代以前の信仰生活においてあらかじめ準備されていたといえる。しかし、それだけでは、身の回りの救いを渇望することから帝国日本のために「犠牲的精神」を発揮することへの跳躍を充分に説明することができない。それまで天理教の教義を〝プライヴェート〟な病気や事情をコンテクストとして読みこみ、実践してきた人びとが、それを国家や戦争といった〝パブリック〟なコンテクストに位置づけなおすようになるには、政府の意向を受けた指導層の指示や〈ひのきしん〉をめぐる多様な言説の影響だけでなく、べつの内発的な動機づけが必要だったのではないか。

総力戦体制が実現しようとした重要なプロジェクトのひとつは、労働者階級やエスニック・マイノリティ、女性といった、近代社会のなかで劣等市民としての位置に甘んじてきた人びとを、総力戦の担い手として社会に再統合しようとするものである。彼ら／彼女たちは、これまで労働市場の構造、法規定や社会的偏見により市民としての正当性を否定されてきた。だが、あらゆる人的資源を動員しようとする総力戦体制のもと、彼ら／彼女たちは国家への過剰な自己投企という手段によって〝一人前〟の市民としての資格を獲得しうると信じた、あるいは信じようとしたのだ。[21]

敵国となった欧米諸国とのつながりが強く、また造物主への信仰によって支配体制に警戒されていたキリスト教や〝迷信〟として根強い蔑視にさらされてきた新宗教も、総力戦体制への自発的な献身を求められ、それに抵抗するものは排除・弾圧の対象となっていったのである。とくに、新宗教の信者層は労働者階級や女性の割合が高く、その意味で彼ら／彼女たちの存在は劣等性の刻印を二重、三重に帯びさせられていたというべきだろう。近代において蓄積されてきた天理教への差別や抑圧の歴史と、総力戦体制によって喚起される、自己献身を通じた〝国民化〟への欲望との弁証法的力学のなかで、〈ひのきしん〉運動の高揚が生み出されたのではないだろうか。

ところで、やや視野を広げて考えてみると、この〈ひのきしん〉の教義は、「聖戦」と呼ばれたアジア・太平洋戦争を支えた教義とも相互補完的な関係にあった。日中戦争の開戦以降、政府・軍やマスメディアなどによって、「聖戦」を彩るさまざまな宗教的表象があふれ、「日常生活の聖戦化」（川村邦光）が推進されていた。そうしたもののひとつ、紀元二千六百年奉祝事業の一環として行われた橿原神宮境域等整備事業をめぐる表象は、賃金獲得のための労働の否定、肉体労働の特権化、〝民族的伝統〟に根ざした内向きの共同性の称揚といった多くの点で戦時期の〈ひのきしん〉の教義に通じるものである。

〈ひのきしん〉の理論を構築した諸井慶徳は、〈ひのきしん〉が一般の国家的勤労奉仕と同一視されることを嫌ったが、彼の意図とは裏腹に、各地の実践の現場においては、両者の差異はかぎりなく曖昧なものとなっていた。そのことは、政府・軍やマスメディアが主導する「聖戦」の教義がその信憑性を諸宗教の信仰資源によって補強しながら、国民の合意や献身を調達し、宗教戦争を遂行していったことを示唆している。そうであれば、多様な宗教的背景をもつ個々の国民が、自らが親しんできた教えや教義、実践とどのように照らし合わせて「聖戦」の教義を読み込み、内面化していったのかを明らかにすることが、アジア・太平洋戦争の宗教性を理解するうえできわめて重要な課題となるだろう。

（8）敗戦のあとで

〈ひのきしん〉の歴史をたどるなかで、私たちはいくつかのことを理解したと思う。まず、政治的・社会的な文脈が宗教的な語りにきわめて大きな変化をもたらす場合があるということ、つぎに、宗教的な語りの変化は必ずしも信者たちの信仰実践の変化を意味するとはかぎらないということ、しかしまた、政治的・社会的な力による動員――総力戦体制――が語りと実践の距離をひとたび縮めると、それらは互いを補完し、強化して、教義・信仰の新たな展開を可能にするとともに、それをもたらした政治的・社会的な力の支配を下支えするのだということなど。では、敗戦によって大日本帝国が崩壊したように、その政治的・社会的な力が失われれば、こうしたもろもろの変化も消え去ってしまうのだろうか。

そうではなかったのだ。天理教は、中山正善を中心として迅速に戦後体制を整えていったが、それは戦前の経験との訣別を意味するものとは必ずしもいえない。とくに敗戦直後の一九四〇年代後半においては、戦前・戦中の体制のなかで培われてきたものと、新たな体制との葛藤を孕んだ関係性が剝きだしになっていた。

戦後体制＝「復元」を打ち出すに際しては、「革新」時代の総括を避けることはできなかった。戦時期の天理教では、原典削除や教団組織の整理などの諸改革と、対社会的な〈ひのきしん〉の実践というふたつの大きな動きがあり、これらを混同してしまうと、天理教に集った人びとの歴史的経験をとらえそこなうことになってしまう。敗戦後に中山正善や中山為信ら教団中枢が「革新」の名のもとに反省の弁をのべたのは、教義・組織制度といった教団内的な改革にかぎってのことであった。

これにたいして、「ひのきしん隊」「いざ・ひのきしん隊」の出動によって象徴される、さまざまな〈ひのきしん〉の実践については、正善らは重要な信仰上の経験として評価し、敗戦後にもそこで培われた信念が活かされるべきだとする考えをもっていた。そこでは、天理教が巻き込まれ／信者たちを巻き込んだアジア・太平洋戦争の是非や、戦争協力の社会的責任といった問題については、人間の思案の範囲を超えた「神様の思召」にかかわるものとされ、論じられることはなかったのである。

戦前期の経緯を想起すれば、天理教信仰の精髄として〈ひのきしん〉を称揚し、国家にたいする奉仕へと信者たちを駆り立てていったのは、まずもって指導者層による語りであり、しだいに信者たちの実践が追いついていくという過程をたどっていた。だが敗戦後には、むしろ信者たちの広範な実践こそが、戦前・戦中・戦後を貫く天理教運動の連続性を示すとされたのである。

「聖戦」のイデオロギーと不可分になっていた天理教のビリーフ的側面は、戦時体制の瓦解によってその正統性が疑わしいものとなる可能性もあったが、その窮地を救うことになったのは、「革新」以前の記憶と「革新」そのものの記憶をそれぞれべつの仕方で想起することだった。つまり一方では、原典の復活に象徴される教義改革を通じて、戦時体制によって隠蔽されていた〝本来〟の教えの復活を強調し（戦時体制との断絶）、他方では〈ひのきしん〉というプラクティスを肯定することによって、総力戦の遂行に身を捧げた信者たちの身体レヴェルの記憶を取り込んだのである（戦時体制からの連続）。

他方、信者の動向に眼を転じると、青年層を中心に、対社会的な活動よりも「心の内面」のありようを重視する戦後「復元」の方針に不満を覚える人びとも少なからず存在した。そこでは、敗戦後の混乱した社会状況のなかで、科学的・合理的な社会的実践への欲求と、その具体的な方途が教団から示されないことにたいする苛立ちが表明されていた。このように、国家・社会への積極的なコミットメントを志向する心性は、戦中期以来の「いざ・ひのきしんの体制」（中山正善）と地続きのものであったと考えられる。

敗戦後の天理教運動は、戦前期以来のものや、また「革新」期以来のものが重層的に折り重なって形成されていたのであり、政治体制の転換に対応する変化という理解、あるいは戦前期以来の〝純粋な天理教信仰〟の発露という理解のいずれにも還元できず、さまざまな歴史経験が葛藤を生じながら出会う場として立ち現れていた。もっとも、「天理教教典」（一九四九年）、さらに『稿本天理教教祖伝』（一九五六年）という「復元」路線の教義的集大成というべき作品が編纂され、教内に普及させられていくなかで、こうした葛藤は不可視のものとなっていったと思われる（それを象徴するのが、〈ひのきしんの歴史〉の定着という事態だろう）。そうであるからこそ、敗戦後の数年間の軌跡を読みなおすことによって、戦前期および「革新」の時代と、今日にいたる「復元」との歴史的関係についての思考をめぐらすことが必要なのである。

（9）総力戦の外部へ

本書の議論が示しているのは、中山みきを起点とした読みの運動が——その過程でさまざまな信仰のかたちを生み出し、変容させながら——やがて総力戦という国家的事業へ向けて引き絞られていく様相である。だがそのように収斂していく動きだけでは、新宗教にとっての総力戦をとらえることはできない。さらに、総力戦体制の臨界へとまなざしを向ける必要がある。

天理教運動の周縁部に着目すると、太平洋戦争期における末端信者の離脱は著しいものであった。一九三〇年代以降の全教をあげた〈ひのきしん〉運動の盛り上がりのなかで、主体的に〈ひのきしん〉による国家奉仕の実践へと向かう人びとがいた一方で（その流れが、戦後の「いざ・ひのきしんの体制」へとつながっていく）、そうした修養主義的・「自己犠牲」的信仰への転換に対応できず、もしくは対応することを拒否して、天理教運動から去っていった人びとも多かったのである。

戦後にいたっても、「心の内面」の信仰に重点を置く正統的教義の確立が進められた天理教のなかでは、差し迫った救済を求める広範な人びとが集まり、一時的であったり〝非正統的〟であったりする信仰によって生をつないでいくアジールとしての性格が占める場所は、きわめて縮小されていったと考えられる。

教団という枠組みを前提とする新宗教研究や各教団の教学研究では、このように教団を去っていった人びとを主題化することはほとんどない。しかし、こうした人びとの存在は、総力戦体制に回収し去ることのできない新宗教運動の強さと、未発の可能性を示唆しているのではないだろうか。教団の機能が戦争遂行へと振り向けられたからといって、近代社会に生きる人びとの苦悩が消えることはなく、救済への渇望が止むこともなかったはずだ。こうした苦悩と渇望に向き合うことから、宗教を媒介として〝戦争する社会〟に抗する可能性を探ることができるだろう。

天理教や金光教といった教団を去った人びとは、いったいどこへ向かったのだろうか。もちろん、信心事どころではなくなった者も多いのだろうが、村の氏神への信仰に引きつけられたり、民間巫者を通して戦死者や出征した家族との交流を試みたりしたかもしれない[22]。あるいはまた、非合法に活動を行う新しい宗教集団とのかかわりをもったかもしれない。彼らは総力戦下で、合理化する既成教団から取り除かれていった空隙を自ら生み出し、生き延びていくことができたのか、そして、どのような戦後を生きたのだろうか。こうした問いに向きあうことから、戦争と宗教をめぐる新たな研究の領野を切り開いていかなければならないのだ。

註

序　章　新宗教と総力戦

（1）「生ける信心③」『天理時報』一九四四年一〇月二九日付。
（2）酒井直樹「「日本人であること」――多民族国家における国民的主体の構築の問題と田辺元の「種の論理」」『思想』八八二号、一九九七年、三四頁。
（3）酒井「「日本人であること」」、三八頁。
（4）酒井「「日本人であること」」、参照。
（5）カール・ヤスパース『戦争の罪を問う』平凡社、一九九八年（原著一九四六年）、参照。
（6）島薗進「新宗教を指す用語」「新宗教の範囲」井上順孝、孝本貢、對馬路人、中牧弘允編『新宗教事典』弘文堂、一九九〇年、参照。
（7）西山茂「研究対象としての新宗教――宗社研の新宗教研究と新宗教の戦略高地性」『いま 宗教をどうとらえるか』海鳴社、一九九二年、九五―九七頁。
（8）島薗進『ポストモダンの新宗教――現代世界の精神状況の底流』東京堂出版、一九九六年、九頁。
（9）島薗『ポストモダンの新宗教』、二六四頁。
（10）近年の成果でいえば、創価学会における「世代間信仰継承」の実態を実証的に明らかにした猪瀬優理『信仰はどのように継承されるか――創価学会にみる次世代育成』（北海道大学出版会、二〇一一年）は、制度的に確立されて相当の期間を経た新宗教が現代社会のなかでどのように生きていくのか、という課題に取り組んだものということができる。
（11）村上重良『国家神道』岩波書店、一九七〇年、i頁。
（12）村上『国家神道』、七八―八〇頁。
（13）安丸良夫『近代天皇像の形成』岩波書店、二〇〇一年（原著一九九二年）、一九四頁。
（14）阪本是丸『国家神道形成過程の研究』岩波書店、一九九四年、新田均『近代政教関係の基礎的研究』大明堂、一九九七年、山口輝臣『明治国家と宗教』東京大学出版会、一九九九年、新田均『「現人神」「国家神道」という幻想――近代日本を歪めた俗説を糺す。』ＰＨＰ研究所、二〇〇三年、など。
（15）羽賀祥二『明治維新と宗教』筑摩書房、一九九四年、二一二―二一三頁。
（16）羽賀『明治維新と宗教』、一九一頁。
（17）平野武『明治憲法制定とその周辺』晃洋書房、二〇〇四年、一二二頁。
（18）阪本是丸「昭和初期にいたる法的条件」井上ほか編『新宗教事典』、参照。
（19）佐藤光俊「擬態としての組織化――神道金光教会設立とその結収運動」『金光教学』一八号、一九七八年、八〇頁。
（20）安丸良夫『文明化の経験――近代転換期の日本』岩波書店、二〇〇七年、三七一―三七四頁。
（21）島薗進『国家神道と日本人』岩波書店、二〇一〇年、九二頁。
（22）島薗『国家神道と日本人』、五〇―五一頁。
（23）島薗進「一九世紀日本の宗教構造の変容」『岩波講座　近代日本の

文化史2』岩波書店、二〇〇一年、八―九頁。
(24) 島薗「一九世紀日本の宗教構造の変容」、三一頁。
(25) 安丸良夫「コメント(II)」安丸良夫、磯前順一編『安丸思想史への対論――文明化・民衆・両義性』ぺりかん社、二〇一〇年、一九二頁。
(26) 安丸良夫『〈方法〉としての思想史』校倉書房、一九九六年、一二一頁。
(27) 村上重良『近代民衆宗教史の研究〔改版〕』法藏館、一九七二年、五頁。
(28) 村上『近代民衆宗教史の研究〔改版〕』、三頁。
(29) 村上『近代民衆宗教史の研究〔改版〕』、一六一頁。
(30) 村上重良『金光大神の生涯』講談社、一九七二年、三―五頁。
(31) たとえば、桂島宣弘『幕末民衆思想の研究――幕末国学と民衆宗教〔増補改訂版〕』(文理閣、二〇〇五年)、島薗進「解説」(村上重良『新宗教――その行動と思想』岩波書店、二〇〇七年)、参照。
(32) 村上重良「教派神道の歩み」『新宗教――その行動と思想』(初出一九六六年)、一一九頁。
(33) 村上『近代民衆宗教史の研究〔改版〕』、一六一頁。
(34) 安丸良夫「大本教の千年王国主義的救済思想」『一揆・監獄・コスモロジー――周縁性の歴史学』岩波書店、一九九九年、鹿野政直『大正デモクラシーの底流――〝土俗〟的精神への回帰』日本放送出版協会、一九七三年、栗原彬「一九三〇年代の社会意識と大本――社会不安と両義性の宗教」『思想』六二四号、一九七六年。川村邦光「救世主幻想のゆくえ――皇道大本とファシズム運動」竹沢尚一郎編『宗教とファシズム』水声社、二〇一〇年、参照。
(35) 永岡崇「宗教文化は誰のものか――『大本七十年史』編纂事業をめぐって」『日本研究』四七巻、二〇一三年、参照。
(36) 小栗純子『日本の近代社会と天理教』評論社、一九六九年、大谷渡『天理教の史的研究』東方出版、一九九六年。
(37) 大谷によれば、『みちのとも』の「表紙題字の書き方には変遷があって、第一号から第一〇〇号までが『道の友』、第一〇一号(一九〇〇年五月二八日付)から第二〇七号(一九〇九年三月一五日付)までが変体仮名、第二〇八号(一九〇九年四月二九日付)から第五〇〇号(一九二七年一二月二〇日付)までが『道乃友』で、第五〇一号(一九二八年一月五日付)から変体仮名と平仮名とを混ぜた現在のものと同じになっている。なお、一九二二年(大正一一)六月五日付第三六七号から一九三五年(昭和一〇)一二月二〇日付第六九二号までの間は月二回発行されており、他の時期は月刊である」(大谷『天理教の史的研究』、五四頁)。本書では時期に応じて『道乃友』もしくは『みちのとも』と表記する。
(38) 大谷渡『天理教の史的研究』東方出版、一九九六年、八二頁。
(39) 大谷『天理教の史的研究』、九八―九九頁。
(40) 大谷『天理教の史的研究』、七二頁。
(41) 大谷『天理教の史的研究』、九八頁。
(42) 小沢浩『生き神の思想史――日本の近代化と民衆宗教』岩波書店、一九八八年、七六頁。
(43) 小沢『生き神の思想史』、七三頁。
(44) 小沢『生き神の思想史』、六四頁。
(45) 李元範『日本の近代化と民衆宗教――近代天理教運動の社会史的考察』東京大学博士学位論文、一九九五年、八〇頁。
(46) 李『日本の近代化と民衆宗教』、八四頁。
(47) 島薗進「国家神道とメシアニズム――「天皇の神格化」からみた大本教」『岩波講座 天皇と王権を考える4』岩波書店、二〇〇二年、二六五頁。
(48) 島薗『国家神道と日本人』、五二頁。
(49) 島薗「一九世紀日本の宗教構造の変容」、四一―四二頁。

(50) 島薗『国家神道と日本人』、一七七頁。
(51) 佐藤「擬態としての組織化」、六五頁。
(52) 佐藤「擬態としての組織化」、七二―七三頁。
(53) 佐藤「擬態としての組織化」、七九頁。
(54) 佐藤「擬態としての組織化」、八〇頁。
(55) 佐藤「擬態としての組織化」、八二頁。
(56) 渡辺順一「「信忠孝一本」教義の成立とその意味」『金光教学』三〇号、一九九〇年、六五頁。
(57) 渡辺「「信忠孝一本」教義の成立とその意味」、五七頁。
(58) 渡辺「「信忠孝一本」教義の成立とその意味」、六六頁。
(59) 渡辺「「信忠孝一本」教義の成立とその意味」、六三―六四頁。
(60) 大淵千仭「発刊に当って」『金光教学』一号、一九五八年。
(61) たとえば、中島秀夫「「復元」感覚の形成と動向――二つの教典のあいだで」『天理大学学報』一五一輯、一九八六年、早坂正章「国家神道体制下における天理教団――教祖在世期の教義展開にみる二面性について」石崎正雄編『教祖とその時代――天理教史の周辺を読む』天理教道友社、一九九一年。
(62) 幡鎌一弘「ふしから芽が出る」天理大学おやさと研究所編『教祖の教えと現代』天理大学おやさと研究所、二〇〇〇年、幡鎌一弘「「復元」と「革新」」天理大学おやさと研究所編『戦争と宗教』天理大学出版部、二〇〇六年、幡鎌一弘「はたらき ひのきしん」天理大学おやさと研究所編『天理教のコスモロジーと現代』天理大学おやさと研究所、二〇〇七年、幡鎌一弘「『稿本天理教教祖伝』の成立」幡鎌一弘編『語られた教祖――近世・近現代の信仰史』法藏館、二〇一二年、幡鎌一弘「教えの足元を照らす――「復元」と社会」天理大学おやさと研究所編『現代社会と天理教』天理大学おやさと研究所、二〇一三年。
(63) ただし京都大学人文科学研究所の共同研究チームが指摘するように、こうした機能主義的再編成の試みは第二次世界大戦から始まったのではなく、第一次世界大戦以来継続されてきたものと考えるべきだと思われる。藤原辰史「戦争を生きる」山室信一、岡田暁生、小関隆、藤原辰史編『現代の起点 第一次世界大戦2』岩波書店、二〇一四年、参照。
(64) 山之内靖「方法的序論――総力戦とシステム統合」山之内靖、ヴィクター・コシュマン、成田龍一編『総力戦と現代化』柏書房、一九九五年、一二頁。
(65) 山之内「方法的序論」、一二頁。
(66) 代表的なものにかぎって、近年の文献を若干あげておく。②については、大東仁『戦争は罪悪である――反戦僧侶・竹中彰元の叛骨』風媒社、二〇〇八年、大東仁『大逆の僧 高木顕明の真実――真宗僧侶と大逆事件』風媒社、二〇一一年、鴨下重彦、木畑洋一、池田信雄、川中子義勝編『矢内原忠雄』東京大学出版会、二〇一一年、大谷栄一『近代仏教という視座――戦争・アジア・社会主義』ぺりかん社、二〇一二年、赤江達也『「紙上の教会」と日本近代――無教会キリスト教の歴史社会学』岩波書店、二〇一三年、など。④の戦死者慰霊・追悼については、藤田大誠「近現代日本の慰霊・追悼・顕彰に関する主要研究文献目録」(國學院大學研究開発センター編『慰霊の顕彰の間――近現代日本の戦死者観をめぐって』錦正社、二〇〇八年)が参考になる。戦争責任懺悔・告白については日本宗教者平和協議会編『宗教者の戦争責任 懺悔・告白資料集』白石書店、一九九四年、平和運動については、ロバート・キサラ『宗教的平和思想の研究――日本新宗教の教えと実践』春秋社、一九九七年、大谷栄一編『戦後日本社会の形成と仏教社会運動』(平成一九~二一年度科学研究費補助金基盤研究(C)研究成果報告書)佛教大学社会学部現代社会学科大谷研究室、など。
(67) たとえば市川白弦『仏教者の戦争責任』春秋社、一九七一年、

「戦時教学」研究会『戦時教学と真宗（一―三巻）』永田文昌堂、一九八八―一九九五年、ブライアン・ヴィクトリア『禅と戦争――禅仏教は戦争に協力したか』エィミー・ルィーズ・ツジモト訳、光人社、二〇〇一年（原著一九九七年）、富阪キリスト教センター編『十五年戦争期の天皇制とキリスト教』新教出版社、二〇〇七年、新野和暢『皇道仏教と大陸布教――十五年戦争期の宗教と国家』社会評論社、二〇一四年。

(68) 中濃教篤『天皇制国家と植民地伝道』国書刊行会、一九七六年、飯沼二郎、韓晳曦『日本帝国主義下の朝鮮伝道――乗松雅休・渡瀬常吉・織田楢次・西田昌一』日本基督教団出版局、一九八五年、木場明志、程舒偉編『植民地期満洲の宗教――日中両国の視点から語る』柏書房、二〇〇七年、新野『皇道仏教と大陸布教』など。

(69) 関一敏「日本近代と宗教」『春秋』三九三号、一九九七年、参照。

(70) 廣橋隆「新宗連の戦争「懺悔」――靖国問題とアジアからの視点」『歴史評論』五〇九号、一九九二年、八五頁。

(71) 金光教本部教庁『戦争と平和――戦後五〇年をむかえて』金光教本部教庁、一九九五年、参照。

(72) 渡辺順一「「大東亜」戦時下の教団態勢」『金光教学』三五号、一九九五年、大林浩治「戦下の信仰――金光教の銃後生活談と教祖探求」天理大学おやさと研究所編『戦争と宗教』、参照。

(73) 渡辺「「大東亜」戦時下の教団態勢」、一―二頁。

(74) 菱木政晴「東西本願寺教団の植民地布教」『岩波講座近代日本と植民地4』岩波書店、一九九三年、一五七頁。

(75) 菱木「東西本願寺教団の植民地布教」、一六〇頁。

(76) 辻村志のぶ、末木文美士「日中戦争と仏教」『思想』九四三号、二〇〇二年、一六八―一六九頁。

(77) 一色哲「戦時体制とキリスト教――日本基督教団の海外伝道と地方教会動員を中心に」天理大学おやさと研究所編『戦争と宗教』、六八頁。

(78) 市川白弦『仏教者の戦争責任』春秋社、一九七一年、ブライアン・ヴィクトリア『禅と戦争』、大谷『近代仏教という視座』、新野和暢『皇道仏教と大陸布教』社会評論社、二〇一四年、など。

(79) 末木文美士『近代日本と仏教――近代日本の思想・再考Ⅱ』トランスビュー、二〇〇四年、参照。

(80) 大林「戦下の信仰」、一三三―一三四頁。戦場の切迫した状況において金光教徒の「信」と「忠」が乖離し、「忠」を裏切ることになった事例を論じた小沢浩「戦争と信仰」（『生き神の思想史』）も、同様の問題意識を含むものといえる。

(81) 幡鎌「「復元」と「革新」」、一三九頁。

(82) 幡鎌「「復元」と「革新」」、一五九―一六一頁。

(83) 渡辺治「ファシズム期の宗教統制――治安維持法の宗教団体への発動をめぐって」東京大学社会科学研究所「ファシズムと民主主義」研究会編『戦時日本の宗教統制』東京大学出版会、一九七九年、文化庁編『明治以降宗教制度百年史』文化庁、一九七〇年、参照。

(84) 渡辺順一『金光教誕生物語――「人代」から「神代」へ、そのたたかいの歴史』金光教大阪センター、二〇一〇年、一二九頁。

(85) 渡辺「「大東亜」戦時下の教団態勢」、二九頁。

(86) 渡辺『金光教誕生物語』、一二八―一三〇頁。

(87) 藤原「戦争を生きる」、四頁。

(88) 以下、中山みきの伝記的事項については、とくに断る場合をのぞいて、天理教教会本部編『稿本天理教教祖伝』天理教教会本部、一九五六年、中山慶一『私の教祖』天理教道友社、一九八一年、村上『近代民衆宗教史の研究〔改版〕』による。

(89) 天理教教会本部編『稿本天理教教祖伝』、九六頁。

(90) 池田士郎『中山みきと被差別民衆――天理教教祖の歩んだ道』明石書店、一九九六年、参照。

(91)村上『近代民衆宗教史の研究〔改版〕』、一〇〇頁。
(92)安丸良夫『出口なお――女性教祖と救済思想』岩波書店、二〇一三年(原著一九七七年)、iii頁。
(93)「緒言」天理教同志会編『天理教祖』天理教同志会、一九一三年(頁数表記なし)。
(94)中井久夫『治療文化論――精神医学的再構築の試み』岩波書店、一九九〇年、四四頁。
(95)島薗進「疑いと信仰の間――中山みきの救けの信仰の起源」池田士郎、島薗進、関一敏『中山みき・その生涯と思想――救いと解放の歩み』明石書店、一九九八年、一〇四頁。
(96)島薗「疑いと信仰の間」、一〇四頁。
(97)島薗「疑いと信仰の間」、八〇頁。
(98)川村邦光「近代日本における憑依の系譜とポリティクス」川村邦光編『憑依の近代とポリティクス』青弓社、二〇〇七年、三七頁。
(99)諸井政一『正文遺韻抄』天理教道友社、一九六〇年、三七頁。
(100)川村「近代日本における憑依の系譜とポリティクス」、三九頁。
(101)村上『近代民衆宗教史の研究〔改版〕』、一〇〇頁。
(102)島薗「疑いと信仰の間」、一〇五頁。

第1章 信仰共同体の危機と再構築

(1)川村邦光「教祖のドラマトゥルギー――カリスマの制度化と継承」宗教社会学研究会編『教祖とその周辺』雄山閣、一九八七年、一五一頁。
(2)渡辺雅子「分派教団における女性教祖の形成過程――妙智会教団の場合」『現代日本新宗教論――入信過程と自己形成の視点から』御茶の水書房、二〇〇七年、参照。
(3)渡辺順一「民衆宗教運動の再発見――歴史資料からのアプローチ」宗教社会学の会編『宗教を理解すること』創元社、二〇〇七年、一一三頁。
(4)田辺繁治『生き方の人類学――実践とは何か』講談社、二〇〇三年、八一頁。
(5)村上重良『近代民衆宗教史の研究〔改版〕』法藏館、一九七二年、参照。
(6)小栗純子『日本の近代社会と天理教』評論社、一九七六年、参照。
(7)「真柱」天理大学おやさと研究所編『天理教事典』天理大学おやさと研究所、一九七七年、参照。
(8)村上『近代民衆宗教史の研究〔改版〕』、一五六頁。
(9)天理教教会本部編『稿本天理教教祖伝』天理教道友社、一九五六年(以下、『稿本』と略記)、三二七―三三四頁。
(10)中山正善『ひとことはなし その二』天理教道友社、一九三六年、参照。
(11)天理教同志会『聖本席』天理教同志会編輯部、一九二四年、三頁。
(12)天理教同志会『聖本席』、五頁。
(13)天理教同志会『聖本席』、一六頁。
(14)天理教同志会『聖本席』、一七頁。
(15)植田英蔵『新版 飯降伊蔵伝』善本社、一九九五年、一六頁。
(16)植田『新版 飯降伊蔵伝』、二〇頁。
(17)島薗進「疑いと信仰の間――中山みきの救けの信仰の起源」池田士郎、島薗進、関一敏『中山みき・その生涯と思想――救いと解放の歩み』明石書店、一九九八年、九四頁。
(18)植田『新版 飯降伊蔵伝』、二二頁。
(19)中山正善『ひとことはなし』天理教道友社、一九三六年、三四頁。
(20)中山『ひとことはなし』、三四―三五頁。
(21)島薗進「神がかりから救けまで――天理教の発生序説」『駒沢大学仏教学部論集』八号、一九七七年、島薗「疑いと信仰の間」、川村邦光「スティグマとカリスマの弁証法――教祖誕生の一試論」

『宗教研究』五六巻二号、一九八二年、参照。
(22)『稿本』、五三頁。
(23)島薗「疑いと信仰の間」、参照。
(24)たとえば、善兵衛は屋敷の「女衆」と愛人関係になり、その「女衆」がみきを殺そうとしたこともあったといわれる(『稿本』、一六頁など)。
(25)「おふでさき」「みかぐらうた」からの引用は、特記する場合を除き、天理教教会本部編『天理教原典集』(天理教教会本部、一九五二年)による。また「おさしづ」については天理教教会本部編『おさしづ 改修版(一—七巻)』(天理教教会本部、一九七六—一九七七年)を用いた。なお、「おふでさき」については号数と番号を、「みかぐらうた」は何下り目かを、「おさしづ」については年月日と時間を本文中に示した。改修版『おさしづ』で陰暦が併記されている場合は、原文のとおり表記する。
(26)中山『ひとことはなし』、五二—五三頁。
(27)天理教同志会『聖本席』、六五頁。
(28)飯降尹之助「永尾芳枝祖母の口述記」『復元』三号、一九四六年、一五頁。
(29)天理教同志会『聖本席』、六六頁。
(30)松村吉太郎「教会設置当時の思い出」『復元』一七号、一九五〇年、九頁。
(31)中山家の没落はみきの神がかりだけが理由なのではない。島薗「疑いと信仰の間」が指摘するように、みきの夫善兵衛の高齢、長男秀司の障害、神がかりにともなうみきの労働放棄、みきの神の指示による際限のない施しなどの要因が複合的に作用して中山家の経済的困窮を招いた。
(32)中山『ひとことはなし』、四三頁。
(33)飯降「永尾芳枝祖母の口述記」、一六頁。
(34)天理教敷島大教会編『山田伊八郎文書』天理教敷島大教会、一九七三年、一六六頁。
(35)天理教敷島大教会編『山田伊八郎文書』、一六〇頁。
(36)天理教同志会『聖本席』、七四—七五頁。
(37)天理教同志会『聖本席』、七六頁。
(38)天理教同志会『聖本席』、七六—七七頁。
(39)中山『ひとことはなし その二』、九七頁。
(40)島薗「疑いと信仰の間」、参照。
(41)島薗「疑いと信仰の間」、九九頁。
(42)「真之亮」とは幼名であり、公文書には「新治郎」として登場するが、ここでは『稿本』等に倣って「真之亮」で統一しておく。
(43)以下、真之亮の生い立ちについては、特記する場合を除き、上田嘉成編著『稿本中山真之亮伝』天理教道友社、一九七〇年、および『稿本』に基づく。
(44)『稿本』、六六頁。
(45)中山真之亮「不燦然探知簿」(上田『稿本中山真之亮伝』、二九頁より引用)。
(46)上田『稿本中山真之亮伝』、七頁。
(47)幕末期における諸宗教勢力とみきの共同体との複雑な関係については、たとえば石崎正雄「教祖ご苦労の時代背景」(『あらきとうりよう』一一五号、一九七九年)、幡鎌一弘「吉田家の大和国の神職支配と天理教」(石崎正雄編『教祖とその時代——天理教史の周辺を読む』天理教道友社、一九九一年)を参照。
(48)中山正善『天理教教典講話』天理教道友社、一九四九年、六五頁。
(49)「差押物件目録」(『稿本』、二三六頁から引用)。
(50)『稿本』、一二一頁。
(51)川村邦光『幻視する近代空間——迷信・病気・座敷牢、あるいは歴史の記憶』青弓社、一九九〇年、参照。

(52) 安丸良夫、宮地正人校注『日本近代思想体系 五 宗教と国家』岩波書店、一九八八年、四五二頁。
(53)「教部省達乙第三十三号」安丸、宮地『日本近代思想体系 五 宗教と国家』、四六一―四六二頁。
(54) 上田『橋本中山真之亮伝』、二一頁。
(55) 早坂正章「国家神道体制下における天理教団――教祖在世期の教義展開にみる二面性について」石崎編『教祖とその時代』、参照。
(56) 諸井政一『正文遺韻抄』天理教道友社、一九七〇年、参照。
(57) 諸井『正文遺韻抄』、一一五頁。
(58) 川村『幻視する近代空間』、参照。
(59)『稿本』、二三―二四頁。
(60) 上村福太郎「古老話」『復元』六号、一九四七年。
(61) 池田士郎『中山みきと被差別民衆――天理教教祖の歩んだ道』明石書店、一九九六年、七三頁。
(62) 池田『中山みきと被差別民衆』、六七頁。
(63) 中山真之亮『稿本教祖様御伝』(一八九八年) 教祖伝編纂委員編「教祖伝史実校訂本 下 一」『復元』三七号、一九六二年、一六二頁より引用。
(64) 川村『幻視する近代空間』、参照。また新聞紙上でも、一八七五年ごろから「神経病」に関する記事が現れはじめている。佐藤雅浩『精神疾患言説の歴史社会学――「心の病」はなぜ流行するのか』新曜社、二〇一三年、参照。
(65) 村上『近代民衆宗教史の研究〔改版〕』、一六一頁。
(66) 川村「スティグマとカリスマの弁証法」、参照。
(67) 中山『ひとことはなし その二』、二九頁。
(68) 島田裕巳『天理教――神がかりから新宗教へ』八幡書店、二〇〇九年、二〇〇―二〇二頁。
(69) 安井幹夫「島田裕巳『天理教 呪術から新宗教へ』――その虚構(三)」『あらきとうりよう』二四一号、二〇一〇年、参照。
(70) 小栗『日本の近代社会と天理教』、二三六頁。「第二のみきを誕生させせず」というのは、分派あるいは異端問題を念頭においてのことばである。彼女は「無数の親神のやしろを主張される危険」をいうのだが、このときただちに問題となるのが分派や異端であったのか、という点は疑問である。それよりは、やはり共同体の消滅のほうが焦眉の問題だったのではないだろうか。小栗には天理教の歴史をスキャンダラスな〝お家騒動〟として描こうとする傾向があり、ここにもそれが独特のバイアスとして表れているように思う。
(71) 小栗『日本の近代社会と天理教』、二三七―二三八頁。
(72) 飯降「永尾芳枝祖母の口述記」、一七頁。
(73) 飯降「永尾芳枝祖母の口述記」、一八頁。
(74) ミルチア・エリアーデ『シャーマニズム(上)』堀一郎訳、筑摩書房、二〇〇四年(原著一九五一年)、九四頁。
(75) 高木侃『三くだり半――江戸の離婚と女性たち』平凡社、一九八七年、参照。
(76) たとえば、佐々木宏幹『憑霊とシャーマン』東京大学出版会、一九八三年、参照。
(77) I・M・ルイス『エクスタシーの人類学――憑依とシャーマニズム』平沼孝之訳、法政大学出版局、一九八五年(原著一九七一年)、五八頁。
(78) 飯降「永尾芳枝祖母の口述記」、一九頁。
(79) 山本久二夫、中島秀夫『おさしづ研究(上)』天理教道友社、一九七七年、一一頁。
(80) 山本、中島『おさしづ研究(上)』、一二頁。
(81) 山本、中島『おさしづ研究(上)』、一三頁。
(82) 島薗進「教祖と宗教的指導者崇拝の研究課題」宗教社会学研究会編『教祖とその周辺』、一五頁。

(83) 山本、中島『おさしづ研究（上）』、一二頁。
(84) 山本、中島『おさしづ研究（上）』、三〇頁。
(85) 橋本正治『本席の人間像』天理教道友社、一九五一年、「はしがき」。
(86) 橋本『本席の人間像』、一〇〇―一一五頁。
(87) 「さづけ」は親神から与えられる、病気治しの救済手段のことである。信者は「さづけ」を頂くことで、「親神の恵みを病人に取り次ぐ（仲介する）」ことができるようになる。「さづけ」天理大学おやさと研究所編『天理教事典』、参照。
(88) したがって、今日私たちが「おさしづ」として読むことができるのは、主として「事上」と「刻限」であって、「お授け」のテクストは多く残されてはいない。
(89) 橋本『本席の人間像』、一一三頁。
(90) 橋本『本席の人間像』、一〇九頁。
(91) 橋本『本席の人間像』、一一三頁。
(92) 橋本『本席の人間像』、一一一頁。
(93) 小栗『日本の近代社会と天理教』、二四五頁。
(94) 真島一郎「憑依と楽屋――情報論による演劇モデル批判」『岩波講座 文化人類学9』岩波書店、一九九七年、一二三頁。
(95) 鹿野昭代の調べによると、改修版『おさしづ』の全二万一五四例のうち、神が自発的にことばを発したものといえる「教祖御話」「御諭」「御話」「刻限」「刻限御話」はあわせて二三七例である（「おさしづ」の記録の仕方には時期などによって揺らぎがみられるうえ、伺いと刻限が不可分になっている場合もあるため、この分類はやや曖昧なものとならざるをえないが、ひとつの目安にはなるだろう）。深谷忠政編『教理研究 事情さとし』天理教道友社、一九七四年、参照。
(96) 橋本『本席の人間像』、一一一頁。
(97) 上田『稿本中山真之亮伝』、六八頁。
(98) こうした点については、床呂郁哉「語る主体、分裂する主体――スールーにおけるシャーマニズムの言語行為論」（田辺繁治、松田素二編『日常的実践のエスノグラフィ』世界思想社、二〇〇二年）を参照。
(99) 澤井勇一「この道のはじまり――おさしづによって」『天理教学研究』六〇号、一九八五年、四六―四七頁。
(100) 永岡崇「教祖の〈死〉の近代――中山みきの表象＝祭祀をめぐって」『日本学報』二六号、二〇〇七年、参照。
(101) 天理教同志会『聖本席』、一〇五頁。
(102) 松村吉太郎『道の八十年』養徳社、一九五〇年、参照。
(103) 松村『道の八十年』、七頁。
(104) 山本久二夫、中島秀夫『おさしづ研究（下）』天理教道友社、一九七七年、参照。
(105) 山本、中島『おさしづ研究（上）』、参照。
(106) 松村『道の八十年』、一七六頁。
(107) 橋本『本席の人間像』、一〇七―一〇八頁。
(108) 天理教表統領室特別委員会編『世界たすけへ更なる歩みを――「復元」五十年にあたって』天理教道友社、一九九五年、参照。
(109) ひとつそうした例をあげてみよう。時代はかなり下るが、一九三〇年に、天草麟太郎という人物が「特異犯罪の実記」（武俠社、一九三〇年、南博編『近代庶民生活誌 一五 犯罪I』三一書房、一九九一年、所収）という文章を書いている。そのなかに「天理教に凝った両親の惨劇」を描いたものがあり、秋田の話だという。この話に登場するおきわという女性は天理教信者だといい、いつも「白衣を纏って天理王の神殿に額いて」いる。そして、彼女にはたびたび「天理王」が乗り移ってくるのだ。そしておみえという姪の病気平癒を願って「祈禱」をしていると、「御神託」が下される。それによると、姪の病気は「斎藤吉松〔姪の夫〕の先妻の死霊が祟っているのだ」と説明されるのである。この「御神託」に従い、おみえの両親は彼女を丸裸にし、燃え盛る薪を押し付けて「死霊」を退散させようとした。それでも「死霊」が離れないので、今度はおみえを逆さ吊りにすると、彼女は息絶え、死んでしまった。このようなことが本当にあったのかどうか、きわめて疑わしい。著者天草の「迷信」にたいする悪意に満ちた創作、あるいは誇張と考えるのが適当だろう。しかし、私がここで注目したいのはこれが事実か否かではなく、文中に表象される天理教イメージである。「白衣」や「祈禱」の用語にみられるように、おきわの行為は明らかに民俗宗教的な祈禱の作法に則っているといえる。東北という地域性からすれば、口寄せを商売とする巫者の習俗に根ざすものということもできるだろう。なにより、中山みきは病の原因が「死霊」であるなどとは言わなかった。みきは心の「ほこり」が病となるのだと説いたはずであり、それがみきのコスモロジーの核心というべきものだっただろう。だがここでは、「死霊」への信仰が心直しに取って代わってしまっているのである。この例は批判者による文章であり、もちろん額面どおり受けとることはできないが、民俗宗教と結びついて展開していった天理教運動の多様性の一端を、極端なかたちで表象したものといえるのではないだろうか。

(110) 増野鼓雪「御本席の逸話」『みちのとも』一九一六年二月号、参照。

(111) 天理教同志会『奈良糸様のいたゞかれたるおさしづ解釈』天理教同志会、一九二七年、三頁。

(112) 天理教同志会『奈良糸様のいたゞかれたるおさしづ解釈』、五―一〇頁による。

(113) 天理教同志会『奈良糸様のいたゞかれたるおさしづ解釈』、一一頁。

(114) 天理教同志会『奈良糸様のいたゞかれたるおさしづ解釈』、一二頁。

(115) 天理教々義及史料集成部編『おさしづ 一二(明治二七年自七月至一二月)』天理教々義及史料集成部、一九二九年、二四七頁。

(116) 天理教同志会『奈良糸様のいたゞかれたるおさしづ解釈』、七九―八五頁による。

(117) 天理教同志会『奈良糸様のいたゞかれたるおさしづ解釈』、七九頁。

(118) 川村邦光「近代日本における憑依の系譜とポリティクス」川村邦光編『憑依の近代とポリティクス』青弓社、二〇〇七年、一七―一八頁。

(119) 天理教同志会『奈良糸様のいたゞかれたるおさしづ解釈』、二二八―二三一頁。

(120) 小栗『日本の近代社会と天理教』、二四二―二四四頁。

(121) 芹沢光治良『教祖様』善本社、一九七八年、同『神の微笑』新潮文庫、二〇〇四年(原著一九八六年)、弓山達也『天啓のゆくえ――宗教が分派するとき』日本地域社会研究所、二〇〇五年、参照。

(122) たとえば、「おさしづ」天理大学おやさと研究所編『天理教事典』、山本、中島『おさしづ研究(上)』、参照。

第2章　戦前における中山正善の活動

(1) 「諭達第八号」(一九三八年)山澤廣昭編『天理教青年会史 第四巻』天理教青年会本部、一九八六年、二二一―二二二頁より引用。

(2) 天理教表統領室特別委員会編『世界たすけへ更なる歩みを――「復元」五十年にあたって』天理教道友社、一九九五年、一五頁。

(3) 天理教表統領室特別委員会編『世界たすけへ更なる歩みを』、四三頁。

(4) 天理教表統領室特別委員会編『世界たすけへ更なる歩みを』、一四頁。

(5) 板倉知広、上田嘉成、中山慶一、喜多秀義、永尾広海、清水国雄、深谷善和「神一条で思召に応えよう――二代真柱様を偲んで」『みちのとも』一九七七年一一月号、三〇―三一頁。

(6) 天理教教義及史料集成部編『真柱訓話集第六巻』天理時報社、一九四七年、九六頁。

(7) 天理教教義及史料集成部編『真柱訓話集第六巻』、九〇頁。

(8)『天理教青年教程』一一号（一九六〇年）天理教表統領室特別委員会編『世界たすけへ更なる歩みを』、七七―七八頁より引用。

(9) 天理教教義及史料集成部編『真柱訓話集第一四巻』天理時報社、一九五五年、一四〇四頁。

(10) 天理教教義及史料集成部編『真柱訓話集第六巻』、九〇頁。

(11) 天理教表統領室特別委員会編『世界たすけへ更なる歩みを』、四四―四五頁。

(12) 金光教本部教庁『戦争と平和――戦後五〇年をむかえて』金光教本部教庁、一九九五年、二頁。

(13) 金光教本部教庁『戦争と平和』、三五頁。

(14) 金光教本部教庁『戦争と平和』、二九頁。

(15) 金光教本部教庁『戦争と平和』、四三頁。

(16) 幡鎌一弘「「復元」と「革新」」『戦争と宗教』天理大学出版部、二〇〇六年、一六一頁。

(17) 天理教表統領室特別委員会編『世界たすけへ更なる歩みを』、五四頁。

(18) 上野利一郎編「二代真柱中山正善様著書目録（稿）一～三」『ビブリア』三八号（一九六八年）、三九号（一九六八年）、四一号（一九六九年）、上野利一郎編「二代真柱様訓話集総索引 一～二」『ビブリア』五一号（一九七二年）、五三号（一九七三年）、清水国雄編『二代真柱中山正善伝史料集成案』清水国雄、一九八八年。

(19) 飯降伊蔵について詳しくは、本書第1章を参照。

(20) 中山正善『六十年の道草』天理教道友社、一九六五年、二六頁。

(21) 中山『六十年の道草』、二九頁。

(22) 中山『六十年の道草』、二四頁。

(23) 中山正善「まへがき」天理教教義及史料集成部編『おふでさき』天理教教義及史料集成部、一九二八年、一頁。

(24) 中山『六十年の道草』、二八頁。

(25) 森井博之『天理大学創設者中山正善天理教二代真柱とスポーツ』三恵社、二〇〇七年、参照。

(26) 松村吉太郎『道の八十年』養徳社、一九五〇年、三〇六頁。

(27) 中山正善「蚊の鳴きこゑ」『あをぎり』七号、一九二九年。

(28) 中山『六十年の道草』、一八五頁。

(29) 中山正善「矛盾子閑話」『あをぎり』一号、一九二四年、四頁。

(30) 中山「矛盾子閑話」、六頁。

(31) 中山正善「絵」『あをぎり』三号、一九二六年。

(32) 大谷渡『天理教の史的研究』東方出版、一九九六年、参照。

(33) 筒井清忠『日本型「教養」の運命――歴史社会学的考察』岩波書店、一九九五年、参照。

(34) 中山正善『おふでさき概説（改訂版）』天理教道友社、一九八八年、一頁。

(35) 文部省編『日本帝国文部省第四十九年報上巻』文部大臣官房文書課、一九二五年、文部省編『日本帝国文部省第五十四年報上巻』文部大臣官房文書課、一九三〇年、参照。

(36)「天理教養徳院章程」（一九一〇年）天理養徳院編『天理養徳院五十年史』天理養徳院、一九六〇年、三頁より引用。

(37) 中山『六十年の道草』、三三頁。

(38) 磯前順一、高橋原、深澤英隆「姉崎正治伝」磯前順一、深澤英隆

編『近代日本における知識人と宗教――姉崎正治の軌跡』東京堂出版、二〇〇二年、参照。
(39) 姉崎正治「中山君の結婚を祝す」『みちのとも』一九二八年一〇月二〇日号、三四頁。
(40) 高橋原「東京大学宗教学科の歴史――戦前を中心に」『季刊日本思想史』七二号、二〇〇八年、参照。
(41) この著作は四〇〇部ほど刷られたのみで、本部周辺の幹部などに頒布されたようである。竹村菊太郎「『鮮満支素見』を賜はりて」『あをぎり』五号、一九二八年、参照。
(42) 中山正善『鮮満支素見』中山正善、一九二七年、五―六頁。
(43) 中山『鮮満支素見』、二二〇―二二一頁。
(44) 中山『鮮満支素見』、九三頁。
(45) 中山『鮮満支素見』、一八一―一八七頁。
(46) 中山『鮮満支素見』、二三一―二三二頁。
(47) 中山正善「愛について」『あをぎり』五号、一九二八年、二頁。
(48) 中山「愛について」、一五頁。
(49) 中山「愛について」、一五―一六頁。
(50) 中山『おふでさき概説(改訂版)』、「まえがき」(頁数なし)。
(51) 中山正善「更生の辞」『三才』新一巻一輯、一九二九年、二頁。
(52) 李元範「近代日本の天皇制国家と天理教団――その集団的自立性の形成過程をめぐって」島薗進編『何のための〈宗教〉か?――現代宗教の抑圧と自由』青土社、一九九四年、参照。
(53)「みかぐらうた研究(読書会)」『三才』新一巻一輯、一九二九年、六九―七〇頁。
(54) 中山『おふでさき概説(改訂版)』、「まえがき」(頁数なし)。
(55) 弓山達也『天啓のゆくえ――宗教が分派するとき』日本地域社会研究所、二〇〇五年、参照。
(56) 松村吉太郎「公刊に至るまで」『みちのとも』一九二八年一一月二〇日号、一九頁。
(57) 中山『おふでさき概説(改訂版)』、四頁。
(58) 中山正善「「神」「月日」及び「をや」について」『日本文化』二号、一九三四年、同「「おふでさき」用字考」『日本文化』五・六号合併号、一九三六年、同「おうたの配置」『日本文化』一二号、一九三八年。
(59) 中山正善『続ひとことはなし』天理教道友社、一九五一年、二三七頁。
(60) 中山「まへがき」、五―六頁。
(61) 栗田元次『書誌学の発達 附栗田文庫善本書目』青裳堂書店、一九七九年、参照。
(62) こうした書誌学イメージの変遷については、D・F・マッケンジー「テクストの社会学」(『岩波講座 文学1』岩波書店、二〇〇三年)およびそれに付された河合祥一郎の「訳注」を参照。
(63) 中山『続ひとことはなし』、二三九―二四三頁。
(64) 中山『おふでさき概説(改訂版)』、四頁。
(65) 中山正善『ひとことはなし その二』天理教道友社、一九三六年、一〇七頁。
(66) 中山『おふでさき概説(改訂版)』、一九九頁。
(67) 中山『おふでさき概説(改訂版)』、一四〇頁。
(68) 天理教教義及史料集成部編『真柱訓話集第九巻』天理時報社、一九五〇年、五五頁。
(69) 中山正善『こふきの研究』天理教道友社、一九五七年、一〇頁。
(70) 天理教教義及史料集成部編『真柱訓話集第九巻』、四八頁。
(71) 永岡崇「教祖の〈死〉の近代――中山みきの表象=祭祀をめぐって」『日本学報』二六号、二〇〇七年、参照。ただし、少なくとも「正冊/外冊」の階層化は、「外冊」の用語が「外冊」テクストの表紙記述に由来していることを考慮に入れても(中山正善「外冊

「おふでさき」の研究（一）」『復元』二二号、一九五四年、四―五頁）、〝科学的〟な根拠をもつものとはいえない。ここにはみきの曾孫＝天理教管長としての世襲的・制度的権威が直接的に反映されていることも指摘しておく必要がある。また、原典研究のかたわら、一九三〇年代の正善は教祖在世当時についての歴史学的研究も発表しているが、これについても詳しくは本註の拙稿を参照されたい。

(72) 八木佐吉「前真柱様とキリシタン文献など」『ビブリア』三八号、一九六八年、参照。

(73) 中山『六十年の道草』、三四―三五頁。

(74) 平岩先生謝恩会編『平岩先生と中国語教育』（一九六九年）天理大学附属天理参考館編『天理参考館四十年史』天理大学出版部、一九七三年、八頁より引用。なお、参考館の歴史については、『天理参考館四十年史』による。

(75) 幡鎌「「復元」と「革新」」、一五〇頁。

(76) 中山正善『上海から北平へ』天理教道友社、一九三四年、三六〇頁。

(77) 中山『上海から北平へ』、三七三―三七四頁。

(78) 中山『上海から北平へ』、四一四頁。

(79) 中山『上海から北平へ』、四一八頁。

(80) 幡鎌「「復元」と「革新」」、参照。

(81) 森井『天理大学創設者中山正善天理教二代真柱とスポーツ』、参照。

(82) この事件の経緯については、山澤編『天理教青年会史 第四巻』、諸井慶五郎『茶の間の夜話』（養徳社、一九七一年）、東井三代次『あの日あの時おぢばと私（上）』（養徳社、一九九七年）など参照。

(83) 宇野たきゑ『おぢば春秋』天理教越乃国大教会、一九七二年、一五五頁。

(84) 渡辺治「ファシズム期の宗教統制――治安維持法の宗教団体への発動をめぐって」東京大学社会科学研究所「ファシズムと民主主義」研究会編『戦時日本の宗教統制』東京大学出版会、一九七九年、参照。

(85) 中山正善「非常時局と我等の覚悟――立教百年秋の挨拶」『みちのとも』一九三七年一二月号、一六頁。

(86) 藤井健志「天理教の植民地期中国東北地域における布教活動とその二面性」木場明志、程舒偉編『日中両国の視点から語る植民地期満洲の宗教』柏書房、二〇〇七年、参照。

(87) 中山正善「外国伝道に於ける婦人の地位」『あをぎり』六号、一九二八年、四―五頁。

(88) 大谷『天理教の史的研究』、参照。

(89) 中山「外国伝道に於ける婦人の地位」、一〇頁。

(90) 中山「外国伝道に於ける婦人の地位」、一〇頁。

(91) 中山「外国伝道に於ける婦人の地位」、一三頁。

(92) T・I「後記」『宗教研究』八五号、一九三四年（頁数なし）。

(93) 中山正善「満洲伝道に就て」『宗教研究』八五号、一九三四年、五〇頁。

(94) 中山「満洲伝道に就て」、五四―五六頁。

(95) 木場、程編『日中両国の視点から語る植民地期満洲の宗教』に収められた諸論考を参照。

(96) 中山「満洲伝道に就て」、五七頁。

(97) 中山「満洲伝道に就て」、五七頁。

(98) 川村邦光「民俗の知――からだ・ことば・こころ」山折哲雄、川村邦光編『民俗宗教を学ぶ人のために』世界思想社、一九九八年、一五一頁。

(99) ところで、正善は一九三三年にシカゴで行われた世界宗教大会に出席し、神道十三派の代表として演説を行った。約三ヶ月かけてハワイ、カナダ、アメリカの諸都市を巡り、帰国後、信者に向けた文章のなかで、アメリカの印象をつぎのように記している。「アメリカは物質文明の進んだ国でありますが、日本の文明も決してそれに劣つてゐるといふのではありません。併しアメリカにおける精神界の不安な気分は日本と同日の比ではなく、相当深く且暗澹たるものがあつて、救ひを求めるに切なるものがあることを感じました。特に日本人の所謂第二世間には日本人ともアメリカ人ともつかぬ落着なさが漲つて、此の将来については誰もが一様に危惧を抱かせられました」（中山正善「帰朝に臨み教信徒に告ぐ」『みちのとも』一九三三年一〇月二〇号、四頁）。アメリカの「物質文明」にたいして、さすがに〝文明国〟としての優越性を誇示することはできないが、日本もそれに劣っているわけではない、としたうえで、アメリカの人びと、とりわけ日系二世の「不安な気分」「救ひを求める」心を指摘する。そして「親様から与へられた世界一列助けの使命」を痛感するとし、信者に「異邦伝道の第一線」に立つように呼びかけるのである（同上、五頁）。朝鮮や満洲、中国、台湾、インドなどの場合にみられるような、宗教的な教導・啓蒙の視線と政治・経済的なそれとを一致させる論理はここでは形成されず、天理教の果たすべき役割は「精神界」に限定されているようだ。

(100) 岡島藤人「日本精神のために」『みちのとも』一九三七年一月号、四五頁。

(101) 平木一雄『おやざと いま・むかし』平木一雄、一九九七年、一三八—一三九頁。

(102) 岩井の天理教論については、金子圭助「岩井尊人の天理教学研究——天理教教理史研究の一齣」『ビブリア』九五号、一九九〇年、参照。

(103) 岩井尊人『天理教祖の哲学』一成社、一九一五年、四九頁。

(104) 岩井『天理教祖の哲学』、一五頁。

(105) 松村「公刊に至るまで」、一三頁。

(106) 中山『おふでさき概説』、一三三頁。

(107) 川村邦光「宗教的テロリズムと早川紀代秀」早川紀代秀、川村邦光『私にとってオウムとは何だったのか』ポプラ社、二〇〇五年、二四九頁。

第3章 「革新」の時代

(1) 道友社編輯部編『三教会同と天理教』道友社、一九一二年、七頁。

(2) 李元範『日本の近代化と民衆宗教——近代天理教運動の社会史的考察』東京大学博士学位論文、一九九五年、八〇頁。

(3) 李『日本の近代化と民衆宗教』、九四頁。

(4) 廣池千九郎「血を吐く思ひ」『道乃友』一九一五年一月臨時増刊号、二二頁。

(5) 李『日本の近代化と民衆宗教』、一〇一頁。

(6) 李『日本の近代化と民衆宗教』、七九頁。

(7) 李『日本の近代化と民衆宗教』、七九頁。

(8) 李には、私が「国民教化」を「世俗化」と同一視しているとして反論する権利があるだろう。「国民教化」が「世俗化」と区別できなくなってしまったのは、あくまでも結果であって、それを廣池の意図と混同してはならない、と。たしかに廣池の言説そのものと李のいう「世俗化」とを同一視することはできない。同一のものではないが、廣池が「世俗化」を批判しているわけでもない。廣池への支持を「世俗化」への反発と同一視することはなおさらできないはずだろう。

(9) 李『日本の近代化と民衆宗教』、八四頁。

(10) むろんこのことは、逆に多くの信者たちが国家権力からの自立や「世俗化」された教団の変革への願望をもっていなかったと結論づける根拠にもならない。私がここで確認したいのは、李の廣池論は、彼の「民衆宗教」像を実現する根拠にはなりえないということだけである。
(11) 大谷渡『天理教の史的研究』東方出版、一九九六年、参照。
(12) 大谷『天理教の史的研究』、参照。
(13) 天理教校編『天理教校五十年史(復刻版)』天理教校、二〇〇二年、一四頁。
(14) 天理教校編『天理教校五十年史(復刻版)』、参照。
(15)「天理教青年会規程」(一九一九年)土佐忠雄編『天理教青年会史 第二巻』天理教青年会本部、一九七五年、三五七頁より引用。
(16) 土佐編『天理教青年会史 第二巻』、四三〇頁。
(17) 中山正善『天理教伝道者に関する調査』天理教道友社、一九二九年、一頁。
(18) 中山『天理教伝道者に関する調査』、七九―八〇頁。
(19) 中山『天理教伝道者に関する調査』、八九頁。
(20) 中山『天理教伝道者に関する調査』、八八―八九頁。
(21) 中山『天理教伝道者に関する調査』、五九頁。
(22) 中山『天理教伝道者に関する調査』、六一―六三頁。
(23) 中山『天理教伝道者に関する調査』、一一一―一一二頁。
(24) 中山『天理教伝道者に関する調査』、一二五―一二六頁。
(25) 李『日本の近代化と民衆宗教』、第二部、参照。
(26) 高野友治『天理教伝道史X(海外編)』天理教道友社、一九七五年、参照。
(27) 李『日本の近代化と民衆宗教』、参照。
(28) 大谷『天理教の史的研究』、六一頁。
(29) 大谷『天理教の史的研究』、参照。
(30) 土佐編『天理教青年会史 第二巻』、参照。
(31) 松村吉太郎「四十年祭と其活動」『講習会録』(一九二二年)土佐編『天理教青年会史 第二巻』、五三六頁より引用。
(32) 松村吉太郎『道の八十年』養徳社、一九五〇年、三二六頁。
(33) 内務省警保局編『社会運動の状況一〇 昭和一三年』三一書房、一九七二年、一〇八三頁。
(34) 内務省警保局編『社会運動の状況九 昭和一二年』三一書房、一九七二年、一二〇二頁。
(35) 弓山達也『天啓のゆくえ――宗教が分派するとき』日本地域社会研究所、二〇〇五年、二九六頁。
(36) 弓山『天啓のゆくえ』、参照。
(37) 松村吉太郎「立教百年祭の意義と自覚」『みちのとも』一九三〇年一一月二〇日号、二九―三〇頁。
(38) 松村吉太郎「天理村の誕生と青年会」『みちのとも』一九三四年一一月五日号、二九頁。
(39) 諸井慶五郎「教祖日本観の一面」『みちのとも』一九三二年一一月二〇日号、一八頁。
(40) 諸井「教祖日本観の一面」、二二頁。
(41) 諸井「教祖日本観の一面」、二一頁。
(42) 岡島藤人「日本精神のために」『みちのとも』一九三七年一月号、四五頁。
(43) 岡島「日本精神のために」、四八頁。
(44) 戸坂潤『日本イデオロギー論』岩波書店、一九七七年(原著一九三五年)、一三二頁。
(45) 大宅壮一「「ひとのみち」と現代世相」『大宅壮一全集 第四巻』蒼洋社、一九八一年(初出一九三六年)、七二頁。
(46) 松村『道の八十年』、三二六頁。
(47) 松村『道の八十年』、三七七頁。
(48) 松村『道の八十年』、三七八頁。
(49) 松村『道の八十年』、三七六―三七七頁。
(50) 松村『道の八十年』、三八八頁。
(51) 内務省警保局編『社会運動の状況一〇 昭和一三年』、一〇八三頁。

（52）大本七十年史編纂会編『大本七十年史（下）』宗教法人大本、一九六七年、参照。
（53）大日方純夫「特高警察」『岩波講座 日本通史18』岩波書店、一九九四年、参照。
（54）弓山『天啓のゆくえ』、参照。
（55）山澤廣昭編『天理教青年会史 第四巻』天理教青年会、一九八六年、一七七頁。
（56）中山正善『こふきの研究』天理教道友社、一九五七年、一〇八頁。
（57）中山正善『ひとことはなし その三』天理教道友社、一九四六年、参照。
（58）内務省警保局編『社会運動の状況九 昭和一二年』、一一九六頁。
（59）松井忠義、岡本久長、水谷理之助、上山信造、北崎仙太郎、北山藤三郎、上田理太郎「年祭回顧座談会――大阪地方の声」『みちのとも』一九三七年一一月号、七七頁。
（60）成田龍一『近代都市空間の文化経験』岩波書店、二〇〇三年、一六一頁。
（61）山澤編『天理教青年会史 第四巻』、参照。
（62）寺井一男「日本民族の使命」『みちのとも』一九三七年七月号、四二頁。
（63）瀬尾弾正「告発状」内務省警保局編『社会運動の状況八 昭和一一年』三一書房、一九七二年、一六五六頁。
（64）弓山『天啓のゆくえ』、参照。
（65）大谷『天理教の史的研究』、参照。
（66）小田島良種「左翼の運動者へ」『みちのとも』一九三四年六月五日号。
（67）島薗進「生神思想論――新宗教による民俗〈宗教〉の止揚について」宗教社会学研究会編『現代宗教への視角』雄山閣、一九七八年、参照。
（68）道友社編輯部編『三教会同と天理教』、五一頁。
（69）「諭達第五号」（一九三〇年）山澤編『天理教青年会史 第四巻』、四頁より引用。
（70）松村吉太郎「満洲問題と青年会の使命に就て」『みちのとも』一九三二年一一月二〇日号、一二頁。
（71）山室信一『キメラ――満洲国の肖像』中央公論社、一九九三年、大谷渡『天理教の史的研究』、参照。
（72）山根理一編『旧満州天理村開拓民のあゆみ（前編）』山根理一、一九九五年、参照。
（73）「天理村建設計画概案」山澤編『天理教青年会史 第四巻』、一〇六頁。
（74）天理教生琉里教会編『天理村十年史』天理教生琉里教会、一九四四年、一一三―一一四頁。
（75）山根編『旧満州天理村開拓民のあゆみ（前編）』、参照。
（76）上原轍三郎『満蒙研究資料第二十四号 満州農業移民の一形態』北海道帝国大学満蒙研究会、一九三七年、六―七頁。
（77）大谷『天理教の史的研究』、参照。
（78）「天理教青年会規程（改定）」（一九三二年）山澤編『天理教青年会史 第四巻』、五〇―五一頁より引用。
（79）「天理外国語学校設立趣意書」（一九二五年）山澤廣昭編『天理教青年会史 第三巻』天理教青年会本部、一九八六年、一五一頁より引用。
（80）「入学志願者心得」（一九二五年）山澤編『天理教青年会史 第三巻』、一五九―一六〇頁より引用。
（81）松村「満洲問題と青年会の使命に就て」、四―五頁。
（82）松村「満洲問題と青年会の使命に就て」、九―一〇頁。
（83）松村「天理村の誕生と青年会」、三〇頁。
（84）山根編『旧満州天理村開拓民のあゆみ（前編）』、一四頁より再引用。

(85) 山根編『旧満州天理村開拓民のあゆみ（前編）』、二七頁。一九七〇（昭和四五）年一一月三〇日の座談会より。

(86) 山根編『旧満州天理村開拓民のあゆみ（前編）』、六頁。

(87) 山根編『旧満州天理村開拓民のあゆみ（前編）』、六頁。

(88) むろんそればかりではなく、「兵役関係もなく、国家への御奉公も出来ざるを遺憾と思い、せめて食料増産の為御奉公申し上げたく」渡満を決意したという者（一九四五年の最終開拓団参加）もいる。山根編『旧満州天理村開拓民のあゆみ（前編）』、一三八頁。

(89) 新田石太郎「冷えたオンドル（二）」『みちのとも』一九四三年一一月号、四一頁。

(90) 新田「冷えたオンドル（二）」、四四頁。

(91) 山根編『旧満州天理村開拓民のあゆみ（前編）』、九二頁。

(92) 『天理時報』一九四三年一〇月一一日付。

(93) 橋本正治「天理村の現況」『生琉里』創刊号、一九三七年、七頁。

(94) 岡田美恵子「大雨」『生琉里』創刊号、一九三七年、五〇頁。

(95) 山根編『旧満州天理村開拓民のあゆみ（前編）』参照。

(96) 橋本「天理村の現況」、一六頁。

(97) 田中美亥「私達の使命」『生琉里』創刊号、一九三七年、五六頁。

(98) 大谷『天理教の史的研究』、一四八頁。

(99) 北海道農会『北満の営農 第一編』北海道農会、一九三八年、一三四頁。

(100) 足立茂藤英『満州の移民村を訪ねて』吉野正平、一九三八年、二三頁。

(101) 大林恵美四郎「思い出の天理村小学校」『生琉里』創刊号、一九三七年、三三頁。

(102) 松村「満洲問題と青年会の使命に就て」。

(103) 山澤編『天理教青年会史 第四巻』、二〇三―二〇六頁。

(104) 「上申書」内務省警保局編『社会運動の状況一一 昭和一四年』三一書房、一九七二年、一一〇一―一一〇三頁。

(105) 「懇願書」内務省警保局編『社会運動の状況一一 昭和一四年』、一一〇四―一一〇五頁。

(106) 中山為信「諭達第八号の趣旨に就いて」内務省警保局編『社会運動の状況一一 昭和一四年』、一一一一―一一一二頁。

(107) 松村吉太郎「節に処するの道」『うちわけ』一九三九年三月号、五―六頁。

(108) たとえば、藤山春之助「躍動せしむる革新の声」『みちのとも』一九四〇年二月号。

(109) 坂井明律「教祖に親しめ」『うちわけ』一九三九年三月号、一六頁。

(110) 森田真一「時局の認識と使命達成」『うちわけ』一九三九年三月号、一九頁。

(111) 大恵賢一郎「革新に処する心構え」『敷島』一九三九年四月号、一一―一二頁。

(112) 松村『道の八十年』、三九一―三九二頁。

(113) 「教義刷新に関する天理教者の要注意言動例」内務省警保局編『社会運動の状況一一 昭和一四年』、一一二二頁。

(114) 「教義刷新に関する天理教者の言動例」内務省警保局編『社会運動の状況一二 昭和一五年』三一書房、一九七二年、三九六頁。

(115) 天理教表統領室特別委員会編『世界たすけへ更なる歩みを――「復元」五十年にあたって』天理教道友社、一九九五年、三八頁。

(116) 「教師、信徒等の動静」内務省警保局編『社会運動の状況一一 昭和一四年』、一一二一頁。

(117) 「教義刷新に関する天理教者の言動例」、三九六頁。

(118) 「教義刷新に関する天理教者の言動例」、三九七頁。

(119) 「教義刷新に関する天理教者の言動例」、三九七頁。

(120)「教義刷新に関する天理教者の要注意言動例」、一一二二頁。
(121)山之内靖、ヴィクター・コシュマン、成田龍一編『総力戦と現代化』柏書房、一九九五年、参照。
(122)岡島藤人「革新の意義に就いて」『みちのとも』一九四〇年四月号。
(123)藤山「躍動せしむる革新の声」、五一頁。
(124)多菊一誠「教典の史的意義」『みちのとも』一九三九年七月号、四六―四七頁。
(125)内務省警保局編『社会運動の状況一一 昭和一四年』、一一二二頁。
(126)内務省警保局編『社会運動の状況一四 昭和一七年』三一書房、一九七二年、一一四一頁。
(127)「天理教布教師の要注意動向」『特高月報』一九四四年三月号、八五頁。
(128)「外地」においては、中国大陸で慰霊祭、祈願祭のほか傷痍軍人に対する輸血奉仕、犒軍施設への教師や信者の派遣、軍属給仕の斡旋などを行い、「南方方面」へは軍筆生や給仕の派遣を行っていた。また、本部の各詰所は補充兵訓練所、帰還部隊の収容所などとして提供されていた。「天理教の時局活動状況」『特高月報』一九四三年一月号、参照。

第4章 宗教経験としてのアジア・太平洋戦争

(1)天理教会本部編「天理教教典」『天理教原典集』天理教会本部、一九七四年、一一六八頁。
(2)諸井慶徳「ひのきしん叙説(五)」『天理時報』一九四五年五月一三日付。
(3)ロバート・キサラ『現代宗教と社会倫理――天理教と立正佼成会の福祉活動を中心に』青弓社、一九九二年、参照。
(4)諸井慶徳「自序」『ひのきしん叙説』天理教道友社、一九四六年(頁数表記なし)。
(5)中山正善「序」諸井『ひのきしん叙説』(頁数表記なし)。
(6)中山「序」。
(7)中山「序」。
(8)諸井『ひのきしん叙説』、キサラ『現代宗教と社会倫理』、金子圭助「ひのきしん史概要」『やまと文化』五一号、一九七二年。
(9)諸井「ひのきしん叙説(五)」。
(10)諸井慶徳「ひのきしん叙説(六)」『天理時報』一九四五年五月二〇日付。
(11)諸井慶徳「ひのきしん叙説(六)～(八)」一九四五年五月二〇日付、五月二七日付、六月三日付、参照。
(12)金子「ひのきしん史概要」、一七頁。
(13)諸井慶徳「ひのきしん叙説(一〇)」一九四五年六月二四日付。
(14)諸井『ひのきしん叙説』、四八頁。
(15)金子「ひのきしん史概要」、参照。
(16)キサラ『現代宗教と社会倫理』、四九頁。
(17)上村福太郎『潮の如く――天理教教会略史(下)』天理教道友社、一九七六年、一六〇頁。
(18)キサラ『現代宗教と社会倫理』、五〇頁。
(19)板倉知広、上田嘉成、中山慶一、喜多秀義、永尾広海、清水国雄、深谷善和「神一条で思召に応えよう――二代真柱様を偲んで」『みちのとも』一九七七年一一月号、三一頁。
(20)諸井慶徳「ひのきしん叙説(一一)」『天理時報』一九四五年七月八日付。
(21)「おさしづ」については、本書第1章を参照されたい。
(22)天理教教義及史料集成部編『おさしづ索引三 は-を』天理教教義及史料集成部、一九八七年、参照。
(23)宮地正人『日露戦後政治史の研究――帝国主義形成期の都市と

農村』東京大学出版会、一九七三年、一〇頁。
(24) 宮地『日露戦後政治史の研究』、一四頁。
(25)「戊申詔書（明治四十一年十月十三日）」文部省編『学制百年史 資料編』帝国地方行政学会、一九七二年、八頁。
(26) 宮地『日露戦後政治史の研究』、二〇頁。
(27)「論達第一号」『道乃友』一九〇九年六月号、一頁。
(28)「教庁及本部職員各教会長決議事項」『道乃友』一九〇九年六月号、三―四頁。
(29) 李元範『日本の近代化と民衆宗教――近代天理教運動の社会史的考察』東京大学博士学位論文、一九九五年、参照。
(30) 磯前順一『近代日本の宗教言説とその系譜――宗教・国家・神道』岩波書店、二〇〇三年、山口輝臣『明治国家と宗教』東京大学出版会、一九九九年、参照。
(31)「ひのきしんの顕現」『道乃友』一九〇九年一一月号、三六頁。
(32) 翠浪「乃木大将とひのきしん」『道乃友』一九一二年一〇月号、参照。
(33) 柳泉「ひのきしん教育の必要」『道乃友』一九一〇年一〇月号、一三―一四頁。
(34) 道友社編輯部編『三教会同と天理教』道友社、一九一二年、四四頁。
(35) 道友社編輯部編『三教会同と天理教』、四六頁。
(36) 李『日本の近代化と民衆宗教』、七七頁。
(37) 芦田義宣「労働とひのきしん」『道乃友』一九二五年八月二〇日号、二―五頁。
(38) 安丸良夫『日本の近代化と民衆思想』青木書店、一九七四年、二〇頁。
(39) 安丸『日本の近代化と民衆思想』、四四頁。
(40) 李『日本の近代化と民衆宗教』、七九頁。
(41)「ああ壮んなるひのきしん」『道乃友』一九一〇年二月号、参照。
(42) 東京記者「社会的「ひのきしん」の好模範」『道乃友』一九一二年一〇月号、五二頁。
(43) 関一敏「日本近代と宗教」『春秋』三九三号、一九九七年、磯前『近代日本の宗教言説とその系譜』、参照。
(44) 関「日本近代と宗教」、三四頁。
(45) 天理教校編『天理教校五十年史〔復刻版〕』天理教校、二〇〇二年、参照。
(46) 諸井慶徳『諸井慶徳著作集第三巻』天理教道友社、一九六二年、キサラ『現代宗教と社会倫理』、金子「ひのきしん史概要」、参照。
(47) 中山為信「決戦国力とひのきしん」『みちのとも』一九四三年三月号、二四頁。
(48) 上村福太郎『潮の如く――天理教教会略史（中）』天理教道友社、一九六〇年、六二頁。
(49) 山澤廣昭編『天理教青年会史 第四巻』天理教青年会、一九八六年、七〇―七一頁。
(50) 上村『潮の如く――天理教教会略史（中）』、二三四頁。
(51) 天理教婦人会創立八十周年準備委員会会史編纂小委員会編『天理教婦人会史 第一巻』天理教婦人会本部、一九九〇年、参照。
(52) 上村『潮の如く――天理教教会略史（下）』、参照。
(53) 天理教婦人会創立八十周年準備委員会会史編纂小委員会『天理教婦人会史 第一巻』、参照。
(54) 松井忠義、岡本久長、水谷理之助、上山信造、北崎仙太郎、北山藤三郎、上田理太郎「年祭回顧座談会――大阪地方の声」『みちのとも』一九三七年一一月号、七三―七四頁。
(55) 上村『潮の如く――天理教教会略史（中）』、参照。
(56) 内務省警保局編『社会運動の状況九 昭和一二年』三一書房、一九七二年、一二〇五頁。

(57) 内務省警保局編『社会運動の状況八 昭和一一年』三一書房、一九七二年、一六五七頁。

(58) 岡本鼓南「戦うひのきしん・建設」『みちのとも』一九四二年一一月号、七四―七五頁。

(59) 水谷理之助「〔童話〕ひのきしん」『みちのとも』一九三九年九月号、七八頁。

(60) 中山為信「決戦国力とひのきしん」、二四頁。

(61) 幡鎌一弘が指摘するように、『天理教綱要』(一九三〇年) においてすでに、簡潔ながら〈ひのきしんの歴史〉と呼びうるものは存在していた (幡鎌「はたらき ひのきしん」、参照)。

(62) 幡鎌一弘「「復元」と「革新」」天理教おやさと研究所編『戦争と宗教』天理大学出版部、二〇〇六年、一三九―一四〇頁。

(63) 幡鎌「「復元」と「革新」」、一五七頁。なお、幡鎌はこのほかに、戦前と戦後に発表された「おふでさき」の釈義を比較検討して、戦前の釈義において「天理教の教えが、『国家主義』を超えるもの、普遍主義的なものとして表明されていた」とのべている (同論文、一五九頁)。幡鎌の指摘どおりといえるだろうが、そうした解釈が天理教の言説空間全体のなかでいかなる位置を占めていたのか、ということはあらためて問われる必要があるだろう。

(64) 李元範「近代日本の天皇制国家と天理教団――その集団的自立性の形成過程をめぐって」島薗進編『何のための〈宗教〉か?――現代宗教の抑圧と自由』青弓社、一九九四年、参照。

(65) 碇つな子「情と理の板挟みを突破して」『みちのとも』一九三二年八月二〇日号、五三頁。

(66) 碇「情と理の板挟みを突破して」、五五頁。

(67) たとえば、柏木庫治「単独布教時代を語る (二)」『みちのとも』一九三二年五月五日号、葦津美壽枝「雪原を行く」『みちのとも』一九三七年二月号。

(68) 三野雪子「女ごろつきの更生」『みちのとも』一九三三年三月二〇日号、四五頁。

(69) 金子「ひのきしん史概要」、参照。

(70) 瀧久馬「私は鬼じゃない」『みちのとも』一九三三年三月二〇日号、四二頁。

(71) 「銃後活動報告書 関東↓東海道の巻」『みちのとも』一九三八年六月号、四七―五〇頁。

(72) 「銃後活動報告書 山陽道↓近畿の巻」『みちのとも』一九三八年六月号、三二―三四頁。

(73) 成田龍一『〈歴史〉はいかに語られるか――一九三〇年代「国民の物語」批判』日本放送出版協会、二〇〇一年、一二九頁。

(74) 『みちのとも』一九三七年一〇月号、一三七頁。

(75) 田口元造「布教日誌」『みちのとも』一九三七年一〇月号、一三四―一三五頁。

(76) 『天理時報』一九三七年八月一日付。

(77) 笠井鳴峰「友は戦地へ」『みちのとも』一九三七年一二月号、九五頁。

(78) 中野薫「限りない収穫」『みちのとも』一九三七年一二月号、九二頁。

(79) 笠井「友は戦地へ」、九六頁。

(80) 筑紫貳郎「布教日記」『みちのとも』一九四〇年一月号、八五―八七頁。

(81) 木村清子「女性新体制回覧板」『みちのとも』一九四一年一月号、一三頁。

(82) 紺谷ぬい「英霊の守りに抱かれて」『みちのとも』一九三九年七月号、三〇頁。

(83) 川村邦光「靖国と女――従軍看護婦と〝九段の母〟をめぐって」川村邦光編『戦死者のゆくえ――語りと表象から』青弓社、二〇〇三年、二四〇頁。
(84) 中山「決戦国力とひのきしん」、二五頁。
(85) 上村『潮の如く――天理教教会略史（下）』、山澤廣昭編『天理教青年会史 第四巻』、天理教婦人会創立八十周年準備委員会会史編纂小委員会編『天理教婦人会史 第一巻』、参照。
(86)『みちのとも』一九四四年八月号、二頁。
(87) 天理教婦人会創立八十周年準備委員会会史編纂小委員会編『天理教婦人会史 第一巻』、参照。
(88)「紺の脚絆に坑内帽／大豆の弁当腰にさげ／元気でゆけよの一言に／行つて来ますと勇み立つ」（二番）、「心尽しの安全燈／婦人部隊に貰ひ受け／朝の誓もイソ〳〵と／繰りこみ待つ間の伊達姿」（三番）といった歌詞である（中山正善著、天理時報社編集部編『黒金剛誉出征紀略』天理時報社、一九四四年、三二頁）。
(89) 中山『黒金剛誉出征紀略』。なお本書では、『天理時報』での連載を「いざ・ひのきしん隊の記録の一部として逸散をふせぐため編録したもの」を利用した。
(90) 中山『黒金剛誉出征紀略』、一―二頁。
(91) 中山『黒金剛誉出征紀略』、二八―三〇頁。
(92) 中山『黒金剛誉出征紀略』、三三―三五頁。
(93)「天理教布教師の要注意動向」『特高月報』一九四四年四月号、八五頁。
(94)『朝日新聞』一九四三年一二月三日付朝刊。
(95)「鉱山勤労奉仕座談会」『みちのとも』一九四一年一一月号、三六頁。
(96)「鉱山勤労奉仕座談会」、三二頁。
(97)「鉱山勤労奉仕座談会」、三三―三四頁。
(98)「鉱山勤労奉仕座談会」、三六頁。
(99)「鉱山勤労奉仕座談会」、三八頁。
(100) 幡鎌「はたらき ひのきしん」、一二〇頁。
(101)「鉱山勤労奉仕座談会」、三八頁。
(102)「生ける信心③」『天理時報』一九四四年一〇月二九日付。
(103)「信念の凱歌①」『天理時報』一九四四年一一月一九日付。
(104)「生ける信心③」。
(105)「生ける信心③」。
(106)「生きる信心②」『天理時報』一九四四年一〇月二二日付。
(107) 上村『潮の如く――天理教教会略史（下）』、二六八頁。
(108)「地底征く赤き心」『天理時報』一九四四年九月一〇日付。
(109)「いざ・ひのきしん隊員氏名」『みちのとも』一九四四年九月号、参照。
(110)「いざ・ひのきしん隊表彰（一）」『みちのとも』一九四五年六月号、四―五頁。
(111)「生きる信心②」。
(112)「信念の凱歌①」。
(113)「心のひのきしん塔」『天理時報』一九四五年一月二八日付。
(114)「皇国のひのきしん」『天理時報』一九四五年二月一一日付。
(115) 矢野憲一「日鉄国民勤労報国隊第二中隊日記」『みちのとも』一九四二年二月号、三二頁。
(116)「生ける信心③」。
(117) 天理教教義及史料集成部編『管長様御訓話集第五巻』天理時報社、一九四六年。天理教婦人会創立八十周年準備委員会会史編纂小委員会編『天理教婦人会史 第一巻』、七七八―七七九頁より引用。
(118) 中山為信「誠真実救け一條に生きん――皇国の大試練を敢然克服」『みちのとも』一九四五年九月号、四―五頁。
(119) 片山笵志「ひのきしん随想」『天理時報』一九四五年九月三〇日付。
(120) 山本元明、宇野晴義、山本正義、岡田芳来、金子仁、片山笵志、守屋政一「座談会 戦争の反省」『陽気』一九七三年八月号、六四頁。
(121) テッサ・モーリス－スズキ『過去は死なない――メディア・記憶・歴史』田代泰子訳、岩波書店、二〇〇四年、三二―三三頁。
(122) 諸井慶徳「ひのきしん叙説（一）」『天理時報』一九四五年四月八日付。

第5章 宗教のなかの「聖戦」／「聖戦」のなかの宗教

(1) 川村邦光『聖戦のイコノグラフィ――天皇と兵士・戦死者の図像・表象』青弓社、二〇〇七年、九頁。
(2) 川村『聖戦のイコノグラフィ』、九頁。
(3) 川村『聖戦のイコノグラフィ』、一二一頁。
(4)『紀元二千六百年祝典記録 第一巻』ゆまに書房、一九九九年、一三頁。
(5)『紀元二千六百年祝典記録 第一三巻』ゆまに書房、二〇〇二年、一四頁。
(6)『紀元二千六百年祝典記録 第一三巻』、三一頁。
(7) 建国奉仕隊については、藤田宗光『橿原神宮と建国奉仕隊』阪神急行電鉄百貨店部、一九四〇年、『紀元二千六百年祝典記録 第一四巻』ゆまに書房、二〇〇二年、奈良県『奈良県政七十年史』奈良県、一九六二年、鈴木良「「建国の聖地」の祝典と統合――奈良県における「紀元二千六百年」」文化評論編集部編『天皇制を問う』新日本出版社、一九八六年、朝日新聞「新聞と戦争」取材班『新聞と戦争』朝日新聞出版、二〇〇六年、永瀬節治「昭和戦前期における橿原神宮を中心とした空間整備事業に関する研究――紀元二六〇〇年に際しての「神都」創出とその文脈」『都市計画別冊・都市計画論文集』二五号、二〇〇九年、などを参照。
(8) 大阪朝日新聞社「橿原道場奉献の日を迎へて」藤田『橿原神宮と建国奉仕隊』、一五頁。
(9) 鈴木「「建国の聖地」の祝典と統合」、参照。
(10) 川村『聖戦のイコノグラフィ』、二九頁。
(11) 古川隆久『皇紀・万博・オリンピック――皇室ブランドと経済発展』中央公論新社、一九九八年、参照。
(12) 須崎槇一『日本ファシズムとその時代』大月書店、一九九八年、三四三頁。
(13)『紀元二千六百年祝典記録 第一巻』、三五頁。
(14)『紀元二千六百年祝典記録 第一巻』、五三頁。
(15)『紀元二千六百年祝典記録 第一巻』、五三頁。
(16) 清原貞雄「神武天皇の御大業と今日の聖戦」紀元二千六百年奉祝会編纂『肇国の御精神』皇国青年教育教会、一九四二年、二五〇―二五一頁。
(17) 藤田宗光「序文」『橿原神宮と建国奉仕隊』。
(18) 藤田『橿原神宮と建国奉仕隊』、二五―二六頁。
(19) 藤田『橿原神宮と建国奉仕隊』、三八頁。
(20) 川村邦光『弔い論』青弓社、二〇一三年、一六七頁。
(21) 藤田『橿原神宮と建国奉仕隊』、二三頁。
(22) 森清人、鵜野久吾「皇道に則した勤労奉仕精神」藤田『橿原神宮と建国奉仕隊』、五二頁。
(23) 森、鵜野「皇道に則した勤労奉仕精神」、四九頁。
(24) 森、鵜野「皇道に則した勤労奉仕精神」、四七頁。
(25) 森、鵜野「皇道に則した勤労奉仕精神」、四八―四九頁。
(26)「祖国振興隊要項」一九三八年。大日本青年団指導部農漁課編『青年勤労報国運動の概況』（大日本青年団本部、一九三九年、六二頁）より引用。
(27)「建国奉仕隊指揮十則」藤田『橿原神宮と建国奉仕隊』、二七頁。
(28) 藤田『橿原神宮と建国奉仕隊』、二八頁。
(29) 藤田『橿原神宮と建国奉仕隊』、三八頁。

（30）藤田『橿原神宮と建国奉仕隊』、三九頁。
（31）藤田『橿原神宮と建国奉仕隊』、三八頁。
（32）「軍人勅諭」由井正臣、藤原彰、吉田裕校注『軍隊・兵士　日本近代思想体系4』岩波書店、一九八九年、一七四頁。
（33）最近では、評論家の若松英輔が、『井筒俊彦——叡智の哲学』（慶應義塾大学出版会、二〇一一年）のなかで、同世代の井筒俊彦と比肩しうる業績を残したイスラーム研究者として、諸井の再評価を行っている。
（34）諸井慶徳「ひのきしん叙説（一）」『天理時報』一九四五年四月八日付。
（35）諸井「ひのきしん叙説（一）」。
（36）諸井「ひのきしん叙説（一）」。
（37）諸井「ひのきしん叙説（一）」。
（38）諸井慶徳「ひのきしん叙説（二）」『天理時報』一九四五年四月一五日付。
（39）諸井慶徳「ひのきしん叙説（三）」『天理時報』一九四五年四月二九日付。
（40）諸井「ひのきしん叙説（二）」。
（41）諸井慶徳「ひのきしん叙説（二六）」『天理時報』一九四五年一一月四日付。
（42）諸井「ひのきしん叙説（三）」。
（43）諸井慶徳「ひのきしん叙説（二三）」『天理時報』一九四五年一〇月七日付。
（44）諸井慶徳「ひのきしん叙説（一六）」『天理時報』一九四五年八月五日付。
（45）諸井慶徳「ひのきしん叙説（二七）」『天理時報』一九四五年一一月一一日付。
（46）諸井慶徳「ひのきしん叙説（六）」『天理時報』一九四五年五月二〇日付。
（47）諸井慶徳「ひのきしん叙説（二〇）」『天理時報』一九四五年九月九日付。
（48）諸井慶徳「ひのきしん叙説（二一）」『天理時報』一九四五年九月二三日付。ただし、原文では「（二〇）」と誤記されている。
（49）諸井慶徳「ひのきしん叙説（一四）」『天理時報』一九四五年七月二二日付。
（50）一九四五年の連載版および一九六三年版の『諸井慶徳著作集　第三巻』（天理教道友社）では「低い働き」であるが、一九九七年版の『諸井慶徳著作集（下）』（天理教道友社）では「単純な働き」へと変更されている。諸井が亡くなったのは前の版が刊行される二年前の一九六一年だから、著者の意思による変更ではないだろう。職業差別との誤解を受けかねないという配慮による変更なのだろうが、前後の文脈からみれば諸井が職業差別を意図しているのでないことは明らかであり、いたずらに文意を曖昧にする結果となっているのではないだろうか。諸井のひのきしん論を適切に理解するうえで、「土持」が社会的に「低い働き」「卑賤の仕事」とみなされてきた情況をふまえることが必要だと思われる。注記もなくこのような修正を行うことは、表現を〝穏当な〟ものに変えることで、かつて宗教者が向き合おうとした社会的な問題を見えにくいものにしてしまうのではないだろうか。
（51）諸井「ひのきしん叙説（一四）」。
（52）諸井「ひのきしん叙説（一六）」。
（53）『天理時報』一九三八年六月一二日付。
（54）「鉱山勤労奉仕座談会」『みちのとも』一九四一年一一月号、三四頁。
（55）『朝日新聞』一九四四年七月四日付。
（56）山本元明、宇野晴義、山本正義、岡田芳来、金子仁、片山竿志、守屋政一「座談会 戦争の反省」『陽気』一九七三年八月号、六四頁。

(57) 幡鎌一弘「はたらき ひのきしん」天理大学おやさと研究所編『天理教のコスモロジーと現代』天理大学出版部、二〇〇七年、一〇八頁。

(58) 金子昭「ひのきしん活動の歴史」金子昭＋天理教社会福祉研究プロジェクト編『天理教社会福祉の理論と展開』白馬社、二〇〇四年、三九頁。

(59) このような問題意識に立つ研究として、一九四三年に特別高等警察による取締りを受けた創価教育学会・牧口常三郎の思想とアジア・太平洋戦争の思想との入り組んだ関係を分析した、島薗進「抵抗の宗教／協力の宗教——戦時期創価教育学会の変容」(『岩波講座 アジア・太平洋戦争6』岩波書店、二〇〇六年)をあげておきたい。

第6章 「復元」の時代

(1) 板倉知広、上田嘉成、中山慶一、喜多秀義、永尾広海、清水国雄、深谷善和「神一条で思召に応えよう——二代真柱様を偲んで」『みちのとも』一九七七年一一月号、三二—三三頁。

(2) しかし、こうした八・一五観の背後に、天理教信者たちの多様な敗戦体験があったことを忘れてはならない。たとえば満洲天理村では、八月後半以降ソ連軍や「匪賊」などの度重なる襲撃を受け、殺害や連行などによる多くの犠牲者が出た(山根理一『旧満州天理村開拓民のあゆみ(後編)』山根理一、一九九五年)。

(3) 中山正善「序」『復元』一号、一九四六年。

(4) 文化庁編『明治以降宗教制度百年史』文化庁、一九七〇年、参照。

(5) 島薗進「宗教の戦後体制——前進する主体、和合による平和」『岩波講座 近代日本の文化史10』岩波書店、二〇〇三年、三頁。また、井門富二夫編『占領と日本宗教』未來社、一九九三年、岡崎匡史『日本占領と宗教改革』学術出版会、二〇一二年、参照。

(6) 上村福太郎『潮の如く——天理教教会略史(下)』天理教道友社、一九七六年、山澤廣昭編『天理教青年会史 第四巻』天理教青年会本部、一九八六年、天理大学おやさと研究所編『改訂 天理教事典』天理教道友社、一九九七年、参照。

(7) 「諭達第十五号」(一九四五年) 上村『潮の如く——天理教教会略史(下)』、二七一—二七二頁より引用。

(8) 山之内靖、ヴィクター・コシュマン、成田龍一編『総力戦と現代化』柏書房、一九九五年、参照。

(9) 日本宗教連盟、文部省内宗教研究会、時事通信社編『宗教便覧』時事通信社、一九四八年、二四九頁。

(10) 中山正善「開講訓話」『みちのとも』一九四五年一二月号、一頁。

(11) 中山「開講訓話」、三頁。

(12) 中山為信「革新の経過と今後の動向」『みちのとも』一九四五年一二月号、七一頁。

(13) 『天理時報』一九四五年一〇月七日付。

(14) 白鳥鍈一「現在日本と教祖の年祭」『みちのとも』一九四六年一月号、五—六頁。

(15) 桝井孝四郎、中山慶一、柏木庫治、丸山時次「教祖様雛型と日本再建の道」『みちのとも』一九四六年一月号、一二—一三頁。

(16) 中山「革新の経過と今後の動向」、七四—七五頁。

(17) 大須賀貞夫、久保芳雄、山本正義、松井忠義、白鳥鍈一、諸井慶徳「教団今後の方向を語る」『みちのとも』一九四八年一月号、七頁。

(18) 山沢為次、諸井慶徳、深谷忠政「教典稿案の意義」『みちのとも』一九四九年八月号、四三頁。

(19) 大須賀ほか「教団今後の方向を語る」、七頁。

(20) 山沢ほか「教典稿案の意義」、四三頁。

(21) 天理教教義及史料集成部編『真柱訓話集第八巻』天理時報社、一九四九年、九七―九九頁。
(22) 山沢ほか「教典稿案の意義」、三九―四〇頁。
(23) 板倉ほか「神一条で思召に応えよう」、三三―三五頁。
(24) 天理教教義及史料集成部編『真柱訓話集第九巻』天理時報社、一九五〇年、四五―四六頁。
(25) 山沢ほか「教典稿案の意義」、四七頁。
(26) 天理教教会本部編『天理教教典』『天理教原典集』天理教教会本部、一九七四年、一一八四頁。
(27) 天理教教義及史料集成部『真柱訓話集第八巻』、一〇四頁。
(28) 板倉ほか「神一条で思召に応えよう」、三三―三五頁。
(29) 山沢ほか「教典稿案の意義」、四三頁。
(30) 板倉ほか「神一条で思召に応えよう」、三三―三五頁。
(31) 中島秀夫「『復元』感覚の形成と動向――二つの教典のあいだで」『天理大学学報』一五一輯、一九八六年、幡鎌一弘「『復元』と『革新』」天理大学おやさと研究所編『戦争と宗教』天理大学出版部、二〇〇六年、参照。
(32) 「読者相談欄」『天理時報』一九四七年二月一七日付。
(33) 現行『天理教教典』では、「常に己が心を省みて、いかなることも親神の思わくと悟り、心を倒さずに、喜び勇んで明るく生活する」という「心の治め方」を、「たんのう」と呼んでいる(天理教教会本部『天理教原典集』天理教教会本部、一九七四年、一一六七頁)。なお、諸井慶徳は、第4・5章で言及した「ひのきしん叙説」と並行して、『みちのとも』誌上で「たんのうの教理」を連載していた。
(34) 「読者相談欄」。
(35) 上田嘉成「おふでさき註釈」『みちのとも』一九四六年九月号、一頁。
(36) 上田嘉成「教祖様の日本観」『みちのとも』一九三六年二月号、七頁。
(37) 上田「教祖様の日本観」、一〇頁。
(38) 上田「教祖様の日本観」、一六頁。
(39) 上田「教祖様の日本観」、九頁。
(40) 上田嘉成「おふでさき註釈 第二号」『みちのとも』一九四六年一〇月号、三―四頁。
(41) たとえば上田「教祖様の日本観」では、「堕落せる物慾万能の文明」が批判されている。それは「日本精神」と対置されるのだ。
(42) 上田嘉成「おふでさき註釈 第四号」『みちのとも』一九四六年一一月号、二頁。
(43) 上田嘉成「おふでさき註釈 第三号」『みちのとも』一九四六年一〇月号、八頁。
(44) 幡鎌「『復元』と『革新』」、一五九頁。
(45) 上田嘉成「銃後に与ふるの書」『みちのとも』一九三九年四月号、一〇―一一頁。
(46) 幡鎌「『復元』と『革新』」、一六一頁。
(47) 天理教教義及史料集成部『真柱訓話集第八巻』、三頁。
(48) 島薗「宗教の戦後体制」、三頁。
(49) 島薗「宗教の戦後体制」、五頁。
(50) 大須賀ほか「教団今後の方向を語る」。
(51) 渡辺順一「『大東亜』戦時下の教団態勢」『金光教学』三五号、一九九五年、参照。
(52) 渡辺順一「民衆宗教運動の再発見――歴史資料からのアプローチ」宗教社会学の会『宗教を理解すること』創元社、二〇〇七年、一三九頁。
(53) 天理教教庁総務部調査課編『第一三回天理教統計年鑑』天理教教庁、一九四三年、二四―二五頁。

（54）天理教教庁総務部調査課編『第一三回天理教統計年鑑』の「解説」による。
（55）内務省警保局編『社会運動の状況一一 昭和一四年』三一書房、一九七二年、一〇九二頁。
（56）日本宗教連盟、文部省内宗教研究会、時事通信社編『宗教便覧』、四七〇頁。
（57）天理教教庁総務部調査課編『第二二回天理教統計年鑑』天理教教庁、一九五五年、五三頁。
（58）ジョン・ダワー『増補版 敗北を抱きしめて――第二次大戦後の日本人（上）』岩波書店、二〇〇四年（原著一九九九年）、九二頁。
（59）「天理教青年会復元趣意書」山澤編『天理教青年会史 第四巻』、三〇六頁。
（60）「天理教青年会会則」山澤編『天理教青年会史 第四巻』、三〇九頁。
（61）島薗「宗教の戦後体制」、三頁。
（62）山澤編『天理教青年会史 第四巻』、三〇七頁。
（63）山澤編『天理教青年会史 第四巻』、参照。
（64）片山竿志、藤原岩夫、山田作治、小栗節「青年は何を考へてゐるか」『みちのとも』一九四六年四月号、二六頁。
（65）実際、「ひのきしん隊」は敗戦後もさまざまな場所で活動していた。たとえば、天理教奈良教区は、一九四五年一〇月から、和歌山市に進駐した米軍施設の設営や炊事を担当する「ひのきしん隊」を出動させた。奈良県当局の要請を受けたものだが、「敗戦の憂愁に閉されいざ・ひのきしん隊活動終止以来ひのきしんの方向に深い関心を持つてゐた教区はこれに応じて管内に檄を飛ばし八十名の参加を見た」。「その中には炭坑奉仕で鍛えに鍛えた教信徒が多」く、その働きぶりが進駐軍に高く評価されたという（『天理時報』一九四五年一一月一八日付）。敗戦によって「奉仕」の対象は容易に転換し、「ひのきしん隊」の活動様式は政治体制の変化を乗り越えて生き残っていたのである。
（66）香織留「編集雑観」『みちのとも』一九四六年二月号。
（67）平野敏之「現代青年の要求」『みちのとも』一九四六年六月号、一二―一三頁。
（68）李元範「近代日本の天皇制国家と天理教団――その集団的自立性の形成過程をめぐって」島薗進編『何のための〈宗教〉か？――現代宗教の抑圧と自由』青弓社、一九九四年、参照。
（69）平野「現代青年の要求」、一三頁。
（70）小古井甲一「本教青年の悩み」『若人』一号、一九四八年、一一頁。□印は判読不能文字。
（71）平野「現代青年の要求」、一三頁。
（72）幡鎌一弘「教えの足元を照らす――「復元」と社会」天理大学おやさと研究所編『現代社会と天理教』天理大学おやさと研究所、二〇一三年、八〇頁。
（73）幡鎌一弘「『稿本天理教教祖伝』の成立」幡鎌一弘編『語られた教祖――近世・近現代の信仰史』法藏館、二〇一二年、二一九頁。
（74）幡鎌一弘「稿本天理教教祖伝の成立」『宗教研究』八三巻四号、二〇一〇年、二〇〇頁。
（75）幡鎌「教えの足元を照らす」、七三頁。
（76）山澤編『天理教青年会史 第四巻』、三二六頁。
（77）『朝日新聞』一九四九年一〇月一七日付朝刊。
（78）井上順孝『新宗教の解読』筑摩書房、一九九六年（原著一九九二年）、参照。
（79）大宅壮一「新興神さま総まくり」『大宅壮一全集 第四巻』蒼洋社、一九八一年（初出一九四九年）、二七二頁。
（80）思想の科学研究会編『「戦後派」の研究――アプレ・ゲールの実態記録』養徳社、一九五一年、一〇四頁。

（81）日本宗教連盟、文部省内宗教研究会、時事通信社編『宗教便覧』、三五六頁。

終章　動員への経路

（1）太宰治「駆込み訴へ」『太宰治全集 四』筑摩書房、一九九八年（原著一九四〇年）、二二九頁。

（2）太宰「駆込み訴へ」、二二九―二三〇頁。

（3）太宰「駆込み訴へ」、二四五頁。

（4）宮本要太郎「新宗教教祖伝の生成の一端をめぐって」『関西大學文學論集』五六巻四号、二〇〇七年、参照。

（5）冨山一郎『流着の思想――「沖縄問題」の系譜学』インパクト出版会、二〇一三年、一一四頁。

（6）一人ひとりの信者たちが読むのは、当該宗教の信仰遺産だけではない。彼らは大衆雑誌を読むこともあれば、政治的・経済的・社会的状況を読んだり、教育勅語を読んだりもするのであり、多様なテクストを読むという行為によって、彼らの日常的な振る舞いや信仰は重層的に規定されつづけている。さらにいえば、教祖の思想や実践自体も、先行する宗教伝統や社会倫理などを読み替えることによって形成されてきたということができ、宗教史全体を巨大な読みの運動ととらえることも可能である。もちろん、すべての信仰者たちのすべての読みの行為を組み込んだ歴史叙述は不可能なのだが、読み解かれるテクストの多層性についての認識がなければ、読みの運動のもつダイナミズムに向き合うことはできない。

（7）Stanley Fish, *Is there a text in this class?: the authority of interpretive communities*, Harvard University Press, 1980 参照。なお、部分訳として小林昌夫訳『このクラスにテクストはありますか』（みすず書房、一九九二年）がある。

（8）終末待望型の信仰といっても、強調点の置き方によって、その性格は大きく異なってくる。戦前期の天理教では、「応法」というあり方を重視して世俗権力との共存による発展を図る傾向が強かったのにたいし、異端とされた天理研究会では、切迫した終末の到来にひきつけて「おさしづ」を読み直し、弾圧を被ることになった。彼らの思想と実践もまた、「おさしづ」をめぐる読みの運動がもつ多様な可能性のひとつということができる。天理研究会については、村上重良「天理本道 解題」（谷川健一編『日本庶民生活史料集成第一八巻』三一書房、一九七二年）、村上重良『ほんみち不敬事件――天皇制と対決した民衆宗教』（講談社、一九七四年）、梅原正紀「ほんみち――甘露台世界への道」（出口栄二、梅原正紀、清水雅人『新宗教の世界Ⅳ』大蔵出版、一九七八年）、弓山達也『天啓のゆくえ――宗教が分派するとき』（日本地域社会研究所、二〇〇五年）、参照。

（9）W・J・オング『声の文化と文字の文化』桜井直文、林正寛、糟谷啓介訳、藤原書店、一九九一年（原著一九八二年）、一四四頁。

（10）中山みきのほとんどの発言が、信者たちの断片的な思い出としてしか残されていないのにたいして、語られた日付や時間をふくめて書きとられた伊蔵の「おさしづ」は、本席‐真柱体制期の親神共同体が「声の文化」から「文字の文化」への過渡期にあったことを示している。オングは、「どんな新聞もなく、〔製造年月日などの〕日付のついたその他の物質もなく、そうしたものが人びとの意識に影響をおよぼすこともまったくない文化のなかでは、大部分の人びとにとって、いまが暦のうえで何年にあたるかといったことを知ることにどんな意味があるだろうか」（『声の文化と文字の文化』、二〇三頁）とのべ、人びとが「自分たちの生活の一瞬一瞬が、なんであれ抽象的に計算される時間のようなもののなかに位置づけられている」という感覚を抱くようになったのは、「印刷物によって、書くことが人びとのこころに深く内面化され」て以降のことだとする

（同、二〇二頁）。「おさしづ」に書き込まれた日付と時間は、彼らの共同体が、「声の文化」としての性格を色濃くもちながらも、他方では「文字の文化」に、そして近代の国家的な時間へと巻き込まれていったことをはっきりと物語っているのだ。

(11) オング『声の文化と文字の文化』、二一七頁。

(12) 大谷栄一『近代仏教という視座――戦争・アジア・社会主義』ぺりかん社、二〇一二年、参照。

(13) 松村吉太郎『道の八十年』養徳社、一九五〇年、一五三頁。

(14) 松村『道の八十年』、八一頁。

(15) 安丸良夫『文明化の経験――近代転換期の日本』岩波書店、二〇〇七年、三五六頁。

(16) 安丸良夫『近代天皇像の形成』岩波書店、二〇〇一年（原著一九九二年）、二六九頁。

(17) 安丸『文明化の経験』、一五頁。

(18) 金泰勲は、天理教の布教現場で行われていた病気治しについて、「あしきはらいたすけたまへ天理王命」と唱えながら患部をさする「さづけ」、金平糖や洗米などを服用する「御供」、病人の枕元で歌い踊る「つとめ」、病人に教えを説き聞かせる「話一条」という四つの実践が複合したものととらえることを提起している。「明治期天理教における「病気直し」の諸形態とその変容」『日本近代学研究』四〇輯、二〇一三年、参照。

(19) こうした〈ひのきしん〉の教義については、浄土真宗の真俗二諦論や金光教の信忠孝一本の教義などのように、国策協力を教義的に正当化した他宗教の事例との比較が必要になるだろう。

(20) 山之内靖「方法的序論――総力戦とシステム統合」山之内靖、ヴィクター・コシュマン、成田龍一編『総力戦と現代化』柏書房、一九九五年、参照。

(21) たとえば、酒井直樹「「日本人であること」――多民族国家における国民的主体の構築の問題と田辺元の「種の論理」」『思想』八八二号、一九九七年、上野千鶴子『ナショナリズムとジェンダー』青土社、一九九八年、など参照。

(22) 川村邦光『民俗空間の近代――若者・戦争・災厄・他界のフォークロア』情況出版、一九九六年、参照。

あとがき

教団研究をしていれば、あなたはその宗教の中の人なのか、と尋ねられることは日常茶飯事だが、ここで先行的にその問いに答えておきたい。本書の著者としての私は、天理教という教団組織に帰属しているわけでもないし、親神にたいする信仰を有しているわけでもない。つまり天理教にとっては〝部外者〟であるのだが、そうした者として天理教というひとつの教団にかかわる史料を読み、書いている。そして〝部外者〟として、過去さらには現在における天理教の歴史認識や教義・信仰のありようにまで批判的に論及しているわけである。こうした私の立場や方法については、教団外部のアカデミアに属する宗教研究者からも、天理教の内部に自らを位置づけている人びとからも、疑問や批判があるかもしれない（というより、本書の執筆にいたる研究を進める過程で、すでに繰り返し問われてきたことである）。

前者からは、本書で扱われている天理教は、一九世紀後半から二〇世紀前半に活動した多くの新宗教のなかのひとつの事例にすぎないのであり、それら多くの新宗教における総力戦経験との比較を通じた天理教運動の位置づけを行わなければ、「新宗教と総力戦」という問題系を学問的に明らかにすることにならない、という批判を受けるだろう。そして後者からは、外部の研究者が、自分のものでもない教義や信仰の中身にまで口を挟んでくることにたいする反発や疑問が寄せられるのではないだろうか。私にとって、これらの疑問や批判は重要なものであり、宗教研究を続けるかぎり、それに向き合うことをやめてはいけないと思う。ここでは、現時点での自分の考えを簡単にのべて、さらなる議論のたたき台にすることができればと考えている。

まずは最初の論点だが、近代日本の新宗教と総力戦という問題を充分にとらえるためには、各教団の戦争協力の論理や実践、非戦・反戦へとつながる可能性などを明らかにし、天理教のケース、さらに仏教やキリスト教との比較や類型化などを行う作業はたしかに重要である。私自身としても、本書の議論をふまえて、そうした研究へと新たに出立しなければならないと考えている。だがその一方で強調しておきたいのは、それには個別的なものを一般的なもののたんなる部分へと切り縮める危険性がつねにともなっているということだ。

反対に、個別的なことばや営みに徹底してつきあうことが、普遍的な問題への道を拓くこともあるのではないだろうか。すべての人間は具体的で個別的な日常の連なりを生きているのであり、戦争への動員という歴史的出来事を考えるうえでも、人びとの日常性がどのように構成されていたのか、そしてそれがどのように国家的な歴史へと結びつけられていったのかを丁寧にたどるところからしか始められないと、私は思う。本書で描かれている天理教の人びとの経験は、一面では特殊なものであったというべきだろうが、彼らの論理や心理となにほどか響きあうものも——もちろんそれは同じだということではない——を感じる人は、天理教の内側／外側を問わず多くいるのではないだろうか。少なくとも私は、彼らが植民地主義や総力戦の担い手となっていく過程を追跡しながら、自分には起こりえないまったくの他人事とは考えられなかった。そうした共通感覚を一人ひとりが働かせるところに、〝戦争する社会〟に抗するひとつの可能性が立ち現れてくるのだと信じたい。

つぎに、後者の論点についてである。本書は、天理教における国策協力や戦争協力の思想と実践を論じ、さらにそれを戦後の教団にも通底する問題としてとらえようとしている。天理教の信仰を志したこともない私のような者に、そのようなことを語る〝資格〟があるのか。正直にいえば、そのような迷いはつねに自分のなかにもある。だがそれでも、ここで論じた問題の社会的重要性は揺るがないという思いも他方にはあるのだ。

一般論としていえば、たしかに信仰の中身について部外者がごちゃごちゃと口を挟むことは慎むべきだと思う。

しかし、こと「宗教と戦争（帝国主義、超国家主義 etc.）」という問題に関していえば、天理教なりキリスト教なりという信仰者集団内で完結することではなく、それによって教団内外の多くの人びとに苦しみをもたらすものであり、当の信仰をもたないからといって無関係だとはいえないのではないだろうか（ここで私は、ひのきしんの教理が戦争協力を宗教的に意味づけ、総力戦体制への自発的合意を調達し、多くの信者を戦時増産体制へと動員することにつながったという歴史的経験を念頭に置いている）。集団的自衛権行使をめぐる「解釈改憲」が公明党の合意をえて実行されつつある現在、これらの問題は過去に閉じられるべき問題ではまったくない。明らかに、現在と未来に開かれた問題として立てられるべきことなのである。そして、信仰者のなかからは（意識的あるいは無意識的な理由によって）問題化しづらい点について、信仰をもたない外部の研究者が問題提起すること（呼びかけること）の意義はたしかにあるのではないだろうか。（永岡崇「報告者からのリプライ」『宗教と社会』二一号、二〇一五年、一六七頁）

昨年六月、天理大学で開催された「宗教と社会」学会第二二回学術大会において、私は天理教内外の研究者の参加を得て「天理教研究の現在――歴史から問う」と題するテーマセッションを企画した。右にあげた文章は、〝部外者〟として天理教研究を行う私の立場性に関する、コメンテーターやフロアからの質問への応答としてのべたものである。私にとって論文を書くこととは、研究の目標とか終着点なのではなく、新たな議論を立ち上げていくための呼びかけにほかならない。本書もまた、天理教をめぐる読みの運動の末端に投げかけられるものであり、肯定的であれ、否定的であれ、新たな応答に出会うことを通じて、宗教と政治、また民衆と戦争といった問題についての議論の深化にいささかでも資することができるなら、これ以上の喜びはない。

そうした議論のひとつの争点になるであろう点として、本書が――天理教本部の公式的な理解とは異なり――天理教やそこに集った人びとが帝国主義や植民地主義の論理を少なからず内面化し、戦争にも積極的に協力していったということを強調しすぎているのではないか、ということがあると思う。本書でもそうした動員の経路に回収しきれないものに注意を払ってきたつもりではあるが、全体としてそのような印象を与えてしまう可能性はある。この点について少しのべておくと、私は、総力戦に巻き込まれる人びとについて考えるときには、ふたつの〝にもかかわらず……〟をつねに念頭に置く必要があると思っている。ひとつは〝にもかかわらず動員されてしまったではないか〟ということであり、もうひとつは〝にもかかわらず抵抗や逸脱の契機はあったのだ〟ということである。両者は逆の方向性をもつ考えだが、どちらかが正しく、どちらかが間違っているという関係にはないし、両者をバランスよく評価すればよいということでもないと思う。これらは、〝にもかかわらず〟という接続詞によって、はてしない循環を続けるべく定められたものであり、その循環に囚われつづけることによって、私たちははじめて総力戦という問題に向き合うことができるのではないだろうか。だからこそ、前者に傾いている本書の呼びかけは、新たな応答を必要とするのである。もっとも、終章の最後で示唆したように、本書が投げかける問題にどう応答すればよいのか、私自身も試行錯誤を再開しようとしている。

本書は、二〇一一年度に大阪大学に提出した博士学位申請論文「宗教文化の近代的再編成をめぐる研究――新宗教の経験と表象」（主査・川村邦光大阪大学教授、副査・杉原達大阪大学教授、冨山一郎現同志社大学教授、宇野田尚哉大阪大学准教授）のうち、天理教運動の歴史を扱った第I部を再構成し、大幅に加筆・修正して成ったものである。ご多忙の折、長たらしい博論を読み、審査にあたってくださった先生方に感謝申し上げたい。博士論文の執筆にいたるまで、また本書を書き上げるまでの過程では、そのほかにも多くの方々にお世話になった。本書の形成過程を確認する意味もこめて、そのなかの一部のお名前にふれておきたい。

大学四回生の春、卒業論文のテーマに飯降伊蔵を選んだのが、研究対象としての天理教との出会いだった。そもそも現代における〈ひのきしん〉のフィールドワークを行って卒論を書こうとしていたはずだが、その前に最低限の歴史的知識を得ておく必要があるだろうと『稿本天理教教祖伝』などを読んだところ、教祖・中山みきよりも伊蔵の存在のほうが妙に引っかかり、彼の周辺について調べていくうちに戦前天理教の世界にどっぷりはまりこんでしまった。本書の副題に示したとおり、伊蔵をはじめとする多くの信者たちがどのように「教祖以後を生きる」ことになったのかを考えることが、大学院での自分の課題となっていったのである。その卒論は本書第1章の原型となっているのだが、副査を務めてくださった故・中村生雄先生にそれを褒めていただいたことに気をよくしたのが、漠然と研究者を志そうとするようになったひとつのきっかけだったかもしれない。

荻野美穂先生や杉原達先生の授業では、歴史に向き合うという営みの厳しさと豊かさを学んだ。冨山一郎先生には、議論の場を作り、ことばの可能性を押しひろげていくことの面白さを実感させていただいた。助手・助教を務めておられた真鍋昌賢氏には、論文の落としどころなど、実践的なアドバイスでお世話になった。大阪大学日本学研究室の院生たちは、どことなくアナーキーな雰囲気を漂わせる教員たちのもとで、思い思いに多彩もしくは雑多なテーマに取り組んでいた。対象も、方法も、いつも互いに異なっているので、手探りで議論の土台を形成しなければならないわけだが、そうした日々の習慣は、確実に私の思考の型を変え、本書の基本的なスタイルを規定している。

学部生のときから、指導教員の川村邦光先生に飲ませていただいた酒の量はおそらく一トンを超えている（先日概算してみた）。だがそれだけではない。この一〇年あまりの間、さまざまな領域にわたる先生の著作を繰り返し読み、それを居酒屋での語り（騙り？）と突き合わせつつ読み替える作業を通じて、何のために調べ、書くのか、他者のことばにどう向き合うのか、あるいは研究者とはいったい何であるのか、自分なりの考えを少しずつ作り上げてきたのだと思う。ややもすると、それは先生の考えとはいささか異なっている可能性もあるが、それはそれでいいのだろう。こうした営みのなかに、私にとって読みの運動の原風景があるのかもしれない。

二〇一三年から二年間、名古屋の南山宗教文化研究所（宗文研）で、研究員としてお世話になった。過分なほどの素晴らしい研究・居住環境を提供してくださった奥山倫明所長はじめ宗文研のみなさん、ジェームズ・ハイジック師はじめパウルスハイムのみなさんに感謝したい。そこで博論以降の研究の方向性を模索しながら、本書の準備にも落ち着いて取り組めたことは、本当にありがたかった。

今年度からは、日本学術振興会特別研究員として、佛教大学に所属している。受入研究者をお引き受けくださった大谷栄一氏は、いろいろな研究プロジェクトにお誘いくださり、さしあたり新宗教に関するものである私の研究を、日本宗教史の幅広い文脈に位置づけるためのヒントを与えてくださっている。

院生のときから今にいたるまで、協働表象研究会、イシバシ評論研究会、横ぽゼミ、ランシエールの会、通天閣の会などといった小さな集まりで、その都度読みたい本を読み、考えたことを話し合うという時間をもつことができているのは、やはり幸福だと思う。また、日本学研究室の人びとが中心となって運営されてきた［文化／批評］研究会や国際日本学研究会でも、多くの有益な出会いがあった。

本書のテーマに直接関係する方々としては、まずさきにふれた天理大学でのテーマセッションへの参加をお引き受けいただいた、幡鎌一弘氏、金泰勲氏、島田勝巳氏、大林浩治氏、桂島宣弘氏に感謝申し上げたい。信仰遺産の表象をめぐって異なる立場の者がいかに協働することができるのか、という課題は、私にとってこれからも重要なテーマでありつづけると思うが、このセッションはその象徴的な起点となるように思われる。とくに天理教の中で天理教史の脱構築的読解を試みる幡鎌氏の研究との出会い――博士課程に進んだばかりのころだったと思う――は、私自身の研究が少なからず軌道修正を余儀なくされる契機でもあったが、同時に自分のやっていることもまったく的外れではないのだと感じることができた経験であった。この出会いがなければ、本書の議論は今よりもずっと独りよがりなものになっていたと思う。

直接的・間接的に学恩を受けた先達は数多いが、とりわけ（面識のある方にかぎっていえば）磯前順一、島薗進、安丸良夫、渡辺順一の諸先生方には、それぞれの仕方で学問や対象との向き合い方を教わった。また、最近は毎年のように訪問し、その都度暖かく迎えてくださる金光教教学研究所のみなさんや、新宗教研究の新たな可能性を模索するべく手探りの努力をともに続けている『大本七十年史』研究会のみなさんからも、多くの刺激を受けてきた。そして、あらためていうまでもないが、私のような〝部外者〟が天理教の歴史に接近できるのは、史料の保存と公開を続けてこられた天理大学附属天理図書館の存在があってこそである。故・中山正善二代真柱をはじめとする関係者の努力に敬意と感謝の意を表したい。

そもそも本書の企画は、昨年の九月、名古屋大学出版会に出版助成の問い合わせをしたことが始まりだった。その際の原稿に目を留めていただき、読者に伝わりやすい書き方や構成についての的確なアドバイスをはじめ、刊行にこぎつけるまでさまざまにご尽力いただいた同会の橘宗吾氏、面倒な編集の実務を担ってくださった三原大地氏に深く感謝したい。また、博論の出版に向けて背中を押してくださった南山宗教文化研究所の粟津賢太氏にもあらためて御礼申し上げる。なお本書の刊行にあたっては、日本学術振興会の平成二七年度科学研究費補助金（研究成果公開促進費「学術図書」）の助成を受けた。

最後に、人文系の大学院などという、どういう〝出口〟があるのかよくわからないところに入りこんだ私の行く末を案じつつ、とにもかくにも支えつづけてくれている両親に、ありがとうといっておきたい。とはいえ、依然として〝出口〟はみえていないのであった。

二〇一五年七月　奈良にて

著　者

図版一覧

図序-1　宗教団体・宗教者の戦争協力の類型図（筆者作成。作成にあたり，大谷栄一『近代仏教という視座――戦争・アジア・社会主義』（ぺりかん社，2012年）から示唆を受けた）…… 31

図 1-1　飯降伊蔵（道友社編『天の定規――本席飯降伊蔵の生涯』天理教道友社，1997年，口絵写真）…… 53

図 1-2　内蔵（道友社編『天の定規――本席飯降伊蔵の生涯』天理教道友社，1997年，口絵写真）…… 57

図 1-3　妖婆おみきに関する最も面白きポンチ画（『中央新聞』1896年6月7日付）…… 77

図 2-1　中山正善（『第四十八期別科生在学記念写真帖』天理教校よのもと会，1932年）…… 125

図 2-2　「おふでさき」用字考（部分）（中山正善「「おふでさき」用字考」『日本文化』5・6号合併号，1936年）…… 137

図 2-3　戦前期中山正善の原典・収集・伝道をめぐる思考（筆者作成）…… 156

図 3-1　天理教校での授業風景（1932年）（『第四十八期別科生在学記念写真帖』天理教校よのもと会，1932年）…… 167

図 3-2　「天理教祖五十年祭の盛況」（天理図書館編『おぢばがえりのお土産絵――一枚刷り版画集』天理大学出版部，2010年，63頁）…… 173

図 3-3　天理村開拓団（山根理一『旧満州天理村開拓民のあゆみ（前編）』山根理一，1995年，口絵写真）…… 180

図 3-4　天理教生琉里教会（山根理一『旧満州天理村開拓民のあゆみ（前編）』山根理一，1995年，口絵写真）…… 184

図 3-5　中華民族文化教育展館（筆者撮影）…… 185

図 3-6　中華民族文化教育展館の内部（筆者撮影）…… 185

図 4-1　「本部敷地つちもち紀念図」（天理図書館編『おぢばがえりのお土産絵――一枚刷り版画集』天理大学出版部，2010年，22-23頁）…… 211

図 4-2　「いざひのきしん明るい日本　おぢば案内図絵」（天理図書館編『天理教史参考図録』天理大学出版部，1992年，63頁）…… 215

図 4-3　いざ・ひのきしん隊本部隊（天理教婦人会創立八十周年準備委員会会史編纂小委員会編『天理教婦人会史 第1巻』天理教婦人会本部，1990年，768頁）…… 232

図 5-1　建国奉仕隊と天理教（『天理時報』1938年6月12日付）…… 251

図 5-2　建国奉仕隊旗（藤田宗光『橿原神宮と建国奉仕隊』阪神急行電鉄百貨店部，1940年，24頁）…… 255

図 5-3　神鍬の授与（藤田宗光『橿原神宮と建国奉仕隊』阪神急行電鉄百貨店部，1940年，26頁）…… 258

ヤ・ラ・ワ行

ハ　行

マ　行

ナ　行

サ　行

タ　行

カ　行

索　引

ア 行

《著者略歴》

永岡　崇（ながおか　たかし）

1981年　奈良県に生まれる
2004年　大阪大学文学部人文学科卒業
2011年　大阪大学大学院文学研究科博士後期課程単位取得満期退学
現　在　駒澤大学総合教育研究部講師，博士（文学）
著訳書　『宗教文化は誰のものか―大本弾圧事件と戦後日本―』（名古屋大学出版会，2020年）
『日本宗教史のキーワード―近代主義を超えて―』（共編著，慶應義塾大学出版会，2018年）
ナヨン・エィミー・クォン『親密なる帝国―朝鮮と日本の協力，そして植民地近代性―』（監訳，人文書院，2022年）

新宗教と総力戦
―教祖以後を生きる―

2015 年 9 月 30 日　初版第 1 刷発行
2023 年 4 月 20 日　初版第 2 刷発行

定価はカバーに
表示しています

著　者　永　岡　　崇
発行者　西　澤　泰　彦

発行所　一般財団法人　名古屋大学出版会
〒 464-0814　名古屋市千種区不老町 1 名古屋大学構内
電 話(052)781-5027/FAX(052)781-0697

印刷・製本 ㈱太洋社　ISBN978-4-8158-0815-0
乱丁・落丁はお取替えいたします。